# 人力资源管理

21世纪经济管理类创新教材

主 编◎李维刚 李 冰
副主编◎孙宏斌 于 辉 邓陶然 魏 来

Human Resource
Management

清华大学出版社
北京

## 内 容 简 介

本书内容翔实、体例新颖、案例丰富，并配有实践模拟训练，系统性、实践性和实用性强，包括人力资源管理导论、人力资源战略规划与供求预测、职位分析与胜任素质模型、员工招聘、测试与甄选、员工培训、绩效管理、职业生涯规划与管理、薪酬管理、劳动关系与社会保险、全球人力资源管理新趋势等十一章。

本书可作为应用型高等院校经济管理专业本科生和高职高专学生的教材，也可以作为企业人力资源管理相关岗位人员的培训教材。

本书封面贴有清华大学出版社防伪标签，无标签者不得销售。
版权所有，侵权必究。举报：010-62782989，beiqinquan@tup.tsinghua.edu.cn。

图书在版编目（CIP）数据

人力资源管理 / 李维刚，李冰主编. -- 北京：清华大学出版社，2024.9. -- (21世纪经济管理类创新教材). -- ISBN 978-7-302-67355-2

Ⅰ.F241

中国国家版本馆CIP数据核字第2024AX5578号

责任编辑：杜春杰
封面设计：刘　超
版式设计：文森时代
责任校对：范文芳
责任印制：刘海龙

出版发行：清华大学出版社
网　　址：https://www.tup.com.cn，https://www.wqxuetang.com
地　　址：北京清华大学学研大厦A座　　邮　编：100084
社 总 机：010-83470000　　邮　购：010-62786544
投稿与读者服务：010-62776969，c-service@tup.tsinghua.edu.cn
质量反馈：010-62772015，zhiliang@tup.tsinghua.edu.cn
印 装 者：艺通印刷（天津）有限公司
经　　销：全国新华书店
开　　本：185mm×260mm　　印　张：21.25　　字　数：486千字
版　　次：2024年10月第1版　　印　次：2024年10月第1次印刷
定　　价：69.80元

产品编号：103576-01

# 前　言

知识经济时代的到来使得人才成为各企业争夺的焦点，优秀人才可为企业带来巨大的收益，在企业经营过程中发挥着重要作用，因此如何在全国乃至全球范围招聘、录用所需要的优秀人才，并对其进行有效管理，是企业需要深入思考的问题。

作为经济管理专业的主干专业课教材，本书对人力资源管理的基本理论和基础知识做了较为全面的阐述和总结。同时，根据人力资源管理实践性和应用性强的特点，结合人力资源管理实践领域中的有效经验和全新实践，对人力资源管理的基本技能和方法做出了较为充分的介绍。本书较为全面地融入最新的人力资源管理理论研究成果，加入了中国企业的优秀实践案例，以及最前沿的人力资源管理工具和方法，以求做到与时俱进。本书对人力资源管理理论进行了系统性研究，反映了人力资源管理面临的新问题、新挑战与新趋势，全书理论完整、结构清晰，注重把思政育人元素嵌入教材。

每章开头都设置了"本章导读""学习目标""关键概念"，"学习目标"包括"知识目标""思政目标""能力目标""素质目标"；各章设置了"专题拓展"和"思政专栏"。这种设置可在系统梳理人力资源理论知识的同时，提高学生运用专业知识解决实际管理问题的能力；在系统的培养体系和学科知识结构中发掘和强化思政元素，将思政内容完全融入人力资源管理教育，达到"润物细无声"的效果。

全书由李维刚（佳木斯大学经济与管理学院）、李冰（佳木斯大学经济与管理学院）担任主编，负责编写大纲、编写样章并最后统稿；孙宏斌（佳木斯大学经济与管理学院）、于辉（佳木斯大学经济与管理学院）、邓陶然（佳木斯大学经济与管理学院）、魏来（佳木斯大学经济与管理学院）任副主编。其中，李维刚负责编写第一章，李冰负责编写第七章、第八章，孙宏斌负责编写第十章、第十一章，于辉负责编写第四章、第五章，魏来负责编写第二章、第三章，邓陶然负责编写第六章、第九章。

本书在编写过程中参考了有关人力资源方面的大量文献资料，在此对有关专家和作者表示诚挚的谢意，同时对清华大学出版社编辑精益求精的工作态度表示由衷的钦佩和感谢。

由于水平所限，书中难免有不足之处，敬请读者斧正，在您的鼓励和鞭策下，我们会再接再厉，不断完善。

李维刚  
2024 年 9 月

# 目 录

## 第一章 人力资源管理导论 ... 1
本章导读 ... 1
学习目标 ... 1
关键概念 ... 1
### 第一节 人力资源概述 ... 2
一、人力资源及其相关概念 ... 2
二、人力资源的特征 ... 3
三、人力资本的含义及其与人力资源的区别 ... 4
### 第二节 人力资源管理概述 ... 5
一、人力资源管理的概念 ... 5
二、人力资源管理与传统人事管理的区别 ... 5
三、人力资源管理的职能 ... 7
四、人力资源管理的目标和任务 ... 8
### 第三节 人力资源管理的演变过程 ... 9
一、人力资源管理演变的阶段划分 ... 9
二、人力资源管理演变的动因 ... 11
### 第四节 人力资源管理的发展趋势 ... 12
一、科学的考评和合理的价值分配成为激发员工创造性的关键 ... 12
二、工作设计与职业生涯管理成为人力资源开发的永恒主题 ... 12
三、利用新技术创建现代化人力资源管理模式 ... 12
四、人力资源管理走向信息化、数字化 ... 13
五、人力资源管理工作外包 ... 13

本章小结 ... 14
复习思考题 ... 14
案例分析 ... 14

## 第二章 人力资源战略规划与供求预测 ... 15
本章导读 ... 15
学习目标 ... 15
关键概念 ... 15
### 第一节 企业战略与人力资源规划概述 ... 16
一、企业战略与人力资源战略 ... 16
二、人力资源规划 ... 18

## 第二节 人力资源战略规划概述 ............21
  一、人力资源战略规划的定义 ............21
  二、人力资源战略规划的目的 ............22
  三、企业经营战略与人力资源战略规划的关系 ............23
  四、人力资源战略规划的制定步骤 ............25
## 第三节 人力资源需求预测 ............27
  一、人力资源需求预测的影响因素 ............27
  二、人力资源需求预测的方法 ............29
## 第四节 人力资源供给预测 ............34
  一、人力资源供给预测的方法 ............34
  二、影响企业人力资源供给预测的因素及相关评价 ............38
## 第五节 人力资源供需的平衡 ............40
  一、人力资源供大于求 ............40
  二、人力资源供小于求 ............41
  三、人力资源总量平衡，结构不平衡 ............41
### 本章小结 ............42
### 复习思考题 ............42
### 案例分析 ............42

# 第三章 职位分析与胜任素质模型 ............43
### 本章导读 ............43
### 学习目标 ............43
### 关键概念 ............43
## 第一节 职位分析概述 ............43
  一、职位分析的基本概念 ............43
  二、职位分析的基本术语 ............44
  三、职位分析的目的 ............45
  四、职位分析的作用 ............46
## 第二节 职位分析的操作过程与方法 ............47
  一、职位分析的操作过程 ............48
  二、职位分析的方法 ............50
## 第三节 职位说明书的编写 ............60
  一、职位说明书的编写原则 ............61
  二、职位说明书的编写内容 ............62
  三、职位说明书的编写要求 ............63
  四、编写职位说明书的注意事项 ............63
## 第四节 胜任素质模型 ............64
  一、胜任素质模型的产生与发展 ............64

二、胜任素质模型的定义 ........................................................................ 65
三、素质模型的分类 ................................................................................ 65
四、建构胜任素质模型的方法 ................................................................ 66
五、胜任素质模型在人力资源管理中的应用 ........................................ 70
本章小结 ............................................................................................................ 73
复习思考题 ........................................................................................................ 73
案例分析 ............................................................................................................ 74

## 第四章 员工招聘 .................................................................................................. **75**
本章导读 ............................................................................................................ 75
学习目标 ............................................................................................................ 75
关键概念 ............................................................................................................ 75
第一节 员工招聘的重要性 ............................................................................ 75
一、关系企业的生存和发展 .................................................................... 76
二、确保员工队伍具备良好素质 ............................................................ 77
三、影响企业人力资源管理其他职能的发挥 ........................................ 77
第二节 员工招聘的渠道 ................................................................................ 79
一、内部招聘 ............................................................................................ 79
二、外部招聘 ............................................................................................ 84
第三节 多元化员工队伍的招聘 .................................................................... 92
一、多元化员工的类型 ............................................................................ 92
二、多元化员工招聘的方法 .................................................................... 93
第四节 求职申请表 ........................................................................................ 97
一、求职申请表的作用 ............................................................................ 97
二、求职申请表的内容 ............................................................................ 97
三、求职申请表与简历的区别 ................................................................ 98
四、筛选申请表时应注意的问题 ............................................................ 99
本章小结 ............................................................................................................ 99
复习思考题 ........................................................................................................ 100
案例分析 ............................................................................................................ 100
模拟训练 ............................................................................................................ 101

## 第五章 测试与甄选 .............................................................................................. **102**
本章导读 ............................................................................................................ 102
学习目标 ............................................................................................................ 102
关键概念 ............................................................................................................ 102
第一节 测试和甄选的相关概念 .................................................................... 103
一、测试 .................................................................................................... 103
二、甄选 .................................................................................................... 104

三、甄选的可靠性与有效性 ................................................ 107
第二节　甄选中常用的测试类型 ................................................ 109
　　一、认知能力测试 ................................................ 109
　　二、体力测试 ................................................ 110
　　三、个性和兴趣测试 ................................................ 111
　　四、成就测试 ................................................ 112
第三节　管理评价中心 ................................................ 115
　　一、管理评价中心的内涵 ................................................ 115
　　二、管理评价中心的主要测评方法 ................................................ 116
第四节　面试 ................................................ 124
　　一、面试的基本形式 ................................................ 124
　　二、面试的主要测评内容及其作用 ................................................ 125
　　三、面试的设计和实施 ................................................ 126
　　四、面试结果失准的原因 ................................................ 144
第五节　背景调查 ................................................ 148
　　一、背景调查的概念 ................................................ 148
　　二、背景调查的意义 ................................................ 148
　　三、背景调查的内容 ................................................ 148
本章小结 ................................................ 150
复习思考题 ................................................ 151
案例分析 ................................................ 151
模拟训练 ................................................ 151

# 第六章　员工培训 ................................................ **154**

本章导读 ................................................ 154
学习目标 ................................................ 154
关键概念 ................................................ 154
第一节　员工培训的概念与原则 ................................................ 154
　　一、培训及其相关概念 ................................................ 154
　　二、培训的基本原则 ................................................ 159
第二节　培训的类型与主要方法 ................................................ 162
　　一、培训的类型 ................................................ 162
　　二、培训的主要方法 ................................................ 163
第三节　员工培训的具体实施 ................................................ 171
　　一、培训需求分析 ................................................ 171
　　二、确定培训目标 ................................................ 176
　　三、拟订培训计划 ................................................ 176
　　四、实施培训 ................................................ 179

五、培训评估ㅤ181
　本章小结ㅤ186
　复习思考题ㅤ187
　案例分析ㅤ187

# 第七章　绩效管理ㅤ**188**

　本章导读ㅤ188
　学习目标ㅤ188
　关键概念ㅤ188
　第一节　绩效与绩效管理ㅤ189
　　　一、绩效ㅤ189
　　　二、绩效考核ㅤ191
　　　三、绩效管理ㅤ192
　　　四、绩效考核与绩效管理的关系ㅤ193
　第二节　绩效考核的方法ㅤ194
　　　一、相对评价法ㅤ194
　　　二、绝对评估法ㅤ196
　　　三、特征导向评估法ㅤ198
　　　四、行为导向评估法ㅤ199
　第三节　基于KPI的绩效考核ㅤ202
　　　一、KPI的起源ㅤ202
　　　二、KPI的定义ㅤ203
　　　三、KPI考核体系的特点ㅤ203
　　　四、KPI的设定原则ㅤ204
　　　五、KPI体系的构建ㅤ205
　第四节　基于平衡计分卡的绩效考核ㅤ207
　　　一、平衡计分卡的产生ㅤ207
　　　二、平衡计分卡的定义ㅤ208
　　　三、平衡计分卡的特点ㅤ208
　　　四、平衡计分卡的理论框架ㅤ209
　　　五、平衡计分卡的基本内容ㅤ211
　第五节　绩效反馈与结果运用ㅤ214
　　　一、绩效反馈面谈的主要类型ㅤ214
　　　二、绩效反馈面谈的实施ㅤ216
　　　三、绩效反馈面谈的策略ㅤ218
　　　四、绩效反馈面谈的结果运用ㅤ219
　本章小结ㅤ220
　复习思考题ㅤ220

案例分析...........................................................221

**第八章　职业生涯规划与管理　222**

　　本章导读...........................................................222
　　学习目标...........................................................222
　　关键概念...........................................................222
　　第一节　职业生涯管理概述.........................................223
　　　　一、基本概念..................................................223
　　　　二、职业生涯发展理论..........................................225
　　第二节　职业生涯规划与管理的基本理论.............................227
　　　　一、职业选择理论..............................................227
　　　　二、职业锚理论................................................229
　　第三节　职业生涯规划的设计.......................................230
　　　　一、个人职业生涯规划..........................................230
　　　　二、组织职业生涯规划..........................................232
　　第四节　职业生涯管理体系.........................................234
　　　　一、个人职业生涯管理..........................................234
　　　　二、组织职业生涯管理..........................................236
　　本章小结...........................................................238
　　复习思考题.........................................................239
　　案例分析...........................................................239

**第九章　薪酬管理　240**

　　本章导读...........................................................240
　　学习目标...........................................................240
　　关键概念...........................................................240
　　第一节　薪酬管理概述.............................................240
　　　　一、薪酬概述..................................................240
　　　　二、我国企业面临的薪酬管理困境..............................247
　　第二节　基本薪酬体系.............................................249
　　　　一、职位薪酬体系的设计........................................250
　　　　二、基于能力的薪酬体系........................................251
　　　　三、长期绩效激励计划..........................................254
　　第三节　员工福利管理.............................................256
　　　　一、福利的概念和功能..........................................256
　　　　二、福利的种类................................................257
　　本章小结...........................................................259
　　复习思考题.........................................................260
　　案例分析...........................................................260

## 第十章　劳动关系与社会保险 ... 261

本章导读 ... 261
学习目标 ... 261
关键概念 ... 261

### 第一节　劳动关系 ... 262
一、劳动关系概述 ... 262
二、劳动关系的内容与分类 ... 263
三、加强劳动关系管理的意义 ... 263
四、处理劳动关系的原则 ... 264
五、改善劳动关系的途径 ... 264
六、我国与劳动关系有关的法律法规 ... 265

### 第二节　劳动合同管理 ... 267
一、劳动合同 ... 267
二、劳动合同的订立 ... 271
三、劳动合同的变更 ... 273
四、劳动合同的解除 ... 274
五、劳动合同的终止与续订 ... 276
六、集体合同管理 ... 277

### 第三节　劳动关系管理的相关制度 ... 279
一、劳动关系管理相关制度的制定程序 ... 279
二、员工民主管理制度 ... 280
三、薪酬制度 ... 282
四、奖惩与申诉制度 ... 284

### 第四节　劳动争议 ... 287
一、劳动争议概述 ... 287
二、劳动争议的处理原则及程序 ... 288

### 第五节　社会保险管理 ... 291
一、社会保险概述 ... 291
二、养老保险 ... 291
三、失业保险 ... 292
四、工伤保险待遇 ... 293
五、基本医疗保险待遇 ... 295

本章小结 ... 296
复习思考题 ... 297
案例分析 ... 297
模拟训练 ... 297

## 第十一章　全球人力资源管理新趋势 ......299
### 本章导读 ......299
### 学习目标 ......299
### 关键概念 ......299
### 第一节　以人为本的日本人力资源管理 ......300
一、日本企业的人力资源管理体系 ......300
二、日本人力资源管理的内容 ......303
### 第二节　以科学管理为核心的美国人力资源管理 ......305
一、美国企业人力资源开发的定位 ......305
二、美国企业人力资源开发的实施 ......308
三、美国成功企业科学管理的启示 ......308
四、美国的人力资源开发战略 ......311
### 第三节　人力资源管理的第三条道路 ......312
一、日本人力资源管理模式对美国人力资源管理模式的冲击 ......312
二、日本人力资源管理模式的弱点和面临的挑战 ......313
三、威廉·大内对美、日管理的比较研究 ......314
四、美、日人力资源管理模式对我国的启示 ......316
### 第四节　全球企业人力资源管理案例 ......318
一、美国惠普的人力资源管理 ......318
二、日本松下的用人之道 ......320
三、中国海尔的人力资源发展战略 ......322
### 本章小结 ......324
### 复习思考题 ......324

## 参考文献 ......325

# 第一章　人力资源管理导论

## 本章导读

相传,宓子贱和巫马期都是孔子的学生。宓子贱做过单父(今山东省菏泽市单县)的地方官。平日,大家只见他整天弹琴作乐、悠闲自得,根本没见他走出过公堂。然而在他的治理之下,单父这地方生活富足、人心安定。后来,宓子贱离开了单父,接替他的巫马期每天天没大亮,星星还没消失就出去了,一直忙到夜里繁星密布才疲惫不堪地返回公堂。巫马期为了工作,吃也吃不香,睡也睡不好,大小事情无不亲自处理,好不容易才将单父治理好。

巫马期听说宓子贱治理几乎不费什么气力,可单父一样富足,便特意到宓子贱府上求教,与之探讨治理单父的窍门。宓子贱得知巫马期的来意后,微微一笑,说道:"我哪里有什么治理的窍门,只不过我治理单父时凭借大家的力量,而你治理单父时只用自己的力量。光靠自己的力量治理当然辛苦不堪,而我动员了大家的力量,依靠众人当然安逸得多了。"

宓子贱与巫马期同在单父做官,同样将单父治理得很好,然而一个工作得悠闲,另一个工作得辛苦,这个故事不正说明了众人力量的重要性吗?人作为社会活动中的关键要素,是生产力诸多要素中最活跃的。人在企业管理中起着很关键的作用,人力资源的竞争对企业来说尤为重要。

## 学习目标

**知识目标**:了解人力资源的基本概念,人力资源管理的演变过程及其未来发展趋势。

**思政目标**:认识企业中"人"的重要性,培养学生的大局意识、前瞻意识。

**能力目标**:要求学生树立科学的人力资源管理理念和创新管理思维,具有较强的人际沟通、组织协调和自主学习能力,掌握人力资源管理各项职能。

**素质目标**:学习人力资源管理的基本概念和基础知识,将人力资源与战略管理相融合,提高整体管理能力。

## 关键概念

人力资源(human resources)
劳动力资源(labour resources)
人力资源管理(human resource management)

## 第一节 人力资源概述

### 一、人力资源及其相关概念

#### （一）人力资源的概念

1954年，彼得·德鲁克在其著作《管理实践》中首次提出"人力资源"（human resources）的概念，他确定了管理的三个主要职能，包括管理公司、管理经理和管理员工。在讨论对员工的管理时，德鲁克阐明了人力资源的重要性，并强调管理者必须关注这种涉及人的独特资源。他认为人力资源是一种特殊资源，具有较强的社会性、主观能动性和周期性等特点。相对其他资源而言，人力资源能被自我利用和开发，可以通过自我管理和利用创造价值。

经济学把为了创造物质财富而投入生产活动的一切要素统称为资源，包括人力资源、物力资源、财力资源、信息资源、时间资源等。人力资源是其中最宝贵的资源，是第一资源。它是指能够推动国民经济和社会发展的、具有智力劳动和体力劳动能力的人的总和，包括数量和质量两个方面。

#### （二）人力资源的相关概念

为了准确地理解和把握人力资源的内涵，有必要了解人力资源的相关概念，如人口资源、劳动力资源（labour resources）和人才资源。人口资源是指一个国家或地区的人口总体，即全部的自然人；劳动力资源是指一个国家或地区具有劳动能力并在劳动年龄范围内的人口总和；人才资源是指一个国家或地区具有较强的管理能力、研究能力、创造能力和专门技术能力的人口的总和。人口资源主要表明的是数量概念，它是人力资源、劳动力资源和人才资源的基础。人口资源中除了少数不具有劳动能力的人口，绝大多数是具有或将具有劳动能力的人口，这部分人构成了人力资源。人力资源按就业情况可以分为在业人员、失业人员、就学人员、服兵役人员、家庭闲居人员和其他人员。按劳动年龄的不同，人力资源可以分为未达到劳动年龄的16岁以下的青少年、处于劳动年龄范围的青壮年和超过劳动年龄范围的老年人。按人力资源的实现程度，人力资源可以分为潜在人力资源、现实人力资源和闲置人力资源。潜在人力资源是指就学人员和服兵役人员；现实人力资源是指未达到劳动年龄、处于劳动年龄和超过劳动年龄的在业人员；闲置人力资源是指失业人员和未到社会上求职的家庭闲居人员。人力资源中处于劳动年龄范围的那一部分人口构成劳动力资源。人才资源是指人力资源中杰出的、优秀的人员，着重强调人力资源的质量。一个国家、地区或组织综合实力的高低，往往取决于人才资源的多寡及其能力的发挥程度。

人口资源、人力资源、劳动力资源和人才资源的数量关系如图1-1所示。

图1-1　人口资源、人力资源、劳动力资源和人才资源的数量关系

## 二、人力资源的特征

### （一）生物性

人首先是一种生物。人力资源存在于人体之中，是有生命的"活"资源，与人的自然生理特征相联系。人最基本的生理需要带有某些生物性的特征。在管理中，首先要了解人的自然属性，根据人的自然属性与生理特征实施符合人性的管理。生物性是人力资源最根本的特性。

### （二）周期性

人的生命是有周期性的，不是无限循环、无限生存的，因此人的才能、价值的发挥与实现也遵循这种周期性。

### （三）再生性

人力资源具有再生性，它基于人口的再生产和劳动力的再生产，通过人口总体内个体的不断更替和"劳动力耗费—劳动力生产—劳动力再次耗费—劳动力再次生产"的过程得以实现。同时，人的知识与技能陈旧、老化也可以通过培训和再学习等手段得到更新。当然，人力资源的再生性不同于一般生物资源的再生性，除了遵守一般生物学规律，它还受人类意识的支配和人类活动的影响。从这个意义上来说，人力资源要实现自我补偿、自我更新、持续开发，就要注重人力资源开发与管理中的终身教育，加强后期的培训与开发。

### （四）社会性

人处在一定的社会关系之中，通过社会分工完成人力资源的形成、配置、利用过程。人力资源的社会性主要体现在人与人之间的交往，从而产生千丝万缕的联系。

### （五）主观能动性

人处于主动位置，在被开发的过程中，可以主动做出判断，也能够主动学习、主动地实现需求，因此人力资源能够发挥主观能动性，有目的、有想法、有意识地利用其他资源从事生产活动。

### （六）创造性

人力资源具有创造性，能够在生产活动中发挥创造性价值，既能创新思维、改变观念，又能创造新的生产方法、发明新的技术。

【专题拓展1-1】　　　　淮南子道应训

## 三、人力资本的含义及其与人力资源的区别

### （一）人力资本的含义

20世纪60年代，美国经济学家舒尔茨和加里·贝克尔提出了现代人力资本理论，其基础是对具有工作能力的人施以投资以创造人力资本，这是一种以工人的质量和数量来表示的特殊资本类型。

舒尔茨认为，人力资本是通过对人力资源投资而体现在劳动者身上的体力、智力和技能，它是另一种形态的资本，与物质资本共同构成国民财富，而这种资本的有形形态就是人力资源。这种理论突破了只有厂房、机器等物质资源才是资本的概念，把国家、地区和企业在教育、保健、人口、迁移等方面投资形成的人之能力的提高和生命周期的延长也看作资本的一种形态。当代经济学家普遍接受了舒尔茨的观点，认为土地、厂房、机器、资金等已经不再是国家、地区和企业致富的源泉，人力资源才是企业和国家发展之根本。

人力资本是由投资产生并由使用者根据某种价值标准衡量，可在劳动力市场上按市场规则进行评估的能力和技能；而人力资源是劳动者在劳动活动中运用的体力和智力的总和。按照马克思经济理论，劳动力价值不具有直接社会性。

### （二）人力资源与人力资本的区别

人力资源作为一种经济资源，具有稀缺性与有用性，是经过一定时期而形成的体力、智力等生产要素资源形式，强调人力作为生产要素在生产过程中的创造能力。人力资本首先是一种资本，是通过投资而形成的，强调某种代价与获得成本之间的关系，强调投资可以在提高生产力的过程中收获更大的收益。具体来讲，人力资源与人力资本有以下四点区别。

1. 概念的范围不同

人力资源包括自然性人力资源和资本性人力资源。自然性人力资源是指未经任何开发的遗传素质与个体；资本性人力资源是指经过教育、培训、健康与迁移等投资而形成的人力资源。人力资本是指所投入的物质资本在人身上所凝结的人力资源，是可以投入经济活动并带来新价值的资本性人力资源。人力资本存在于人力资源之中。

2. 关注的焦点不同

人力资源关注的是价值问题，而人力资本关注的是收益问题。

3. 反映的问题不同

人力资源反映的是存量问题，而人力资本反映的是流量和存量问题。

4. 研究角度不同

人力资源是将人作为财富源泉，是从人的潜能与财富关系研究人的问题；而人力资本是将人作为投资对象、作为财富的一部分，从投入与收益的关系来研究人的问题。

## 第二节 人力资源管理概述

与传统的人事管理不同，人力资源管理将员工看作具有潜能的有效资源，通过对员工进行激励、开发和管理，激发员工创造价值，促进企业经营目标的实现，更加注重人力资源管理与企业战略目标的配合。

### 一、人力资源管理的概念

对于人力资源管理（human resource management）的定义，学者因立足点不同，产生了理解上的差异。有学者从人力资源管理的目标出发，认为人力资源管理是通过科学的制度和技术，高效、合理地运用人力资源，实现经营目标的组织活动。也有学者从人力资源管理的过程出发，认为人力资源管理是组织和实施人员招聘、培训、录用、考核和激励等一系列管理过程的活动。还有学者从管理企业的角度出发，认为人力资源管理是有效开发、合理配置、充分利用和科学管理人力资源的决策与实践活动。随着时间的推移，人力资源管理经历了重大变化，导致其概念十分丰富。

美国著名人力资源管理专家加里·德斯勒（Gary Dessler）认为，人力资源管理不仅仅是获取、培训、评估雇员的过程，它更侧重于劳资关系、健康和安全，以及公平问题。雷蒙德·A.诺伊（Raymond A. Noe）将人力资源管理定义为通过管理政策、制度、方法、工具和管理系统对员工的行为和态度实施管理。美国著名管理学家哈罗德·孔茨（Harold Koontz）认为，人力资源管理是通过薪酬、选拔、招聘和评估来优化人力资源结构、激励员工、提高组织绩效的手段。

综上，人力资源管理是根据企业的发展目标，有计划、有意识地部署人力资本的战略方法。人力资源管理的各个阶段，包括招聘、培训、选拔、绩效评估、激励等，是为了释放员工的潜力，使其贡献最大化，为企业创造价值，并最终使整个组织受益。

### 二、人力资源管理与传统人事管理的区别

人力资源管理与传统的人事管理的主要区别可归纳为以下几个方面。

1. 管理理念不同

人事管理视人力为一种生产要素、一种成本；而人力资源管理视人力为一种具有稀缺性的资源，企业只要拥有丰富的人力资源，就具备了成功之本。

2. 管理职能不同

人事管理以事为中心，讲求人适应制度；而人力资源管理则不单纯局限在人对制度的适应上，更注重人、事、物管理的紧密结合，并以对人管理为中心，做到人、事、物管理的统一。更重要的是，人力资源管理力求在不断提高人的素质的基础上，使制度规范适应社会发展的需要，以有效提高管理效率。一些企业实行弹性工作制、居家办公等就是制度

适应技术进步和人的素质提高的创新。

3. 管理活动不同

人事管理属于"被动反应型""事后型"管理,是根据企业运行情况,实施人事管理措施;人力资源管理则把人力资源规划纳入企业战略规划,是根据企业内外部经营环境与条件,制定并实施人力资源策略,把发挥人力优势作为赢得竞争的战略,是"主动型""事前型"管理活动。

4. 职能部门性质不同

传统人事管理部门是非生产部门(不创造效益),人事管理活动不是生产性劳动;而人力资源管理则把管理活动视为发挥职工积极性和潜能最重要的工作,是企业重要的经济活动。

总之,人力资源管理较之传统人事管理更具有战略性、未来性和系统性,在对员工进行管理的同时,更注重对员工素质的开发,把人力资源当作一种资本进行开发利用,这与传统的人事管理有本质上的区别。显然,传统的人事管理职能已不能适应市场经济条件下企业发展的需要,从传统的人事管理向人力资源管理转变是企业适应内外部竞争环境的必然趋势。

【☆思政专栏1-1】  国以才立,政以才治,业以才兴

国家繁荣稳定在人才,人才是国家事业的骨干,国家始终把人才工作视作一项十分重要的工作。我们要树立强烈的人才意识,寻觅人才求贤若渴,发现人才如获至宝,举荐人才不拘一格,使用人才各尽其能,切实引才、育才、留才,在新形势下切实加强人才队伍建设。培育好干部是组织部门的一项重要工作。培育新时代基层干部,要从提升政治素养、提升规矩意识、提升创新能力三个方面入手,培育干部"三项本领"。

从提升政治素养入手,培育政治本领。讲政治是共产党人的鲜明本色,更是各级党员干部的必备品质。培养基层党员干部的第一步就是要教会他们对党忠诚。"上面千条线,下面一根针。"基层干部是直接面对群众、执行政策方针的一群人,其政治意识强不强直接关系到上级政策方针的执行情况。因此,培养基层干部首先要提升干部的政治素养,切实引导干部增强"四个意识",坚定"四个自信",做到"两个维护",提高政治站位,将党的方针政策贯彻落到实处,服务好人民群众。

从提升规矩意识入手,增强作风本领。俗话说:"不以规矩,不能成方圆。"培养党的干部就要培养干部的规矩意识,使其自觉养成"四个服从",尤其是服从中央。基层工作主要是落实党中央的决策部署,只有锻造一支守纪律、讲规矩、听党话、跟党走、敢担当、愿奉献的基层干部队伍,不断提升干部队伍工作能力,才能更好地完成党和国家交办的任务,才能更好地服务于人民。

从提升创新能力入手,增强创新本领。创新是一个民族的魂。在新时代的背景下,出现了前所未有的机遇,也面临着前所未有的挑战,只有把握发展机遇、抢占先机带领群众搞建设,才能创新出成绩。提升干部的创新能力首先要使其解放思想,其次是使其敢于担当。在过去,基层干部面对问题常存有不会办、不敢办的畏难心态,遇到问题常常"绕着

走"。对此，在培养干部的过程中，一方面要训练干部的创新能力，另一方面要给干部"撑腰"。有创新就可能有失败，在鼓励干部创新实践时，要允许干部犯错误并适时地帮助干部纠正错误，帮助干部成长。

人才的作用至关重要。人才汇聚方能办好国家大事，到如今已有无数人才汇聚在五星红旗下，办成一件件"国家大事"，成就了今日之强盛中国。我们要因地制宜地实施更加积极、更加开放、更加有效的人才政策，进一步激励各类人才奋发图强、开拓创新，为促进经济社会高质量发展贡献智慧和力量。

资料来源于网络并经作者加工整理。

## 三、人力资源管理的职能

人力资源管理的职能包括获取、整合、激励、调控，以及培训与开发，各职能之间具有一定的联系，共同构成了完整的人力资源管理职能系统。

### （一）获取

人力资源的获取职能主要涉及人力资源规划、面试与录取。为满足企业的战略目标，人力资源管理部门必须制定各个岗位的工作说明书和员工的相应素质标准，制订与企业战略相适应的人员需求和供应计划，并按照计划招聘、面试、选拔、录取和分配人员。只有获取了相应的人员，才能开展一系列管理活动。

### （二）整合

人力资源整合是让员工和谐共处、协同工作，并获得集体荣誉感的过程，能同化员工个人意识与企业文化理念，规范员工工作与企业制度的差异，统一员工协作与企业规范的要求。现代人力资源管理注重员工个性在团队中的发挥，但个性的发挥难免导致员工与员工、员工与企业之间的矛盾，形成不利于企业发展的因素。而整合的作用就是解决矛盾，即使员工的价值观趋同于企业的文化、员工行为遵从于企业制度，让员工与企业互相认同、荣辱一体，最终化解员工与员工、员工与企业之间的矛盾。

### （三）激励

激励是指企业为员工的工作成果支付报酬，具有激发员工潜力和聚集员工力量的作用，属于人力资源最重要的职能。其主要过程是企业根据员工业绩的考核结果，公正地给予其适当的与自身工作成果相匹配的报酬、奖金等待遇。激励职能的最终目的是调动员工的工作积极性，提升员工的生产效率，增强员工的主观能动性、满足感，进一步提高企业的业绩。

### （四）调控

科学、合理的动态调控在员工管理过程中起到控制与调节作用，主要是指通过公平、合理的人员业绩考核和质量评价，综合考绩和评价结果，对员工实施动态调整，包括升迁、降职、奖罚、调离、辞退等。

### （五）培训与开发

这是现代人力资源管理的重要工作内容。广义上的现代人力资源管理包含对员工数量与质量的控制。对企业来说，控制员工数量的办法有招聘、保持、辞退等。控制员工质量的办法有在企业内开展相关培训，提升员工的素质与技能，使员工获得进一步成长，最大化地实现其自我人生价值。

## 四、人力资源管理的目标和任务

### （一）人力资源管理的目标

美国学者经过多年研究认为，人力资源管理包括以下四个目标。

（1）建立员工招聘和选择系统，以便雇用到最符合组织需要的员工。

（2）最大限度地挖掘每个员工的潜力，既服务于组织目标，也确保员工的事业发展和个人价值实现。

（3）留住那些能够通过自己的工作绩效帮助组织实现目标的员工，同时排除那些无法为组织提供帮助的员工。

（4）确保组织遵守政府制定的有关人力资源管理的法令和政策。

结合上述观点，本书认为人力资源管理的目标应包括以下三个。

（1）保证组织人力资源管理的需求得到最大限度的满足。

（2）最大限度地开发和管理组织内外的人力资源，促进组织的可持续发展。

（3）维护与激励组织内部的人力资源，使其潜能得到最大限度的发挥，不断提升其人力资本的价值。

### （二）人力资源管理的任务

为了保证组织人力资源管理目标的实现，必须明确人力资源管理的任务。归纳起来，人力资源管理的任务有六项：规划、吸收、保持、开发、考评和调整。

1. 规划

规划是指以组织总体目标为依据，在分析现有人力资源的基础上，对组织未来的人力资源供给和需求做出预测和决策，进而确定组织人力资源的发展目标，以及达成目标的措施的过程。

2. 吸收

吸收是指根据组织的工作需要和条件招聘、选拔和录用员工的过程，它是组织整体人力资源管理活动的基础。

3. 保持

保持主要是通过制订薪酬、福利和职业计划等措施激励和维持员工的工作积极性和责任心，提高员工的工作满意度，保证员工的工作与生活质量。

4. 开发

这是指通过人力资源开发与培训，提高员工的知识和技能水平，挖掘员工的潜力，不断提升员工的人力资本价值。

5. 考评

通过价值评价体系及评价机制的确定，可对员工的工作绩效、工作表现和思想品德等方面做出评价，使员工的贡献得到认可。

6. 调整

调整是指为了让员工保持组织所要求达到的技能水平和良好的工作态度，以考评结果为依据，对员工实行动态管理，如晋升、调动、奖惩、离退和解雇等。

在以上六项任务中，规划是整个人力资源管理活动的核心。在制定人力资源规划时，要坚持人力资源规划服从于组织战略规划的原则。同时，要注意分析各项任务之间的相互关系和相互作用，从人力资源管理的整体和全局角度看待问题，处理好各项任务之间的关系。

【专题拓展1-2】　　　　　　韦陀和弥勒

## 第三节　人力资源管理的演变过程

在当今社会，人力资源管理已经成为企业有效开发和利用其人力资源的一项必备技能。发展至今，人力资源管理的演变经历了几个不同阶段，每个阶段都有自己的特点且强调不同的人力资源价值。

### 一、人力资源管理演变的阶段划分

#### （一）传统人事管理阶段

亚当·斯密提出了劳动价值论，该理论的主要贡献体现在两个方面：一是揭示了人类劳动是一切商品实物价值的来源这一事实，二是提出了劳动分工理论。正是在劳动分工理论的指导下，才产生了岗位分工和部门分工，提高了当代社会的生产力，而这就是人力资源管理的基础。美国著名的科学管理学派代表人物弗雷德里克·泰勒曾对雇员的每一个细小的动作进行规范与量化，主张形成科学的管理和操作规范，以提高劳动生产率。在科学管理阶段，理论界意识到雇员在企业生产中的重要作用，便破除以前将雇员视为"机器"的传统观点，对"人性"做出了"经济人"的假设，提倡用金钱刺激调动雇员的积极性。这种观点虽然有时代的局限性，但为后来的人力资源管理打下了坚实的基础。

#### （二）人事管理阶段

在这一阶段，组织将"人"视为档案去管理，人事部门仅仅走一下琐碎的流程、办理简单手续，只注重形式。德鲁克强调，人事管理应转变为人力资源管理，将人事管理的职能分离出来，对"事"进行管理，同时应通过管理模式和制度的改变提高管理效率。20世纪五六十年代，人事管理的职能已逐步完善，其中主要的职能一直延续至今，如确定劳动力的需求，人员的招聘、挑选、储备、提升、考评、培训和培养，以及报酬等。这一阶段的人事管理工作具有以下特征。

（1）人事管理主要是事务性管理。人事管理者在企业中地位较低，很少涉及企业高层战略决策。在人们普遍的观点中，人事管理是一项技术含量低、专业性弱的活动，无法与生产、财务、销售等工作相提并论。

（2）企业将员工视为同机器、设备一样的成本负担，将员工角色物质化，员工与企业的关系属于单纯的雇佣关系，相互之间没有归属感和信任感。

### （三）人力资源管理阶段

在这个阶段，管理转移到以"工作"为核心，更看重如何使个人完成工作。人力资源管理的各个模块，如招聘、薪酬、绩效和培训等被建立起来，但每个模块都是独立于其他模块的。与传统人事管理相比，人力资源管理阶段呈现出很多新变化。

1. 理论上有所创新

传统工业时代以"事"为中心的人事管理模式逐渐被知识经济时代的"以人为本"的人力资源管理模式所取代。创新能力成为企业生存发展的关键因素，知识、技术成为企业的发展核心，人力资源成为企业的第一资源。

2. 人力资源管理更具战略性

人事管理基本上还停留在一种业务管理的范畴；人力资源管理则属于企业经营战略的重要组成部分，更具有目标性、指导性和战略性。

3. 人力资源管理更着眼于未来

传统观念把劳动力管理部门看成纯消费部门，因而对人力的支出要求尽可能少。现代观念把人力资源管理的重点放在开发人员的潜力上，谋求的是在可以预计的计划期内投入产出的最佳，它是对企业发展潜力的投资，因此更具长远性和增值性。

4. 人力资源管理比劳动人事管理更具系统性

相较于劳动人事管理，人力资源管理是一项系统工程，管理方式趋于灵活。这一点在职能分析中可以得到体现。人力资源管理工作考虑的是整个企业的发展态势，所制定的各种规划紧紧围绕着目标的实现，所以更具有系统性和全局性。

### （四）战略人力资源管理阶段

人力资源管理的第四阶段被称为战略人力资源管理阶段，这一阶段被广泛认为是人力资源管理演变的顶峰，其标志是人力资源副总裁的出现和人力资源部门慢慢成为业务部门战略伙伴。这一阶段体现了传统人力资源管理方法的范式转变，即人力资源部门不再仅仅被视为一个支撑性单位，而是在组织的整体战略方向上扮演更加关键和主动的角色。战略人力资源管理阶段的重点是利用人力资本支持公司战略的成功实现。

在这个阶段，人力资源部门承担了更重要的角色，因为它被视为企业成功的关键贡献者，负责设计和实施与公司业务目标相一致的战略。

**【☆思政专栏1-2】　　　　诸葛亮知人七法**

诸葛亮认为，鉴知人才首先要鉴知人的本性。考察本性要从人的外貌、内情两方面入手，两者一致，善也易辨，恶也易辨。但人的外貌与内情往往不一致，"有温良而为诈者，有外恭而内欺者，有外勇而内怯者，有尽力而不忠者"。因此，诸葛亮提出了知人七法。

"知人之道有七焉：一曰间之以是非而观其志，二曰穷之以辞辩而观其变，三曰咨之以计谋而观其识，四曰告之以祸难而观其勇，五曰醉之以酒而观其性，六曰临之以利而观其廉，七曰期之以事而观其信。"（《诸葛亮集·知人性》）。这就是说，知人之法有七个方面：一是用是非来考察他，看他的意志是否坚定；二是用言辞来为难他，看他的应变能力是否够强；三是向他咨询策略，看他的学识是否渊博；四是把灾祸告诉他，看他的勇气是否够大；五是用酒色来迷醉他，看他是否失常态；六是让他处理财物，看他是否廉洁；七是交予任务让他完成，看他信用是否良好。如果此人在意志、应变、学识、勇气、品性、廉洁、信用七个方面兼优，则可委以重任。

此外，《鹖冠子·道端》以"量人"为题，提出："富者观其所予，足以知仁。贵者观其所举，足以知忠。观其大伴，长不让少，贵不让贱，足以知礼达。观其所不行，足以知义。受官任治，观其去就，足以知智。迫之不惧，足以知勇。口利辞巧，足以知辩。使之不隐，足以知信。贫者观其所不取，足以知廉。贱者观其所不为，足以知贤。测深观天，足以知圣。"这既考察品德，又考察才智和办事能力，故也是考察人才的一种重要方法。

资料来源于网络并经作者加工整理。

## 二、人力资源管理演变的动因

### （一）经济与社会的巨大变化

生产力决定生产关系，经济基础决定上层建筑。管理属于上层建筑范畴，应与经济基础相对应，从传统的人事管理到人力资源管理，再到战略人力资源管理，反映了经济结构的发展，组织中人与人之间的经济关系由传统的单一雇佣关系转变为投资合作伙伴关系。

### （二）关于人的哲学的演变

关于人的哲学先后有四种观点：一是"经济人"假设，认为人的行为受经济因素的制约，其目的在于获得最大的经济利益。二是"社会人"假设，认为人的主要工作动机不是满足经济需要，而是满足社会需要。三是"自我实现人"假设，认为人都有发挥自我潜能的需要，组织应当把人作为资源，提供富有挑战性的工作，这样人就可以自我激励。四是"复杂人"假设，更深入地认为人有复杂的动机，不能把所有人简单地归类于某一假设，不同的人或同一个人在不同的环境下会有不同的动机需要。对人的本质认识的不断深化，引发了对人的管理理论的不断演化。

### （三）管理理论的变化

以泰勒为代表的科学管理思想基本上以"经济人"假设为前提。此后，人际关系学说及行为科学理论基本以"社会人"假设、"自我实现人"假设和"复杂人"假设为前提。这里需要特别强调的是，行为科学理论使传统的人事管理发生了质的变化，变注重外在要素管理为注重内在要素管理，变注重外在要素量的调整为注重内在要素质的提高，特别强调人的心理、价值观、群体文化等。

☞【专题拓展1-3】　　　　舒尔茨的"人力资本理论"

## 第四节　人力资源管理的发展趋势

### 一、科学的考评和合理的价值分配成为激发员工创造性的关键

作为智力资本的所有者，知识型员工除了要获得工资性收入，还要与货币资本的所有者共享企业的价值创造成果。报酬不再是一种生理层面的需求，而是一种成就欲望层面的需求，是个人价值与社会身份的象征。知识型员工内在需求模式上的混合交替性加大了薪酬体系的设计难度，为了开发员工的潜质，企业必须"按知分配"，提供涵盖组织权利（包括股权、职权、机会等）和经济利益（包括工资、奖金、红利、福利等）的多元价值分配形式。

### 二、工作设计与职业生涯管理成为人力资源开发的永恒主题

知识型员工的工作积极性主要来自与工作本身相关的因素，追求更高层次的需要成为其驱使行为的动力。管理者在设计工作时，必须充分考虑员工潜在的多元化需要，用角色定位的说明书代替传统的工作说明书，对人力资源实施分层、分类管理，根据层次、类别的不同制定不同的任职资格、行为标准和工作规范，做好企业价值要求与员工成就意愿的协调工作，加强人才的风险管理，通过信息网络组建虚拟工作团队或项目团队。在人力资源规划过程中，不仅要设计和改进职业阶梯，为员工提供更多的职业发展机会，使其明确长期目标，树立"为企业发展而奋斗不息"的信念，而且要通过教育、培训等方式积极鼓励、引导员工进行个人职业生涯设计，帮助员工实现岗位的水平轮换和垂直升迁，使员工在流动中重新认识自我，以便最大限度地开发其潜能。

### 三、利用新技术创建现代化人力资源管理模式

传统的人力资源管理模式通过管理员工的工作行为和表现达到管理的目的，只注重表面工作，没有意识到企业发展的根本是生产力，轻视员工的工作质量和效率，从而在很大

程度上制约了企业的发展。因此,在科技信息时代高速发展的背景下,要通过应用互联网改革人力资源管理模式,使人力资源管理模式往现代化方向发展,不断挖掘员工的创造力和巨大潜能,不断提高员工的整体水平,促进人力资源管理工作迈上新台阶。同时,要将人力资源管理和科技信息技术有效结合在一起,及时获取人力资源管理所需相关资料,使人力资源管理工作更高效,降低人力资源管理的成本,使人力资源管理更加现代化。此外,人力资源管理应该重视员工的工作绩效管理,制定科学完善的绩效标准和考核制度。由于员工的工资和绩效息息相关,可实施奖惩机制,奖励绩效较好的优秀员工,提升其工作热情和工作质量,让员工在自身的岗位上发光发热,发挥最大价值。

## 四、人力资源管理走向信息化、数字化

《中国互联网发展报告（2021）》指出：2020年中国数字经济规模达到39.2万亿元，占GDP比重达38.6%，保持9.7%的高位增长速度，成为稳定经济增长的关键动力。大数据、物联网和人工智能等技术的革新，加速了组织面临的市场变化，使员工的工作方式、组织的人力资源管理发生了根本性变化，如打破了人力资源雇用组织的边界，智能化机器人和算法使得传统劳动力在组织中的价值被重构等。人力资源管理正在经历数字化转型变革，由此衍生出数字化人力资源管理，它与此前提出的信息化人力资源管理既有共同点，又有区别。共同点在于：两者均要求在人力资源管理过程中使用新兴技术手段驱动人力资源，将信息技术渗透到人力资源的选、用、育、留等环节，提高人力资源工作的透明度、质量和效率。区别在于：信息化人力资源管理更关注提升组织效率、减少人力资源部门人员冗余与行政负担；而数字化人力资源管理更关注重塑员工体验、激发组织价值创造。

数字化人力资源转型过程主要划分成三层：第一层是人力资源的数字化阶段，该阶段只是简单地把人力资源管理工作转移到线上，称为"上线时期"；第二层是数字化的人力资源管理阶段，此时开始真正使用数字化所带来的创造性价值且对转型有更深的体验感；第三层是智慧型决断阶段，此时是数字化率领时期，企业通过分析以往的实践经验，得出相应的关键指标，然后凭借关键数据指标判断企业的人力资源管理水平和运营状况。

## 五、人力资源管理工作外包

在经济全球化的影响下，国内越来越多的企业把人力资源管理工作交给专门的机构进行管理，即外包，但仅限于最基础的人力资源管理工作，如整理员工资料及评定职称等。对于专业性较强的人力资源管理工作，如招聘、绩效考核和培训工作等，仍需要企业内部实施统一的人力资源管理。将基础的人力资源管理工作外包出去是为了降低企业的运营成本，使企业在运营过程中获取更多的利益，不断提高企业综合竞争力，促进企业往更好的方向发展。

【专题拓展1-4】　　　　　　怀特·巴克

## 本章小结

　　人力资源是指能够推动国民经济和社会发展的、具有智力劳动和体力劳动能力的人的总和，包括数量和质量两个方面。人力资源是一种特殊资源，同其他资源相比，它具有生物性、周期性、再生性、社会性、主观能动性和创造性的特征。

　　人力资本是通过对人力资源投资而体现在劳动者身上的体力、智力和技能，它是另一种形态的资本，与物质资本共同构成国民财富，而这种资本的有形形态就是人力资源。

　　人力资源管理是根据企业的发展目标，有计划、有意识地部署人力资本的战略方法。人力资源管理的各个阶段，包括招聘、培训、选拔、绩效评估、激励等，是为了释放员工的潜力，使其贡献最大化，为企业创造价值，并最终使整个组织受益。

　　人力资源管理的演变过程包括传统人事管理、人事管理、人力资源管理和战略人力资源管理四个阶段。

　　人力资源管理的发展趋势表现在：科学的考评和合理的价值分配成为激发员工创造性的关键；工作设计与职业生涯管理成为人力资源开发的永恒主题；利用新技术创建现代化人力资源管理模式；人力资源管理走向信息化、数字化；人力资源管理工作外包。

 ## 复习思考题

1. 简述人力资源的概念和特征。
2. 人力资源和人力资本有何区别？
3. 什么是人力资源管理？
4. 人力资源管理的职能和任务分别是什么？
5. 简述人力资源管理在演变过程中经历了哪些阶段。
6. 简述人力资源管理的发展趋势。

 案例分析

### 腾讯的人力资源管理发展进程

问题：

1. 腾讯从创立开始，员工离职率一直保持得较低的原因是什么？
2. 腾讯的人力资源管理经历了哪几个发展阶段？每个阶段有何不同？
3. 腾讯是如何管理人力资源的？

# 第二章　人力资源战略规划与供求预测

## 本章导读

中国有句古语"凡事预则立，不预则废"，意思是说：在做任何事情的时候，如果要取得成功，就必须提前做好计划，否则往往会失败。人力资源管理同样如此，为了保证整个系统的正常运转，发挥其应有的作用，组织必须认真做好计划，也就是说，必须认真制定人力资源战略规划。企业只有正确地认识到人力资源战略规划在人力资源管理过程中的重要性，才能在日益复杂的经营环境中求得长期生存和持续发展。

## 学习目标

**知识目标**：了解人力资源战略规划的概念；掌握人力资源需求预测和供给预测的方法。

**思政目标**：理解计划先行是一切事情成功的基础，凡事提前做准备可以给自己争取更多的选择和主动时间，从而培养学生统揽全局的能力，学会用发展的眼光看待问题。

**能力目标**：培养规划能力，掌握以定性或定量分析方法预测需求和供给的能力。

**素质目标**：能迅速应对市场变化，及时合理地制定人力资源战略规划。

## 关键概念

人力资源战略（human resource strategy，HRS）

人力资源规划（human resource planning，HRP）

人力资源战略规划（human resources strategic planning）

人力资源需求预测（human resource demand forecast）

人力资源供给预测（human resource supply forecast）

人力资源总体规划（human resources master plan）

人力资源业务规划（human resources business plan）

## 第一节　企业战略与人力资源规划概述

### 一、企业战略与人力资源战略

企业人力资源战略与企业整体战略是密不可分的，人力资源战略应当与企业整体战略相适应，同时在一定程度上影响企业整体战略的制定。因此，在学习人力资源战略相关内容之前，应先了解企业战略。

#### （一）企业战略及其管理过程

企业战略（enterprise strategy）是指企业根据环境变化，依据本身资源和实力选择合适的经营领域和产品，形成自己的核心竞争力，并通过实施差异化战略在竞争中取胜的过程。企业战略管理是将企业的主要目标、政策和行为等整合为一个有机整体的过程，该过程至少可以划分为五个基本步骤。

1. 定义企业的宗旨和使命

定义企业的宗旨和使命一般包括以下内容：一是确定企业所要服务的特定的相关利益群体；二是确定满足这些相关利益群体的行动，如强调为员工发展提供机会、为社会提供就业机会等。

2. 考察企业经营的外部环境

这是指对影响企业实现其宗旨的技术、经济、政治以及社会力量等展开系统分析。

3. 分析企业的优势和劣势

分析的重点在于企业内部资源相对于竞争对手而言具有哪些明显的优势、受到哪些关键因素的制约。

4. 确定企业的发展战略目标

企业战略可分为成本领先战略、差异化战略和集中战略。企业可以根据自身情况和外部环境选择一种适合自身的战略。与此同时，企业也需要确定中短期发展目标，涉及企业的销售额、利润、预期的资本收益率，以及客户服务和员工发展等关键领域。

5. 制定企业战略行动方案

该行动方案应包括企业在组织结构、人力资源、财务、营销等方面做出怎样的部署或改进，采取什么行动和措施，以实现企业的战略目标。企业在此阶段就应针对人力资源进行战略性考虑，并对员工招聘、选拔、发展和奖励等有所规划，如此就为企业的人力资源战略与规划奠定了基础。如果企业领导层在制定企业战略行动方案时没有考虑企业的人力资源战略，没有在人力资源方面做出相关决策，就很难形成有效的人力资源战略。

【☆思政专栏2-1】 提升当代大学生的大局意识

当代大学生是青年一代中最富有知识、才华和创造性的精英群体，未来将成为习近平新时代中国特色社会主义事业发展的主力军，成为经济社会发展各条战线的中坚力量。因此，提升当代大学生的大局意识，是养成大学生终身发展必备品格的关键举措，是高校思想政治工作的重要任务，是检验立德树人成效的重要标准，是培养新时代接班人的必然要求，无疑具有重大而深远的实践意义。

## （二）人力资源战略

目前，人们对人力资源战略有两种理解：一种是将它理解为市场定位过程。按照这种理解，根据波特对企业战略分类的思路，可将人力资源战略划分为成本领先、质量领先和差异化三种战略。另一种则是将它理解为一种管理过程，即企业通过人力资源管理实现战略目标的过程，这也可以称为"战略性人力资源管理"。一般而言，对人力资源战略的各种理解在实践中没有本质的区别。本书对人力资源战略的定义基于以上两种理解，即人力资源战略是企业根据内部和外部环境分析，确定企业目标，从而制定出企业的人力资源管理目标，进而通过各种人力资源管理活动实现企业目标和人力资源目标的过程。

企业在不同的生命周期阶段，采用的人力资源战略并不相同。具体划分如下。

1. 创业期的人力资源战略

创业期就是一个新企业的诞生过程，这个时期的不利因素有很多，如产品质量不稳定、产品花色或品种单一、产量低、市场占有率低、产品成本高、产品价格高、竞争对手多、管理水平低、缺乏管理经验、管理不规范、企业缺乏资金、知名度低等。这一时期，企业人员少、人才少，没有明确的分工，常常一个人当十个人用，人才使用的特点是高低配置，即高级人才低位使用。企业处于创业期时，成员往往不分彼此，对名誉、地位、金钱都不过分计较，靠的是创业者的极大热情和雄心，以及极强的创新精神。这一时期人力资源战略的核心是：充分发挥企业创始人的人格魅力、创造力和影响力，注意利用"外脑"，即向他人学习、向外单位学习；在工作中善于发现、培养技术型和管理型人才，为以后企业朝规范化、制度化方向发展打下坚实的基础；促进人才组织化，帮助员工规划自己的职业生涯。

2. 成长期的人力资源战略

这一时期企业的典型特征是：产品有市场，销售量增加，企业的生产人员和销售人员大量增加；企业人员和销售量的增加使企业的规模迅速扩大，由此企业开始明确组织结构、建立规章制度，进入规范化管理阶段；企业有一定的创新能力和核心竞争力，顾客、社会开始关注这类企业，企业开始注意自己的形象。企业在快速成长的同时，也存在大量的问题，如结构脆弱、人才短缺。此时期企业在人力资源方面实行低高配置，即低级人才高位使用，主要原因是：新进人员熟悉企业环境较慢，不能迅速认同企业文化；技术人员不能顺应技术发展趋势，技术优势减弱；市场人员不能充分了解产品和市场情况，服务能力不足，企业市场竞争力弱；管理人员难以有效履行职能；个人潜能开发不足，难以满足个人发展的需要。这一时期企业人力资源战略的核心是：完善组织结构，加强组织建设和人才培养，大量吸纳高级人才，让员工从事具有挑战性的工作，丰富其工作内容，使其承担更多的责任；根据市场法则确定企业与员工双方的权利、义务和利益关系；企业与员工建立共同愿景，在共同愿景的基础上形成一致的价值观；企业对员工的心理期望与员工对企业的心理期望达成一致，二者建立彼此信任与相互承诺的关系，实现企业和员工的共同发展。

3. 成熟期的人力资源战略

成熟期是企业生命周期中最辉煌的时期，这一阶段，企业的规模、销售量、利润、员工、市场占有率、竞争力、研发能力、生产能力、社会认可度等都达到了最佳状态，但企业也容易得"大企业病"，即员工易骄傲自满、彼此沟通不畅、滋生官僚主义、创新精神减弱等。在此时期，企业在人力资源方面实行高高配置，即高级人才高位使用。人力资源战略的核心是激发企业的灵活性，具体措施是：建立"学习型组织"，制定企业发展规划，建立人力资源储备库，采取比竞争对手更优秀的人才垄断战略；组织职位设计分析，明确员工职责；加强针对性培训，解决老员工知识老化问题；采取多样化激励手段，吸引、保留企业所需人才；制定关键人力资源"长名单"（即企业在关键职位上制定的两三个层级的后备接替人员名单），以应对关键人员跳槽或突发事件的发生。

4. 衰退期的人力资源战略

企业在衰退时期的问题有：管理不善，销售量和利润大幅度下降；设备和工艺落后，产品更新速度慢，市场占有率下降；负债增加，财务状况恶化；员工队伍不稳定，员工士气不高、不公平感增强，对自己职业生涯发展的期望值降低，敬业精神弱化，人才浪费严重，企业缺乏积极上进的组织气氛。此时，企业的人力资源表现为低低配置，即低级人才低位使用。此时的企业要么衰亡，要么蜕变。其人力资源战略的核心是人才转型，对员工后期发展给予指导，在新的领域开展人才招聘和培训，实现企业的二次创业。

企业在生命周期的不同阶段，人力资源战略的重心有所不同，采取的措施也有所不同。企业必须根据自身的条件，不断地解决问题和矛盾，采取不同的人力资源战略，这样才有可能实现可持续发展。

☞【专题拓展 2-1】　　　海尔集团的人力资源战略管理

## 二、人力资源规划

人力资源规划（human resource planning，HRP）是指在企业发展战略和经营规划的指导下，对企业在某个时期内的人员供给和人员需求进行预测，并根据预测结果采取相应的措施以平衡人力资源的供需，满足企业对人员的需求，为实现企业的战略目标和支持企业的发展提供高质量的人力资源保障。它有三层含义：①人力资源规划是一种预测；②人力资源规划的主要工作是预测供需关系，并据此制定必要的人力资源方案和措施；③人力资源规划必须和企业战略相匹配，必须反映企业的战略意图和目标。

要准确地理解人力资源规划的含义，必须把握以下几个要点。

第一，人力资源规划要建立在企业发展战略和经营规划的基础上，要以企业的最高战略为坐标，否则人力资源规划就会成为空中楼阁。

第二，人力资源规划应当包括两部分内容：一是对企业在特定时期内的人员供给和需求进行预测；二是根据预测的结果采取相应的措施以寻求供需平衡。

第三，人力资源规划对企业人力资源供给和需求的预测要从数量和质量两个方面来着手，数量只是其中一个方面，更重要的是保证质量，也就是说供给和需求不仅要在数量上达到平衡，还要在结构上达到匹配。

通过制定人力资源规划，企业基本能够解决以下几个问题。

第一，企业在某一特定时期内对人力资源的需求有多大，即企业需要多少人员、这些人员的构成和应达到的要求是什么样的。

第二，企业在特定时期内能够得到多少人力资源的供给、各类各层次职位分别能得到多少人力资源的供给。

第三，在特定时期内，企业人力资源供给和需求的比较结果是怎样的、企业应当通过什么方式达到人力资源供需的平衡。

可以说，上述三个问题形成了人力资源规划的三个基本要素，涵盖了人力资源规划的主要内容。如果能够对这三个问题做出比较明确的回答，那么人力资源规划的主要任务就完成了。

### （一）人力资源规划的内容

人力资源规划的内容主要分为人力资源总体规划和人力资源业务规划。

**1. 人力资源总体规划**

人力资源总体规划是对计划期内人力资源规划结果的总体描述，包括预测的需求和供给分别是多少，做出预测的依据是什么，供给和需求的比较结果是怎样的，企业平衡供需的原则和总体政策是什么，等等。

人力资源总体规划中最主要的内容包括：①供给和需求的比较结果，也可以称作净需求，制定人力资源规划就是为了得出这一结果。②阐述在计划期内企业对各种人力资源的需求和人力资源配置的总体框架，阐明人力资源方面的重要方针、策略和原则，如人才招聘、晋升、降职、培训与开发、奖惩和工资福利等方面的重大方针和策略。③制定人力资源投资预算。

**2. 人力资源业务规划**

人力资源业务规划是对总体规划的分解和细化，具体包括人员补充计划、人员配置计划、人员接替和提升计划、人员培训与开发计划、薪酬激励计划、员工关系计划和退休解聘计划等内容。针对业务规划中的每一项内容，都应当设定具体的目标、任务和实施步骤，它们的有效实施是总体规划得以实现的重要保障。

### （二）人力资源规划的分类

在实践中，按照不同标准，人力资源规划可划分为不同的种类，对这些种类的区分，有助于更加深入地理解人力资源规划的内容。

1. 按照规划的独立性划分

以人力资源规划的独立性为标准,可以将其划分为独立性人力资源规划和附属性人力资源规划。独立性人力资源规划是指将人力资源规划作为一项专门的规划,最终结果体现为一份单独的规划报告,类似于市场、生产、研发等职能部门的职能性战略规划;附属性人力资源规划则是指将人力资源规划作为企业整体战略规划的一部分,在规划整体战略的过程中对人力资源进行规划,并不是专门进行的,最终结果大多不单独出现。独立性人力资源规划的内容往往比较详细;附属性人力资源规划的内容往往比较简单,甚至会省略某些项目。

2. 按照规划的范围大小划分

以人力资源规划的范围大小为标准,可以将其划分为整体人力资源规划和部门人力资源规划。整体人力资源规划是指在整个企业范围内进行规划,将企业的所有部门都纳入规划的范围;部门人力资源规划则是指在一个或几个部门范围内进行规划。虽然整体人力资源规划是以部门人力资源规划为基础的,但两者并不是从属关系,有时企业可能只制定部门人力资源规划而不制定整体人力资源规划。

3. 按照规划的时间长短划分

以人力资源规划的时间长短为标准,可以将其划分为短期人力资源规划、中期人力资源规划和长期人力资源规划三类。短期人力资源规划是指一年及一年以内的规划,这类规划的周期相对较短,因此它的目标比较明确,内容也比较具体,更多地体现为操作性内容。长期人力资源规划是指五年及五年以上的规划,这类规划的周期比较长,对各种因素不可能做出准确的预测,因此这类规划往往是指导性的,在具体实施时要根据内外部环境的变化而不断调整,具有较强的战略性色彩。中期人力资源规划则介于长期和短期之间,一般是指一年以上、五年以下的规划。对短期规划来说,中期规划具有一定的指导性;对长期规划来说,中期规划则是对它的具体落实,就好比长期规划的阶段性目标,具有战术性特点。

### (三) 人力资源规划的意义

人力资源规划的实施对于企业的良性发展及人力资源管理系统的有效运转具有非常重要的意义。

1. 人力资源规划有助于企业发展战略的制定

前面已经提到,在制定人力资源规划时要以企业的发展战略和经营规划为依据,但是两者之间并不是简单的单向关系,而是双向的互动关系。企业的发展战略是对未来的一种规划,这种规划势必需要将自身的人力资源状况作为一个重要的变量加以考虑。例如,如果预测的人力资源供给无法满足设定的目标,就要对发展战略和经营规划做出相应的调整。因此可以说,制定好人力资源规划有助于推动企业发展战略和经营规划的实现,使整体战略更加切实可行。

2. 人力资源规划有助于企业保持人员稳定

人力资源规划的制定基于对企业人力资源状况的全面分析和评价,包括企业人力资源的总量、类别和年龄结构、相对充裕度等。通过制定人力资源规划，不仅可以了解企业内部是否存在人才浪费现象，也可以了解企业外部是否有出色的人才可以吸收，从而改善企业人员的素质和结构。同时，企业的正常运转需要保持自身人员状况的相对稳定，但所有企业都是在复杂的内外部环境下从事生产经营活动的，其所处的环境总是处于不断的发展变化之中，因此企业为了生存和发展，必须依据环境的变化及时做出相应的调整，如改变经营计划、调整组织结构等，这些调整往往会引发人员数量和结构的变化，以及人力资源需求的变化。此外，企业内部的人力资源也处于不断的变化之中，如员工辞职、退休等，这也会引起人员数量和结构的变化。由于人力资源的特殊性质，这些变化造成的影响往往有一定的时滞性，企业为了保证人员的稳定，必须提前预测这些变化并制定出相应的措施，即必须提前制定人力资源规划。

3. 人力资源规划有助于企业降低人工成本

人力资源对企业来说具有非常重要的意义，它在为企业创造巨大价值的同时也给企业带来了一定的成本开支。理性的企业是以利润最大化为目标的，追求以最小的投入实现最大的产出，因此企业不太希望拥有的人力资源超出自己的需求，否则不仅会造成人力资源的浪费，而且会增加人工成本。通过制定人力资源规划，可以预测企业人员的变化，逐步调整企业的人员结构，避免人力资源的浪费，使企业人员结构趋向合理化，将员工的数量和质量控制在合理的范围内，从而节省人工成本，大大提高人力资源的利用效率。

4. 人力资源规划对人力资源管理的其他职能具有指导意义

人力资源规划作为企业的战略性决策，是企业制定具体人力资源管理决策的依据。人力资源管理决策对企业管理的影响很大，如涉及晋升政策、培训政策、分配政策等，因此调整起来很困难。为了尽可能使企业人力资源管理决策准确无误，需要人力资源规划提供尽可能准确的人力资源供需信息，在此基础上，企业才能制定出科学合理的人力资源管理决策。

## 第二节 人力资源战略规划概述

### 一、人力资源战略规划的定义

人力资源战略规划（human resources strategic planning）有广义和狭义之分。广义的人力资源战略规划是指根据组织的发展战略、目标及组织内外环境的变化，预测未来的组织任务和环境对组织的要求，以及为完成这些任务、满足这些要求而提供人力资源的过程。换言之，广义的人力资源战略规划强调人力资源对组织战略目标的支撑作用，从战略层面考虑人力资源战略规划的内容和作用。因此，它既包括对人力资源数量、质量与结构的系统规划与安排，也包括对实现人力资源战略目标的策略与相应职能的系统规划与安排。其作用等同于人力资源管理战略，是企业经营战略的有机组成部分。而狭义的人力资源战略规划是指对可能的人员需求、供给情况做出预测，并据此储备或缩减相应的人力资源。可见，狭义的人力资源战略规划以追求人力资源的平衡为根本目的，它主要关注的是人力资源供求在数量、质量与结构上的匹配。

依据人力资源战略规划的着眼点不同，可以将其划分为仅考虑组织利益的人力资源战略规划和兼顾组织利益与个人利益的人力资源战略规划。前者是将必要质量和数量的人力资源安排到通常为金字塔结构的各级工作岗位上。从组织的目标、发展和利益要求出发，在适当的时间，向特定的各个工作岗位提供合乎岗位要求的劳动力，以满足特定生产资料对人力资源的数量、质量和结构的要求。显然，这是受古典管理思想影响的结果。后者是在有效设定组织目标和满足个人目标之间保持平衡的条件下使组织拥有与工作任务要求相适应的必要数量和质量的人力资源。这种人力资源战略规划所要实现的组织目标是包括实现个人利益在内的，人力资源规划的过程就是力求使组织发展与个人成长协调一致的过程，其最终目的是实现组织与个人的共同成长。显然，行为科学对此种观点的形成有深刻的影响。

上述各种人力资源战略规划的定义，都大致包括如下四种含义。

（1）组织外部的政治、经济、科学技术、文化等处于不断的变化之中，使得组织的战略目标也处于不断的调整之中，由此组织内部和外部的人力资源供给与需求也处于不断的变动之中，因此寻求人力资源供给与需求的动态平衡是人力资源规划的基点，也是人力资源战略规划存在的必要条件。

（2）人力资源战略规划是以组织战略目标为基础的，当组织战略目标与经营方式发生变化时，人力资源战略规划也应随之发生变化。因此制定人力资源战略规划的过程是一个不断调整的动态过程。

（3）人力资源战略规划是一个依据人力资源战略对组织所需人力资源进行调整、配置、补充的过程，而不单单是预测人力资源供给与需求的变化。在此过程中，必须有人力资源管理其他系统的支持和配合，才能保证适时、适人、适岗。

（4）人力资源战略规划要保障组织和个体都得到长期的利益，但更多的是保障组织的利益得到实现，保障个体利益主要是由人力资源管理其他系统实现的。

人力资源战略规划着眼于为企业未来的生产经营活动预先准备人力资源，它所考虑的不是某个具体的人员，而是一类人员，个人的发展规划融于某一类人员的发展规划之中。因此，人力资源战略规划的实质是一种人力资源管理策略，可为企业的人力资源管理活动提供指导。

【专题拓展 2-2】　　美国西南航空公司：以人为先战略的舵手

## 二、人力资源战略规划的目的

### （一）规划人力发展

人力发展包括人力预测、人力增补及人员培训，这三者紧密相连、不可分割。一方面，人力资源规划要对人力现状予以分析，以了解人事动态；另一方面，要对未来人力需求做出预测，以便对企业人力的增减做出通盘考虑，再据以制订人员增补和培训计划。所以，人力资源战略规划是规划人力发展的重要依据。

### （二）促进人力资源的合理运用

只有少数企业的人力资源配置完全符合理想的状况，在相当多的企业中，存在一些人的工作负荷过重，而另一些人的工作过于轻松；一些人的能力有限，而另一些人感到能力有余，未得到充分利用。人力资源战略规划可改善这种人力资源分配的不平衡状况，促进人力资源的合理运用。

### （三）配合组织发展的需要

任何组织都要不断地追求生存和发展，而影响其生存和发展的主要因素是人力资源的获得与运用，也就是如何适时、适量及适当地使组织获得所需的各类人力资源。现代科学技术日新月异、社会环境变化多端，做好人力资源战略规划可帮助组织适应这些多变的因素，配合组织发展的需要。

### （四）降低用人成本

影响企业用人数量的因素有很多，如业务量、技术革新、机器设备更新、工作制度、工作人员的能力等。人力资源战略规划可通过对现有人力资源结构进行深入分析，找出影响人力资源有效运用的瓶颈问题，使人力资源效能得到充分发挥，降低用人成本。

## 三、企业经营战略与人力资源战略规划的关系

人力资源战略规划的制定必须基于一定的假设系统，否则人力资源战略规划的整个过程与结果便缺乏理论指导与现实根基。人力资源战略规划的假设系统是指在设计人力资源战略规划的技术体系与流程之前，技术的构建者和使用者对人力资源战略规划内部各要素之间及其与外部环境要素之间的相互关系的抽象理解。人力资源战略规划是对企业经营战略的承接，要正确认识和理解人力资源战略规划的假设系统，需要从其源头——企业经营战略出发（见图2-1）。

图2-1 企业经营战略与人力资源战略规划

企业经营战略可以从两个角度进行思考：外部战略观和内部战略观。

## （一）外部战略观

外部战略观即竞争战略观，是指基于企业市场竞争的环境与态势确定企业的战略及目标。通过研究行业最主要的经济特征、发展规律及前景，竞争对手的优、劣势，确定最适合本企业的经营方式与运作模式，即企业经营战略。

基于外部战略观的人力资源战略规划首先要分析市场竞争环境与态势，如运用波特战略理论中的市场五要素分析等方法，选择低成本、差异化或专一化战略（见表2-1）等确定企业的研发导向、生产导向、资本运作导向等。然后，据此确定人力资源战略规划的重点，设计出一系列人力资源管理政策、制度、流程和工具，帮助员工获得核心专长与技能，形成恰当的理念与行为方式，确保企业实现经营战略目标。

表2-1 不同企业经营战略与其对应的人力资源战略规划

| 企业经营战略 | 一般组织特征 | 人力资源战略规划 |
| --- | --- | --- |
| 低成本战略 | 持续的资本投入；<br>严密监督员工；<br>经常、详细的成本控制；<br>低成本的配置系统；<br>结构化的组织和责任；<br>方便制造的产品设计 | （一）招聘录用：因岗定编<br>• 外部招聘多为基层职位<br>• 以岗位为核心<br>（二）明确的工作说明书<br>• 详尽的工作规则<br>• 强调具有技术上的资格证明<br>（三）薪酬<br>• 强调以工作为基础的薪资<br>• 低工资成本<br>（四）绩效评估<br>• 用绩效评估作为控制机制<br>（鼓励节约与降低成本）<br>（五）培训<br>• 强调与工作有关的培训<br>• 培训种类单一 |
| 差异化战略 | 营销能力强；<br>重视产品的开发与设计；<br>研究能力强；<br>公司以品质或科技的领导著称；<br>公司的环境可吸引高科技人才、科学家或具有创造力的人 | （一）招聘录用<br>• 外部招聘为主<br>• 松散的工作规划<br>• 工作范围广；工作边界模糊<br>• 薪酬：强调以个人为基础的薪资<br>（二）绩效评估<br>• 用绩效评估作为员工发展的工具<br>• 鼓励创新和弹性<br>（三）培训<br>• 注重以团队为基础的培训<br>• 培训种类多样化 |
| 专一化战略 | 结合了低成本战略和差异化战略，具有特定的战略目标 | 结合上述两种人力资源战略规划的重点 |

#### （二）内部战略观

内部战略观的实质是基于企业资源的战略观，即企业的竞争优势来源于其所控制的战略性资源，因而企业战略制定应以内部资源利用效果最大化为目标，从企业内部已有的资产、品牌、信息、知识、人才等资源出发打造竞争优势。它的应用价值在于使管理者把目光集中到企业自身的力量上，帮助管理者识别能够产生持续竞争优势的资源，并从提高资源使用效率的角度制定企业的战略与决策。

基于内部战略观的人力资源战略规划的要点在于企业人力资源管理系统效率的提高与整合，是围绕人与组织之间的互动作用过程，通过完善人力资源管理与开发的各个环节，提高现有人力资源的投入产出比，使人力资本增值，进而为企业战略目标的实现提供人力支持的。

总之，人力资源战略规划是企业经营战略的一部分，是为企业经营战略服务的，是企业为达成经营战略目标而确定的人力资源配置目标、计划与方式，是企业人力资源开发与管理工作的"龙头"。

### 四、人力资源战略规划的制定步骤

人力资源战略规划的制定大体可分为四个步骤：相关信息的收集与研究、预测人力资源供求、制定人力资源规划和执行人力资源规划。

#### （一）相关信息的收集与研究

信息资料是制定人力资源战略规划的依据。一般情况下，与人力资源战略规划有关的信息资料包括以下内容。

1. 经营战略

明确企业的经营战略是制定人力资源战略规划的前提。企业经营战略的内容主要包括战略目标、产品组合、市场组合、竞争重点、经营区域、生产技术等，这些因素的不同组合会对人力资源战略规划提出不同的要求。因而，制定人力资源战略规划时，必须掌握与企业经营战略有关的信息。

2. 经营环境

制定人力资源战略规划还要受到企业外部经营环境的制约，如经济、科技、文化、法律、人口、交通、教育等，劳动力市场的供求状况，劳动力的择业期望等。随着知识经济时代的到来，市场变化愈加迅速，产品生命周期越来越短，消费者的偏好日趋多元化，导致企业面临的经营环境越来越难以预测，由此对人力资源管理工作，特别是对基础性人力资源战略规划提出了更高的要求。如何使企业的人力资源战略规划既能适应经营环境变化导致的人力资源需求变化，又能摆脱固定人力资源框架造成人力成本过高的缺陷，已成为人力资源战略规划所面临的核心问题。因而，必须通过制定具有弹性的人力资源战略规划来提高企业的应变能力，为企业在未来经营环境中的生存和发展奠定坚实的基础。

3. 人力资源现状

分析企业现有的人力资源状况是制定人力资源战略规划的基础。要实现企业的经营战略，首先应对企业的人力资源现状进行调查研究，即对现有人力资源的数量、素质、结构、使用状况、员工潜力、流动率等进行全面统计和科学分析。在此基础上，找出现有人力资源与企业发展要求的差距，并通过充分挖掘现有人力资源的潜力满足企业发展的需要。

## （二）预测人力资源供求

在收集和研究与人力资源供求有关的信息之后，就要选择合适的预测方法，对人力资源的供求进行预测，即了解企业对各类人力资源在数量和质量上的需求，以及能满足需求的企业内外部人力资源的供给情况，得出人力资源的净需求数据。在预测供求时，内部供给预测是重点，而外部供给预测应侧重于关键人员。人力资源供求的预测具有较强的技术性，是人力资源战略规划中的关键内容。

## （三）人力资源战略规划的制定

这是一项具体而细致的工作，包括制定人力资源总体规划和各项业务规划，以及确定时间跨度。根据供求预测的不同结果，规划者对供大于求和供小于求的情况应分别采取不同的策略和措施，使人力资源达到供求平衡，同时应注意各项业务规划的相互关系，以确保它们之间的衔接与平衡。

## （四）人力资源战略规划的执行

执行人力资源战略规划主要包括三个步骤：实施、审查与评价、反馈。

1. 实施

实施是人力资源战略规划执行中最重要的步骤。实施前要做好充分的准备工作，实施时应严格按照规划进行，并设置完备的监督和控制机制，以确保人力资源战略规划的顺利实施。

2. 审查与评价

人力资源战略规划实施结束了，并不意味着人力资源战略规划执行完毕。接下来，还要对人力资源进行综合的审查与评价。通过审查与评价，可以调整有关人力资源方面的项目及其预算，控制人力资源成本；可以听取管理人员和员工对人力资源管理工作的意见，动员广大管理人员和员工参与人力资源管理，以利于调整人力资源战略规划和改进人力资源管理。

首先，在评价人力资源战略规划时，可以从以下几个方面对人力资源的合理性做出间接判断。

（1）规划者对问题的熟悉程度和重视程度。规划者对人力资源相关问题的熟悉程度越高、重视程度越高，人力资源战略规划的合理程度越高。

（2）规划者与提供数据者以及使用人力资源规划的管理人员之间的工作关系。这三者之间的关系处理得越好，所制定的人力资源战略规划就越合理。

（3）规划者与相关部门进行信息交流的难易程度。信息交流越容易，越可能制定出科学合理的人力资源战略规划。

（4）人力资源战略规划在管理人员心目中的地位和价值。管理人员越重视人力资源战略规划，规划者就越重视人力资源战略规划的制定过程，制定的规划越客观、越合理。

其次，可以对人力资源战略规划的实施结果，即人力资源战略规划所带来的效益进行评价，以判断人力资源战略规划的合理性和有效性。评价时可侧重以下内容。

（1）实际招聘人数与预测需求人数的比较。
（2）劳动生产率的实际提高水平与预测提高水平的比较。
（3）实际的执行方案与规划的执行方案的比较。
（4）实际的人员流动率与预测的人员流动率的比较。
（5）实施行动方案后的实际结果与预测结果的比较。
（6）劳动力的实际成本与预算成本的比较。
（7）行动方案的实际成本与预算成本的比较。

以上各项内容之间的差距越小，说明人力资源战略规划越合理。在对人力资源规划的审查与评价过程中，要注意选择正确的方法，以保证审查与评价的客观、公正与准确。

3. 反馈

对审查与评价的结果进行及时反馈是执行人力资源战略规划不可缺少的步骤。通过反馈，可以了解原规划的不足之处，对规划进行动态的跟踪与修改，使其更符合实际，更好地促进企业经营战略目标的实现。

【☆思政专栏2-2】　　　**当代大学生应树立正确择业观**

要树立正确的择业观，首先要对就业大环境有清晰的认识和理解，降低期望值，主动适应经济建设与社会发展的需要。其次，要正确认识自我，确立职业理想，做科学的职业规划。要把自己的个人理想与社会主义现代化建设的伟大实践相结合，让理想照进现实，结合自身兴趣确立与市场经济相适应的职业目标，既要力所能及，又要结合实际，还要考虑后续发展。最后，要有积极乐观的就业心态，提升自身素质和能力。必须克服消极懒惰思想，充分利用大学的美好时光，面对自己的职业规划，有针对性地进行知识储备和社会实践，努力学习专业知识，夯实理论基础，把自己培养成社会所需要的人才。

资料来源：刘廉明，顾京慧，祁少华. 大学生职业生涯规划与就业指导[M]. 2版. 厦门：厦门大学出版社，2022.

# 第三节　人力资源需求预测

## 一、人力资源需求预测的影响因素

人力资源需求预测（human resource demand forecast）是指根据企业的发展规划和企业的内外部条件选择适当的预测技术，对人力资源需求的数量、质量和结构进行预测。我们可以从以下几个方面理解其含义。

（1）预测的内容包括内部和外部环境条件，必须符合现实情况。

（2）预测是为制定企业发展规划服务的，这是预测的目的。

（3）预测要遵循科学性、经济性和可行性原则，选择恰当的预测技术，综合各方面做出选择。

（4）预测的结果是未来人力资源的数量、质量和结构。

企业对人力资源需求的预测受到诸多因素的影响，具体可分为内部因素和外部因素，如表2-2所示。

表2-2　人力资源需求预测的影响因素

| 企业内部因素 | 企业外部因素 |
| --- | --- |
| 企业规模的变化；<br>经营方向的变化；<br>技术与管理的变化；<br>人员流动率 | 经济环境；<br>社会、政治、法律等的变化；<br>技术变革；<br>竞争者；<br>劳动力市场变化 |

## （一）企业内部因素

1. 企业规模的变化

企业规模的变化主要包括两种情况：业务范围不变时，规模的扩大或缩小使企业对人力资源数量的需求随之增加或减少；业务范围改变时，规模的变化不仅会对人力资源需求的数量产生影响，而且会导致人力资源的结构需求发生变化，新的业务需要掌握新技能的人员。

2. 经营方向的变化

经营方向发生变化时，企业的规模不一定改变。因此，对人力资源在数量上的需求不一定变化，但人力资源的结构会随之改变，因为不同的经营领域需要具有不同技能的人员。

3. 技术与管理的变化

企业内部引进新的生产技术或管理技巧，一方面会因为劳动生产率的提高而使企业所需要的人员数量减少，另一方面对管理人员和技术人员的数量和质量的需求也会增加。

4. 人员流动率

人员流动率是指由于辞职、解聘或合同期满后终止合同等原因引起的职位空缺规模。人员流动率的大小会直接影响企业对人力资源的需求。

## （二）企业外部因素

影响人力资源需求的外部因素主要包括经济环境，社会、政治、法律等的变化，技术变革，竞争者和劳动力市场变化。经济环境包括未来的社会经济发展状况、经济体制的改革进程等，它对企业人力资源需求的影响巨大，但很难预测；社会、政治、法律等的变化常常引起人力资源需求的变化；技术变革对企业人力资源的影响较大，如工业革命大大提高了劳动生产率，使企业对人力资源的数量与质量需求发生激变；企业外部竞争者的易变性导致社会对企业产品或劳务需求的变化，同时影响企业的人力资源需求；劳动力市场变化，无论是供给变化、需求变化还是二者同时发生变化，都会影响企业的人力资源需求，只有掌握劳动力市场变化的规律，才能够有针对性地制定人力资源规划。

## 二、人力资源需求预测的方法

一般来说，人力资源需求的预测方法可分为两大类——定性分析预测法和定量分析预测法。定性分析预测法亦称非数量分析法，是一种主观的分析方法，主要依靠预测人员的丰富实践经验及主观的判断和分析能力，推断出事物的性质和发展趋势。定量分析预测法则是通过统计和数学方法来研究变量之间的相互关系。

### （一）定性分析预测法

1. 管理人员判断法

管理人员判断法是指企业内的管理人员凭借个人的经验和直觉，对企业未来的人力资源需求进行预测。这是一种简单的方法，主要用于短期预测，既可以单独使用，也可以与其他方法结合使用。当单独使用时，在环境变化不大和组织规模较小的情况下，能取得良好的效果。当与其他方法结合使用时，常常利用管理人员的判断对定量方法的预测结果进行必要的修正。这是因为在某些情况下，定量方法的预测结果会与实际不符，主要有以下三种情况。

（1）提高产品或劳务质量的决策或进入新市场的决策会影响对企业新进人员和现有人员的能力等特征的需要，这时只有数量分析是不够的。

（2）生产技术水平的提高和管理方式的改进会减少对人力资源的需求，这在数量分析中难以反映出来。

（3）企业在未来能够支配的财务资源不仅会制约新进员工的数量，也会制约新进员工的质量，因为财务资源制约着员工的薪酬水平。

2. 德尔菲法

1964年，美国兰德（RAND）公司的赫尔默（Helmer）和戈登（Gordon）发表了"长远预测研究报告"，首次将德尔菲法用于技术预测。之后，德尔菲法被迅速地应用于美国和其他国家。除科技领域之外，它几乎可以应用于任何领域的预测，如军事预测、人口预测、医疗保健预测、经营和需求预测、教育预测等。此外，它还被用于评价、决策和规划工作，备受规划制定者和决策者的青睐。据《未来》杂志报道，从20世纪60年代末到70年代中期，专家会议法和德尔菲法（以德尔菲法为主）在各类预测方法中所占比重由20.8%增加到24.2%。20世纪80年代以来，我国不少企业也采用德尔菲法进行预测、决策分析和规划编制工作。

（1）德尔菲法的实施步骤。

① 确定问题。通过精心设计问卷，要求成员提供可能的解决方案（采用征询函方式，

就所要预测的内容向有关领域内的专家提出问题)。

② 每一个成员匿名独立完成问卷填写（各个专家独立地提出各自的意见和看法）。

③ 将所有问卷的结果集中后统一编辑、誊写和复制（将专家的意见收集起来进行综合整理）。

④ 每个成员收到一份问卷结果的复制件（将结果反馈给所有专家）。

⑤ 看过结果后，再次请成员提出他们的解决方案。第一轮的结果常常能激发出新的方案或改变某些成员的原有观点（每个专家根据综合整理的结果，在慎重考虑其他专家的意见后，或修正自己的意见，或提出新的论证和方案）。

⑥ 重复④、⑤两步，直到取得大体上一致的意见。

采用德尔菲法需要注意两点：一是并不是所有被预测的事件都要经过以上六步，有的事件可能在第二步就可达到统一；二是在第六步结束后，专家对各事件的预测也不一定能达到统一，若不统一，也可以用中位数法和上下四分点法得出结论。事实上，总会有许多事件的预测结果不统一。

(2) 德尔菲法的优、缺点。

德尔菲法的优点是避免了群体决策中面对面的争论，能使参与决策者畅所欲言；缺点是耗时长、较复杂，信息处理工作量大。

(3) 运用德尔菲法应遵循的原则。

① 被选择的专家应具有一定的代表性、权威性。

② 取得参与者、决策层和其他高级管理人员的支持。

③ 征询的问题与预测目的高度相关，数量不宜太多，问题间不应相互包含，措辞要准确且要确保所有专家都能答复。

④ 统计分析时应区别对待不同的问题，针对不同专家的权威性给予其意见不同权重。

⑤ 提供给专家的信息应该尽可能充分，以便其做出判断。

⑥ 只要求专家做出粗略的数字估计，而不要求十分精确。

⑦ 调查单位或领导小组意见不应强加于调查问卷之中，要防止出现诱导现象。

⑧ 避免组合事件，如一个事件同时包括"专家同意"和"专家不同意"两方面的信息，专家将难以做出回答。

【专题拓展2-3】　　　　德尔菲法名称的由来

(二) 定量分析预测法

1. 趋势分析法

趋势分析法是指预测者根据员工数量的历史数据来预测其长期变动趋势，从而对企业未来的人力资源需求做出预测。具体做法是：把时间作为自变量，把人力资源需求量作为因变量，根据历史数据，在坐标轴上绘出散点图；由图形可以直观地判断应拟用哪种趋势线（直线或曲线），从而建立相应的趋势方程；用最小二乘法求出方程系数，确定趋势方程；根据趋势方程便可对未来某一时间段的人力资源需求进行预测。

**【例 2-1】** 已知某企业过去 12 年的人力资源数量如表 2-3 所示,预测未来第三年的人力资源需求量。

表 2-3　某企业过去 12 年的人力资源数量

| 年度 | 1 | 2 | 3 | 4 | 5 | 6 | 7 | 8 | 9 | 10 | 11 | 12 |
|---|---|---|---|---|---|---|---|---|---|---|---|---|
| 人数/人 | 510 | 480 | 490 | 540 | 570 | 600 | 640 | 720 | 770 | 820 | 840 | 930 |

**解:** 根据表 2-3,将年度作为横坐标、人数作为纵坐标,绘制出散点图,如图 2-2 所示。

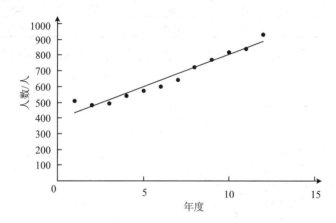

图 2-2　某企业过去 12 年的人力资源数量散点图

由散点图可知,应建立直线趋势方程

$$Y = a + bX \tag{2-1}$$

式中：$Y$——人数；

$X$——年度。

利用最小二乘法,可以得出 $a$、$b$ 的计算公式

$$a = \overline{Y} - b\overline{X} \tag{2-2}$$

$$b = \frac{\sum_{i=1}^{n}(X_i - \overline{X})(Y_i - \overline{Y})}{\sum_{i=1}^{n}(X_i - \overline{X})^2} \tag{2-3}$$

代入数据可得：$a = 390.8$,$b = 41.3$,则

$$Y = 390.8 + 41.3X$$

所以,未来第三年的人力资源需求量为 $Y = 390.8 + 41.3 \times 15 = 1010$（人）

**2. 回归分析法**

回归分析法是指根据数学中的回归原理对人力资源需求进行预测。其基本思路是：首先,确定与企业中人力资源的数量和构成高度相关的因素,建立回归方程；然后根据历史数据,计算出方程系数,确定回归方程,如此只要得到了相关因素的数值,就可以对人力资源的需求量做出预测。回归分析包括一元线性回归分析、多元线性回归分析和非线性回归分析。一元线性回归分析是指与人力资源需求高度相关的因素只有一个；多元线性回归

分析是指有两个或两个以上的因素与人力资源需求高度相关；如果人力资源需求与其相关因素不存在线性关系，就应该采用非线性回归分析。多元线性回归分析与非线性回归分析非常复杂，通常使用计算机来处理；一元线性回归分析比较简单，可以运用公式来计算。

【例 2-2】已知某医院床位数和所需护士数的历史记录如表 2-4 所示，根据医院的发展计划，要将床位数增加至 700 张，则那时将需要多少个护士？

表 2-4 某医院床位数和所需护士数的历史记录

| 床位数/张 | 100 | 200 | 300 | 400 | 500 | 600 |
|---|---|---|---|---|---|---|
| 护士数/人 | 250 | 270 | 450 | 490 | 640 | 670 |

**解**：根据表 2-4，将床位数作为横坐标、护士数作为纵坐标，绘制出散点图，如图 2-3 所示。

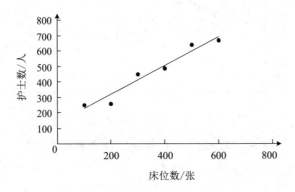

图 2-3 某医院床位数和所需护士数散点图

由散点图可知，应建立直线趋势方程

$$Y = a + bX$$

式中：$Y$——护士数；

$X$——床位数。

利用最小二乘法，可以得出 $a$、$b$ 的计算公式

$$a = \overline{Y} - b\overline{X}$$

$$b = \frac{\sum_{i=1}^{n}(X_i - \overline{X})(Y_i - \overline{Y})}{\sum_{i=1}^{n}(X_i - \overline{X})^2}$$

代入数据可得：$a = 20$，$b = 1$，则

$$Y = 20 + X$$

所以，如果床位增加到 700 张，则需要的护士数为 $Y = 20 + 700 = 720$（人）

### 3. 比例分析法

比例分析法是通过计算某些原因性因素和所需员工数量之间的比例来确定人力资源需求的方法。主要分为两种：一是人员比例法。例如，某企业有 200 名生产人员和 10 名管理人员，那么生产人员与管理人员的比例就是 20：1，这表明 1 名管理人员管理 20 名生产人

员。如果企业明年将生产人员扩大到 400 人,那么根据比例可以确定企业对管理人员的需求为 20 人,也就是要再增加 10 名管理人员。二是生产单位/人员比例法。例如,某企业有生产工人 100 名,每日可生产 50 000 单位产品,即一名生产工人每日可生产 500 单位产品。如果企业明年要扩大产量,每日生产 100 000 单位产品,根据比例可以确定需要生产工人 200 名,也就是要再增加 100 名生产工人。

比例分析法假定企业的劳动生产率是不变的,如果考虑到劳动生产率的变化对员工需求量的影响,可采用以下计算公式

$$N = \frac{w}{q(1+R)} \tag{2-4}$$

式中:$N$——人力资源需求量;
$w$——计划期内任务总量;
$q$——目前的劳动生产率;
$R$——计划期内生产率变动系数。

$$R = R_1 + R_2 - R_3 \tag{2-5}$$

式中:$R_1$——由于企业技术进步而引起的劳动生产率提高系数;
$R_2$——由于经验积累而引起的生产率提高系数;
$R_3$——由于年龄增大及某些社会因素而引起的生产率降低系数。

4. 任务分析法

采用任务分析法时,首先将部门所承担的任务分成 A、B、C 三类:A 类为日常性工作,几乎天天发生;B 类为周期性工作,如计划部门制订年度计划、财务部门发放工资等;C 类为临时性或突发性工作,具有不可预见性。然后,根据过去的统计数据及规划期内任务的变动情况,对各项任务的工作量进行估计。最后,对每类中各项任务的工作量进行加总,如表 2-5 所示。

表 2-5 任务分析

| A 类 | | B 类 | | C 类 | |
| --- | --- | --- | --- | --- | --- |
| 任 务 | 工作量 $w_A$ | 任 务 | 工作量 $w_B$ | 任 务 | 工作量 $w_C$ |
| 1 | $w_{A1}$ | 1 | $w_{B1}$ | 1 | $w_{C1}$ |
| 2 | $w_{A2}$ | 2 | $w_{B2}$ | 2 | $w_{C2}$ |
| 3 | $w_{A3}$ | 3 | $w_{B3}$ | 3 | $w_{C3}$ |
| … | … | … | … | … | … |
| 合计 | $\sum w_A$ | 合计 | $\sum w_B$ | 合计 | $\sum w_C$ |

工作量可按小时或工作日计算,由以下公式可计算出该部门的人力资源需求量

$$N_A = \sum w_A / q, \quad N_B = \sum w_B / q, \quad N_C = \sum w_C / q \tag{2-6}$$

$$N = N_A + N_B + N_C \tag{2-7}$$

式中:$q$——每个员工的实际工作时间定额;
$N_A$——A 类任务的人力资源需求量;
$N_B$——B 类任务的人力资源需求量;
$N_C$——C 类任务的人力资源需求量;

$N$——部门人力资源需求总量。

**5. 生产函数预测法**

生产函数预测法是通过建立生产函数来预测人力资源需求的方法，常见的生产函数有考伯—道格拉斯生产函数，它假定产出水平取决于劳动力和资本两种要素的投入水平，于是可列出如下公式

$$P_t = CM_t^a \cdot K_t^b \cdot U_t \tag{2-8}$$

式中：$C$——常数；

$M_t$——$t$ 时期内使用的劳动力总数；

$K_t$——$t$ 时期内使用的资本总额；

$U_t$——对数正态分布误差项；

$P_t$——产出水平；

$a$ 与 $b$ 分别为劳动力和资本的产出弹性，并且在劳动力和资本互补时，$a+b=1$。

对式（2-8）取对数并调整以后可以得到以下公式

$$\log M_t = \frac{1}{a}\log P_t - \frac{1}{a}\log C - \frac{b}{a}\log K_t - \frac{1}{a}\log U_t \tag{2-9}$$

因此，如果已知 $t$ 时期的产出水平和资本总额，通过式（2-9）就可以计算出 $t$ 时期的劳动力需求量。

## 第四节 人力资源供给预测

人力资源供给预测（human resource supply forecast）即估计在未来一段时间内，企业可获得的人力资源的数量和类型。人力资源供给预测同人力资源需求预测一样，都是人力资源规划的重要环节，但它与人力资源需求预测存在以下重要差别：需求预测只研究企业内部需求，而供给预测则包括企业内部人力资源供给预测和企业外部人力资源供给预测。

### 一、人力资源供给预测的方法

对人力资源供给的预测一般应从对内部人力资源的预测入手，即企业应先对自身人力资源进行调整，了解内部还有多少可利用的人力资源，再决定要向外界招募多少人。企业可以根据主观经验及可观察资料评估内部潜在的人力资源供给能力。对于外部供给，由于其影响因素的不可控性，企业一般只能利用现有的资料，而不能对未来的外部人力供给做出详细、准确的预测。下面介绍几种人力资源供给预测方法，这些方法主要适用于内部人力资源供给的预测。

#### （一）人员接续计划

人员接续计划可以预测企业中具体岗位的人力资源供给，避免人员流动造成的损失。制订人力资源接续计划的步骤是：首先，通过工作分析，明确工作岗位对员工的要求，确

定岗位需要的人数；然后，根据绩效评估和经验预测，确定哪些员工能够达到工作要求、哪些员工可以晋升、哪些员工需要培训、哪些员工要被淘汰；最后，根据以上数据，企业可以确定相关岗位上合适的补充人员。

制订人员接续计划，可以避免企业人力资源中断的风险，即通过人员接续计划，企业可建立后续人才储备梯队，根据职位要求提早开展相关培训，这样既培养了后备人才，又有效避免了风险。

### （二）管理人员晋升计划

管理人员晋升计划是预测企业内部管理人员供给的一种简单有效的方法。具体的管理人员晋升模型如图 2-4 所示。

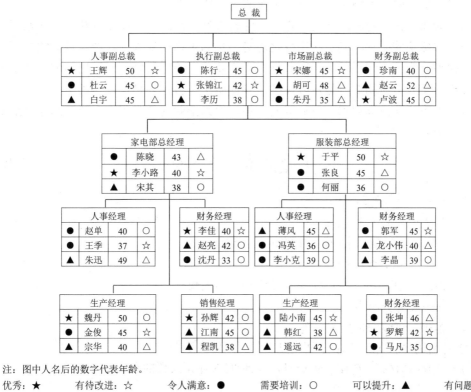

图 2-4 管理人员晋升模型

制订该计划的步骤如下。

（1）确定管理人员晋升计划包括的管理岗位。

（2）确定各个管理岗位可能的接替人选。

（3）评价各个接替人员的当前绩效和提升潜力。根据评价结果，当前绩效可划分为"优秀""有待改进""令人满意"三个级别；提升潜力可划分为"需要培训""可以提升""有问题"三个级别。

（4）确定职业发展需要，并将个人目标与企业目标结合起来。

通过制订管理人员晋升计划，企业可以优先提拔、培养企业内部人员，为其提供良好的发展平台，同时确保企业有足够合格的管理人员供给，为企业的持久发展提供保障。

☞【专题拓展 2-4】　　　　　　　微软的推荐机制

### （三）马尔可夫模型

马尔可夫模型是一种定量分析预测企业内部人力资源供给的方法。它是根据企业内某项工作的人员转移历史数据来计算未来某一时期该项工作的人员转移概率，即人员转移概率的历史平均值，由此预测企业内该项工作的人力资源供给。

马尔可夫模型预测将时间序列看作一个随机过程，通过对事物不同状态的初始概率与状态之间转移概率的研究，确定状态变化趋势，预测事物的未来。在经济预测的方法中，马尔可夫模型不需要连续不断的历史数据，只需要近期的资料就可以做出预测。马尔可夫模型是分析组织人员流动的典型矩阵模型。具体做法是将计划初期每一种工作的人数与每一种工作的人员变动概率相乘，然后纵向相加，得到企业内部未来人力资源的净供给量。其基本计算公式为

$$N_i(t) = \sum_{j=1}^{k} N_j(t-1) P_{ji} + R_i(t) \qquad (2\text{-}10)$$

式中：$i, j$ ——1, 2, 3, …；

　　　　$k, t$ ——1, 2, 3, …；

　　　　$N_i(t)$ ——时刻 $t$ 时 $i$ 类别中的员工人数；

　　　　$P_{ji}$ ——从 $j$ 类向 $i$ 类的转移率；

　　　　$R_i(t)$ ——在时间 $(t-1, t)$ 内 $i$ 类所补充的人数；

　　　　$k$ ——职务分类数。

将式（2-10）写成向量形式，则

$N(t) = [N_1(t), N_2(t), \cdots, N_k(t)]$ 为时刻 $t$ 时人数的行向量；

$R(t) = [R_1(t), R_2(t), \cdots, R_k(t)]$ 为 $(t-1, t)$ 时间内补充人数的行向量。

$$\boldsymbol{P} = \begin{Bmatrix} P_{11} & P_{12} & P_{13} & \cdots & P_{1k} \\ P_{21} & P_{22} & P_{23} & \cdots & P_{2k} \\ \vdots & \vdots & \vdots & & \vdots \\ P_{k1} & P_{k2} & P_{k3} & \cdots & P_{kk} \end{Bmatrix}$$

是各类人员间的转移矩阵。

则式（2-10）可以写成

$$N(t) = N(t-1)P + R(t) \qquad t = 1, 2, \cdots$$

例如，某企业四类人员的转移矩阵为

　　　　　　1　　2　　3　　4　　离开企业

$$P = \begin{Bmatrix} 0.7 & 0.2 & 0 & 0 \\ 0.15 & 0.8 & 0 & 0 \\ 0 & 0.15 & 0.75 & 0.05 \\ 0 & 0.05 & 0.15 & 0.7 \end{Bmatrix} \begin{matrix} 0.1 \\ 0.05 \\ 0.05 \\ 0.1 \end{matrix}$$

其初始人力资源分布如表 2-6 所示。

表 2-6 某企业初始人力资源分布

| 类 别 | | | | 总数/人 |
|---|---|---|---|---|
| 1 | 2 | 3 | 4 | |
| 200 | 240 | 180 | 100 | 720 |

如果每年给每一类职位补充 100 名员工,则可以测算该企业三年后的人力资源分布状况,如表 2-7 所示。

表 2-7 某企业三年后人力资源分布

| | 类 别 | | | | 总数/人 |
|---|---|---|---|---|---|
| | 1 | 2 | 3 | 4 | |
| $t=0$ | 200 | 240 | 180 | 100 | 720 |
| $t=1$ | 276 | 364 | 250 | 179 | 1069 |
| $t=2$ | 348 | 493 | 314 | 238 | 1393 |
| $t=3$ | 418 | 623 | 371 | 282 | 1694 |

马尔可夫模型的关键是确定转移概率,如果转移概率确定了,则运用模型预测就比较简单了。

下面用一个具体的例子清晰地说明马尔可夫模型的应用过程。

【例 2-3】某会计师事务所有四类人员:合伙人(P)、经理(M)、高级会计师(S)、会计员(J)。其初始人数和转移矩阵如表 2-8(a)所示。表 2-8(a)表明,在任何一年里,有 80%的合伙人仍留在该所,20%的合伙人离职;有 70%的经理仍在原职,10%的经理成为合伙人,20%的经理离职;有 5%的高级会计师升为经理,80%的高级会计师仍在原职,5%的高级会计师降为会计员,10%的高级会计师离职;有 15%的会计员晋升为高级会计师,65%的会计员仍在原职,20%的会计员离职。用这些历史数据来代表每类人员转移流动的转移率,可以推算出人员变动情况,即起始时刻每一类人员的数量与每一类人员的转移率相乘,然后纵向相加,就可以得到下一年的各类人员的供给量,如表 2-8(b)所示。

表 2-8 某会计师事务所人力资源供给情况的马尔可夫模型

(a)

| 初始人数/人 | | P | M | S | J | 离职率/% |
|---|---|---|---|---|---|---|
| 40 | P | 0.8 | / | / | / | 0.2 |
| 80 | M | 0.1 | 0.7 | / | / | 0.2 |
| 120 | S | / | 0.05 | 0.8 | 0.05 | 0.1 |
| 160 | J | / | / | 0.15 | 0.65 | 0.2 |

(b)

| 初始人数/人 | P | M | S | J |
|---|---|---|---|---|
| 40 | 32 | 0 | 0 | 0 |
| 80 | 8 | 56 | 0 | 0 |
| 120 | 0 | 6 | 96 | 6 |
| 160 | 0 | 0 | 24 | 104 |
| 合计 | 40 | 62 | 120 | 110 |

从表 2-8（b）可以看出，该事务所下一年将有相同数量的合伙人（40 人）和相同数量的高级会计师（120 人）。但是，经理将减少 18 人，会计员将减少 50 人。可以根据这些数据和正常的人员扩大、缩减或维持计划来采取措施，使人力资源的供给与需求保持平衡。

## 二、影响企业人力资源供给预测的因素及相关评价

虽然企业人力资源供给来自企业内部和外部两个方面，但是企业内部人力资源供给通常是企业人力资源的主要来源，所以为了满足企业未来对人力资源的需求，应该先从企业内部着手，充分挖掘现有人力资源的潜力，通过内部的人员选拔来补充未来可能出现的空缺职位或新增职位。

### （一）影响企业内部人力资源供给的因素

影响企业内部人力资源供给的因素一般包括以下内容。
（1）目前的职工状况，如职工的部门分布、知识技术水平、工种、年龄构成等。
（2）目前职工流动的情况及其原因，预测将来职工流动的趋势，以便采取相应的措施避免不必要的流动，或及时安排替补。
（3）掌握职工提拔和内部调动的情况，可保证工作和职务的连续性。
（4）工作条件（如作息制度、轮班制度等）的改变和出勤率的变动对职工供给的影响。
（5）职工的供给来源和渠道。

### （二）对企业内部选拔的评价

从企业内部选拔合适的人员来满足企业的人力资源需求具有以下明显优势。

第一，从选拔的有效性和可信度来看，管理者和员工之间的信息是对称的，不存在"逆向选择"（员工为了入选而夸大长处、弱化缺点）问题或"道德风险"问题。因为内部员工的历史资料有案可查，管理者对其工作态度、素质能力及发展潜能等方面有比较准确的认识和把握。

第二，从企业文化角度来分析，员工与企业在同一个目标基础上形成的共同价值观和信任感，体现了员工和企业的集体责任及整体关系。员工在企业中工作过较长一段时间，已融入企业文化之中，认同企业的价值观念和行为规范，因而对企业的忠诚度较高。

第三，从企业的运行效率来看，现有的员工更容易接受指挥和领导，便于沟通和协调，避免误会和消除摩擦；贯彻执行方针决策较为顺畅，有利于发挥企业效能。

第四，从激励方面来分析，内部选拔能够给员工提供一系列晋升机会，使员工与企业

共同成长，可鼓舞员工士气，形成积极进取、追求成功的氛围，以实现美好的愿景。

但是，内部选拔的不足之处也是不容忽视的，如内部员工的竞争可能影响企业的内部团结；企业内的"近亲繁殖""长官意志"等现象，不利于个体创新；领导的个人好恶可能导致优秀人才外流或被埋没，可能出现"裙带关系"，滋生企业中的"小帮派""小团体"，削弱企业的效能。

☞【专题拓展2-5】　　　　　沃尔·马特的内部选才

### （三）影响企业外部人力资源供给的因素

影响企业外部人力资源供给的因素是多种多样的，在进行人力资源外部供给预测时应考虑以下内容。

#### 1. 宏观经济形势

宏观经济形势越好，失业率越低，劳动力供给越紧张，企业招聘越困难；宏观经济形势越差，失业率越高，劳动力供给越充足，企业招聘越容易。

#### 2. 人口状况

人口状况是影响企业外部人力资源供给的重要因素，主要包括以下两项内容。

（1）人口总量和人力资源率。它们决定了人力资源供给总量，人口总量越大，人力资源率越高，则人力资源供给越充足。

（2）人力资源的总体构成。主要包括人力资源的年龄、性别、教育、技能、经验等，这决定了在不同的层次与类别上可以提供的人力资源的数量与质量。

#### 3. 劳动力市场的状况

劳动力市场是指劳动力供应和劳动力需求相互作用的市场，即员工寻找工作、雇主寻找雇员的场所。它主要从以下六个方面影响人力资源的供给。

（1）劳动力供应的数量。

（2）劳动力供应的质量。

（3）劳动力的职业选择。

（4）当地经济发展的现状与前景。

（5）雇主提供的工作岗位的数量与层次。

（6）雇主提供的工作地点、工资、福利等。

#### 4. 政府的政策法规

政府的政策法规是影响企业外部人力资源供给的一个不可忽视的因素。各地政府为了促进各地经济的发展、增加本地劳动力的就业机会，颁布了一些相关的政策法规，如防止外地劳动力盲目进入本地劳动力市场；不准歧视妇女就业；保护残疾人就业；严禁童工就业；员工安全保护法规；从事危险工种保护条例；等等。

### （四）对企业外部招聘的评价

虽然从外部招聘人力资源只是满足企业对人力资源需求的一个补充方法，但是，外部招聘也有很多独特的优势。

第一，新员工会带来不同的价值观及新观点、新思路、新方法。外聘优秀的技术人才、营销专家和管理专家，可能带给组织的"技术知识""客户群体""管理技能"等无法从书本上直接学到的内容。

第二，外聘人才可以在无形中给企业原有员工施加压力，使其产生危机意识，激发其斗志和潜能，进而促进企业的发展。

第三，外部挑选的余地很大，使企业能招聘到许多优秀人才，尤其是一些稀缺的复合型人才，这样还可以节省大量内部培养和培训的费用，并促进合理的、社会化人才流动。

第四，外部招聘是一种有效的信息交流方式，企业可以借此树立积极探索、锐意进取的良好形象。

当然，外部招聘也不可避免地存在着不足，包括由于信息不对称，往往造成筛选难度大、成本高，甚至出现"逆向选择"；需要花费较长时间对外聘的员工进行培训和定位；外部招聘可能会挫伤有上进心的内部员工的积极性和自信心；外部招聘可能引发内、外部员工的冲突等。

## 第五节 人力资源供需的平衡

前文详细阐述了企业的人力资源需求情况，也分析了企业内外部人力资源供给，下面对两者进行综合协调，以便根据不同的供需情况制定不同的人力资源战略规划。人力资源供给与需求之间存在四种比较典型的情况：人力资源供给不足；人力资源供给过剩；人力资源供给与需求之间存在结构性失调；人力资源供需平衡。最后一种情况，即完全的人力资源供需相匹配是很难达到的，而且即使存在也只是短期的，不可能存在长期的平衡。这是由企业所处的复杂环境决定的，各种变化因素使企业长期处于波动中，对人力资源的需求也会不断变化。企业应本着人力资源供需平衡原则来应对非平衡的状况，并采取不同的措施。

### 一、人力资源供大于求

对于总量上的人力资源过剩，可以采用以下措施进行调节。

（1）通过开拓新的企业生长点来吸收过剩的人力资源，如扩大经营规模、开发新产品、实行多元化经营等。

（2）开展员工培训，一方面可以提升员工的技能，增强他们的职业能力；另一方面，可以为企业的发展储备人力资源。

（3）减少工作时间，并随之降低工资水平，如让多个员工分担过去一个人就可以完成的工作，并相应地减少工资。

（4）裁员，即以强化企业竞争力为目的而进行有计划的大量人员裁减。裁员是一种短期行为，可以降低劳动力成本，但也可能打击员工士气，带来一些负面影响。但裁员仍不失为一种应对人员过剩的有效方法。

（5）提前退休激励计划，即通过制订提前退休激励计划来使老年员工自愿提前退休。通过该计划，一方面可以减少老年员工较高的人工成本，另一方面可以为年轻员工的发展清除障碍。因而，提前退休激励计划是一种调节人力资源供大于求的有效而明智的措施。但是由于老年员工富有经验且稳定性强，企业也不应该忽视该项计划可能带来的损失。

（6）合并或关闭某些臃肿的机构，以减少人力资源供给，并提高人力资源的使用效率。

## 二、人力资源供小于求

对于总量上的人力资源短缺，可以采取以下措施进行调节。

（1）通过企业内部人力资源的岗位流动，将相对富余的合格人员调往空缺岗位，以增加劳动力的供给。

（2）运用科学的激励手段（如培训、工作再设计等），调动员工的积极性、主动性、创造性，提高劳动生产率，减少对人力资源的需求。

（3）提高企业的资本技术有机构成，提高员工的劳动生产率，相对减少人力资源需求。

（4）延长员工的工作时间或增加工作量，并相应地提高工资。这种方法适用于人员短缺不严重、员工自愿的情况。如果过度地加班加点，势必会引起员工的反对。

（5）雇用临时工。对于一些临时性工作，企业可以采用雇用临时工的方法来应付人员短缺。这种方法可以保持企业生产规模的弹性，并能减少人员福利成本和培训成本。但企业必须注重调节临时工与全职员工的关系，以防负面影响的产生。

（6）制定招聘政策。有计划地进行外部招聘可以满足企业内部某些职位的人员需要。

（7）外包，即企业将较大范围的工作整体承包给外部的组织去完成。通过外包，企业可以将任务交给那些有比较优势的外部代理人去做，从而提高效率、降低成本，减少企业内部对人力资源的需求。

## 三、人力资源总量平衡，结构不平衡

结构上的人力资源不平衡是指某些职位人员过剩，而另一些职位人员短缺。对于这种供求失衡，主要通过以下措施进行调节。

（1）通过企业内部人员的晋升和调任，以满足空缺职位对人力资源的需求。

（2）对于供大于求的普通人力资源，可以有针对性地对其进行培训，提高他们的知识技能，让他们发展成为企业需要的人才，并补充到空缺的岗位上。

（3）通过人力资源外部流动，补充企业某些岗位的人力资源需求，并释放另一些岗位过剩的人力资源。

 **本章小结**

人力资源规划（human resource planning，HRP）是指在企业发展战略和经营规划的指导下，对企业在某个时期内的人员供给和人员需求进行预测，并根据预测结果采取相应的措施以平衡人力资源的供需，满足企业对人员的需求，为实现企业的战略目标和支持企业的发展提供高质量的人力资源保障。它有三层含义：①人力资源规划是一种预测；②人力资源规划的主要工作是预测供需关系，并据此制定必要的人力资源方案和措施；③人力资源规划必须和企业战略相匹配，必须反映企业的战略意图和目标。

人力资源战略规划的制定与实施大体可分为四个步骤：相关信息的收集与研究阶段、预测人力资源供求阶段、人力资源战略规划的制定阶段、人力资源战略规划的执行阶段。

一般来说，人力资源需求的预测方法可分为两大类：定性分析预测法和定量分析预测法。定性分析预测法包括管理人员判断法和德尔菲法。定量分析预测法包括趋势分析法、回归分析法、比例分析法、任务分析法和生产函数预测法。

人力资源供给的预测包括两个方面：企业内部人力资源供给的预测和企业外部人力资源供给的预测。对企业内部人力资源供给的预测，有人员接续计划、管理人员晋升计划和马尔可夫模型等方法。

 **复习思考题**

1. 什么是人力资源规划？什么是人力资源战略规划？
2. 人力资源规划与企业战略之间的关系是什么？
3. 影响人力资源需求预测的因素有哪些？
4. 预测人力资源供给和需求的方法有哪些？
5. 平衡人力资源供求的措施有哪些？

 **案例分析**

## 爱立信的人力资源管理策略

问题：
1. 爱立信的人力资源管理策略有何特点？
2. 爱立信的人力资源管理策略源于内部和外部的哪些因素？

# 第三章 职位分析与胜任素质模型

##  本章导读

人力资源管理是在组织内部对人进行的管理，这种管理通常依托组织从事的活动进行，而组织从事的活动又以具体的职位为基础。不同的职位在组织内发挥着不同的作用，只有在对职位进行综合分析的基础上，才能了解什么样的员工匹配当前职位，使"人与位"有机融合，保证组织高效运转。因此，职位分析是人力资源管理的基础，对人力资源管理的每个环节都有十分重要的意义。

## 学习目标

**知识目标**：了解职位分析的过程和方法；清楚工作中责任的划分，在分工中明确责任意识。

**思政目标**：帮助学生制定职业生涯规划，培养学生树立科学的人生观、价值观和世界观，使其理解只有脚踏实地，才能有所为之。

**能力目标**：综合分析能力；选择并应用职位分析方法的能力。

**素质目标**：掌握职位说明书的编写内容；运用胜任素质模型进行职位分析。

##  关键概念

职位分析（job analysis）
职位分析问卷法（position analysis questionnaire, PAQ）
管理职位描述问卷法（management position description questionnaire, MPDQ）
通用标准问卷（common metrics questionnaire, CMQ）
职能职位分析（functional job analysis, FJA）
职位说明书（job description）
胜任素质模型（competency model）

## 第一节 职位分析概述

### 一、职位分析的基本概念

职位分析是指采用专门的方法获取组织内职位的重要信息，并以特定格式把职位的相关信息描述出来，从而使其他人了解该职位的过程。简单地说，职位分析就是确定某一工

作的任务和内容是什么，谁来完成这些工作，这些工作应于什么时间、在哪里完成，服务对象是谁，以及如何开展工作等。

职位分析的结果是形成职位描述和职位要求。其中，职位描述是以书面描述的方法说明工作中需从事的活动，以及工作中所使用的设备和工作条件等信息。而职位要求用来说明承担这项工作的员工所必须具备的特定技能、工作知识、身体素质和个人特征的最低要求。职位分析是人力资源管理中必不可少的环节，与人力资源的开发、控制、激励等密切相关。

职位分析可以回答或者解决以下两个主要问题。

第一，某一职位是做什么事情的。这一问题与职位的工作活动有关，包括职位名称、职责、工作要求、工作场所、工作时间、工作条件等一系列内容。

第二，什么样的人对某一职位来说最适合。这一问题与从事某一职位的人的素质有关，包括年龄、专业、必要的知识和能力、必备的证书、工作经历、心理认知等内容。

## 二、职位分析的基本术语

在职位分析中，常常会使用到一些术语，这些术语的含义经常被人们混淆，因此，理解并掌握它们的含义对科学有效地进行职位分析十分重要。

1. 工作要素

工作要素是指工作中不能继续分解的最小动作单位。例如，酒店里负责接待客人的服务员在客人刚刚到酒店时要帮客人运送行李，运送行李这项工作任务中就包含将行李搬运到行李推车上、推动行李推车、打开客房的行李架、将行李搬到行李架上四个工作要素。

2. 任务

任务是为了达到某种工作目的而进行的一个工作要素或一系列工作要素的集合。例如，生产线上给瓶子贴标签这一工作任务就只有一个工作要素，而上面提到的运送行李的工作任务中就包含四个工作要素。

3. 职责

职责是指任职者为实现一定的组织职能需要完成的一个或一系列工作任务集合。例如，营销部的经理要实现新产品推广的职责就需要完成一系列工作任务，包括制定新产品推广策略、组织新产品推广活动和培训新产品推广人员等。

4. 岗位

岗位是指任职者为了完成工作使命需要完成的一项或多项职责的集合。一般来说，组织中的每个任职者都对应一个岗位，岗位与人对应，有多少个任职者就有多少个岗位。例如，大多数企业中都存在总经理、秘书、出纳、招聘主管、营销总监等岗位。

5. 职位

职位是指一个或一组职责类似的岗位所形成的组合。一个职位可能只涉及一个岗位，也可能涉及多个岗位。例如，制造型企业生产部门的操作员是一个职位，而操作员职位由钻孔操作员、层压操作员、丝印操作员等岗位组成。

6. 职位族

职位族是企业内部具有非常广泛的相似内容的相关工作群，又称为职位群。例如，企业内所有从事技术的职位组成技术类职位族、所有从事销售工作的职位组成销售类职位族。

7. 职业

职业是指由不同组织中的相似工作组成的跨组织工作集合，如教师职业、秘书职业等。

【☆思政专栏3-1】　　　　　当代大学生应树立正确的工作价值观

职位分析的内容介绍为当代大学生树立正确的工作价值观打下基础。正确的职业价值观对大学生的就业观念、择业行为、职业目标以及将来职业发展都具有重要影响，它能够引导大学生不断完善自己的知识结构，培养良好的职业素质以适应时代的发展和社会的需要；能引导大学生的择业行为，帮助大学生树立良好的职业道德；能促进大学生适应复杂多变的社会环境，激励他们在任何职业领域都爱岗敬业。

资料来源：刘廉明，顾京慧，祁少华. 大学生职业生涯规划与就业指导[M]. 2版. 厦门：厦门大学出版社，2022.

## 三、职位分析的目的

任何组织设置某一职位都期望该职位任职者能够履行一定的职责，完成一定的任务。当组织规模较小的时候，组织的拥有者可以作为代言人向职位的任职者传递组织的期望。而当组织规模比较大之后，就需要靠管理者传递组织期望。而管理者对该职位有自己的认识，他们既有可能正确地理解组织期望，也有可能错误地理解组织期望。同样，经管理者传递，该职位的任职者对该职位也会有自己的理解，这种理解同样有可能比较到位，也有可能不到位。若管理者并没有正确理解组织期望，传递也不到位，就会导致任职者也没有正确理解组织期望，如图3-1（a）所示，则任职者可能每天都很忙，但实际上是做无用功。为了保证任职者尽可能地多为组织创造价值，应保证组织期望、管理人员传递、员工自我知觉完全一致，如图3-1（b）所示。要达到这种效果，就需要采用一定的方法，对相关职位进行科学、客观的分析，形成职位说明书。这样，管理者与员工就能正确理解相关职位，保证组织期望得以贯彻与实现，这是职位分析最根本的目的。从职位分析的根本目的可以看出，职位分析是管理者为了确保员工尽可能做有用功而必须做的一件事。职位分析本质上应该是管理者的工作，而不只是人力资源管理部门的工作。

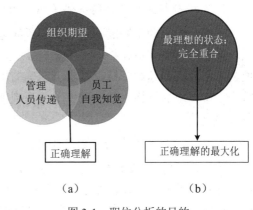

图3-1　职位分析的目的

## 四、职位分析的作用

职位分析对于人事研究和人事管理具有非常重要的作用。全面和深入地进行职位分析，可以使组织充分了解相关工作的具体特点和对工作人员的行为要求，为制定科学的人事决策奠定坚实的基础。

在人力资源管理中，几乎每一个方面都要运用职位分析所取得的成果。具体可以分为三个部分：组织决策（如组织结构开发）、人力资源管理，以及工作和设备设计，如表 3-1 所示。

表 3-1 职位分析成果应用

| 组织决策 | 人力资源管理 | 工作和设备设计 | 其他用途 |
| --- | --- | --- | --- |
| 组织结构；<br>组织计划；<br>组织政策 | 人员的聘用选拔；<br>员工的培训与开发；<br>绩效测量和评定；<br>工资管理；<br>劳动关系 | 工作设计；<br>方法设计；<br>职务设计；<br>安全 | 制订教育课程计划；<br>职业咨询 |

具体地说，职位分析有以下八个方面的作用。

1. 职位分析为人力资源规划提供了必要的信息

职位分析可以对企业内部各个职位的工作量进行科学的分析判断，从而为职位的增减提供必要的信息。此外，职位分析对各个职位任职资格的要求也有助于企业展开人事预测并制订计划。每一个单位对于本单位或本部门的工作职务安排和人员配备都必须有一个合理的计划，并根据生产和工作发展的趋势做出人事预测。职位分析的结果可以为有效的人事预测和计划提供可靠的依据。对于一个单位有多少种工作岗位；这些岗位目前的人员配备能否达到工作和职务的要求；今后几年内职务和工作将发生哪些变化；单位的人员结构应做什么样的调整；几年甚至几十年内，人员增减的趋势如何；后备人员的素质应达到什么水平等问题，都可以依据职位分析的结果做出适当的处理和安排。

2. 职位分析为员工招聘提供了明确的标准

职位分析有助于明确制定工作职务的近期和长期目标；掌握工作任务的静态和动态特点；提出对有关人员在心理、生理、技能、文化和思想等方面的要求。职位分析对各个职位的工作内容和任职资格都做出了明确的规定，可通过心理测评和工作考核，选拔和任用符合工作要求的合格人员，减少了主观判断在招聘环节造成的负面影响，有利于提高招聘录用的质量。

3. 职位分析为人员的培训与开发提供了确定的依据

职位分析对各个职位的工作内容和任职资格都做出了明确的规定，因此可以据此对新员工开展岗前培训，让他们了解自己的工作；还可以针对员工与职位任职资格要求的差距进行相应的培训，以提高员工与职位的匹配程度。根据实际工作要求和聘用人员的不同情况，有针对性地安排培训内容和方案，以培训促进工作技能的发展，提高工作效率。

4. 职位分析为制定公平、合理的薪酬政策奠定了基础

职位分析对各个职位承担的责任、从事的活动、资格、要求等做出了具体的描述，一

方面，企业可以根据各个职位在企业内部相对重要性的大小给予不同的报酬，从而确保薪酬的内部公平性；另一方面，可为各种类型的各种任务确定先进、合理的工作定额。所谓先进、合理，就是在现有工作条件下，经过一定的努力，大多数人能够达到，其中一部分人可以超过，少数人能够接近的定额水平。它是动员和组织员工、提高工作效率的手段，是工作和生产计划的基础，也是制定企业部门定员标准和工资奖励制度的重要依据。工资奖励制度是与工资定额和技术等级标准密切相关的，把工作定额和技术等级标准的评定建立在职位分析的基础上，就能制定出比较合理公平的报酬制度。

5. 职位分析为科学的绩效管理提供了帮助

职位分析对每个职位所从事的工作及所要达到的标准都做出了明确的界定，这就为绩效考核提供了明确的标准，减少了评价中主观因素的影响，提高了考核的科学性。工作的考核、职务的提升如果缺乏科学的依据，将影响员工的积极性，造成工作和生产损失。职位分析的结果可以作为制定各项工作的客观标准和考核依据，也可以作为职务提升和工作调配的条件和要求。

6. 职位分析为合理的组织决策提供了动力

借助职位分析，企业的最高经营管理层能够充分了解每一个工作岗位上的人目前所做的工作，建立规范化工作程序，使工作职责明确，目标清楚，可发现职位之间的职责交叉和职责空缺，并及时有效地进行职位调整，优化组织结构。在职位分析过程中，企业高层管理人员能够充分地了解企业经营的各个重要业务环节和业务流程，从而有助于企业因时制宜地制定、实施规划与策略。

7. 职位分析为改善工作设计和环境指引了方向

职位分析不但可以确定职务的任务特征和要求，建立工作规范，而且可以检查工作中不利于发挥员工积极性和能力的内容，同时可发现工作环境中加重工作负荷、造成工作疲劳与紧张等的各种不合理因素。职位分析还有利于改善工作设计和整个工作环境，从而最大限度地调动员工的工作积极性，使员工在更有利于身心健康的、安全舒适的环境中工作。

8. 职位分析为加强职业咨询和职业指导提供了帮助

职位分析可以为职业咨询和职业指导提供可靠和有效的信息。职业咨询和指导是劳动人事管理中的一项重要内容。

【专题拓展 3-1】　职位分析的起源：泰罗的"时间动作研究"

## 第二节　职位分析的操作过程与方法

职位分析是企业人力资源管理的一项基础性常规工作。无论是人力资源部门经理，还是各业务部门经理，都应该根据工作目标、工作流程、企业战略和市场环境的变化对工作做出相应的动态调整，而不能认为职位分析是一劳永逸的事情。

职位分析中需要收集的信息如表 3-2 所示。

表 3-2 职位分析中需要收集的信息

| | |
|---|---|
| 1. 工作活动<br>（1）工作活动和过程，如清洁活动。<br>（2）活动记录，如列出活动清单。<br>（3）所采用的程序。<br>（4）个人责任。<br>2. 工作中人的行为<br>（1）人的行动，如感知、沟通。<br>（2）针对方法分析的基本动作。<br>（3）工作对身体的要求，即体力消耗程度。<br>3. 所采用的机器、工具、设备和辅助用具<br>4. 与工作相关的有形和无形的内容<br>（1）所涉及或应用的知识，如会计知识。<br>（2）加工的原材料。<br>（3）制造的产品和提供的服务。 | 5. 工作业绩<br>（1）错误分析。<br>（2）工作标准。<br>（3）工作计量，如完成任务的时间。<br>6. 工作环境<br>（1）工作日程表。<br>（2）工作物理环境。<br>（3）组织和社会的环境。<br>（4）物质奖励和非物质奖励。<br>7. 工作对个人的要求<br>（1）个人特征，如个性、兴趣爱好、生理特征和人格品行等。<br>（2）所需要的学历和培训程度。<br>（3）工作经验。 |

## 一、职位分析的操作过程

在人力资源管理系统中，职位分析是一项技术性非常强的工作，为了保证实施的效果，在实际操作过程中必须遵循一定的步骤并注意相关的问题。职位分析过程可以分为四个阶段：准备阶段、调查阶段、分析阶段和总结阶段，如图 3-2 所示。

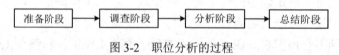

图 3-2 职位分析的过程

### （一）准备阶段

准备阶段是职位分析的第一个阶段，这一阶段主要完成以下几项任务。

（1）明确职位分析的目的。也就是说，要明确职位分析的结果是用来解决什么问题的。只有明确了职位分析的目的，才能确定需要收集哪种信息，以及使用哪种技术收集这些信息。

（2）确定并培训职位分析小组。根据职位分析的目的和工作量大小确定职位分析小组人员的数量和专业知识、经验、结构等。小组成员一般由以下三类组成：一是企业的高层领导；二是职位分析人员，主要由人力资源管理专业人员和熟悉本部门情况的人员组成；三是外部专家和顾问，他们具有相关方面的丰富经验和专业技术，既可以防止职位分析的过程出现偏差，也有利于结果的客观性和科学性。承担实际工作的职位分析人员通常接受过针对一种或多种职位分析方法的正式培训。

（3）确定调查分析对象的样本。选择有代表性的样本进行分析，避开工作样本相似所带来的工作成本耗费高的问题。此时，选择典型的工作进行分析显然是必要且可行的。

## （二）调查阶段

在收集完与职位相关的信息之后，就要进入职位分析的下一个阶段，即调查阶段，这一阶段需要完成以下几项工作。

（1）确定收集内容及方法。在确定调查分析对象的基础上，根据分析的目的，确定收集工作内容及相关信息的方法，编制各种调查问卷和调查提纲。

（2）调用相关背景材料。利用现有的文件与资料，如组织结构图、工作流程图、岗位责任制度、工作日记等对工作的主要任务、主要职责、工作流程进行分析总结。如果有现成的职位说明书，则可用作重新编写职位说明书的基础。职位分析小组可以指出原职位说明书中不清楚、模棱两可的问题或对新的职位说明书提出拟解决的主要问题。

（3）收集职位的相关信息。在完成以上工作之后，就可以正式收集职位的相关信息了。具体包括工作中人的活动，如精力的消耗、体力的消耗等；工作中所使用的机器、工具、设备及工作辅助用品，如计算机、仪器等；工作绩效的信息，如完成工作所耗费的时间、工作中出现的误差等；工作的环境条件，如是在室内工作还是在室外工作等。

## （三）分析阶段

分析阶段的主要任务是对职位和任职者的调查结果进行全面的总结分析。职位分析提供了与工作的性质、功能及任职资格有关的信息，而只有与从事这些工作的员工及他们的直接主管人员核对才能保证这些信息不出现偏差。这一核对工作既有助于确保职位分析所获得信息的正确性、完整性，也有助于确定这些信息能够被所有与被分析工作相关的人所理解。分析阶段的具体工作如下。

（1）整理资料。将收集到的信息按照职位说明书的各项要求进行归类整理，查看是否有遗漏的项目，如果有，则返回上一个阶段，重新调查。

（2）审查资料。对资料进行归类整理以后，职位分析小组的成员要一起对所获得的工作信息的准确性进行审查，如有疑问，需要找相关人员核实或者返回上一个阶段重新调查。

（3）分析资料。如果收集的资料没有遗漏，也没有错误，接下来就要对这些资料进行深入分析，要归纳总结出职位分析所必需的材料和要素，指出各个职位的主要责任和关键因素。

## （四）总结阶段

这是整个职位分析过程的最后一个阶段。这一阶段的任务有以下三项。

（1）编写职位说明书。首先，根据对资料的分析结果，按照一定的格式编写职位说明书的初稿，然后将其反馈给相关人员进行核实。对于意见不一致的地方要重点讨论，无法达成一致的，则返回到调查阶段，重新分析。最后，形成职位说明书的定稿。职位说明书的编写将在本章第三节详细介绍。

（2）对整个职位分析过程进行总结，找出其中存在的问题，总结成功经验，这有利于以后更好地展开职位分析。

（3）将职位分析的结果运用于人力资源管理及企业管理的相关方面，真正发挥职位分析的作用。

【专题拓展 3-2】　　山东铝业如何分析职务、评价岗位

## 二、职位分析的方法

收集职位相关信息可以运用多种方法。在实践中，企业可以根据职位分析的目的，选择并采用一种或多种分析方法。依据不同的标准，可以将这些方法划分成不同的类型。例如，按照收集信息的方式，可以划分为结构性方法和开放性方法；按照收集信息的手段，可以划分为直接方法和间接方法。这里按照收集信息的性质，分为定性方法和定量方法两类。

### （一）定性方法

这类方法主要是指一些传统的方法，包括访谈法、问卷调查法、观察法、关键事件扩展法、工作日志法、工作实践法等。以这类方法收集的信息以叙述性为主，带有较强的主观色彩。

1. 访谈法

访谈法是指通过面对面交谈来获取职位信息的一种方法。它是目前国内外企业运用得较为广泛、相对比较成熟和有效的方法。采用这种方法，一般需要根据实际情况对任职者、该职位的直接上级及其他对该职位比较了解的人员进行访谈。

1）访谈的内容

访谈的内容一般包括：工作目标是什么；组织为什么设立这一职位；根据什么确定该职位的报酬；工作内容如何界定；任职者在组织中有多大的作用，其行动对组织产生的影响有多大；工作的性质和范围是什么；等等。这些内容是访谈的核心，主要了解该职位在组织中的作用，其上下级的职能关系，其所需的一般技术知识、管理知识、人际关系知识、需要解决问题的性质及自主权；该职位所负责任有多大，涉及组织、战略政策、控制、执行等方面。

2）访谈的形式

根据访谈对象的数量不同，可以将访谈法分为两种类型：个别访谈法和集体访谈法。个别访谈法就是同一时间只对一个人进行访谈，集体访谈法就是同一时间对多个人进行访谈。个别访谈法主要在各职位的工作职责有明显差别时使用，集体访谈法则主要在多名员工担任同样的职位时使用。对于有些工作，主管与任职人员的说明可能不同，分析人员必须把双方的资料结合在一起，予以独立观察与证实。这不仅需要运用科学的方法，还需要有较强的人际交往技能，如此才能真正透彻地了解职位信息。

3）访谈时应注意的问题

在运用访谈法时，需要注意以下几个关键问题：一是要对访谈人员进行培训，具体包括访谈的目的、内容、安排、技巧与注意事项等；二是要慎重选择访谈对象，访谈对象必须是对该职位比较了解且能够客观陈述该职位主要信息的人员；三是要合理安排访谈，包括访谈的时间、地点、访谈的提纲、录音设备等；四是访谈人员要熟练掌握访谈技巧，其

访谈水平的高低直接决定了访谈的质量,在访谈过程中,访谈人员一定要尽量营造轻松愉悦的氛围,鼓励被访谈者全面客观地提供信息。

4)访谈法的优、缺点

优点:可以通过简单的操作,在短时期内快速地收集职位分析资料;通过被访谈者的工作情景描述,可以获得职位的主要内容及注意事项,既可以获得标准和非标准的资料,也可获得体力和脑力劳动的资料。

缺点:访谈人员对某一工作的固有观念会影响其对分析结果的正确判断;任职者可能出于自身利益的考虑,采取不合作的态度或有意无意地夸大自己所从事工作的重要性、复杂性,导致信息失真;若访谈人员和访谈对象相互不信任,运用该方法具有一定的风险。因此,访谈法不适合单独运用于信息收集,应与其他方法结合运用。

5)访谈的提纲

访谈中既可以提一些结构性问题(如与工作经历有关的问题),也可以提一些开放性问题(如谈谈你所在职位的主要职责)。典型的提问方式如下。

(1)你所做的是一种什么工作?

(2)你所在职位的主要工作职责是什么?

(3)你的工作环境与别人的有什么不同?

(4)做这项工作所需具备的教育程度、工作经历、技能是怎样的?它要求你必须拥有什么样的文凭或工作许可证?

(5)你真正参与的活动有哪些?

(6)你的责任是什么?

(7)你的工作环境和工作条件是怎样的?

(8)工作对身体的要求是怎样的?对情绪和脑力的要求又是怎样的?

(9)工作对安全和健康的影响如何?

(10)在工作中你有可能受到身体伤害吗?你在工作时会暴露于非正常的工作条件之下吗?

实际上,运用访谈法进行职位分析时可以提出的问题远不止以上内容。一般认为,最富有成效的访谈要依据一份结构合理且可以加以核对、对比的问卷。分析人员在运用这种问卷收集资料时,既可以运用前面已讲述过的观察法来观察实际工作情况并自行填写问卷,也可以运用问卷调查法,即先由任职者填写问卷,再由职位分析人员加以整理。访谈法通常不单独运用,而是与观察法、问卷调查法相结合。

2. 问卷调查法

问卷调查法类似于访谈法,只是不与任职者直接见面交谈,而是将需要回答的问题制作成问卷发给对方,让他们当场或在一定时间内填写完,然后返回。通过这种方式收集信息的关键在于问卷的设计质量,在一定程度上,一份设计良好的问卷可以将员工回答问题时可能出现的误差减到最少。

1)问卷的类型

问卷通常包括结构性问卷和开放性问卷两种。结构性问卷由分析人员事先准备好的项目组成,涵盖了分析人员希望了解的工作信息。问卷回答者只需要在问卷项目后填空、选择或对各个项目进行分数评定。结构性问卷简单、明确,不会占用回答者太多时间;但回答方式比较呆板,回答者没有自由发挥的余地。如果问卷中有的项目表达模糊或不切实际,回答者也只能勉强作答或空着不答。而开放性问卷可以让回答者用一段话表达自己的意见,这就给他们提供了发表不同看法的机会,如"请叙述工作的主要职责"。效果最好的问卷介于两者之间,既有结构性问题,也有开放性问题。

2)问卷调查法应注意的问题

问卷调查法,简称问卷法,是比较节省职位分析人员的时间与经费的一种方法,适用于被调查者数量较大的情况。问卷法的效果好坏至少取决于三个因素:一是问卷的设计能否包括一切问题;二是各个问题设计得是否适当、贴切,从而使回答者可以在要求的范围内正确地给予相当标准化的答案;三是如果答卷无强制性,则问卷会不会因太详尽而影响回收率。一般来说,为了保证信息收集的效果,提问时要尽量简单易懂。为避免理解上的偏差,问卷的设计要尽量结构化。

3)问卷调查法的优、缺点

优点:能够迅速得到职位分析所需的资料,速度快;节省时间和人力,实施费用一般比其他方法低;回答者可以在工作之余填写问卷,不会影响工作,可以使调查的样本量很大,适用于需要对很多工作者进行调查的情况;分析资料可以量化,由计算机进行数据处理。

缺点:设计理想的调查问卷要耗费很多时间、人力和物力,设计费用比较高;填写调查问卷由回答者单独进行,缺乏对回答者的鼓励或支持等肯定性反馈;回答者可能不积极配合或不认真填写,从而影响调查的质量。

职位分析中使用的典型问卷如表3-3所示。

3. 观察法

这是由职位分析人员直接观察所需分析的职位,记录某一时期该职位工作的内容、形式、过程和方法,并在此基础上进行分析的方法。在分析过程中,应随时携带员工手册、分析工作指南,以便参考运用。分析人员观察工作时,必须注意员工在做什么,员工如何做,员工为何要做,以及员工的技能如何。而对于可以改进、简化的工作事项,也应予以记录说明。当观察完某工作场所人员如何执行某项工作后,最好再在其他两三处工作场所进行观察,以证实其工作内容,避免因所观察工人个人习惯所产生的缺点而对分析结果产生影响。分析人员应注意,研究的目的是工作而不是个人的特性。

表3-3 调查问卷范例

姓名:_____  职位名称:_____
部门:_____  职位编号:_____
上级职位:_____

1. 任务综述。请用自己的语言简要叙述你的主要工作任务。如果你还负责写报告或做记录,请同时完成第8部分的内容。
2. 特定资格要求。请列举为完成由你的职位所承担的那些任务,需要哪些证书或许可证。
3. 设备。请列举为了完成本职位的工作,你通常使用的设备、机器和工具。

续表

4. 常规工作任务。请用概括的语言描述你的常规工作任务，请根据各项任务的重要性及每个月各项任务所花费的时间百分比将其从高到低排序。

5. 工作关系。你所从事的工作要求你同其他部门或其他人员、其他公司或机构有所接触吗？如有，请列出要求与他人接触的工作任务并说明频繁程度。

6. 监督。你的职位有监督职责吗？如果有，需要监督哪些职位？如果你的职位对其他人的工作还有责任但不是监督责任的话，请加以解释。

7. 决策。请解释你在完成常规工作的过程中所要做出的决策有哪些。如果你的判断或决策质量不高，采取的行为不恰当，那么可能带来的后果是什么？

8. 文件记录责任。请列出需要由你准备的报告或保存的文件资料有哪些，并指出每份报告需要递交给谁。

9. 监督的频率。为进行决策或决定采取其他正确的行动程序，你必须以怎样的频率同你的主管或其他人协商？

10. 工作条件。请描述你是在什么条件下工作的，包括内部条件、外部条件等，请一定将所有令人不满意或非常规的工作条件记录下来。

1）观察法应注意的问题

观察法要求观察者了解工作条件、危险性、所使用的工具及设备等，具有一定的实际操作经验。观察法仅适用于那些工作内容主要是利用身体活动来完成且重复性较强、重复期较短的工作，如装配线工人、安保人员；使用观察法时要注意工作样本选择的代表性，如果没有代表性，则可能在观察中发现不了某些行为；观察者在观察时要注意不得干扰员工的活动，尽量不使其分心，以免妨碍工作的正常进行，影响观察结果的准确性。

2）观察法的优、缺点

优点：通过对工作的直接观察和工作者的介绍，分析人员能更多、更深刻地了解工作要求，从而确保所获得的信息比较客观和正确。

缺点：不适用于脑力劳动成分较高的工作或处理紧急情况的间歇性工作，如律师、教师、急救站的护士等。

职位分析观察提纲如表3-4所示。

表3-4 职位分析观察提纲（部分）

被观察者姓名：_____　　日期：_____
观察者姓名：_____　　观察时间：_____
工作类型：_____　　工作部门：_____
观察内容：
1. 什么时候开始正式工作？
2. 上午工作多少个小时？
3. 上午休息几次？
4. 第一次休息时间从_____到_____。
5. 第二次休息时间从_____到_____。
6. 上午完成多少件产品？

续表

| |
|---|
| 7. 平均多长时间完成一件产品？ |
| 8. 与同事交谈几次？ |
| 9. 每次交谈约多长时间？ |
| 10. 室内温度_____摄氏度。 |
| 11. 上午喝了几次水？ |
| 12. 什么时候开始午休？ |
| 13. 出了多少次品？ |
| 14. 搬了多少次原材料？ |
| 15. 工地噪声____分贝。 |

**4. 关键事件扩展法**

关键事件扩展法是指通过一定的表格对实际工作中工作者特别有效或者特别无效的行为（即关键事件）进行简短的描述，通过积累、汇总和分类，得到实际工作对员工的要求。关键事件扩展法既能获得有关工作的静态信息，也能获得有关工作的动态信息。

（1）关键事件扩展法记录的内容：①事件发生的原因；②有效和无效行为的特征现象；③行为的后果；④工作者可以控制的范围及对其努力程度的评估。

（2）关键事件扩展法的实际操作步骤：①把每一关键事件记录在卡片上；②让多位有经验的职位分析者对所有卡片进行分类，分类的标准可以统一，也可以不统一，对那些分类有争议的事件要加以讨论，直到取得一致意见；③对类别予以明确的概括和定义；④资格条件比较，从关键事件的分类与概括中，可能得出多个任职资格条件，其中有一些可能比另一些更重要，重要程度可按不同的标度评分（1=一点也不重要，2=有点重要，3=重要，4=非常重要，5=极其重要），然后以平均分数值作为各个任职资格条件的权重值。

（3）关键事件扩展法的优、缺点。

优点：关键事件扩展法直接描述工作者在工作中的具体活动，因此可以揭示工作的动态信息；由于它所研究的工作可以被观察和衡量，所以用这种方法获得的资料适用于大部分工作；由于所收集的都是典型的实例，因此对于防范事故、提高效率能起到较大作用。

缺点：收集归纳事例并对其进行分类需要消耗大量时间。另外，由于描述的是具有代表性的工作行为，这样可能会漏掉一些不明显的工作行为，很难对通常的工作行为形成总体概念，因此难以完整地反映工作实际。

对关键事件的记录可由任职者的直接主管或其他目击者按照行为发生的顺序进行记录。为了给确定任职资格提供事实依据，往往需要大量有效和无效的关键事件，并把它们划分成不同的类别和等级。

表3-5将8个关键事件概括为"打字员准确、整洁的质量控制能力"。

表3-5 关键事件概括示例

| |
|---|
| 分析客体：打字员 |
| 关键事件： |
| 1. 注意打印稿中不正确的地方，检查并改正。 |
| 2. 修饰稿件，使它看起来像打印版。 |

续表

3. 检查并修正即将寄出的打印文件。
4. 当怀疑有不恰当的打印时，查阅有关手册。
5. 经常将图表放错位置。
6. 由于粗心而以颠倒的次序打印，在字号大小、位置及其他专业数据等关键信息上出错。
7. 当对某个字的正误无绝对把握时，不愿意查字典而让顾客自己校对。
8. 排版错误，以致必须重打 600~800 页。

概括命名：打字员准确、整洁的质量控制能力

### 【专题拓展 3-3】　　　万家公司的职位分析

#### 5. 工作日志法

工作日志法又称工作写实法，是由员工本人自行实施的一种职位分析方法。该方法要求从事工作的员工每天写现场工作日志，即让他们每天按时间顺序记录他们在一天中所从事的活动，然后通过对员工工作日志的分析来了解员工实际工作内容、人际关系及工作负荷等，从而收集工作信息。

工作日志法的优点是：可以长期对工作进行全面的记录，收集的信息比较全面，可提供一个非常完整的工作图景，不至于漏掉一些工作细节。

它的缺点是：使用范围较小，信息整理量大，归纳工作烦琐。此外，每日程式化的日志记录活动对员工来说缺乏长久的动力，难免马虎和敷衍，员工可能会夸大某些活动，同时也会对某些活动低调处理，可能存在一些误差。因此，工作日志法最大的问题可能是工作日志内容的真实性问题，要求事后对记录和分析结果进行必要的检查。检查工作可由工作者的直接上级来承担。表 3-6 列举了工作日志填写实例。

表 3-6　工作日志填写实例（正文）

4月21日　　　　　　工作开始时间：8:30　　　　　　工作结束时间：17:30

| 序号 | 工作活动名称 | 工作活动内容 | 工作活动结果 | 时间消耗 | 备注 |
|---|---|---|---|---|---|
| 1 | 复印 | 协议文件 | 4页 | 6分钟 | 存档 |
| 2 | 起草公文 | 贸易代理委托书 | 8页 | 1小时15分钟 | 报上级审批 |
| 3 | 贸易洽谈 | 玩具出口 | 1次 | 40分钟 | 承办 |
| 4 | 布置工作 | 对日出口业务 | 1次 | 20分钟 | 指示 |
| 5 | 会议 | 讨论东欧贸易 | 1次 | 1小时30分钟 | 参与 |
| …… | …… | …… | …… | …… | …… |
| 16 | 请示 | 货代数额 | 1次 | 20分钟 | 报批 |
| 17 | 计算机录入 | 经营数据 | 2屏 | 1小时 | 承办 |
| 18 | 接待 | 参观 | 3人 | 35分钟 | 承办 |

注：这一工作比较典型地包括了 5~6 项任务，对于每一项任务都分别列出知识、技术、能力等七项要素，此处省略了其他几项任务的具体内容

6. 工作实践法

顾名思义，工作实践法指的是职位分析人员亲自从事所需分析的工作，从而掌握关于工作要求的第一手资料。这种方法的优点是可以明确地了解工作的实际任务、体力消耗、环境、社会方面的要求；缺点是只适用于短期内可以掌握的工作或者内容比较简单的工作，如餐厅服务等，不适用于需要进行大量训练和相对危险的工作。

### （二）定量方法

尽管观察法、访谈法、问卷法等描述性方法常被用来收集职位分析的信息，但有些职位分析并不适合使用定性的方法，特别是当需要对各项工作价值进行比较来决定薪酬和待遇高低的时候。针对定性方法存在的问题，为了收集到更加量化和客观的信息，在这些方法的基础上又发展出一些新型职位分析方法，这类方法主要是一些量化的方法。常用的定量分析方法有职位分析问卷法、管理职位描述问卷法、通用标准问卷法和功能性职位分析法。

1. 职位分析问卷法

职位分析问卷法（position analysis questionnaire，PAQ）是于1972年由心理学家麦考米克（E. J. McCormick）耗费10年所设计的一种利用清单的方式来确定工作要素的方法。该问卷包括194个标准化问项，代表了从不同的工作中概括出来的各种工作行为、工作条件及工作本身的特点，可以分为6个方面。

（1）信息投入，即员工从哪里及如何获得完成工作所必需的信息。

（2）脑力过程，即完成工作时需要完成的推理、决策、计划及信息加工活动。

（3）体力过程，即在执行工作时所发生的身体活动及所使用的工具和设备。

（4）同他人的关系，即在执行工作时同他人发生的关系。

（5）工作环境，即执行工作过程中所处的物理环境和社会环境。

（6）其他特点，即其他与工作有关的内容，如工作时间安排、报酬等。

对某项工作进行分析时，分析者首先要确定每一个问项是否适用于被分析的工作，然后要根据6个维度对有效问项加以评价。这6个维度分别是信息使用度、耗费时间、对工作的重要性、发生的可能性、适用性、特殊计分。将评价结果输入计算机，会生成一份报告，说明该项工作在各个维度上的得分情况。

优点：它可以按照上述维度的得分提供为工作量化的分数顺序，这样就可以对不同的工作进行比较，这有点类似于职位评价。

缺点：这种方法也存在一些问题。科纳琉斯等人的研究表明，PAQ只对体力劳动性质的职业适用性好，对管理性质、技术性质的职业适用性较差。伯格勒的研究指出，PAQ由于没有对职位的特殊工作活动进行描述，所以无法体现工作性质的差异，如警察和家庭主妇。艾吉欧则认为，PAQ的可读性差，没有10~12年的学习，则无法理解全部内容。

职位分析问卷表格示例如表3-7所示。

**表 3-7　职位分析问卷表格示例（选自收集资料的资料来源部分）**

1. 信息输入

1.1　工作信息来源

根据员工在工作时将下列各项作为信息来源
的使用程度评定其等级

| 使用工作信息的程度： |
| --- |
| 0　不使用 |
| 1　很少/不太经常 |
| 2　偶尔 |
| 3　中等/适度 |
| 4　比较频繁 |
| 5　经常/大量使用 |

1.1.1　工作信息的可见来源

1. 4　书面材料（书籍、报告、文章、工作指示、说明书等）
2. 2　数据材料（与数量或数字有关的材料，如图表、会计报表、数字表格等）
3. 1　图画性材料（如图形、设计图、X 光片、地图、描图等）
4. 1　模型及相关器具（如模板、钢板、模型等，不包括第 3 项所包括的内容）
5. 2　视觉装置（罗盘、仪表、信号灯、速度仪、钟表等）
6. 5　测量仪器（直尺、天平、厚度仪、温度计、量杯等，不包括第 5 项所描述的装置）
7. 4　机械装置（工具、设备、机器等）
8. 3　在制原料（在改造、加工的过程中成为信息来源的零部件、材料、物体等）
9. 4　非在制原料（非加工过程的零部件、材料、物体等在受检验、处理、包装、配售、选品过程中均是信息源）
10. 3　自然特征（被观察的风景、原野、植物、气候等其他自然特征均可提供信息）
11. 2　人为环境特征（被观察或检验的建筑、堤坝、高速公路、水库、铁路等，不考虑第 7 项中已经提到的机器、设备等）

2. 管理职位描述问卷法

　　管理者的工作不同于一般的工作，有其自身的特殊性。一是管理者经常试图使他们的工作内容去适应自己的管理风格，而不是改变风格去适应工作的需要。在使用访谈法时，他们总是描述自己实际做的，而不是应该做的。二是管理工作是非程序化活动，经常随时间的变化而变化，因此需要较长的时间考察。一般分析管理人员的工作应使用管理职位描述问卷法（management position description questionnaire，MPDQ），该方法是由托纳（W. W. Tornow）和平托（P. R. Pinto）在 1976 年提出的，包括 208 个问题，被划分为以下 9 个类别。

　　（1）人员管理。通过和下属一起工作来分析他们的优势和不足，以提高他们的业绩；提供培训、培养技能、安排工作并制定绩效目标。

　　（2）计划和组织。制订并贯彻落实短期计划，编制预算，确定资源的最优化分配和利用；将长期的计划转化成短期的操作性目标；制定可操作的政策和程序。

　　（3）决策。在非结构性情况下，快速做出决策；允许为了解决新的或不一般的问题对已有程序做出修改。

　　（4）组织发展。监控外部和内部可能影响公司的因素，包括业绩指标、企业资本和资金、市场条件，以及文化、社会和政治气氛。

　　（5）控制。估计生产产品或提供服务所需的时间，并制定时间进度表；跟踪生产过程；确保产品的质量和服务的有效性；分析生产流程的有效性。

（6）代言人。作为代言人，回答有关问题或对外界的抱怨做出反应；与外界沟通，以促进公司与外界的关系；与外界谈判；组织活动以维护或树立公司形象。

（7）协调。能和公司内部没有上下级关系的人沟通，以分享信息、按时完成工作任务、解决问题或达成目标；和同事保持良好的工作关系；协调关键员工的不一致和矛盾。

（8）咨询。跟踪某一领域的技术进展，帮助公司引进新的技术，能作为专家、咨询师为其他管理人员提供咨询或解决问题。

（9）行政管理。从事基本的行政管理活动，包括分析例行的信息，维护详细和准确的文档资料等。

MPDQ 是专门为评定管理职位而编制的问卷，管理人员自己填写问卷，与 PAQ 方法相似，分别对每个项目进行评分。分析人员以上述要素为基础分析评价管理工作，弥补了以前的职位分析问卷对管理职位分析效果不好的弊端。但是，MPDQ 的优点也是它的不足，就是在分析技术、专业等其他职位时显得无能为力。

3．通用标准问卷法

通用标准问卷（common metrics questionnaire，CMQ）是由美国学者罗伯特·哈维（Robert J. Harvey）编制的标准化职位分析问卷。与以前的职位分析问卷相比，CMQ 不管是在内容方面，还是在形式方面都弥补了以前标准化职位分析问卷的一些不足，同时也应用了最新的测量理论，因此是现在比较流行的标准化职位分析问卷之一。该问卷从如下几个方面对工作进行评定。

（1）接受管理和实施管理，即该职位接受哪些职位的管理，并对哪些职位进行管理。

（2）知识和技能，即完成该职位的工作，需要具备哪些知识和技能。

（3）语言的运用，即该职位对语言有哪些特殊要求。

（4）利用视觉信息或其他感觉信息，即在工作中利用视觉信息（如图片）和其他感觉信息（听觉）的情况。

（5）管理和业务决策，在哪些方面参与决策、决策的权限有多大。

（6）内部联系，与单位内部哪些人员有联系。

（7）外部联系，与单位外部哪些人员有联系。

（8）主持或发起会议，主持或发起的会议有哪些。

（9）参与会议，经常参加哪些会议。

（10）体力活动，工作中需要哪些体力活动。

（11）设备、机器和工具的使用，需要使用哪些设备、机器和工具。

（12）环境条件，工作的环境条件如何，这些环境条件对任职者是否有危害性。

（13）其他特征，与工作有关的其他特征，如任职者的工作是否经常被他人打扰，工作是否要求与生病或受伤的人相处等。

与以前的职位分析问卷相比，CMQ 有了明显的改进：CMQ 不仅可以用来分析技术性或半技术性工作，也适用于管理职位和专业职位；CMQ 的分析结果不仅可以用来撰写职位说明书，而且可以用来辅助培训需求分析和设计绩效评价量表；CMQ 的项目和以前的职位分析问卷相比更为行为化、具体化，更容易进行评定；CMQ 所使用的语言对评定者的要求更低，只要有初中以上学历的人就能看懂问卷并进行评定。但是，由于 CMQ 采用适应性测试的形式，所以如果采用纸笔方式进行评定，问卷显得比较长，同时有些内容可能会与所分析的职位没有什么明显关系；而如果采用计算机软件进行评价，可能对评定者的要求比较高。

4. 职能性职位分析法

职能性职位分析（functional job analysis，FJA）有两种，一种是由美国培训与职业服务中心开发出来的，另一种是法恩（Fine）的 FJA 系统。

美国劳工部 FJA 系统的主要目的在于找到一种能够对不同工作进行量化的等级划分及分类比较的标准化方法。这种方法假设每种工作都包括三种最基本的工作职能：数据（data）、人员（person）、事务（task）。每种职能都划分为若干难度等级，数值越小，代表的级别越高；数值越大，代表的级别越低。

具体实施时，如表 3-8 所示，首先要指出某项工作在每种职能上的难度等级，如对于接待员这一职位，三个方面的等级分别为 5，6，7，然后再对每种职能赋予一定的时间百分比，三项职能的百分比之和为 100%，如接待员职位在数据方面的时间比例为 50%，在人员方面的时间比例为 40%，在事务方面的时间比例为 10%。但是这种方法的结果主要用于职位描述，无法确定任职资格条件。

表 3-8 职能性职位分析法中员工的基本职能

| | 数 据 | 人 员 | 事 务 |
|---|---|---|---|
| 基本活动 | 0 综合<br>1 协调<br>2 分析<br>3 汇编<br>4 计算<br>5 复制<br>6 比较 | 0 指导<br>1 谈判<br>2 教育<br>3 监督<br>4 引导<br>5 劝解<br>6 交谈—示意<br>7 服务<br>8 接受指示 | 0 创建<br>1 精密加工<br>2 操作与控制<br>3 驾驶与运行<br>4 处理<br>5 照料<br>6 反馈—回馈<br>7 操作 |

法恩的 FJA 系统是在美国劳工部 FJA 系统的基础上形成的，它提供的信息更多，这些信息涉及工作的任务、目的及工作对任职者的培训要求等方面。这两种方法的区别主要表现在两个方面。

（1）法恩的 FJA 系统不仅依据数据、人员和事务对工作进行分类，还考虑以下四个因素：在执行工作时需要得到多大程度的指导；执行工作时需要运用的逻辑推理能力应该达到什么程度；完成工作所要求具备的数学能力如何；执行工作时所要求的语言能力如何。

（2）法恩的 FJA 系统还要确定工作的绩效标准及工作对任职者的培训要求。

表 3-9 是一张已经完成的职能性职位分析综合表，该表所分析的工作是平路机操作工（一种用于筑路工作的重型设备的操作工人）。

表 3-9 职能性职位分析任务明细表

| 工作承担者的职能及定位 | | | | | | 需要得到的指导 | 总体教育开发 | | |
|---|---|---|---|---|---|---|---|---|---|
| 事务 | % | 数据 | % | 人员 | % | | 逻辑推理 | 数学 | 语言 |
| 3 | 65 | 3 | 25 | 1 | 10 | 3 | 2 | 1 | 3 |

| 目标<br>操作平路机 | 工作核心<br>覆土、翻松路面、铺平、构筑防火隔离带、维修运输路面、清除路面积雪 |
|---|---|

任务：为了完成平路机的日常工作任务，如回填土方、路面维护、路面积雪清除等，操纵平路机的控制系统，将定位轮和机片置于正确的角度，前后、上下、左右移动机片；按工作程序，借助知识和经验，监督设备的运行，根据情况的变化不断地做出调整，时刻注意其他工人和设备的位置及安全

（要完成这些任务）

| 绩 效 标 准 | 培 训 内 容 |
|---|---|
| 描述性标准<br>• 正确操作设备<br>• 警觉、留心<br><br>数据性标准<br>• 所有工作都符合程序的要求<br>• 没有出现因技术上误操作而造成的事故或损害<br><br>（要达到这些绩效标准） | 功能性培训<br>• 如何操作平路机<br>• 如何完成常规的平路机工作，如回填土方、翻松路面、构筑防火隔离带、维修运输路面、清除路面积雪等<br><br>特殊要求<br>• 特定的平路机知识<br>• 工作要求方面的知识<br>• 特殊的工作场位知识（如土层、土壤状况、环境等）<br><br>（工人需要这类培训） |

## 【☆思政专栏 3-2】 以社会需求为导向的复合型人才培养

现代信息技术赋能垂直行业产生新业态，数字经济赋能传统建筑业、制造业、医疗卫生行业等，催生出智能健康建筑、智慧城市、智慧医疗等新业态。企业正在全力拥抱人工智能和数字经济，而在把握新机遇中，实现产业转型升级，尤其离不开新型人才的大量支撑。通过新兴行业企业的职位分析，有助于高校有针对性地培养复合型人才。因此，不管是高校还是学生自己，都需要有意识地提高综合运用知识解决复杂问题的能力，培养学生的社会意识和社会责任，上好有深度的课程思政课。

## 第三节 职位说明书的编写

职位分析只是人力资源管理活动的起点，为了便于应用在职位分析中得到的数据，需要综合整理这些数据并制成表格，形成书面文件，即职位说明书。它指明了任职者实际在做什么、如何做及在什么样的条件下从事该种工作。工作规范说明了任职者为了圆满完成

工作所必须具备的知识、技术、能力及经验等。职位说明书和工作规范是职位分析的最终成果，工作规范可以单独编写，也可以包括在职位说明书中。

## 一、职位说明书的编写原则

编写职位说明书是为了向组织成员或者潜在新成员明确传达职务职责和期望，帮助他们更好地理解自己在组织中的角色和责任。以下是职位说明书的编写原则。

### （一）简洁明了

职位说明书应该简洁明了，使用简单的语言和结构，保证容易阅读和理解，避免使用过多的术语或者复杂的句子结构。可以使用分段、标题和列表等方式来增强可读性，帮助读者更快地理解职位的职责和期望。

### （二）具体明确

职位说明书应该具体明确地列出相关职位的具体任务和责任，避免使用模糊的描述，要确保每个读者都能够清楚地理解所描述内容。如果可能的话，可以通过列举具体的例子来进一步说明职位的任务。

### （三）有可操作性

在编写职位说明书时，要考虑到实际工作中的操作性。要确保所列出的职责和期望是可行的，并且能够在实际工作中被执行。避免列出过多或者不必要的职责，只保留真正对于职位的核心任务和责任。

### （四）以目标为导向

职位说明书应该以组织的目标和愿景为导向。将职位的职责和期望与组织的整体目标和战略对接起来，确保每个职位能够为组织的发展和成功做出贡献。

### （五）有适应性

职位说明书应该根据组织的需要进行相应的调整。随着组织的变化和发展，职位的职责和期望可能需要做出更新和调整。因此，编写职位说明书时要确保其具有一定的灵活性和适应性，能够随时进行修改和更新。

### （六）有包容性

在编写职位说明书时，要遵循公正和包容的原则。不要对不同职位或者团队成员有偏见，必须公平对待每个职位和团队成员，确保职位说明书中的语言和表述不会对团队成员造成任何歧视或者压力。

总而言之，职位说明书作为指导性工具，能够使组织架构、各职能岗位权责更为清晰，在组织协调上也起着重要作用。遵守这些原则可以帮助组织更好地向成员传达职责和期望，促进组织的顺利运行。

## 二、职位说明书的编写内容

职位说明书是对每一项工作的性质、任务、责任、环境、处理方法及对工作人员的资格条件的要求所做的书面记录。它是对职位分析的各种调查资料加以整理、分析、判断所得出的结论,是职位分析的结果。

编制职位说明书的目的是为企业的招聘录用、工作分派、劳动合同签订及职业咨询等人事管理业务,提供原始资料和科学依据。职位说明书的外在形式是根据一项工作编制一份书面材料,可用表格显示,也可用文字叙述。

职位说明书的编写并没有一个标准化模式,根据应用需要的不同,职位说明书的侧重点也有所不同,但大多数职位说明书均包括以下几项内容。

1. 工作标识

工作标识包括工作名称、工作身份、工作部门、工作地点、职位分析时间等。在美国,工作名称要符合劳工部制定的《职位名称词典》的规范,如销售经理或库存控制员等。工作身份是指是否豁免加班费和最低工资保障,在美国,有豁免身份的主要是行政和专业性职位。明确工作标识的目的是把这项工作和其他相似工作区别开来。

2. 工作概述

这部分应当描述工作的总体性质,列出工作的主要功能或活动,如数据处理主管人员的工作可描述为"指导所有的数据处理操作、对数据进行控制以及满足数据准备方面的要求"。应尽力避免在工作概述中出现模糊的语句,如"执行需要完成的其他任务",因为这可能会成为员工逃避责任的一种托词。

3. 工作联系

这部分用于说明任职者与组织内及组织外的其他人之间的联系情况。

4. 工作职责

这部分要把每一种工作的详细职责列举出来,并用一到两句话分别对每一项任务加以描述。例如,人力资源经理的任务之一是"为填补空缺职位而进行员工招募、访谈与甄选"。这一任务可进一步定义为"仔细阅读应聘者简历并进行初步筛选""组织符合条件的应聘者面试并进行再次筛选""考核新员工试用期内业绩并决定最终的录用人员"。

5. 工作的绩效标准

这部分内容用于说明员工在执行每一项任务时被期望达到的标准。工作的绩效标准应具体、明确,以下举例说明。

任务:完成每日生产计划。

标准:(1)生产群体每一工作日所生产产品不低于 426 个单位。

(2)在下一工作程序被拒绝的产品平均不得超过 2%。

(3)每周延时完成工作的时间平均不得超过 5%。

6. 工作条件

工作条件包括噪声水平、危害条件、湿度或热度等。

## 【专题拓展 3-4】　　　职位说明书表格范例

### 三、职位说明书的编写要求

职位说明书在组织管理中的地位极为重要,是人力资源部门与用人部门招聘和考核人员的重要决策和参考依据。一份实用性较强的职位说明书应符合下列要求。

#### (一)清晰明白

在编写职位说明书时,对于工作的描述必须清晰透彻,让任职人员读过以后,可以准确地明白其工作内容、工作程序与工作要求等,无须再询问他人或查看其他说明材料。应避免使用原则性评价,同时对较专业且难懂的词汇必须解释清楚,以免在理解上产生误差。这样做是为了让使用职位说明书的人清楚地理解这些职责。

#### (二)具体细致

在说明工作的种类、复杂程度、任职者需具备的技能、任职者对工作各方面应负责任的程度这些问题时,应尽量选用一些具体的动词,尽量使用能够准确地表达含义的语言。如在一个岗位的职责描述上使用了"处理文件"这样的文句,显然有含混不清的成分,人们不清楚"处理"是什么意思。在具体编写时,需要仔细区分到底是对文件进行分类,还是进行分发。

#### (三)简明扼要

职位说明书必须简短扼要,以免由于过于复杂、庞大,不便于记忆。在描述一个岗位的职责时,应该选取主要的职责进行描述,一般不超过十项,对于兼顾的职责可做出必要的补充或说明。

### 四、编写职位说明书的注意事项

#### (一)按符合逻辑的顺序来编写

一般来说,一个岗位通常有多项工作职责,在职位说明书中罗列这些工作职责并不是杂乱无章的、随机的,而是要按照一定的逻辑顺序来编排,这样才有助于任职者理解和使用职位说明书。

#### (二)尽量使用通俗易懂的语言

应尽量避免过于强调技术性的文字或概念,所描述职位说明书不仅要让上级能够理解,更重要的是使上岗人员能实实在在地领会,因此,当描述技术性问题时,应尽量转化成较为通俗的解析。

### （三）应该表明各项职责的重要程度

许多具体的工作，所出现的频率、各项职责所占的时间比重都有所不同。因此，可考虑按主次程度自上而下排列，或者结合各项职责出现的频率高低，在对应的备注栏中说明其职责在总的职责中所占的比例。

要较好地编写职位说明书，不仅要清楚工作的主要内容，而且对职责大小与次序的划分也要明确。在实际编写方面，可按照各项职责的重要程度、难易程度和任职者花费的时间等进行具体分析，关键是客观性和可操作性（即做什么、如何做、做得好）。

一般来说，由于基层或生产线员工的工作更具体，其职位说明书中的描述也应更详细。实际上，许多企业是使用"作业指导书"和"岗位操作规程"来替代职位说明书的。

☞【专题拓展 3-5】　　　　总经理秘书职位说明书

## 第四节　胜任素质模型

### 一、胜任素质模型的产生与发展

传统的人力资源管理都是通过职位分析来确定职位规范的。职位分析主要关注的是完成工作所需要具备的知识、技能、经验等，这些对完成工作很重要，但有了这些并不一定能出色地完成工作。在现代人力资源管理中，从组织战略发展的需要出发，开始应用胜任素质模型来分析完成工作所需要具备的深层次特征，从而提高实际业绩的做法越来越多。

胜任素质模型的应用起源于 20 世纪 60 年代后期，当时，美国国务院认识到，以智力因素为基础选拔情报官的效果并不理想，许多表面优秀的人才，在实际工作中的表现却令人非常失望。美国心理学家戴维·C. 麦克利兰（Dawid C. McClelland）应美国国务院的邀请帮助设计了一种能够有效地预测情报官实际工作业绩的选拔方法。他在综合关键事件扩展法和主题统觉法的基础上，开发设计了一项新的技术——行为事件访谈法（behavioral event interview，BEI），用这一方法对优秀情报官和普通情报官进行访谈，并对谈话资料进行主题分析，这样的主题差异被转换成客观分数，发现跨文化敏感性、政治判断力和对他人的积极期待等潜在的素质影响了情报官的业绩。在后续研究的基础上，麦克利兰提出了"胜任素质"的概念。麦克利兰的研究在学术界和实务界都产生了深刻的影响，这一方法逐步被商业化。到 1991 年，胜任素质评价法已在超过 26 个国家 100 个以上研究者身上得到应用。到 2003 年，《财富》500 强中已有超过半数的公司应用胜任素质模型，而根据美国薪酬协会的调查，75%～80%的美国公司或多或少地在应用胜任素质模型。同时，胜任素质的理论和方法同样广泛应用于政府公共部门，迄今为止，美国、加拿大、澳大利亚、欧洲各国都已相继投入胜任能力运动之中。在我国，胜任素质模型的应用虽然起步较晚，但已有不少政府机构和企事业单位开始此方面的研究和应用。

## 二、胜任素质模型的定义

胜任素质模型（competency model）就是为完成某项工作、达成某一绩效目标，所要求的一系列不同胜任素质要素的组合，包括不同的动机表现、个性与品质要求、自我形象与社会角色特征，以及知识与技能水平等。它描述的是特定组织、特定职位所要求具备的胜任素质，以及这些胜任素质之间的权重关系。

通常来说，胜任素质模型要求：①最好由 5～9 项胜任素质组成，不能太多；②每项胜任素质在整个模型中占有一定的权重（重要性程度）；③对每项胜任素质都有明确的界定；④对部分胜任素质，还要求界定所必须达到的等级。

胜任素质模型是对某（类）职位任职人员胜任素质构成的直观呈现，这种呈现既可以是详细的文字说明，也可以是形象的图形勾勒，或是二者的结合。图 3-3 给出了国内某知名企业管理干部的胜任素质模型。

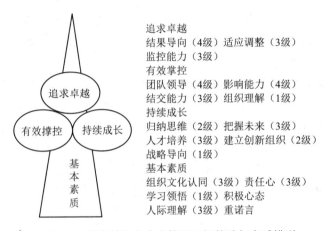

图 3-3　国内某知名企业管理干部的胜任素质模型

## 三、素质模型的分类

素质模型分类是建立与运用素质模型的基本出发点。唯有按照不同的素质类别及其要求构建对应于企业所需核心专长与技能的员工素质模型，确立企业的核心能力结构，或者说素质结构，才能有效地指导并支持企业各级管理者培育、管理并发展员工乃至企业的素质，并使之作用最大化。

按照素质的构成要素，素质通常可分为基础素质与特殊素质两类。

基础素质是指一般的基础知识与基本技能，是完成工作所需的最低标准，但不能区别与解释普通员工与绩优员工的差异，又称"门槛素质"。例如，对于一名销售业务员而言，其基础素质是了解产品的基本知识，掌握填报发票与送货单技能等。

特殊素质是指能够区别普通员工与绩优员工的素质。例如，在确定目标过程中，有人更倾向于将目标定得比那些仅仅满足企业要求的人的目标高，这种素质就是区别优秀绩效与一般绩效的关键素质。

按照企业所需的核心专长与技能，员工素质可分为企业通用素质、可迁移素质与专业素质三类，如图3-4所示。

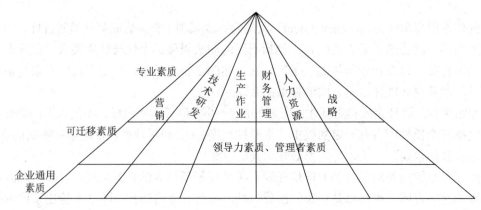

图3-4　素质分类

（1）企业通用素质，主要是指那些与企业核心价值观、文化等相匹配的素质。如一些生产型工厂或作坊，其在流水线上下游之间的配合协作十分重要，那么团队合作就是与该企业基本文化与管理风格相匹配的一项通用素质。

（2）可迁移素质的核心——管理者素质，是指管理者在个人职业发展过程中要最大化地开发与利用企业的人力资源，建立高绩效的团队，并使之具备企业构建核心专长与技能所必需的素质，如影响力、成就导向、培养人才等。

（3）专业素质。专业素质是指员工为完成其职责所需具备的素质，其分类是基于有效支撑企业战略与相对稳定的原则进行的，通常包括营销、技术研发、生产作业、财务管理、人力资源、战略等。例如，营销专业素质主要涉及影响力、成就导向、人际理解力、客户导向等；技术研发类专业素质则包括成就导向、归纳演绎思维、团队合作等。需要澄清的是，对于某种素质而言，它不仅可以作为企业的通用素质，也常常反映在某些专业人员的素质要求中，那么在这种情况下，企业就需要根据该素质对于企业员工要求的普遍性来确定该素质是属于企业通用素质还是属于专业素质。

## 四、建构胜任素质模型的方法

### （一）行为事件访谈法

#### 1. 行为事件访谈法的内涵

行为事件访谈法又称关键事件访谈法，最早由美国哈佛大学心理学教授麦克利兰开发，它采用结构化问卷对优秀和一般的任职者分两组进行访谈，通过对比分析访谈结果，发现那些导致两组人员产生绩效差异的关键行为特征，继而演绎成为特定职位任职者所必须具备的素质特征。

一般来讲，行为事件访谈采用开放式行为回顾式探察技术，通过让被访谈者找出和描述他们在工作中最成功和最不成功的三件事，详细地报告当时发生了什么。具体包括：这个情境是怎样产生的？牵涉哪些人？被访谈者当时是怎么想的，感觉如何？在当时的情境中想完成什么，实际上又做了些什么？结果如何？然后，对访谈内容进行分析，确定被访谈者所表现出的胜任素质。基于此，行为事件访谈与传统意义上的基于职位分析的访谈就有了本质或核心的差别，如图3-5所示。

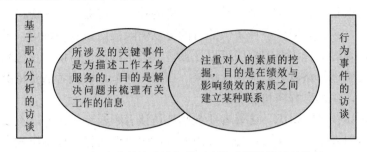

图3-5　行为事件访谈法与基于职位分析的访谈的比较

胜任素质研究的基本原则是：人们关于自身动机和技能的所想所说是不可靠的，他们在大多数关键事件中的实际行为表现才是可信的。传统的非结构化、非行为型访谈方式存在种种弊端，如谈论认识、意愿和假设类问题时，被访谈者往往会给出令社会称许的答案，但这并不能代表他们的真实动机和能力等。而行为事件访谈法提供了一个人在实际工作中是怎么做的、说了些什么、怎么想的和感觉如何等方面的信息。因此，行为事件访谈法是胜任素质分析方法的核心，行为事件访谈是建构胜任素质模型的资料来源。

2. 行为事件访谈法的实施

1) 准备工作

为了保证行为事件访谈能顺利进行，访谈者在访谈之前要做好以下准备工作。

（1）了解访谈对象。预先了解被访谈者的姓名、职务、工作性质和所在组织的状况，通常不必了解访谈对象绩效水平的高低，以免提问时受到影响。

（2）安排一个不受打扰的谈话场所。在访谈时，最好的方式是远离被访谈者的办公室，不受电话或访客的干扰。

（3）对访谈者进行培训。在实施行为事件访谈以前，应当预先对访谈者进行系统深入的行为事件访谈技术培训，使之掌握访谈的要点、步骤、方法和处理访谈过程中可能遇到的问题的技巧，以减小因访谈不力所带来的误差。

（4）准备好录音设备。进行行为事件访谈时，要尽可能地录音以便完整记录，这是因为访谈者的个人笔记常常会漏掉丰富详尽的细节，这些笔记通常倾向于反映访谈者本身对事实的理解，而不是被访谈者的实际情况。而录音设备可以捕获被访谈者处理事件的动机和思想中的细微差别。

（5）准备访谈提纲并熟悉所要访谈的内容。访谈者要准备两份访谈提纲：一份供访谈者自用，一份供被访谈者使用。事先准备好访谈提纲可以保证行为事件访谈顺利进行，并便于事后摘录访谈资料。

2) 行为事件访谈的步骤

第一步，介绍和说明。通过介绍和说明，访谈者可以与被访谈者建立信任感，营造轻松、开放的访谈气氛，激发被访谈者的谈话意愿。在这一步中，访谈者需要完成以下三个方面的工作。

（1）访谈者做自我介绍。以友好的方式介绍自己，使被访谈者了解访谈者的身份，以便建立关系。

（2）解释访谈目的和程序。很多人都想知道为什么自己会被选来访谈，以及访谈的结果将被用在何处，因此访谈者解释访谈的目的可以消除被访谈者的疑虑，鼓励他们积极参与到访谈中来。通过解释访谈的程序可以让被访谈者了解整个访谈的过程和需要谈话的内容，让被访谈者整理思路以更好地接受访谈。在这一环节，访谈者需要将准备的访谈提纲拿给被访谈者看，并做出解释和说明。

（3）消除被访谈者的疑虑。访谈者要鼓励被访谈者积极参与访谈，不要让被访谈者感到紧张；要强调对谈话内容保密，如对被访谈者说明"谈话记录仅供研究人员分析所用，对您谈到的每一句话，我们都将严格保密，绝对不向任何人扩散；同时整理的访谈记录中也不包括您个人、单位和所在部门的名字"等；征得被访谈者的许可后进行录音，同时给予说明。

第二步，了解工作职责。通过这一步骤来了解被访谈者的工作经历、所在部门的情况及所在职位的主要情况。一般通过以下问题进行了解：您现在的职务是什么？能否简单介绍一下您个人的工作经历？请您简单介绍一下您所在部门的基本情况，如部门的主要职责、工作内容等。请您简单介绍一下您所在职位的主要情况，包括您的直接上级是谁，直接下属有哪些，您的主要工作职责是什么，等等。

第三步，行为事件访谈。

在这一步骤中，访谈者要让被访谈者详述4~6个比较重要的完整事件，其中最成功的事2~3件，最不成功的事2~3件。访谈者需要注意的事项有：让被访谈者先谈成功的事件再谈失败的事件；要求被访谈者按时间顺序讲"故事"；让被访谈者详细描述实际发生的具体事件，而不是假设的反应、哲理、概述或赞成的行为；探究行为背后的想法；强化被访谈者的表现，从而深层次地挖掘出具体的行为细节。在被访谈者讲述"故事"的过程中，访谈者需要采用STAR（situation—情景，task—任务，action—行动，result—结果）技术来提问，在被访谈者回答上述问题时，如果跑题，访谈者需要及时打断他们并引导他们回到需要谈论的话题上；在被访谈者想不出具体的事件时，访谈者需要进行引导和鼓励。

第四步，结束。

## 【专题拓展3-6】　　　　行为访谈后的整理分析

3）行为事件访谈后的数据编码

要建构胜任素质模型，需要对行为事件访谈所获得的数据进行编码，编码的过程包括以下几个步骤。

第一步，组成编码小组。组成至少包括四人的编码培训小组，首先对胜任素质词典进行学习、讨论和修改。

第二步，编码训练。在不知道谁是优秀组、谁是普通组的情况下，选取一个访谈录音文稿，每人一份，开始试编码，就词典里所有的胜任素质对访谈录音文稿进行编码，在讨论中提高认识的一致性，以符合计分标准，并根据使用的情况进一步修订。

第三步，独立编码。选取一个访谈录音稿，每人一份，开始独立编码。对编码结果的一致性进行初步统计比较，并再次讨论、培训、示例，提高共识，最后形成供正式编码分析用的编码手册。

第四步，正式编码。抽取前面培训过程中编码一致性较高的两人组建正式的编码小组，将所有访谈录音文稿复印两份，根据正式编码手册，由两个分析员开始进行独立编码。

编码过程中要完成一些特有的胜任素质的编码，也就是说，对已有胜任素质词典中没有包括但在优秀组中出现而在普通组中不明显的特征也要进行编码，根据其内部相对的强度确定等级，并加入编码手册，即加入胜任素质词典，作为一种新的胜任素质。

### （二）问卷调查法

#### 1. 问卷调查法的内涵

问卷调查法是一种广泛使用的社会调查方法，是研究者运用统一设计的问卷向被调查者了解情况或征询意见、收集信息的调查方法。其主要特点包括：调查工具、调查过程和调查结果标准化，确保了数据的统一性和可比性；被调查者在问卷中不署名，可减少其顾虑，有利于得到真实信息；调查者与被调查者一般不见面，而是被调查者独立填写问卷，减少了主、被试交互作用对研究结果的影响。根据载体的不同，问卷调查可分为纸质问卷调查和网络问卷调查。纸质问卷调查是传统的调查方式，而网络问卷调查则是利用互联网收集数据，具有更高的效率和便捷性。

#### 2. 问卷调查法的优、缺点

1）优点

问卷可以涉及多方面的内容，从简单到复杂，从外在行为到内心世界，从个人生活到社会现象，均可作为问卷的内容；可以在同一时间内将问卷分发后邮寄给众多的被调查者，短时间内就可以收集到大量的数据；问卷的发放通常是匿名的，被调查者可以在较为自由的状态下独立思考回答问题，避免了主、被试交互作用对研究结果的影响，结果比较客观；所收集到的资料便于编码和统计处理，结果可以用于不同层次的量化分析。

2）缺点

当题目不适合被调查者时，被调查者只能猜测、放弃或随机作答，无法调整题目；调查者无法直接观察每个被调查者，无法记录被调查者回答问题时的反应；如何确保通过问卷能收集到有关被调查者的真实想法等方面的信息，也是研究者要致力解决的问题。

#### 3. 问卷调查法的实施

实施步骤：确定调查的目标受众、样本规模和抽样方法。根据调查目的和研究问题，设计合适的问卷，包括问题类型、问题顺序、选项类型等。依据目标受众和调查目的，选择合适的调查方法，将设计好的问卷发放给目标受众，收集数据。对收集到的数据进行整理和分析，提取有用的信息和结论。将数据分析结果呈现给利益相关方，可以采用报告、图表等形式。

需要注意的是，要确保问卷能够有效地收集所需信息，问题清晰、简洁，避免使用复杂或模糊的语言，保持中立，避免引导性问题。问卷长度适中，避免过长导致回答者因疲劳而放弃。确保样本具有代表性，能够反映研究总体的特征。根据研究目的确定合适的样本大小和抽样方法，选择合适的调查渠道，保证调查过程中的隐私和保密性。数据要有准确性和完整性，使用适合的统计软件和方法进行数据分析。问卷内容遵循伦理标准，尊重回答者的权利和隐私，如果涉及敏感问题，确保回答者知道他们的信息将如何被使用和保护。

### （三）演绎法

演绎法是一种推理方法，它基于一般性原则或假设，通过逻辑推理推导出具体的结论。这种方法常用于解决问题、做出决策等。这种方法讲解清楚、易于理解，并且节省时间，能够直接从已知的前提推导出结论。但是由于孤立讲授，可能导致受训者难以将知识应用于实际情境。

操作过程中需要明确推理的目的和问题，确保问题是可以通过逻辑推理和已知事实得出结论的。明确问题后，需要建立前提，作为推理的起点。在建立前提时，应确保前提的准确性和可靠性。根据逻辑关系逐步推导并缩小范围或筛选条件，可以采用排除法、分类法等方法进行推理。推理过程结束后，得出一个结论，需要验证结论的准确性和可靠性，检查推理过程是否合乎逻辑、是否基于准确的前提，以及是否符合已知的事实和规则。一旦得出可靠的结论，就可以根据结论提出相应的解决方案。解决方案应当基于推理过程，针对问题提出切实可行的行动。

在演绎法的教学过程中，应注重理论知识与实际应用相结合，帮助受训者理解演绎法的实际意义和应用价值。在演绎法的推理过程中，应鼓励受训者提出质疑和批判，培养他们的批判性思维能力，使他们能够独立思考和判断。

## 五、胜任素质模型在人力资源管理中的应用

在建构员工胜任模型之前，企业必须审视以下两个问题。

（1）明确企业的战略是什么，制定实施战略的关键环节有哪些？因为企业试图建构的胜任模型必定源于企业的战略，并且涵盖支撑战略有效实施的核心素质，所以这一步是至关重要的。

（2）与实施战略的关键环节相关的核心职位有哪些？通常这些职位指的是由那些对公司业务成败具有核心作用的人掌握的，承担实施战略的主要责任，控制关键资源（人、资金、技术、市场、客户），可以产生价值增值的职位。对于企业而言，对这些关键的价值增值的职位集中进行素质模型研究，开展人力资源管理活动，是非常有价值的。

### （一）素质模型与招聘甄选

如今企业招聘甄选的重点已逐渐从满足职位空缺的人员需求转向为了保证企业战略目标的实现而从多样化背景（包括文化、教育、经济环境等）中甄选与吸引那些能够帮助企业达成当期及长期战略意图的具有高素质的人。企业传统的"依据候选人的知识技能及经验背景"进行招聘甄选的理念与方法已经不能满足企业获得持续竞争力，同时吸引与开发关系企业长期发展的关键人才的要求，因此开展基于素质的招聘甄选工作已经被提上了日

程。那么这两种理念之间的差别到底是什么呢？

从表3-10可以看到，开展基于素质的招聘甄选活动事实上为企业构建一个基于素质的人力资源管理系统提供了良好的基础。换句话说，通过基于素质的招聘甄选能够使各级管理者与员工对企业对于员工素质的要求加以有效贯彻，从而使员工充分认识、理解并传播企业关于素质的"语言"，保证企业的人力资源管理实践从一开始就是有效的。

表3-10 两种招聘甄选理念的比较

| 种 类 | 特 点 |
|---|---|
| 传统的招聘甄选 | 基于短期的职位需求开展招聘甄选工作，仅仅以职位分析与候选人"过去做过什么"作为考察候选人是否具备所需要的知识、经验与技能的基础，缺乏对候选人未来绩效的预测与判断 |
| 基于素质的招聘甄选 | 除了采用既定的工作标准与技能要求对候选人进行评价，还要依据候选人具备的素质对其未来绩效的指引作用实施招聘甄选。这种基于素质的招聘甄选将企业的战略、经营目标、工作与个人联系起来，在遵循有效的招聘甄选决策程序的同时，提高了招聘甄选的质量。同时，整个招聘甄选活动以企业战略框架为基础，也使那些对企业持续成功最为重要的人员及其素质得到了重视与强化 |

企业实施基于素质的招聘甄选活动大致可以遵循四个步骤（见图3-6）。其中，在具体实施招聘甄选的过程中，通常采用的是"行为面试"（behavioral interview）的方法。该方法与行为事件访谈法的原理基本相同，它通过一份结构化问卷对候选人进行面试，旨在了解候选人在过去经历中表现出来的素质与目前工作要求素质之间的吻合程度，以此来确定候选人是否适合候选职位。因此，面试问卷通常围绕应聘职位的关键素质而设立，由候选人根据其先前经验中的典型事件做出回答与解释，同时为了保证面试的客观性及与工作的相关性，问题也以具体的行为（实际做了什么）为主。

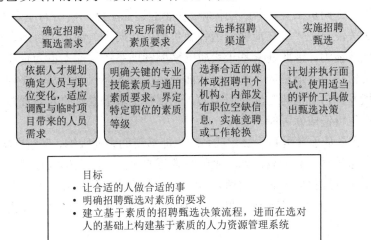

图3-6 基于素质的招聘甄选实施步骤

可以看到，基于素质的招聘甄选活动的确为企业获取进而合理使用人才提供了科学的依据，那么反过来，根据员工素质模型与高绩效之间的驱动关系，也可以帮助企业的人力资源部门更加清晰明确地衡量招聘甄选的效果。例如，哪里有企业最需要的人才？哪些人目前业绩不错，但是不能长期留用？企业需要储备什么样的人才？目前大致有多少？等等。

### （二）素质模型与绩效管理

在完成了基于素质的甄选工作之后，对于企业而言，接下来就是如何引导、强化与利用员工的素质，使之转化为可测量的、对企业有价值的绩效。

正如第二节所阐述的，基于素质的人力资源管理理念与传统的人力资源管理理念已经有所不同：前者更加强调如何发挥人的潜能、利用人的优势，在扬长避短的前提下提高人的绩效，实现人职匹配，因此对应于绩效管理系统而言，关注的焦点及具体的实践也将发生一定的变化。具体而言，企业的绩效管理理念必须从结果导向（即关注员工的短期绩效）转向能力导向（即员工当前以及未来的长期绩效），这样一来通过素质就能够对员工未来的绩效做出合理且有效的预期，并由此对企业的人力资源管理实践提供有益的指导，包括晋升调配、培训开发等。

另外，素质模型的引入实际上也对企业各级管理者的管理风格提出了新的要求。换言之，管理者在帮助下属改进绩效的过程中，不仅要关注下属在达成绩效过程中的不足与问题，包括知识与技能的差距、行为方式的规范与改善等，还要帮助下属关注自己的潜能，即"我最擅长干什么""我的潜能将如何影响我未来的绩效"等。显然，这与传统绩效考核只关注"我不能干什么""我应该改进什么"是有差别的。

### （三）素质模型与薪酬管理

薪酬问题一向是企业员工最关注的，也是最敏感的话题。那么素质模型的引入将给企业的薪酬管理带来什么样的冲击呢？毋庸置疑，所有企业都需要建立一套有效的激励机制，以促进员工为企业持续地创造价值。而企业对这种价值的认定则源于企业关注的是什么，它便成为企业为什么向员工支付薪酬的依据。在企业建立了基于素质的绩效管理系统之后，企业已经从过去关注员工"现在能够创造什么价值"转向了关注员工包括现在与未来在内的持续的价值创造能力，因此建立基于素质的薪酬管理系统实际上也为企业关注员工的未来发展与潜在价值提供了最终的落脚点，从而使员工与各级管理者都能够为不断提高现有技能水平，持续发挥自身优势与潜能而努力，也使整个基于素质的人力资源管理系统对企业的运营实践产生价值成为可能。

除此之外，建立基于素质的薪酬管理系统也能够帮助企业吸纳、保留更多具备高素质、高潜质的人才，这种对于驱动高绩效产生的高素质的关注实际上也为知识经济时代下知识型员工的人力资源管理提供了有效的切入点，它符合基于角色与成果管理知识型员工的要求，其中基于角色是相对于过去基于职位而言的，基于成果则是相对于过去基于短期激励而言的。

推而广之，基于素质的薪酬管理系统对员工的个性及创造力也给予了相当的重视，这在那些等级结构森严、员工晋升通道单一的组织系统中显然是无法实现的，因为那些员工只能通过权利的不断获取来赢得某种尊重与肯定，即出现所谓的"管理独木桥"现象。所以，建立基于素质的薪酬管理系统扩大了企业对于"尊重"的内涵界定，而不仅仅基于权利获得的名望与地位提供可能,从而成为激励员工不断实现自我、提升自身价值的动力源泉。

### (四)素质模型与培训开发

为了有效支撑基于素质的人力资源管理系统,特别是绩效管理系统、薪酬管理系统的实践,企业的培训开发系统也要相应贯彻"激发与强化员工的优势与潜能,立足于培育员工的核心专长与技能"的理念。具体来讲,企业要根据员工个人的职业发展计划及定期的绩效考核结果,在与企业实现战略所需的核心能力要求进行比较的基础上,确定员工的素质差距,并据此制订相应的培训计划,设计培训项目与课程,最后通过培训效果的评估对员工素质的改进与提升提供反馈与指导。尤其需要强调并重申的是,对于基于素质的培训开发系统而言,在培训方式方法的选择上,除了对员工知识、技能的培训,关于潜能的培训与开发还要遵循素质与行为之间的驱动关系,通过总结、提炼企业内部成功与失败的案例,最终支持员工素质的不断提升与绩效的改进。

## 本章小结

职位分析是指采用专门的方法获取组织内职位的重要信息,并以特定格式把职位的相关信息描述出来,从而使其他人了解该职位的过程。简单地说,职位分析就是确定某一工作的任务和内容是什么,谁来完成这些工作,这些工作应于什么时间、在哪里完成,服务对象是谁,以及如何开展这些工作等。职位分析的结果是形成职位描述和职位要求。职位分析的目的是使管理者与员工能正确理解该职位,保证组织期望得以贯彻与实现。

职位分析是预测人力资源需求、制定人力资源规划的基础。职位分析所获得的信息可以应用于招聘与甄选、培训与开发、绩效评价、工作评价与报酬等人力资源管理工作。

职位分析是对工作的一个全面评价过程,这个过程可以分为四个阶段:准备阶段、调查阶段、分析阶段和总结阶段。

定性的职位分析方法包括访谈法、问卷调查法、观察法、关键事件扩展法、工作日志法和工作实践法。定量的职位分析方法包括职位分析问卷法、管理职位描述问卷法、通用标准问卷法和职能性职位分析法。

## 复习思考题

1. 在人力资源管理中,职位分析的基本术语有哪些?
2. 职位分析过程包括哪几个阶段?
3. 定性的职位分析方法有哪些?它们各自的含义及利弊是什么?
4. 职位分析的定量方法有哪些?它们各有何特点?
5. 职位说明书的主要内容有哪些?在实际应用中,它可能存在什么问题?
6. 胜任素质模型的建构方法有哪些?
7. 假如你是某公司销售部门的一名经理,设想一下:正式的职位说明书是如何帮助你管理工作的?

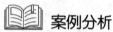 案例分析

## A 公司职位分析案例

问题:
1. 该公司为什么决定从职位分析入手来实施变革,这样的决定正确吗?为什么?
2. 在职位分析项目的整个组织与实施过程中,该公司存在哪些问题?
3. 该公司所采用的职位分析工具和方法主要存在哪些问题?

# 第四章 员工招聘

 **本章导读**

当今时代,市场竞争日益激烈,企业之间的竞争归根结底是人才的竞争,企业只有在人才的竞争中获胜,才能在激烈的市场竞争中立于不败之地。企业的经营业绩靠全体员工共同创造,但是,人员的流动是任何一个企业的常态,在企业业务规模扩大时、有新的分公司设立时、企业内部结构调整时、企业转产时、企业人员正常退休时、企业人员调动及人员辞退时,都需要进行招聘以及时补充新的员工。有效的员工招聘是补充人员、储备人才的有效策略,是保证企业正常运转的重要手段。

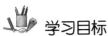 **学习目标**

**知识目标:** 掌握员工招聘的概念与重要性;了解员工招聘各种渠道的选择;熟悉员工招聘的一般程序;掌握多元化员工队伍的招聘方法、求职申请表的作用和内容、内部招聘和外部招聘的利弊、各种招聘方法的优缺点及适用范围等。

**思政目标:** 关注国家与企业招聘情况,培养社会使命感,履行社会义务。

**能力目标:** 培养设计求职申请表、综合分析的能力,初步具备员工招聘能力。

**素质目标:** 根据企业需求选择合适的员工招聘渠道和方法;运用合适的方法设计、筛选求职申请表。

 **关键概念**

员工招聘(employee recruitment)
内部招聘(internal recruitment)
外部招聘(external recruitment)
求职申请表(job application form)

## 第一节 员工招聘的重要性

通用电气(GE)前董事长兼 CEO 杰克·韦尔奇曾经说过,招聘到好的员工是一件困难的事情,招聘到优秀的员工更是难上加难。企业要赢,没有比找到合适的人更要紧的事情了。

员工招聘（employee recruitment）是组织为了生存与发展的需要，以组织的人力资源规划和职位分析为基础，通过信息的发布和科学的甄选来满足组织的人力资源需求，并安排应聘者到组织所需岗位工作的一系列过程。员工招聘主要包括两方面内容：一是向应聘者说明"拟招聘岗位所承担的工作是什么"；二是"什么人适合某一岗位的工作"。招聘是公司引入人才的主要途径，在瞬息万变的市场环境下，企业的成长不能仅凭产品特色，也不能仅靠成本领先战略（也叫低成本战略），而是还要具备善于吸引、发展和留住人才的能力。员工招聘不仅是一项经常性活动，而且是人力资源管理中的一个重要项目，对于企业发展具有极其重要的意义。

## 一、关系企业的生存和发展

在竞争激烈的市场中，如果没有素质较高的员工队伍和科学的员工配置，企业将面临被淘汰的危险。员工招聘是企业人力资源形成的关键，它能确保企业当前和未来发展对人员的需求。

### （一）员工招聘有助于形成持续的竞争优势

企业竞争首先表现为产品质量与价格的竞争，而这背后体现的是科技竞争，其核心是"人才竞争力"。"得人才者得天下"，人才是企业之本，是企业竞争优势形成的重要因素之一。谁拥有人才，谁就可以获胜。特别是从外部吸收人力资源，为企业输入活力，可以弥补企业内部人力资源的不足，带来更多的新思维、新观念和新技术。同时，有效的招聘还可以促进组织内部员工的合理流动，调动员工的积极性、主动性和创造性，实现组织内部人员的优化配置。企业有效获得人才首先要从招聘做起，招聘工作的有效完成对提高企业的竞争力、绩效及实现其发展目标，均有至关重要的影响。从这个角度来说，员工招聘是企业创造持续竞争优势的基础环节。

### （二）员工招聘有助于树立良好的企业形象

员工招聘，尤其是外部招聘，是让社会认识企业的一个重要途径。员工招聘伊始，需要准备包括企业基本情况介绍、发展方向、政策方针等在内的招聘材料，然后将这些材料以各种广告的形式扩散出去，让应聘者可以通过招聘过程了解企业的组织结构、经营理念、管理特色、企业文化等。招聘过程是企业招聘人员与应聘者直接接触的过程，招聘人员的工作能力、招聘过程中对企业的介绍、面试的程序，以及招聘或拒绝什么样的人等都会成为应聘者评价企业的依据。例如，深圳华为技术有限公司通过经常性招聘活动，不但吸收了大量的优秀人才，而且提高了自身的知名度。企业招聘过程的质量高低明显地影响应聘者对企业的看法；招聘人员的素质和招聘工作的质量在一定程度上被视为企业管理水平与效率的标志。此外，有的企业以高薪、颇具规模和档次的招聘过程来表明企业对人才的渴求和企业的实力，这也有利于树立良好的企业形象。

招聘员工是为了满足企业生存与发展的需要，获得企业需要的人才，保障企业各项工作的连续性和稳定性，这可以看作对招聘工作质量的要求。

## 二、确保员工队伍具备良好素质

企业只有将合格的人员安排到合适的岗位上,并在工作中注重员工队伍的培训和发展,才能确保员工队伍具备良好素质。这种人与事的匹配是否成功主要取决于企业员工招聘的质量。

### (一)员工招聘有助于组织吸纳优秀的员工

世界上所有精明的战略和先进的技术都将毫无用处,除非有优秀的人来实践它。员工招聘是组织人力资源输入的起点,是吸引优秀人力资源的前提与基础。招聘工作的质量直接决定着人力资源输入的质量,从这个意义上讲,招聘工作对组织今后的成长与发展意义重大。

### (二)员工招聘有助于改善企业员工的结构与质量

员工招聘以组织战略目标和战略计划为基础,根据人力资源规划确定人员需求数量,根据职位分析确定所需人员质量,然后在一定的时间和地点招聘所需要的员工。通过对组织需求的分析,组织可以控制人员的类型和数量,改善组织人力资源在年龄、知识、能力等方面的结构和人力资源的总体质量,为组织注入新的知识、思想和理念,带来新的技术,从而提高组织人员的整体素质与质量。

### (三)员工招聘有助于增强企业员工的稳定性

员工流动受到诸多因素的影响,员工招聘是其中一个非常重要的因素。有效的员工招聘能促进员工合理流动,激发员工的积极性、主动性与创造性。在招聘过程中获得的信息真实与否会影响应聘者入职后的工作状况。如果组织在招聘过程中传递的信息与组织发展现实不相符,则应聘者入职了解到实际情况后会对企业产生不信任感或失落感,从而降低工作热情,最终可能导致较高的员工流动性。反之,如果组织从招聘伊始就充分重视、精心准备,就会在第一时间加深应聘者对组织的良好印象,激发其工作热情,为降低员工流失率奠定基础。

## 三、影响企业人力资源管理其他职能的发挥

员工招聘建立在人力资源规划和职位分析的基础之上。人力资源规划决定了拟招聘的职位、部门、数量、时限等因素;而职位分析则是对组织中各职位的责任与所需的素质的分析,有效的职位分析既能为员工招聘提供依据,又能为应聘者提供关于应聘职位的详细信息。员工招聘的原则并不是吸引越多的人员越好,而是应当控制在适当的范围内。同时,招聘为企业人力资源管理工作构建了一个基础平台,如果这项工作做得好,将会使后续工作变得相对容易,否则会给后续工作造成困难,影响工作效率。例如,如果招聘的员工不能适应岗位的要求,就很难达成良好的工作绩效,企业就要在人员培训方面花费更多的时间和金钱,人员重新安置更会带来一系列费用和管理问题。

## （一）有效的员工招聘可以减少不必要的人员流失

企业不仅要招到人，更要留住人。要留住有用的员工，减少不必要的人员流失，既有赖于招聘过程中双方信息的有效传递和企业对应聘者的准确评价，也有赖于招聘后企业对人员的有效培养和管理。

一般而言，企业的员工招聘活动应符合 6R 的基本条件。

（1）恰当的时间（right time）：在恰当的时间完成招聘工作，及时地补充组织所需的人员，这是对员工招聘最基本的要求。

（2）恰当的来源（right source）：不同的职位对员工能力和素质等方面的要求是不同的，要通过适当的渠道寻求目标人员，针对那些与空缺职位匹配程度较高的目标群体进行招聘。

（3）恰当的成本（right cost）：在保证招聘质量的前提下，选择费用最少的方法，争取以最低的成本完成员工招聘。

（4）恰当的人选（right people）：把最合适的人员吸引过来应聘，包括对人员数量和质量两个方面的要求。

（5）恰当的范围（right area）：在恰当的空间范围展开员工招聘，这一空间范围只要能够吸引到足够数量的合格人员即可。

（6）恰当的信息（right information）：招聘时要对空缺职位的工作职责与内容、任职资格要求，以及组织的相关情况做全面而准确的描述，使应聘者充分了解有关信息，以便为应聘做好准备。

## （二）有效的员工招聘有助于培育优秀的组织文化

当今企业之间的竞争已经发展到了白热化阶段，企业的生存和发展更需要优秀的企业文化作为支撑。企业文化是组织成员共同的价值观念，它在很大程度上决定了组织成员的行为方式。当现有的组织文化能够适应未来发展需要时，招聘工作可以以内部招聘为主，努力保持组织内部员工的稳定性。当需要从外部招聘时，应高度重视应聘者的价值观与组织文化的一致性，以强化现有的组织文化。如果现有的组织文化有碍于组织的发展，招聘工作应侧重于外部招聘，寻找符合组织未来发展需要的人员。

## （三）有效的员工招聘可以提高企业的效益

频繁的人员流动会给企业带来巨大的成本支出，包括人员获取成本、开发成本和工资等。例如，一家公司招聘了一名月薪 8000 元的销售主管，该员工进入公司两个月后辞职，这给公司造成的直接经济损失（含招聘费用、工资福利、培训费用、办公费用等）约为 80 000 元。招聘工作做得好，可避免减少企业因人员变动而遭受损失，间接提高企业的效益。

## （四）有效的员工招聘有助于企业履行社会义务

员工招聘可以为社会提供就业岗位，有助于解决劳动就业问题，这也是企业履行社会责任的过程。吸纳就业人数越多的企业，通常在履行社会责任方面的成效越显著，如创造社会财富、缴纳税款等。华为、联想集团等国内一些形象良好的企业，近年来吸纳了许多大学毕业生入职，一方面为吸引人才发挥了积极作用，另一方面也履行了较大的社会责任。

规范、公正的员工招聘，可以有效提升企业的知名度与美誉度，塑造可持续发展、履责的良好企业形象。

## 第二节 员工招聘的渠道

获取足够的、合格的人力资源是所有企业人力资源管理部门的职责。对企业而言，员工招聘通常有两个渠道：内部招聘和外部招聘。研究表明，内部招聘和外部招聘相结合会产生最佳效果，具体的结合方法和程度取决于企业的战略计划、拟招聘的岗位、上岗速度，以及对企业经营环境的考虑等因素。对于到底是从内部招聘还是从外部招聘，不存在标准的答案，如通用电气公司数十年来一直从内部选拔 CEO，而 IBM、惠普等大公司的 CEO 则多是从外部招聘而来的。总之，一个不变的原则是，员工招聘最终要有助于提高企业的竞争能力和适应能力。

### 一、内部招聘

#### （一）内部招聘的含义

内部招聘是指通过内部晋升、工作调换、工作轮换、人员重聘等方法从组织内部选拔出合适的人员并将其补充到组织的各种空缺或新增岗位的活动。实际上，企业中绝大多数空缺岗位均能以现有员工来补充。内部招聘是企业填补空缺职位最主要的途径之一，但它是一把双刃剑，既能给企业带来优势，也不可避免地会产生负面影响。

据统计，20 世纪中叶，美国有 50%的管理职位由公司内部人员填补，而进入 20 世纪 90 年代以后，这一比例上升到 90%以上。美国学者柯林斯所著的《基业长青》（又名《百年企业的成功习惯》）总结了 500 强企业的共同特点和规律，他所选择的"强中强"是人们熟知的波音、花旗银行、福特汽车、通用电气、IBM、惠普、默克制药、摩托罗拉、宝洁、迪士尼等共 36 家世界驰名公司。柯林斯经对比分析提出了新理念，校正了人们的"常识"，其中的一个错误认识是：从社会各界选优引进明星式领袖作为首席执行官才是最好的办法。事实上，上述企业中自行培养选拔首席执行官的占绝大多数，而从外部引进明星式领袖的只有两家，是极个别的现象。

#### （二）内部招聘的形式

1. 内部晋升与工作轮换

内部晋升是指将组织内部的员工调配到更高职位上的活动。组织根据所招聘员工的类型决定从何处招聘：如需要高级的、受过专业训练的员工或高级经理，则常从外部招聘；如需要技术人员和一般管理人员，则采用内部晋升的招聘方式。因此，内部晋升是具有一定的适用条件的，在内部晋升时也会考虑从外部获取人员。工作轮换是指成员在组织内的横向流动，它可以使员工在不同阶段从事不同的工作，有助于丰富员工的实际工作经验，既有利于提高技术人员的技术水平，也有利于提高管理人员的管理素质与水平。

内部晋升和工作轮换是建立在系统有序的基础上的内部职位空缺补充办法。首先，企业需要建立一套完善的职位体系，明确不同职位的关键职责、职位级别，以及职位的晋升、轮换关系，至少要规定晋升与轮换的条件、范围、时间要求、流程等内容，在晋升和轮换时以任职资格为依据。其次，要在员工绩效管理的基础之上建立员工的职业生涯管理体系。在每次评定绩效的时候，不但要对员工的工作目标完成情况做出评定，还要对员工的工作能力做出评估，建立员工的能力档案。同时，要不断地了解员工的职业发展愿望，帮助员工制定职业生涯规划，根据组织中员工的发展愿望和发展可能性有序实施工作轮换，并对有潜力的、业绩优秀的员工加以提拔。最后，要建立接班人计划，为组织中的重要职位选拔一些候选人，并追踪这些候选人的绩效，对他们的提升潜力做出评估，一旦出现职位空缺，可用最有潜力的候选人作为补充。

2. 平级调动

平级调动是指内部员工在同级职位间的调动，是较常见的内部招聘形式。如果员工被调任到一些重要的同级岗位或者因平级调动获得了更多的知识和技能，被平级调动的员工就会产生受重视之感，从而提高工作积极性。平级调动的关键是确定标准。平级调动的标准主要有资历和业绩，即那些资历丰富且业绩优良的员工更应该得到平级调动的机会。

3. 临时员工转正

企业有时会雇用临时员工，这些临时员工也可以补充职位空缺。当正式岗位出现空缺，而临时员工的能力和资格又符合该岗位的任职资格要求时，可以考虑将临时员工转正，以补充职位空缺。临时员工转正要注意在各项手续上符合人事管理的政策规定，以免引起不必要的麻烦。

（三）内部招聘的常用方法

内部招聘的常用方法有公告招聘法、档案信息法、员工推荐法等。

1. 公告招聘法

企业采用内部人员补充机制时，可以在企业内部张贴公告。发布公告是最常用的内部招聘方法，是一种向员工通报现有工作空缺的方法。在公告中应列出工作的特性，如资格要求、主管人员姓名、工作时间表、薪资等级等，并将公告置于企业人员都可以看到的地方，以便所有相关人员均有机会申请空缺职位，这样既为有才能的员工提供了成长发展的机会，又体现了公平竞争原则，具体内容如表 4-1 所示。

使用公告招聘法时，应注意满足以下要求：① 至少应在内部招聘前一周发布公告，并张贴在企业的显眼位置，公布需要招聘的人员信息；② 明确张榜的时间长短（通常情况下，张榜 1 周），通知申请人做选择的时间限制（通常为 3 周），从而让员工体验到公平公开，而且给予所有具有资格的员工以机会；③ 应使所有申请人收到有关申请书的反馈信息，反馈信息应尽可能以书面形式通知所有申请人，让其明确自身与职位要求之间的差距，确定今后努力的方向。

公告招聘法相比其他内部招聘方法，更有利于提高组织中现有人员的工作积极性，鼓舞士气，是刺激员工成长发展的一种好方法。

表 4-1 公告示例

```
公告日期：_____
结束日期：_____
在_____部门中有一全日制职位_____可供申请。此职位对/不对外部候选人开放。
薪资水平：最低_____ 中间值_____ 最高_____
职责：（参见所附工作说明书）
所要求的技术和能力：（候选人必须具备此职位所要求的所有技术和能力，否则不予考虑）
1. 在现在/过去的职位上表现出良好的绩效，其中包括：
——有能力完整、准确地完成任务；
——能够及时地完成工作并坚持到底；
——有同其他人合作共事的良好能力；
——能进行有效的沟通；
——可靠、良好的出勤率；
——较强的组织能力；
——解决问题的态度与方法；
——积极的工作态度（热心、自信、开放、乐于助人和献身精神）
2. 可优先考虑的技术和能力：_____
（这些技术和能力使候选人更有竞争力）
员工申请程序如下：
1. 电话申请可拨打号码_____，每天下午 3：00 之前，_____除外。
2. 确保在同一天将已经填好的内部工作申请表连同截至目前的简历一同寄至_____。
对于所有的申请人将首先根据上面的资格要求进行审查。
筛选工作由_____负责。
机会对于每个人来说都是平等的！
```

资料来源：董克用. 人力资源管理概论. 北京：中国人民大学出版社，2007：264.

2. 档案信息法

档案信息法是指利用现有人员的档案，了解员工在教育、培训、经验、技能、绩效等方面的信息，利用这些信息帮助用人部门与人力资源部门寻找合适的人员，并将其补充到空缺职位上。

档案信息法的优点是可以在整个组织内寻找合适的候选人，同时员工档案可以作为人力资源信息系统的一部分。其缺点是对档案信息的要求比较高，必须全面、准确、可靠。同时，由于档案记录这一渠道对员工的透明度小、影响力小，员工参与较少，所以，为遵循员工招聘公平公开的原则，这一方法通常需要与公告招聘法等结合使用，以相互补充。

3. 员工推荐法

员工推荐法是由本组织员工根据组织的需要推荐其熟悉的合适人员，供用人部门和人力资源部门选择和招聘。据了解，美国微软公司 40%的员工是通过员工推荐方式获得的。思科系统公司有 40%~45%的人是通过内部员工的介绍加入的，这种方式也叫作"员工转介员工"。

员工推荐的优点是：第一，推荐人对被推荐人的背景及个人情况比较了解，甚至有过某种合作关系，具备一定的团队合作基础；第二，由于彼此认识，所以很少需要做资历调查；第三，由于对企业的情况已有了解，所以新员工可以较快地进入角色，缩短启动和开始发挥作用的时间。

企业可以通过设置奖金，鼓励员工积极为公司推荐优秀人才。如加拿大太阳生命保险公司多伦多分公司就建立了帮助公司招募有特殊技能员工的"太阳力量"计划。该计划规定推荐了合格职位候选人的员工可以得到 1000 美元的奖金，还规定了推荐者获得奖励的时间和方式。但是，员工推荐也存在弊端，如推荐人可能出于种种原因，如裙带关系、内部小团体等，而推荐并不适合企业组织需要的人。因此，使用员工推荐这种招聘方法时，必须保持公平公正，以求任人唯贤。

【☆思政专栏 4-1】　　　　腾讯公司的内部招聘制度

腾讯公司是中国领先的科技公司之一，在业界颇具声望，因其对于员工发展的重视程度，腾讯公司内部招聘制度备受称赞。腾讯公司以优先考虑内部员工的发展为原则，通过内部招聘来鼓励员工的发展，提高员工的归属感和忠诚度。

当有岗位空缺时，腾讯公司首先考虑内部员工进行填补，鼓励员工通过内部招聘机会提升自己的职业发展；员工可通过内部招聘系统浏览其他职位空缺和要求，确定其是否符合条件；内部招聘采用单独的面试与评估机制，加深对员工的了解，并为员工在新职位上的表现提供必要的支持和帮助；若员工被录用，其原部门必须为其代找新人并在员工更换部门后提供必要的转岗培训。

腾讯公司内部招聘制度在业界产生了重要的影响。其他公司也开始认识到，内部员工有职业发展的权利，应优先考虑内部员工的晋升和培养，这对于公司员工的发展以及公司长期的发展都有重要的意义。

资料来源于网络并经作者加工整理而成。

### （四）内部招聘的优点

**1. 可鼓舞员工的士气**

随着社会的进步和经济的发展，人们的需求已逐步从对货币报酬的渴望转移到对非货币报酬的追求上。在非货币报酬中，有来自工作本身的报酬（包括工作的挑战性、先进性、趣味性等）和来自工作环境的报酬（包括企业的知名度和社会美誉度、企业的发展前景、个人的发展空间、有能力且公平的领导、健康且舒适的工作环境、融洽的人际关系等），其中人们最关心的是"个人的发展空间"和"工作的挑战性"。内部招聘制度能给每个人带来希望，让每个员工都知道，只要在工作中不断地提高能力、知识水平，就有可能担任更重要的工作，就存在被晋升的可能，进而表现得更加积极进取，鼓舞全员的士气。

**2. 新员工能迅速地适应新工作**

员工能力的有效发挥主要取决于员工与组织文化的融合程度和员工对组织本身及其运行特点的了解程度。"上岗"和"入岗"始终是招聘工作中不可忽视的两个重要方面，既要保证有合适的人实实在在地"上岗"，还要保证这个合适的人能迅速地进入角色，即"入岗"。内部招聘中，现有组织成员对组织的历史和现状比较了解，熟悉企业的工作环境和工作流程，熟悉领导和同事，了解并认可企业的文化、核心价值观等，比起从外部聘用的员工，其适应期要短很多，因此能迅速地适应新工作。

3. 保持企业内部的稳定性

内部招聘在为企业补充优质人力资源的同时，不会扰乱企业日常秩序和日常运行，从而保持了企业内部的稳定性。

4. 降低企业招聘的成本

从内部招聘可节约外部招聘所需的大量广告费、招聘人员费用及招聘机构代理费等直接开支。其中，招聘广告费占据相当大的比例，因此单是免去发布招聘广告这一项工作，就能给企业节约大量资金。此外，内部招聘还可节约新员工的上岗培训费及其熟悉企业所需的花费等间接开支，使获取人才的成本降到最低。

5. 充分利用企业内部资源

内部招聘使组织对人才的使用在动态组合中得到完善。在组织内部，员工的使用不是一次性结果，而应该根据组织的需要和员工个人的成长不断地进行动态组合。在这个过程中，工作变动可使员工在不同的岗位上得到锻炼，而竞争的压力可促使员工重视自身知识的丰富和能力的加强，最终使组织的整体人才素质得到提高。

## （五）内部招聘的缺点

内部招聘存在不可忽视的缺点，只有在招聘过程中尽量避免这些缺点，才能做到有的放矢，把对企业的负面影响降到最低。

1. 容易形成企业内部人员的板块结构

人员流动少及内部晋升的途径和方法均容易形成企业内部人员的帮派和板块结构，既可能有因袭的重负，如同乡、同学、师兄弟、同班组等，也可能有利益群体的形成。当内部晋升渠道畅通时，非正式组织想推举自己小圈子的人员就成为一种必然。

2. 可能引发企业高层领导的不团结

用人的分歧历来是最有可能引发企业高层领导关系断裂的一个重要因素，因为这涉及权利的分配、核心班子的组成和个人威信的提高。因此，当出现用人分歧时，企业高层领导原本可能存在的不团结现象会更加明显，而这种状况的产生是内部招聘给企业造成的最大损失。

3. 因缺少思想碰撞而削弱企业的活力和竞争力

在内部招聘中，得到晋升的人和企业群体原本是和谐的，在观念、文化、价值观方面彼此认同。因此，不会存在那种"新官上任三把火"的状态，企业不会因为这种人事变动而产生思想碰撞，也不会由于出现不平衡而引发深层的思考，企业在这一过程中无疑明显缺乏活力和竞争力。

4. 当企业高速发展时容易以次充好

不少企业为了规避识人与用人的失误，几乎所有的干部均从内部选拔。例如，由于身边的人是总经理最了解和最信任的人，所以每次内部晋升，总裁办或秘书就成为晋升的主要对象。当企业高速发展时，这种内部晋升的方法不仅不能满足工作的需要，而且"以次充好"现象将十分普遍和严重，这样会大幅度降低企业的竞争力和向上发展力。

5. 难以避免徇私舞弊的现象

由于内部成员彼此熟悉和了解，当有新的机会出现时，不可避免地会出现托人情、找关系的现象，结果就是出现徇私情、走后门、官官相护现象或形成利益联盟，而这势必造成企业的衰败。

6. "近亲繁殖"影响企业后续发展

由于组织成员习惯了组织内部的一些既定做法，不易产生新的观念，而不断创新是组织生存与发展不可缺少的因素。内部晋升容易出现"近亲繁殖"，企业经营理念和方法的"近亲繁殖"可能给企业后续发展带来不良的影响。即使内部晋升者不是近亲，也会因为提拔任用而使他们"联姻"形成"近亲"，不利于企业的可持续发展。

## 二、外部招聘

### （一）外部招聘的含义

对那些正处于成长期、高速发展的公司来说，它们对大量高素质管理人才和专业技术人才的需求是内部招聘所无法满足的。当公司的某种特定职位无法由内部人员补缺时，外部招聘就显得尤为必要。外部招聘是企业获得人才时使用频率非常高的渠道，具有独特的优势和不容忽视的作用。

外部招聘是指根据一定的标准和程序，从组织外部寻找、吸引求职者，以填补空缺职位的过程。虽然内部招聘的好处有很多，但企业过分依赖内部招聘也是一种失误，而外部招聘可以弥补内部招聘的缺点。

### （二）外部招聘的形式

外部招聘的形式主要有以下几种。

1. 网络新媒体招聘

网络新媒体招聘是近年来随着通信技术的发展和劳动力市场发展的需要而产生的通过信息网络招聘、求职的方法。这种方法因信息传播范围广、速度快、成本低、供需双方选择余地大且不受时间、地域限制而被广泛采用。网络新媒体招聘，也称为电子招聘，是指企业通过自己的网站、第三方招聘网站等机构，使用简历数据库或搜索引擎等工具来完成招聘过程。主要有以下两种方式。

（1）由人才交流公司或人力资源组织代为招聘。通过网络招聘，可以广泛收集求职者的个人基本信息、学历信息、工作经历、技能水平、联络方式等，快速对信息进行分类、推送，让招聘人员与求职者通过在线交流相互加深了解。

（2）企业直接上网招聘。一些企业专门在自己的主页上开设了招聘栏目，介绍招聘岗位、工作性质、地域位置（如大公司各分部点）等图文并茂的信息，求职者可直接在线联系，发出简历。通过专用软件，这些简历可自动分类存入企业的资源信息库，各部门主管在终端可调出相关部分，找寻他们心中理想的人选，然后会同人力资源部为企业充实新鲜血液。

网络新媒体招聘的优势主要有：一是打破了时空界限，有利于双方更广泛和自由地双向选择，提高命中率；二是省时、省力、省钱，不仅减少了毕业生求职的成本，也减少了用人单位的招聘成本；三是方便建立人才数据库，在线接收简历，方便对简历进行保存、分类、筛选；四是方便发布个性化信息，在网站上发布的招聘信息一般不受篇幅限制，企业可以提供除职位以外的企业介绍、发展历程等内容，求职者可以上传详细的特色个人简历供用人单位考查。因此，越来越多的用人单位和应聘者成为网络新媒体招聘的参与者。

2. 校园招聘

如果招聘企业侧重于员工知识结构的更新和人力资源的长期开发，校园招聘是首选。高校毕业生有活力、有朝气、可塑性强，从目前的发展趋势来看，不少有实力的企业都青睐到有关高校举办专场招聘会，甚至有总经理亲自出面，由此可见对校园招聘工作的重视程度。

（1）校园招聘的优势：一是形式灵活，运作方便。大型人才市场一般由政府主导，花费的人力、财力相当大，组织起来比较费时费力，不可能做到经常化。校园招聘的组织则不需要大动干戈，有时只需要一个电话就能确定具体的时间、地点及举办形式，其规模可以是几十个人，也可以是几百个人；时间可以是周末，也可以是平日；形式也灵活、方便。二是可深度沟通，取舍有据。校园招聘活动可以实现深度沟通。在用人单位方面，可以采取学术讲座或者招聘介绍会等形式向毕业生充分介绍企业的经营理念、文化精神、奋斗目标、工作环境、发展机遇等，可以为毕业生播放特意制作的视频，为毕业生现场答疑，还可以专门与有关院系的辅导员或专业教师展开座谈。在毕业生方面，校园招聘可以使学生比较从容地与企业招聘人员讨论自己关心的问题。无论是用人单位挑选毕业生，还是毕业生挑选用人单位，都能做到取舍有据，避免了选择的盲目性，取得的效果通常是其他招聘形式难以比拟的。三是短浅接触，成功率高。在大型人才市场上，由于人流量大、喧闹异常，毕业生与用人单位详谈的可能性基本上是没有的。最终的结果往往是毕业生大量投递求职材料，不管是谁的材料，用人单位出于礼貌往往只好收下，结果是既增加了毕业生的简历制作成本，又浪费了用人单位的筛选时间。而校园招聘会可使双方短浅接触，明显提高成功率。另外，一般来说，用人单位到校园招聘前，对院校的专业、毕业生的素质都有比较深入的了解，有备而来。因此，与院校合办一次招聘活动，一般不会空手而归。一些很有实力的用人单位，由于宣传得不够，平时很少有毕业生问津，但由于它们来校为毕业生做了宣传，使毕业生真正了解了企业，因而也招到了一定数量的高质量毕业生。

（2）校园招聘的关键环节。

第一，广告发布。这是招聘会前的准备工作。公司招聘人员应在校园网、校园内发布招聘海报，发布招聘会的时间、地点、招聘职位、应聘要求等信息。另外，需要注意的是，最好提前一定的时间发布广告，以确保广告信息能够触达所有的潜在应聘者，同时也能给应聘者预留充分的准备时间。

第二，公司介绍：公司代表（通常是公司的一名高层经理）向与会学生介绍公司的历史、现状及发展情况等。为了更为生动地传达这些信息，可以利用短视频、幻灯片等多种形式。

第三，经验分享：公司选择员工代表（常常是校友）在招聘会上讲述自己的工作体会与职业发展状况。通过这个环节可激发学生的兴趣，树立公司的良好形象，增强公司的吸引力。

第四，招聘说明。这个环节必不可少。公司招聘人员向与会学生说明整个校园招聘活动的安排，包括招聘活动的时间、地点安排，招聘职位说明，人员选拔程序，协议达成方式等。这部分的内容虽然不多，但是需要细致说明，以确保整个招聘活动按照计划有条不紊地进行。

第五，疑难解答：由公司招聘人员回答学生提出的问题，这要求招聘人员具备丰富的招聘经验和很强的应变能力。为了做好疑难解答，招聘人员对毕业生的心理应有深入的了解。例如，学生最关心的问题是公司的名声、工作地点及薪酬福利等；学生提出的问题大多有关于应聘要求和应聘者选拔程序等。

（3）校园招聘的注意事项。

一是要熟悉国家的政策法规。国家在大学生就业方面出台了一系列政策和规定，用人单位必须及时了解和准确把握，以免选中人员后无法招收。

二是避免大学生违约。一部分大学生在就业中有"脚踩两只船"或几只船的现象，因此要签违约责任书，尽量减少招聘损失。

三是注意对学生的正确引导。有些大学生对自身能力的评价不准确，对走入社会的估计不切实际，要及时纠正他们的错误认知，引导其多关注招聘政策与职位要求。

四是避免用人观错位。有的企业在校招选拔中优先考虑成绩，也有的企业则优先考虑学生的社会实践，还有的企业优先考虑学生在校期间的任职情况，具体需要招聘人员依据岗位需要综合考量，做到人岗匹配。

五是重视招聘后续工作。如在与学生确定初步意向后，坚持后续的跟踪联系，方法包括利用假期向学生提供实习或参观机会；让学生参与课题研究、市场调研、市场活动；邀请学生参加企业的社会活动、文体活动等，为学生提供与优秀员工的接触机会等，无论采取何种方法，目的是让学生了解企业，这对在入职前培养学生的归属感、加强学生的应聘忠诚度具有重要的作用。

【专题拓展4-1】　　保利物业管理（北京）有限公司2022届校园招聘简章

【☆思政专栏4-2】　　人力资源社会保障部上线"高校毕业生就业服务平台"

为向高校毕业生提供不间断常态化就业服务，人力资源社会保障部于2020年9月1日上线"高校毕业生就业服务平台"，联通全国服务资源，搭建高校毕业生和用人单位高效对接通道。

求职有岗位。"岗位速递"专栏将发布全国最新就业岗位信息，平台上线当天岗位量达27万个，后续还将持续动态更新招聘岗位。"直播带岗"将瞄准热门行业、新兴产业、重点企业等，推出专题专场或综合性直播招聘活动。

就业有指导。推出"职业指导公开课"和"职业指导直播课",发布职业规划、求职技巧、就业手续、创业指导等微视频,职业指导师、人力资源服务专家、创业指导专家等将在线开展就业创业指导交流。

服务更多元。"就业见习"发布见习岗位、见习政策、岗位申请入口等,提供多元实践机会。"就业政策"发布全国和各地就业创业政策服务清单、经办机构清单,开展政策宣传解读。"创业展示"重点推出"中国创翼"创业创新大赛及地方创业创新大赛中高校毕业生创业典型、创业项目、创业故事。

社会广参与。各级公共就业人才服务机构将同步联动上线本地服务平台。中国国际技术智力合作有限公司、智联招聘、58同城、猎聘、科锐国际、一览英才网、支付宝、丁香园、钉钉等合作单位,将结合自身特点,带来更多市场化岗位资源和特色服务。

此外,服务平台还加载"未就业高校毕业生求职登记小程序",支持毕业生自主登记求职意向、就业服务需求,帮助毕业生"一键直达"公共就业服务。同步设大中城市联合招聘高校毕业生活动专区,推出跨区域联合招聘会和服务活动。

高校毕业生就业服务平台设在中国公共招聘网(http://job.mohrss.gov.cn)、中国国家人才网(http://newjobs.com.cn)。有需要的高校毕业生和用人单位可登录网站专区,获取相关招聘信息和就业服务。

资料来源:人力资源社会保障部政务微信。

校园招聘是一项系统严谨、专业性强的工作,需要事前精心策划,充分准备,建立体现企业优势的招聘策略,再配以完善的招聘环节与精细的过程控制,这样才能保障校园招聘的效果,为企业招聘到合适的人才。

3. 借助中介

随着人才流动的日益普遍,各类人才交流中心、职业介绍所、劳动力就业服务中心等就业中介机构应运而生。这些机构承担着双重角色:既为单位择人,也为求职者择业。借助这些机构,单位与求职者均可获得大量的信息,同时可传播各自的信息。这些机构通过定期或不定期地举行交流会,让供需双方面对面商谈,缩短了招聘与应聘的时间。

(1)人才交流中心(talent exchange center)。全国各大中城市一般都有人才交流服务机构,这些机构常年为单位服务。它们一般建有人才资料库,用人单位可以很方便地在资料库中查询条件基本相符的人员资料。通过人才交流中心筛选人才,有针对性强、费用低廉等优点,但对于如计算机、通信等专业的热门人才或高级人才的招聘效果不太理想。

(2)招聘洽谈会(recruitment fair)。人才交流中心或其他人才机构每年都要举办多场招聘洽谈会。在招聘洽谈会中,单位和应聘者可以直接接洽和交流,节省了单位和应聘者的时间。随着人才交流市场的日益完善,招聘洽谈会呈现出向专业化方向发展的趋势。比如,有中高级人才招聘洽谈会、应届生双向选择会、信息技术人才交流会等。通过参加招聘洽谈会,单位招聘人员不仅可以了解当地人力资源的素质和走向,还可以了解同行业其他单位的人力资源政策和人才需求情况。虽然这种方法应聘者集中,单位选择的余地较大,但有时还是难以招聘到合适的高级人才。

很多公司反映从招聘洽谈会中取得的收获甚微,其主要原因是没有做好充分的准备工作，即没有应用营销策略很好地宣传公司。因此，如果决定了以招聘洽谈会方式征召员工，那么就要做好下述准备工作。

① 选择对自己有价值的招聘洽谈会。要找到适合公司招聘职位的人才，就要先选择恰当的招聘洽谈会。首先，要了解招聘洽谈会的档次，如果与公司不属于同一个档次，那么来参加的应聘者就不可能满足公司的需要或者公司无法满足应聘者的需要。其次，要看招聘洽谈会的组织者，组织者的组织能力、社会影响力、宣传力度等都将影响招聘洽谈会的声势及参加的人员数量和质量。另外，应该注意的是，拟参加的招聘洽谈会的时间是否与其他的招聘洽谈会发生冲突，是否有竞争对手参加。如果有竞争对手参加，而且竞争对手提供的条件更胜一筹，就不要轻易与其同时参加招聘洽谈会，因为应聘者会更有可能选择条件更好的竞争对手。

② 准备一个有吸引力的展位。对公司来讲，参加招聘洽谈会也是一件具有挑战性的工作。只有做到出类拔萃，才能在招聘洽谈会上取胜。因此，如果有条件的话，可以争取选择一个尽量好的位置，并且有一个比较大的空间。在制作展台方面最好请专业公司帮助设计，并留出富余时间，以便对设计得不满意的地方进行修改。在展台上可以利用屏幕播放公司的宣传片。在展位的一角应设置一个较为安静的区域，以便于公司招聘人员与应聘者详细交谈。

③ 准备好会上所用的资料。在招聘洽谈会上，通常可以发放一些宣传品和登记表格。这些宣传品和登记表格要事先准备好，并要保证足量。如果准备一些小的纪念品，将更受应聘者的青睐，比如一些印有公司标志和网址的笔、鼠标垫、钥匙扣等，或者制作精美的纸袋，并将宣传资料放在纸袋里面。

④ 准备好相关的设备。招聘洽谈会可能使用电脑、投影仪、电视机、摄像机、照相机等设备，以加强公司的宣传效果。这些设备要提前准备好，并要注意现场是否有合适的电源。

⑤ 招聘人员应做的准备。参加招聘洽谈会的人员要做好充足的准备，对应聘者可能提出的问题及公司方面、职位方面、待遇方面的情况要了解清楚。招聘人员应该由人力资源部门和用人部门两方面人员共同组成，并设计好工作流程。

⑥ 与有关的协作方沟通联系。在招聘洽谈会开始之前，招聘人员要与有关的协作方进行沟通。这些协作方包括招聘洽谈会的组织者、负责后勤事务的单位，可能还有学校的负责部门等。在沟通过程中，一方面要了解协作方的要求；另一方面要提出需要协作方帮助的事项，以便早做准备。在招聘洽谈会上，招聘人员代表着公司的整体形象，因而要时刻保持良好的精神风貌，不要在展台内交头接耳；应目视应聘者，保持微笑，礼貌地回答问题。展台前面不要有障碍物影响视线，要把展台充分展示在应聘者面前。不要在展台内频繁使用手机，以免错过求职者。也不要在求职者走后对他们进行评论，这样做对应聘者不尊重，也会令其他求职者望而却步。招聘人员要反应迅速、果断，给求职者留下高效率的印象。

在招聘洽谈会后，招聘人员要用最快的速度将收集到的简历整理出来，通过电话或电子邮件的方式与应聘者取得联系，防止由于反馈过慢而给求职者留下管理效率低下的印象或者导致合适的应聘者被其他公司抢去。对公司满意的求职者，可通知他们到公司来面试；

对不合适的应聘者，也应该给他们一个答复，告诉他们虽然很遗憾这次没有适合他们的职位，但他们的个人信息已经进入公司的人才库，若有合适的职位时会主动与之联系。

（3）猎头公司。猎头公司是指为组织寻找高级人才的服务机构，它们拥有专业的、广泛的资源，建有储备人才库，搜索人才的速度快、质量高。通过猎头公司，企业可以以较低的费用快速地找到所需的高级人才。猎头公司通过成功地推荐员工而获取收益。一般来说，在组织录用所推荐的高级人才后，猎头公司会收取相当于该人才年薪 15%～20%的佣金。正因为猎头公司的收入主要取决于向公司提供人才的成功率，所以它们会使出浑身解数保证人才的质量。

世界上第一家猎头公司于 1926 年在美国创立。多年来猎头业迅猛发展，据不完全统计，世界上 70%以上的高级人才均通过猎头调整工作，90%以上的大企业利用猎头择取人才。目前，国外猎头的运作已非常专业。猎头公司在本质上也是一种就业服务机构。顾名思义，这类公司主要为企业搜寻高级管理人才和专业技术人才。它们找到合适人选以后，就开始用各种方式与目标接近和沟通，并根据了解到的其个人情况，投其所好地许诺为其个人提供优厚的待遇条件或宽松的发展环境等，最终达到使其个人离开原来的公司到客户的公司工作的目的。这些公司被形象地称为"猎头"，即以高级管理人才为猎获目标的猎手。一位人力资源部经理用一句话概括了猎头公司的价值：一般人才去招聘洽谈会，去做广告；高级人才要用猎头公司才放心。思科系统公司有 10%～15%的人是通过猎头公司招进来的。第二次世界大战后，猎头业在欧美地区兴盛起来，并于 1992 年前后传入我国。1992 年，中国第一家猎头公司在沈阳成立。随后，在北京、上海、深圳、广州等大城市有多家猎头公司相继诞生。2003 年，中华人民共和国人事部、商务部、国家工商行政管理总局联合发布了《中外合资人才中介机构管理暂行规定》。该规定的出台使"洋猎头"在中国正式浮出水面。随着国际"洋猎头"的进入，中国本土猎头也迅速发展起来。随着中国经济的快速发展和对高端人才需求的不断增加，猎头公司这一专为高端人才服务的机构也不断涌现并成为许多组织获取外部高级人才的重要渠道。对于组织来说，猎头公司可以帮助其最高管理层节省很多招聘和选择高级主管或高级技术人才的时间和精力，但需要组织支付很多的费用。

企业在确定与猎头公司合作时，应该注意以下几个问题：第一，选择猎头公司时，要对其资质进行考察，尽量与背景和声誉较好的猎头公司合作。第二，在与猎头公司合作时，要事先约定好双方的权利和义务，并就一些容易发生争议的问题达成共识，如费用、时限、保证期承诺、后续责任等。第三，要让猎头公司充分了解企业对候选人的要求，如对理想候选人的技能、经验和个性的要求。第四，确保猎头公司所推荐的人与原来工作的公司已经解除聘用关系，特别是涉及企业的技术开发人员，必须小心谨慎。第五，如果与一家信誉好、服务质量高的猎头公司合作愉快，那么今后类似的招聘工作就可以继续与之合作，避免与过多的猎头公司合作。

【专题拓展 4-2】　　　知名猎头公司

### 4. 熟人推荐

熟人推荐是指组织内部人员推荐或介绍职位申请人到组织中来。它实际上是内部员工以口头方式传播招聘信息，将组织的外部人员引进到组织的适当岗位上。通过公司员工内部介绍推荐的操作重点：一是组织公布招聘信息，告知员工拟招聘的职位、招聘数量及各类人员的应聘条件；二是鼓励公司内部员工引荐和介绍所了解的外部人员来申请职位；三是采取能调动内部员工有效地介绍外部员工的积极性的鼓励措施。一些公司为鼓励企业内部员工从外部推荐申请人，对那些引入人才成功的公司内部员工会予以奖励。

熟人推荐的优点是：内部介绍人对职位申请者较为了解，并能结合组织拟聘职位所需的知识、能力进行引荐，因而这种方式所引进的员工相对较可靠、稳定；受聘者与介绍人联系较为密切，受聘者能从介绍人那里得到更多有关组织的信息，受聘者能较快地适应组织环境和应聘的岗位。

### 5. 其他来源

自荐者、失业人员、转业军人、退休人员等也可作为可供选择的劳动力队伍的一部分。组织不应忽视这些潜在的人力资源供给，尤其是在劳动力市场供不应求的情况下，若有效地利用这些资源，可以为组织缓解人员招聘的压力。

综上所述，组织在利用各种途径进行外部招聘时，一定要考虑各种方法的利弊，结合空缺职位的具体特点综合权衡比较各种招聘方式。

## （三）外部招聘的优点

外部招聘的优点体现在以下几个方面。

### 1. 能够为企业带来活力

多数应聘者是想有所为、有大为，才会积极参与应聘的，他们可能给企业带来新的观念、新的信息、新的思想方法、新的文化和价值观，甚至新的人群和新的社会关系，这种引进必然给企业带来思想碰撞，带来新的活力。来自外部的候选人可以为企业带来新的管理方法和经验、新的观念和新的技术，有益于增强企业的活力。他们没有太多框框的束缚，工作起来可以放开手脚，从而给组织带来较多的创新机会。

因此，许多公司会有意从组织外部招聘有才干的人，以此形成对已有员工的压力，逼迫和激励他们时刻不忘鞭策自己。这就是著名的"鲶鱼效应"，即通过个体的"中途介入"，对群体起到促进竞争的作用，它符合人才管理的运行机制，目的就是打破公司内部一潭死水的局面，激励员工整体拼搏进取，焕发勃勃生机。

### 2. 加强战略性人力资源目标的实现

战略性人力资源目标是紧扣企业战略目标而设定的，具有战略性、前瞻性、科学性和系统性的特点，因此，选人的标准必须符合战略性要求，对于高层次的人才、高新技术人才、管理人才、稀缺人才等，要有计划、分阶段地引入，包括成本核算、岗位匹配、能力培养、职业规划等均需有计划，并在一个大系统中运行。

3. 被聘干部具有"外来优势"

所谓"外来优势",主要指被聘干部没有"历史包袱",组织内部成员只知其目前的工作能力和实绩,而对其职业历史,特别是职业生涯中的失败记录知之甚少。因此,如果他确有工作能力,那么他便可以迅速开展工作。相反,如果从内部提升,部下可能对新上司在成长过程中的失败记录有着非常深刻的印象,从而可能影响后者大胆地放手工作。

4. 有利于改善内部竞争者的紧张关系

面对组织中空缺的管理职位,可能有好几个内部竞争者都希望得到,即每个人都希望有晋升的机会。如果员工发现自己的同事,特别是原来与自己处于同一层次、具有同等能力的同事获得提升而自己没有得到提升时,就可能产生不满情绪,开始懈怠、不听管理,甚至拆台。从外部选聘可能使这些竞争者得到某种心理上的平衡,从而有利于缓和他们之间的紧张关系。

5. 节约人力资源培训成本

"按图索骥"能使企业获得高素质人才,他们符合企业所要求的学历和经历,这样,企业节省了部分培训费用。外部获取奉行"拿来主义",不仅节省了培训费用,而且节省了培训时间;不仅节省了学历教育所需费用,更重要的是节省了为获取经验所交的"过失费用",这种社会学校和商业战场的"学费"常常比学历教育所付的费用更加昂贵。

### (四) 外部招聘的缺点

外部招聘的缺点体现在以下几个方面。

1. 人才获取成本高

招聘高层人才,所需的数量少,招聘的覆盖区域却很大,有时甚至覆盖全国;招聘人才层次低,所需人才多,招聘的覆盖区域却可以相对很小,有时甚至在一个县、市或一个地区即可。但无论是招聘高层次人才,还是中、低层次人才,均须支付相当高的招聘费用,包括招聘人员的费用、广告费、测试费、专家顾问的费用等,成本相当高。

2. 选错人的概率比较大

由于不了解应聘者的实际情况,不容易对应聘者做出客观评价,有时招聘结果会令用人单位很失望。究竟从内部提升还是从外部招聘,要视具体情况而定。一般来说,当组织内有能够胜任空缺职位的人时,应先从内部提升;当空缺的职务不是很重要且组织有一个持续发展的既定战略时,应当考虑从内部提升。然而,当组织急需一个关键性主管人员来对其原定的战略进行重大修改,而组织内又无能够胜任这一重大职务的人员时,就要从外部招聘。不然,如果勉强地提拔内部人员将有很大的风险,甚至导致组织运行不下去。

在实际工作中,通常采用内部提升和外部招聘相结合的方法,先将从外部招聘来的人员放在较低的岗位上,然后根据其表现进行提升。虽然用人单位招聘的过程经过层层把关,又有专家顾问的参与,选才的准确度大大提高,但仍无法避免选错人的风险,因为任何事物均有其规律性,有些应聘者是应聘场上的"老运动员",他们具备应付临场考试的各种能力,却偏偏不具备实践工作所要求的那些能力,这种人的比例虽小,但也可能会被某些企业所误用。选错人不仅浪费了人力、物力、财力，而且影响了企业的正常运作，这些可能直接导致企业错过发展的良机。

3. 影响内部员工的积极性

每当企业由于某种原因出现干部需求时，企业内部的员工就会渴求获得这个机会。如果每当这种机会出现时，企业就从外部招聘合适的人员来补充，必然会使内部员工感觉到自己"永远漂泊在河流中，不能泊岸，也没机会泊岸"，他们会逐渐产生对现有职业的不安全感。员工的不安全感必然导致工作热情下降，员工队伍的稳定性就会受到威胁。

4. 文化的融合需要时间

引入的人才会带来新观念、新思想、新信息，也会带来对现有企业文化的挑战和思考。文化和价值观的融合需要时间，成员彼此的认同和相互吸引是事业成功的基础，而融合的时间会部分地影响工作的进展。

5. 进入新岗位角色慢

使新引入人才"上岗入位"是一件不容易立刻办到的事情。对本职工作的熟悉，对企业工作流程的熟悉，对与之配合的工作部门的熟悉，与领导、下属、平级同僚的工作配合均需要时间磨合，另外，与企业外界相关工作部门的熟悉和建立良好关系也非一日之功，这种时间成本的投入也是必须考虑的不利因素。

## 第三节 多元化员工队伍的招聘

员工多元化是企业的一笔无形财富，企业尤其是跨国企业在招聘中应该注重人员的多元化。与单一化员工招聘模式相比，多元化员工招聘要求招聘人员突破传统的思维模式的束缚，有意识地招聘多元化员工，并在招聘的同时考虑员工的性别、性格、气质、价值观、学历、经验的合理匹配，从而为实现多元化员工配置奠定基础，辅助企业提升业绩。

### 一、多元化员工的类型

#### （一）多元化员工的界定

多元化员工是指一个组织的所有成员在服从共同的组织理念的前提下，在个体特质上应保持一定差异。例如，性别不单一，年龄多层次，学历多层次，气质、性格多类型，各自具有一定的正当爱好或特长等。所有员工的能力与其岗位责任相匹配，个人兴趣尽可能与其工作内容相吻合，使组织成为年龄衔接、知识配套、学历互补、能级合理、心理相容、长短相济、目标一致、团结协作的群体。

员工多元化的管理概念是从西方国家的管理界兴起的，其概念由最初的对公平就业机会的诉求慢慢转化为现在的企业战略和企业管理的一种方式。它关注的重点是，具有不同文化背景和不同需要的人是否得到了符合他们能力的工作机会。

### (二) 多元化员工的分类

员工多元化可以分为表层多元化和深层多元化。表层多元化是直观的表象，如性别、高矮胖瘦、教育状态、家庭背景、员工来源、收入状态和婚姻状态等；深层多元化是指员工的潜质、价值观和经历等。表层多元化容易改变，深层多元化则不太容易改变。

### (三) 多元化员工的意义

**1. 有利于做出正确的决策**

由于性格、个人经历和文化背景的不同，每个人对问题的观察角度也有所不同，团队成员会经常对异质信息进行交换与讨论，这种信息汇聚与整合能使个体存在的偏见或信息不对称得到有效改善，从而起到纠偏作用。同时多元化的员工团队拥有更多的视角，能够提出更多的问题解决方案，产生"群体思维"。

**2. 满足顾客的多元化需求**

一支多元化背景的团队在接触多元化市场时，能够展现出很大的优势。在面对一个特殊类型的目标顾客群体时，与目标群体具有相似文化品位的员工往往能够提出有针对性的营销策略。百事可乐北美公司曾经开发了一项专门针对拉丁裔的系列无咖啡因的非碳酸饮料，而这个创意就来源于进入百事可乐的拉丁裔员工。

**3. 富有创新精神**

背景多元化的员工能够提出更多的解决方案，在激烈的文化交流中容易产生创新的火花。在实践中，很多公司发现员工多元化能带来更多的创新。据调查，美国著名理工院校——麻省理工学院十分重视学生队伍的多元化，该校每年都会从世界各地招收优秀学生。统计数据显示，目前该校本科学生中有42%是女性；6%是非裔美国人，11%是拉丁裔美国人，28%是亚裔美国人，这种多元化人才来源成为该校持续走在学术前沿的基础。

## 二、多元化员工招聘的方法

在多元化员工招聘中，关键是要明确需要招聘的员工在价值观、个性、气质、性格等方面的特性。招聘人员需要根据科学的方法测评应聘者在这些方面的素质，进而确定其是否符合岗位要求，最终使不同类型员工相互匹配、相互补充、共同促进，创造高质量的组织绩效。

### (一) 做好招聘规划

**1. 分析企业人才结构**

企业在人才结构上应清晰、科学。只有这样，才能实现企业的目标。人才结构关乎人力资源规划的成败及相关人力政策的执行情况。对人力资源招聘而言，人才结构的分析可以帮助人力资源管理人员更好地分析招聘需求，明确空缺岗位所需人员的技能、学历、经验、个人特质等。根据企业人力资源管理成熟情况及应用目的，用人单位可以在不同的层面上进行人才结构分析，主要包括：员工素质分析，如员工学历、性别、专业、年龄、工作经验、性格特质、职称；能力结构分析，如职称结构、能力层次、技能层次、职能等级等；人员变动分析，如离职率、调职、新人率等；员工来源分析，如员工来源的地区分布等。

2. 匹配企业竞争战略与人才类型

企业在不同的发展时期需要不同类型的人才。在企业创业初期，企业发展多以生产为导向，采取成本领先策略。人力资源部门应为企业招聘开拓型且有潜力的员工。企业发展到成长壮大阶段，多以营销为导向，采用质量领先策略，达到产品占领市场和员工高度合作的目的。在这一阶段，人力资源部门应组织物色适应挑战性工作的人才。在企业的成熟阶段，企业的业务比较成熟，顾客比较稳定，收益也比较稳定，这时需要一些偏好稳定生活的员工。同样，企业采取不同的竞争战略，也需要不同的人才类型与之相适应，这是因为企业的竞争战略决定着人力资源的职能战略。

3. 建立公正的招聘标准

企业需要建立公正的招聘标准，大致体现在以下五个方面。

（1）明确岗位需求：在招聘前，应该明确所需人才的技能、经验和教育背景等方面的要求。

（2）制定详细的工作描述：为了吸引最适合岗位的候选人，需要清晰地说明工作内容和责任范围。

（3）考虑多样性：在设定条件时，不应只关注某种特定类型或群体，应尽可能平等对待所有申请者，并且鼓励多样性。

（4）灵活调整条件：如果发现符合标准的候选人很少，则可以重新审视并调整招聘条件，以更好地满足实际情况。

（5）避免歧视：在设定招聘条件时，必须避免以任何形式在年龄、性别、宗教信仰、民族等方面带有歧视或偏见。

### （二）做好招聘准备

1. 分析招聘对象的素质

在员工多元化的企业里，对员工的要求除了工作岗位所需要的岗位技能，更应该注重员工的团队合作精神、个人理念与企业文化的匹配性、跨文化沟通能力等。

一是对组织理念的认同。多元化的员工在价值观、信念、工作作风和习惯等方面的差异很大。企业员工性格类型各异，如果没有团队合作精神，不能认同统一的组织理念，就无法与组织融为一个整体，给组织带来的将是斥力而非合力。

二是注重团队合作意识。由于多元化背景的员工在价值观方面存在差异性，其团队凝聚力比较低，容易导致组织涣散。因此，组织的每一位成员都必须具有很强的团队合作精神，才能克服各种障碍，凝聚团队整体的力量。日本的一些跨国公司很重视员工的团队合作能力。日本NEC公司曾经把应聘者的团队合作能力作为首要考核指标。

三是强调跨文化沟通技能。在跨文化的经营环境中，管理者之间的相互理解和跨文化的沟通尤为重要。从全球发展的角度来看，随着科学技术与经济的飞速发展，不同文化群体之间的距离越来越近，持有不同世界观、价值观、语言、行为的人们需要越来越多的相互理解和交往，因此跨文化沟通是一种必不可少的能力。如果不能进行很好的跨文化沟通，风俗习惯、行为举止、价值观方面的差异就会带来文化上的冲突，给管理带来很大的障碍。

2. 分析招聘人员的素质

作为一个招聘人员，在招聘过程中代表着公司的形象。应聘者首先会根据招聘人员的素质来判断企业的好坏。作为员工多元化企业的招聘人员，必须具有文化的敏感性和必要的文化知识，并且必须了解或者愿意去了解不同文化背景的人，愿意跟人打交道。这种开放的心态和必要的知识储备是将不同背景的人组织在一起工作的基础。当然在这个基础之上，招聘人员还要有很好的沟通能力和技巧，可以让不同背景的员工讲出他所需要的东西和他的看法。

3. 设计多元化招聘渠道

现如今，社交媒体渠道越来越多。这些职场社交平台以应聘者的个体过往经历为链接点，通过直接、间接人脉进行更广范围的人际链接，可以实现精准的靶向链接，如微信内推、直播招聘等。通过使用更加多元化的招聘渠道，企业可以扩大招聘范围，吸引更多的优秀候选人。下面，以最近较为流行的招聘方式——直播带岗为例进行说明。不管距离多远，求职者不用出门，只要用一部手机就能找工作，这种新型招聘渠道正在制造业用工需求量大的长三角、珠三角地区蓬勃兴起。线上直播招聘的渠道不受空间和地域限制，能快速直接联系到全国各地的求职者。求职者只需通过直播间和招聘方沟通，并上传自己的资料和需求，就能匹配到合适的岗位，这极大节省了求职者和招聘方双方的时间及人力、物力成本。同时，直播招聘可以由带岗主播进行实时的现场视频展示，求职者能身临其境地看到企业和岗位的真实情况，并随时和主播交流，以便做出准确的选择。

此外，在招聘渠道的选择上，可以综合使用媒体广告、互联网、人才市场、校园招聘、猎头等，还可以与一些高等院校和社会团体建立长期的合作关系，这将有利于招聘到多元化的员工。

（三）做好招聘实施

1. 发布招聘信息

招聘广告要尽可能取消各种附加条件的限制。如在大学校园招聘中，除特定的工作性质的规定外，不要在招聘信息中出现"限招211工程重点大学毕业生""限招男生"等语句，因为这样会遭到很多优秀人才的排斥。企业招聘人员应该抱着开放的心态，凡自认为胜任岗位工作的人，都可参加应聘。正所谓"英雄莫问出处，人才不拘一格"。

2. 重视招聘宣传

企业需要通过各种渠道向外界宣传招聘信息，吸引更多的求职者。这包括制作招聘广告、参加职业博览会、在社交媒体上发布信息等。通过扩大宣传，企业可以向更广泛的人群传达招聘信息，吸引更多的求职者，包括那些来自不同背景、拥有不同经验和技能的人。

招聘宣讲会是应聘者全面了解企业的一个平台。在宣讲会中，招聘人员会对企业发展历程、空缺职位、招聘要求、企业的文化进行详细介绍。为了招聘多元化人才，宣讲会应该突出以人为本的多元化企业文化，把关心人、尊重人、激励人、解放人、发展人放在首要地位，因为这种企业文化是孕育多元化人才的土壤，也可以减少一些拥有高技能却担心自己不能融入企业文化的应聘者的顾虑。

3. 筛选简历

为了招聘到多元化员工、充分发挥应聘人员的创新意识，招聘人员应该取消对简历格式的要求，采取开放式简历格式。在筛选简历时，招聘人员应该遵循机会平等的原则，以员工的岗位技能为考核重点，不应带有种族、性别、地区、国籍、年龄、怀孕或残疾方面的歧视。

4. 构建多元化测评体系

多元化招聘考核办法将围绕以上对应聘人员的素质要求为考核重点，综合采用笔试、面谈、心理测试、实际操作或情景模拟等方式进行。在多元化招聘中，除了考核应聘者是否具备专业知识和技能等素质，更要着重考察员工的价值观与企业的价值观是否相适应。同时，员工的跨文化沟通能力也应成为企业考察的重点。多元化测评的要点如下。

一是对表象素质的测量。在多元化招聘中，表象素质的测量包括应聘者的经验、教育背景、身体状况。这些素质大多可以从应聘者的个人简历中直接反映出来。因此，招聘人员只需通过浏览和筛选简历就能判断应聘者是否符合招聘要求。

二是对潜在素质的测量。潜在素质对员工的工作绩效起着决定性作用，而这些素质不容易被直接发现，因此招聘人员应该采用科学的方法对应聘者进行考核，包括价值观的测量、个性的测试、气质的测量、团队合作意识测试、跨文化沟通能力测评等。在团队合作意识测试方面，招聘人员可以考查应聘者在大学期间是否参加过学生组织、社团、志愿者协会，以及他们在这些组织里的表现和取得的成绩。在测评应聘者的跨文化沟通能力方面，招聘人员可以设置多元文化的交流情境，考察应聘者的交流能力，同时这种能力在某种程度上也可以通过应聘者的背景反映出来。

三是根据应聘者具体情况的不同，招聘人员还可以采用一些独特的考核办法。比如，日本日产公司创办初期的办法是：快吃考核法——谁吃饭快就录取谁；大声考核法——谁声音洪亮就录取谁；扫厕所考核法——谁不怕脏就录取谁。令人难以置信的是，这些看似奇特的考核方法竟成为跨国公司招聘多元化人才的重要手段。在特定的情况下，员工多元化的企业也可以综合采用这些方法。

### （四）做好招聘评估

招聘评估主要是指对招聘的结果、招聘的成本和招聘的方法等进行评估。招聘评估主要包括成本效益评估和录用人员评估。成本效益评估可以通过招聘单价来衡量。企业为了招聘多元化人才，必须付出比普通招聘更高的成本，花费更大的精力。多元化招聘评估中最重要的还是对录用人员的评估。经过新一轮招聘，企业的人才结构发生了调整，此时需要人力资源管理人员重新对企业的人员结构进行审查，包括员工的学历、性别、专业、年龄、工作经验、性格特质、职称结构等。同时，管理人员还需要密切关注员工离职率、员工的工作满意度、工作绩效、员工的能力与职位的匹配程度、员工人际关系的和谐程度等指标是否与招聘前相比有明显的改善。如果这些方面得到了改善,则证明员工多元化招聘是成功的。

## 第四节　求职申请表

求职申请表是指组织为收集申请人与应聘岗位有关的全部信息而专门设计的一种规范化表格。它是由企业设计的、让申请者填写的、反映求职者基本情况的表格,具有节省时间、能够准确了解应聘者信息、为后续的选择提供参考等作用。使用申请表的有利之处是结构完整、直截了当,便于组织根据申请表做出评估;不利之处是格式限制了申请者的创造性,制作、分发申请表会增加招聘成本。

### 一、求职申请表的作用

对于大多数企业而言,求职申请表是甄选过程的第一步。一张填写完整的求职申请表应该反映以下五个方面的信息。

(1) 可以判断分析一些客观的问题。
(2) 可以评价申请人过去的成长与进步情况。
(3) 可以从申请人过去的工作记录中了解到此人的工作稳定性如何。
(4) 可以运用申请表中的资料判断出哪些求职者会在工作中取得成功,哪些无法取得成功。
(5) 可以利用申请表预测申请人的工作绩效。

### 二、求职申请表的内容

申请表的设计十分关键,需要组织全面细致地分析与研究。申请表的设计要以职位说明书为依据,每一栏目均有一定的目的,做到不烦琐、不互相包含。另外,申请表的设计还需要符合国家的法规与政策。

设计申请表时应考虑以下基本内容。

1. 个人基本情况

个人基本情况方面包括申请人的性别、年龄、居住地址、身高、体重、身体状况、联系方式、婚姻状况、政治面貌等信息。

2. 教育和培训

教育和培训方面包括申请人的受教育水平、取得学位、各方面成绩、外语水平、获得的奖励、接受的培训等信息。

教育背景资料可以提供关于受教育程度、教育类型、所学科目等信息。在教育类型中,最理想的情况是应聘者受到了综合的教育,这样的应聘者才会是一个具有广泛兴趣的、知识体系比较完善的人。应该注意的是,对于企业的某些工作来说,一些应聘者在某些方面所受教育是否过于前卫了，目前还不能有明显的用途，或者应聘者在大学里花了几年时间学习了某些课程，而事实上希望从事的工作却与这些课程毫不相干。同样，还应该留心应聘者所学科目：分数较高的科目部分集中在那些具有实际价值的课程还是那些抽象推理的课程，这可以判断应聘者更适合的工作类型。

3. 工作经历

工作经历方面包括申请人以前的工作单位、雇主的姓名和联系方式、企业类型、岗位、职责、任职时间和职位、过去或现在薪酬、上一份工作的期限、离开原来工作单位的理由、现在是否有其他工作还是处于失业等情况。

申请表中的"工作经历"一栏对企业的招聘决策是非常重要的。因为在工作经历中可以查找到应聘者是否有与应聘职位相关的工作经验，若有，无疑可以更快地适应职位的要求。想要知道应聘者是否有与应聘职位相关的工作经验，不能只是注意申请表上所注明的各种工作头衔，更重要的是要看在每一个岗位上，应聘者具体负责什么样的工作；看应聘者在原公司的哪个部门工作，向谁负责，接触什么产品，做什么项目，获得过什么样的成果，取得了什么样的业绩，除了名义上所做的工作，他还参与了什么工作等。要根据应聘者提供的这些信息和对应聘者所接触产品、从事的项目或服务过的公司的了解来判断应聘者是否曾经将这种工作做得很出色。

例如，要招聘销售方面的人员。如果应聘者曾经有过销售方面的工作经验，就要给他加上 1 分；如果他在本行业中工作过，那就再加 1 分；如果他做过竞争方或相关的产品系列，就再加 1 分；即使对方从事过的销售领域跟这份工作所涉及的领域完全不同，但是他所推销过的产品无论从广度上讲，还是从复杂程度上来讲都跟应聘工作中面临的产品相当的话，也应该加 1 分。依此类推，就会知道应聘者中谁在工作经历上更胜一筹。

4. 工作特殊要求

工作特殊要求方面包括技术技能、特定技能等信息。

5. 其他

这方面的信息应根据招聘单位的实际岗位需要来设计，通常包括以往雇主评价、证明人姓名和证明信、专业证明、兴趣和爱好、个性特征、态度。另外，还有与工作相关的一些项目。

## 三、求职申请表与简历的区别

简历是求职者用来向企业提供其背景资料和进行自我情况陈述的一般文件，没有严格、统一的格式，一般由求职者主动递交给企业，由人力资源部门或招聘部门进行评价。个人简历的优点在于形式灵活，有利于求职者充分进行自我表达。但由于缺乏规范性，内容的随意性较大，有时不能系统、全面地提供企业所关注的所有信息。另外，个人简历还有可能存在自我夸大的倾向，需要招聘组织对应聘者所提供的信息予以核查与证实。

精心设计的求职申请表可以克服个人简历的上述弊端，它系统、详细地提供了企业所关注的信息。所以，很多企业在进行人员招聘活动时会预先设计"求职申请表"，与个人简历配合使用。表 4-2 分别列出了申请表与简历的优、缺点。

表 4-2 申请表与简历的优、缺点

| | 申 请 表 | 简 历 |
|---|---|---|
| 优点 | （1）直截了当<br>（2）结构完整<br>（3）限制了不必要的内容<br>（4）易于评估 | （1）开放式，有助于创新<br>（2）可以强调个人的内容<br>（3）允许申请人修饰自己<br>（4）费用较小，容易做到 |
| 缺点 | （1）封闭式，限制创造性<br>（2）制定与分发费用昂贵 | （1）允许申请人略去一些内容<br>（2）可以美化自己<br>（3）难以评估 |

## 四、筛选申请表时应注意的问题

### （一）判断应聘者的态度

在筛选申请表时，首先要筛选出那些填写得不完整和字迹难以辨认的，因为为那些态度不认真的应聘者安排面试，纯粹是浪费时间，可以将其淘汰掉。其次，要重点看客观内容，如个人信息、受教育经历、工作经历和个人成绩。

### （二）关注与职业相关的问题

在审查申请表时，要衡量背景材料的可信程度，注意应聘者以往经历中所任职务、技能、知识与招聘职位之间的联系，判断应聘者是否符合职位的技术和经验要求，判断应聘者的专业资格和经历是否与招聘岗位相关并符合要求，如果不符合则淘汰。在应聘者受教育经历中，要特别注意是否用了含糊的语句，是否有意混淆本科、专科、委培、成教的差别。

### （三）注明可疑之处

求职申请表中或多或少会存在虚假的内容，发现可疑之处应重点标出，在面试时可作为重点提问内容。如应聘者曾在知名单位担任过高级职位，而应聘的却是一个普通职位，应予以关注。又如，应聘者称自己在许多领域取得了许多成绩和证书，而经历中缺乏这样的条件和机会，也要予以重视。

还需要注意，由于个人资料和求职申请表所反映的信息不够全面，招聘人员往往仅凭个人的经验和主观臆断来决定是否参加复试，这带有一定的盲目性，所以应该在条件允许的情况下，尽量让更多的人参加复试。

**本章小结**

员工招聘是组织为了生存与发展的需要，以组织的人力资源规划和职位分析为基础，通过信息的发布和科学甄选来满足组织的人力资源需求，并安排他们到组织所需岗位工作的一系列过程。员工招聘主要包括两方面内容：一是向应聘者说明"招聘岗位所承担的工作是什么"；二是选择"什么人适合某一岗位的工作"。招聘是公司引入人才的主要途径，员工招聘不仅是一项经常性活动，而且是人力资源管理中的一个重要项目，对于企业具有极其重要的意义。

对企业而言，员工招聘通常有两个渠道：内部招聘和外部招聘。内部招聘是指通过内部晋升、工作调换、工作轮换、人员重聘等方法从组织内部选拔出合适的人员补充到组织的各种空缺或新增岗位的活动。外部招聘是指根据一定的标准和程序，从组织外部寻找、吸引求职者，填补空缺职位的过程。企业在招聘时应根据各自所处的情况，选择合适的招聘途径。

员工多元化是企业的一笔无形财富，企业尤其是跨国企业在招聘中应该注重人员的多元化。与单一化员工招聘模式相比，多元化员工招聘要求招聘人员突破传统的思维模式的束缚，有意识地招聘多元化员工，并在招聘的同时考虑员工的性别、性格、气质、价值观、学历、经验的合理匹配，从而为实现多元化员工配置奠定基础，辅助企业提升业绩。

求职申请表是指组织为收集申请人与应聘岗位有关的全部信息而专门设计的一种规范化表格。它是由企业设计的、让申请者填写的、反映求职者基本情况的表格，具有节省时间、能够准确了解应聘者信息、为后续的选择提供参考等作用。使用申请表的有利之处是结构完整、直截了当，便于组织根据申请表做出评估；不利之处是格式限制了申请者的创造性，制作、分发申请表会增加招聘成本。

### 复习思考题

1. 简述员工招聘的重要性。
2. 内部招聘的特点是什么？
3. 内部招聘的主要方法有哪些？
4. 外部招聘的特点是什么？
5. 外部招聘的主要方法有哪些？
6. 如何进行多元化员工招聘？
7. 如何筛选求职申请表？

### 案例分析

**中塑集团的择人决策**

问题：
1. 你是否认同本案例中张江的"招聘哲学"？请说明理由。
2. 请分析内部招聘与外部招聘的优缺点。

**模拟训练**

## 一、实训目的

1. 理解招聘的重要性，掌握其实施流程；

2. 通过角色扮演，模拟招聘的平台，通过拟定招聘计划，发布招聘信息，进行资格审查和初选等相应的模拟条件，使学生身临其境地扮演各种招聘中的角色，完成各自的任务，揣摩各种角色的心理，从而增强将来应对招聘的技能。

## 二、实训的内容及要求

实训内容：通过角色扮演进行人员的招聘。

实训要求：以模拟招聘某教育培训机构的培训教师为例，分组进行人员的招聘。

### （一）模拟的背景资料

某教育培训机构欲招聘培训教师专员 2 名，需要拟定招聘计划，发布招聘信息，设计人员申请表，进行资格审查和初选，选出 6 名复试人选。

### （二）构建实训小组，进行角色分工

第一步，建立实训小组 4 组（每组 8~10 人），以小组为单位开展活动；

第二步，进行角色分工，两组学生扮演招聘者，两组学生扮演应聘者；

第三步，扮演招聘者的小组各自拟定招聘计划，发布招聘信息，设计人员申请表，进行资格审查和初选；

第四步，扮演应聘者的小组人员准备个人简历，负责填写人员申请表并对招聘方的招聘广告进行评价；

第五步，扮演招聘者的小组与扮演应聘者的小组互换任务，再次模拟演习。

### （三）实训过程

第一步，实训小组全体成员提前 1 天进行资料准备，招聘者准备好相应的资料表格；应聘者事先预设好自己的身份背景；

第二步，由招聘者代表宣布招聘计划，展示招聘广告；

第三步，招聘开始，应聘者向招聘者索取表格资料，进行阅读并填写相关表格；

第四步，招聘者每组分别进行对应聘者的资料汇总、评价，给出每个应聘者的最终得分，并讨论得出进入面试人选；

第五步，实训小组成员一起讨论自己扮演角色的体会，并分析评价他人的优缺点。

## 三、实训时间

本项目实训时间为 2~3 天，其中：1~2 天为准备时间；模拟训练 1 天，分上下午互换角色进行。

# 第五章 测试与甄选

 **本章导读**

在企业员工招聘过程中,招聘测试与甄选是极其重要的环节。有效的测试与甄选工作可以使进入企业的人员的素质更符合空缺职位的要求,从而形成员工队伍的合理结构;可以降低培训工作的投入,从而节约人工成本。在人力资源招聘过程中,测试与甄选是密不可分的,只有通过科学合理的测试才能甄选出符合岗位需要的人才。信度与效度是组织在决定采用何种测试与甄选方法时所依据的两个重要指标。可以从应聘者认知能力、个性和体力等方面进行测试,测试的方法因考察要素的不同而不同。管理评价中心不仅可以从个体的角度进行测评,而且能从群体活动中对个体的行为进行测评,普遍使用的方法有无领导小组讨论、文件筐测验、管理游戏、模拟面谈、即席发言等。背景调查是核查应聘者背景材料和证明材料等的真实性、有效性的方法。面试能够灵活测评应试者的多方面素质,弥补笔试的不足。员工个体素质优良可以促进后续一系列人力资源管理活动的顺利进行,因此,只有进行有效的员工测试与甄选,才能依据企业的发展战略与经营目标识别人才、选拔人才、储备人才、开发人才。

 **学习目标**

**知识目标**:了解测试与甄选的概念、甄选工具的基本要求、背景调查的意义;理解测试与甄选的类型、影响面试有效性的因素;熟悉面试的构成要素,面试测评的主要内容,面试考官的能力素质及影响面试结果的因素;掌握管理评价中心的内容、背景调查的内容;重点掌握面试设计和面试实施过程和方法。

**思政目标**:通过中国古代科举制、现代国家公务员制度的测试与甄选简介,培养学生的文化自信、制度自信。

**能力目标**:设计组织招聘与面试,能够积极应对各种招聘测试。

**素质目标**:培养学生的沟通与组织能力、提高综合素质。

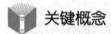 **关键概念**

测试(placement test)
甄选(selection)
信度(reliability)
效度(validity)

无领导小组讨论（leaderless group discussion）
文件筐测试（in-basket test）
管理游戏（management game）
模拟面谈（mock interview）
即席发言（Impromptu speech）

## 第一节　测试和甄选的相关概念

### 一、测试

#### （一）测试的概念

所谓测试（placement test），是指在招聘过程中，运用各种科学的方法和经验对应聘者加以客观评定。

招聘测试的基础是人与人之间的差异性。在企业员工招聘过程中，招聘测试是非常重要的一环。

#### （二）测试的特点

1. 标准化

测试的标准化是指一项测试的条件和程序具有连贯性或一致性。每一项测试必须有自身的标准程序，而每次进行测试时必须严格地遵循这些程序。

2. 常模

常模是心理测评用于比较和解释测试结果时的参照分数标准，是一种供比较的标准量数，由标准化样本测试结果计算而来，即某一标准化样本的平均数和标准差。测试分数必须与某种标准相比较，才能显示出它所代表的意义。

为了阐明心理测试的结果，必须有一种理论上可与之比较的尺度，以便把一个人的绩效与另一个相仿的人做比较，这是运用测试常模来完成的。常模是在性质上与受测试的工作申请人相同的一大批人所得的分数的分布。假如某人在某项常模为 80±10 的测试中得分为 82，则可判断该人成绩为一般水平。

某些广泛应用的心理测试有各种常模，分别适用于不同年龄、性别和教育水平。恰当的常模在选拔中起着重要作用。

3. 客观性

测试的客观性是指记录测试得分不受记分者主观判断或偏见的左右，即任何人来记录测试分数都能得到同样的结果。为了保障对工作申请人做出公正的评价和在他们之间进行公正的比较，有必要对招聘者实施客观性测试。

4. 可靠性

测试的可靠性是指对一项测试所产生的反应的一致性。在一项测试可以公开推广之前，必须确切地指出该测试的可靠程度。对于一种用作选拔的测试,理想的可靠性系数应该大于0.8。

5. 有效性

有效性就是指实际地测量所要测量的东西,判断有效性的一个方法是把测量的得分与今后的工作绩效联系起来。

## 二、甄选

通过各种人员测评方法对候选人进行甄选和评价,可以了解候选人的能力、个性特点、工作风格等与工作相关的素质,得出一些诊断性信息,从而分析该候选人是否能够胜任工作,降低人员招聘的风险。有效的甄选工作可以使进入企业的人员的素质更符合空缺职位的要求,从而可以降低培训工作的投入,有利于节约人工成本,形成人员队伍的合理结构,实现共事人的密切配合;保证人员个体素质优良,从而使此后的一系列人力资源管理活动顺利进行;为人员的预测与发展奠定基础。人员甄选技术不仅可以了解候选人当前的素质状况,为目前的人岗匹配提供依据,而且可以提供有关人员未来发展可能性的信息。

(一) 甄选的含义

甄选(selection)是指根据所招聘职位的特点,运用一定的工具和手段,从某一职位的所有候选人中甄别选择出最合适人选的活动。它是组织按照"人岗匹配"的原则,从应聘的众多人员中,挑选出最合适的人来担任某一职位,确保职位和人员的最佳匹配。

甄选包括信息收集和信息评估两个方面:信息收集是指系统地收集岗位候选人与工作相关的全部信息;信息评估是指对收集岗位候选人与工作相关的全部信息与岗位所需资格条件进行比较。

准确地理解甄选的含义,要把握以下几个要点。

(1) 甄选应包括两个方面的工作:一是评价应聘者的知识、能力和个性;二是预测应聘者未来在企业中的绩效。很多企业在选拔录用时将注意力过多地集中在前者,往往忽视了后者,其实后者对企业来说更有意义。

(2) 甄选要以空缺职位所要求的任职资格条件为依据,只有那些符合职位要求的应聘者才是企业所需要的人才。

(3) 甄选是由人力资源部门和直线部门共同完成的,最终的录用决策应当由直线部门做出。

(二) 甄选的步骤

(1) 审查求职申请表,进行初步甄选。

(2) 确定测试内容、测试人员、测试方式、测试程序、被测试人员名单。

(3) 安排笔试、面试。发出测试通知(时间、地点、联系人、所需资料);确定接待人员、主试人员(一般由人力资源部门经理与用人部门主管担当);准备笔试试题和面试问题,根据应聘者提供的资料,对其个人情况、背景、经历、离职原因、爱好、特长、工资待遇期望值、个人发展目标等列出需要进一步了解的问题。

（4）组织测试、测评。

（5）对拟录用的候选人进行体检和背景调查。

## 【☆思政专栏5-1】　　　　中国古代科举制度及其影响

科举制度是中国历代选才取士的制度。与中国交流密切的古代日本、朝鲜、越南等国家也深受影响。

科举萌发于南北朝时期，科举真正成形是在唐朝。唐朝科举放榜通常在二月。录取者谓之及第，或登科、登第、擢第等。第一名称为状元，第二名为榜眼，第三名为探花。科举从开创至清光绪三十一年（1905年）举行最后一科进士考试为止，前后经历一千二百余年。科举制度是封建时代所可能采取的最公平的人才选拔形式，它扩展了封建国家引进人才的社会层面，吸收了大量出身中下层社会的人士进入统治阶级。特别是唐宋时期，科举制度正当发展成熟之初，显示出生气勃勃的进步性，形成了中国古代文化发展的一个黄金时代。

科举制度推动了不同等级成员之间的流动，为历代统治者甄拔了一批又一批的臣僚百官，对中国封建社会的稳定和发展起到了至关重要的作用。从总体上来说，史学界对于唐代的科举制度基本上持肯定的态度。科举的一整套严密的考试程式和制度，更被誉为中华民族的杰出创造。科举制使应考之人获得公平竞争的机会，这对于调动人的积极因素、广泛搜罗人才，有着无可辩驳的优点。以考试取士，权在国家，考取者无私恩，黜落者无怨恨，亦有利于社会的安定和政治的清明。

受中国文化的影响，历史上中国周边一些国家除有学子赴中国参加科举考试外，也在本国设立科举制度。越南的科举制度，始于熙宁八年（1075年），至启定四年（1919年）止，是全世界科举制度最晚废除的国家。朝鲜的科举制度始于高丽时代光宗九年（958年），然而到朝鲜王朝时期才正式实施。日本在8、9世纪时开始仿照唐朝的科举制度举办贡举，701年的《大宝律令》颁布后，贡举制度确立，分为秀才、明经、进士、明法、医、针等科，其中以秀才科为盛。

14世纪，欧洲来华人士便将中国通过科举，即统一考试的选拔人才模式，向本国做了详细介绍和推荐。其中，英国人对此最有兴趣，"英国当时的学术界和开明官员，力主仿效中国文官取士手段，机会均等，公开考试。1853年，英国王室任命查理·特罗维廉和斯坦福·诺斯科特两位爵士，负责英国文官制度的改革和方案草拟。之后他们向国会提交了《关于建立英国常任文官制度的报告》，报告中的主要观点就是建议学习、实行中国的科举制度，通过公开、竞争性的考试手段来招聘官员"。此后，法国、美国等许多欧美国家都把中国的考试制度"拿了过去"。

资料来源于网络并经作者加工整理。

### （三）甄选的原则

要做好人员甄选工作，除有一套科学的甄选方法和技术之外，还必须遵循一定的原则。

### 1. 合法原则

企业招聘甄选工作首先应当遵循国家有关法律、政策，如自 1995 年 1 月 1 日起施行的《中华人民共和国劳动法》规定，除非岗位有特殊要求，企业不得因为性别、种族等方面的问题而拒绝录用符合条件的人选。这类歧视问题在国外屡见不鲜，我国最近几年才开始出现因类似问题而引起法律纠纷的现象。随着人事与国际劳工标准的实施，企业必须增强法律意识，以适应社会的发展。

### 2. 公平竞争原则

公平是一个极其重要的原则。只有对所有应聘者一视同仁，采取公开考核办法、严格考核程序等公平竞争措施，才可能使真正的人才脱颖而出，保证录用人员的质量，为企业广招贤能。同时，公平竞争还可以为企业树立良好的形象，增强内部员工的凝聚力，提高企业对人才的吸引力。

### 3. 宁缺毋滥原则

员工滥竽充数，不仅不能为企业做出应有的贡献，还会增加企业的负担，如招聘成本、重置费用、员工离职带来的机会成本等。因此，甄选工作应对候选人进行全面的考核，这样才能够筛选出胜任工作的人才。

### 4. 德才兼备原则

德与才是一个不可分割、缺一不可的统一体。德的核心是为谁服务的问题，才的核心是能力问题。德决定着才能的发挥方向和目的；才又是德的基础，使德具有现实意义，得到体现。在人员甄选中，兼顾德与才的标准很重要，片面地追求德或才都有可能给组织带来极大的隐患。

### 5. 用人所长原则

美国管理学家德鲁克提出：用人之道不在于如何减少人的短处，而在于如何充分发挥人的长处。在人员的甄选与配备中，并非最优秀的才是最好的。工作的难易程度和性质不同，对人员的要求也就不同，重要的是找到最合适的人选，否则既是对人才的浪费，也会给企业带来负担。

俗话说"金无足赤，人无完人"。人各有优缺点、长短处，在甄选工作中，招聘人员要克服求全责备的思想，树立主要看人的长处、优点的观念，把寻找人的长处、优点作为择人的标准，看一个人，主要是看他能做什么，看他的资格条件是否符合空缺岗位的资格要求。

### 6. 民主集中原则

发扬民主就是在甄选工作中采用切实可行的措施，让员工有更多的发言权和决定权。集中是在民主基础上的集中，通过民主程序选拔出来的招聘对象要经过组织人事部门考察后，报经组织最高管理层讨论审批。在讨论中，应有 2/3 以上成员到会，每个成员要认真负责地发表意见，最后按少数服从多数的原则形成决策。

### 7. 回避原则

在甄选工作中要坚持任职回避和公务回避。任职回避要求组织内具有亲属关系（包括夫妻关系、直系血亲关系、夫妻双方的近亲属关系以及儿女姻亲关系等）的人员不得担任同一领导班子内的职务，不得担任有直接领导关系的职务，不得担任有监督关系的职务。公务回避是指负责招聘的工作人员和领导人员，在选用工作中，凡涉及处理与自己有亲属关系的人员问题，必须回避，不得以任何方式进行干预或施加影响。

### 三、甄选的可靠性与有效性

信度与效度是组织在决定采用何种甄选方法时所依据的两个重要指标。值得信任的测评必须符合以下两个标准：一是可靠性（信度），即测评多次，测评结果的一致性；二是有效性（效度），即测评准确有效。

#### （一）信度

1. 信度的含义

信度（reliability）是指测量的一致性或可靠性程度。一种好的测量工具必须稳定可靠，即多次测量的结果要保持一致，否则就不可信。招聘过程中所有的甄选工具都需要有信度。但实际上，由于受到被试样本、施测条件、动机水平和注意力等因素的影响，不可能达到100%的一致性。但可靠的测评应将误差控制在一定范围内。若一个被测试者第一次智力测试为110分，第二次测得的结果为50分，前后两次的测试结果之间差异太大，测试者就会对测量的可靠性产生怀疑，这个可靠性就是信度。

信度的高低是以对一个人所进行的几次测试结果之间的相关系数表示的，可信测试的信度系数大多在0.8以上。

2. 信度的类型

（1）重测信度。它是指对一组应聘者进行某项测试后，过几天再对他们进行同一测试，两次测试结果之间的相关程度即重测信度。一般情况下，这种方法较为有效，却不适合两次试题重复量过大的测试，因为被测试者在第一次测试中，可能记住某些内容，从而提高第二次测试的分数。

（2）对等信度。它是指对同一应聘者先后进行两次内容相当的测试，如A个性测试量表与B个性测试量表，测出这两次测试结果之间的相关程度，以确定测试的信度。这种方法减少了重测信度中前一次测试对后一次测试的影响，但两次测试间的相互作用在一定程度上依然存在。

（3）分半信度。它是指把对同一应聘者进行的测试分为两部分加以考察，这两部分结果之间的相关程度即分半信度。这种方法既省时，又避免了前后两次测试间的相互影响。

3. 信度的影响因素

（1）被测试者的特征。被测试者的个人影响因素有应试动机、测试经验、身心健康状况、注意力、持久性、求胜心、作答态度等。被测试者的团体影响因素有团体的异质性和团体的平均水平。

（2）招聘者或主测者的影响因素，包括不按规定实施面试或测试、制造紧张气氛、给予某些被测试者特别协助、主观评分等。

（3）测试内容方面的影响因素，包括测试题目取样不当、不一致，题目数量过多或过少，题目意义含糊等。一般来说，在一项测试中增加题量可抵消测试中的随机误差。这很像投篮，投中一个球有很大的偶然性，但是投 100 个球就基本能反映一个球员的稳定水平。测试难度与信度之间没有必然联系。但是，如果测试太难或者太容易，则分数差距将缩小，信度也随之下降。这表明要提高测试的信度，设置能产生最广的分数分布的难度水平是最合适的。

（4）实际测试的环境，包括测试的现场条件、通风情况、温度、光线、噪声、空间大小等。

（5）其他因素，如停电、计时设备出了问题、题目或答题纸出了问题、考场上有人生病等。

## （二）效度

### 1. 效度的含义

效度（validity）也叫有效性或者正确性，是指测试方法测量出的所要测量内容的程度，即它在多大程度上能测量出要测的内容。如果测量出要测内容的程度比较高，说明测试方法的效度比较高；反之，表明测试方法的效度比较低。例如，用一份英语试卷来测试被测试者的财务管理知识，那么这份试卷就是低效度的，因为当某个被测试者的成绩比较差时，并不能说明他的财务管理知识不够，可能是由于该被测试者的英语水平不高才导致无法回答问题。

在筛选录用中，效度是指应聘者的测试成绩与今后的实际工作绩效之间的相关程度。如果在测试中成绩最好的人也是今后实际工作绩效最好的人，在测试中成绩最差的人也是今后实际工作绩效最差的人，就说明这一测试具有很高的效度。对效度的研究，可以帮助企业选择正确的指标对应聘者进行选拔。

### 2. 效度的类型

（1）预测效度。它是指对所有应聘者都施行某种测试，但并不依其结果决定录用与否，而以其他选拔手段（如申请表的审核、面试等）决定是否录用。待被录用人员工作一段时间以后，再对其工作绩效加以考核，然后将绩效考核的得分与当初的测试结果做比较，求二者的相关系数。相关系数越大，说明此测试的效度越高，可依其预测应聘者的工作能力；若相关系数很小或不相关，则说明此测试无法预测应聘者的工作能力。

（2）同测效度。它是指对现有员工实施某种测试，然后将结果与这些员工的工作表现或者绩效考核得分加以比较。若两者相关系数很大，则此测试的效度很高，说明此测试与某项工作密切相关。这种方法的特点是省时，可以尽快检验某测试的效度，但在将其应用到录用甄选测试中时，难免会因受到其他因素的干扰而无法准确预测到应聘者未来的工作能力。例如，这种效度是根据现有员工的测试得出的，而现有员工所具备的经验、对企业的了解等是应聘者所缺乏的，因此应聘者有可能因缺乏经验而在测试中得不到高分，从而被错误地判断为没有潜力或能力。其实，若他们经过锻炼与培训，也可能成为称职的员工。

（3）内容效度。它是指测试是否代表了工作绩效的某些重要因素。例如，招聘打字员时，对应聘者的打字速度及准确性进行测试，这种实际操作测试的内容效度是最高的。前面所说的两种效度都是与标准相关的效度，在很大程度上是依靠对测试结果与工作绩效考核得分之间的关系来确定的，而这种关系的确定应建立在统计分析的基础上。当进行数量上的测量比较困难或者不太适合时，如在衡量完成工作中需要的知识、技能和能力时，就要使用内容效度了。内容效度是凭借招聘人员的经验来判断的，多应用于知识测试与实际操作测试，而不适用于对能力或潜力的预测。

3. 效度的影响因素

（1）测试组成方面的影响因素。试题是构成测试的要素，测试的效度取决于试题的性能。测试的取材、测试的长度、试题的难度、试题的编排方式等对测试都有影响。如果测试试题经过审慎选择，测试的长度合适、难易程度适中且安排得当，则效度比较高。

（2）测试实施方面的因素。若招聘者能够恰当控制测试情境，遵照有关规定进行测试，就可以避免外在因素影响测试结果的准确性。在实施测试的过程中，要严格遵循标准化程序，无论是场地的布置、材料的准备、作答方式说明、时间的限制等，否则会使效度降低，失去测试的意义。

（3）应聘者方面的影响因素。应聘者的兴趣、动机、情绪、态度和身心健康状况等决定着其在测试情境中的反应，而应聘者是否充分合作与尽力而为，也会影响测试结果的可靠性和正确性。无论是能力测试还是人格测试，只有在应聘者反应真实时，才能对其做出正确判断。

## 第二节　甄选中常用的测试类型

### 一、认知能力测试

#### （一）认知能力的概念

认知能力（cognitive ability）是指人脑加工、储存和提取信息的能力，即人们对事物的构成、性能及其与他物的关系，发展的动力、方向及基本规律的把握能力。它是人们成功完成活动最重要的心理条件。知觉、记忆、注意、思维和想象的能力都被认为是认知能力。

#### （二）认知能力测试的概念和内容

认知能力测试（cognitive ability test）是衡量一个人学习及完成一项工作的能力的一种测试。这种测试尤其适合在对一组没有实践经验的候选人做选择时使用，与工作相关的认知能力可以分为语言理解能力、计算能力、感知速度能力、空间能力及推理能力。

认知能力测试是全国科技名词委员会于2016年公布的管理科学技术名词，内容是认知行为，通常包括智力测试和性向测试。

1. 智力测试

智力测试是对智力水平的科学测试。但是，对于什么是智力，现代心理学界有不同的看法。本书认为，智力是个人适应新环境的能力，是人的行为表现。行为表现是心理现象，所测试的智力不只是一个单独的智力特征，也是一组能力，包括观察能力、记忆能力、想象能力、思维能力等。智力的高低直接影响一个人在社会上是否成功。一般来说，智商比较高的人，学习能力比较强，但这两者之间不一定完全正相关。因为智商还包括社会适应能力，有些人虽然学习能力强，社会适应能力却并不强。在筛选阶段运用智力测试，可以了解一个人的基本智力水平。但智商太高并不一定有利于工作。若在一个团体中，所有人的智商都很高，往往容易产生矛盾。一般来说，智商高的人可以担任比较重要、难度比较大的技术工作，而智商较低的人可以担任一般的操作性工作。

在智力测试中，智力水平的高低以智商（IQ）来表示。智商有两种表达方式：一种叫比率智商，另一种叫离差智商。比率智商对儿童比较常用，它的计算方法是用智力年龄和实际年龄之比乘以100，即

$$比率智商（IQ）=智力年龄/实际年龄×100$$

智力并非永远随年龄的增长而发展，显然比率智商对成人来说不太合适，因此在表示成人的智力水平时通常采用的是离差智商。离差智商假设的是，从人类总体来看，人的智力的测试分数是按正态分布的。计算离差智商时以平均数为100、标准差为15来计算。某个人的离差智商（IQ）应是$100+15z$，其中$z$代表标准差的个数。

也就是说，一个人的智商水平的高低取决于他在一个特定团体中的位置，是一种相对的比较。如果一个人的智商恰好得了平均分100分，那么就说明有约50%的人比他的分数低，有约50%的人比他的分数高；如果分数在一个正的标准差位置，即115分，那么就说明有约84%的人比他的分数低，有约16%的人比他的分数高。

2. 性向测试

性向指的是学习能力，是在给予适当的机会时获得某种知识或技能的能力。这种能力是在一定的遗传素质的基础上各种经验累积的结果。

性向测试有两种：综合性向测试和特殊性向测试。在招聘选拔中，最经常采用的能力倾向测试一般是综合性向测试。其内容主要包括语言理解能力、数量关系能力、逻辑推理能力、综合分析能力、感知速度能力与准确性等。这些能力往往是在各种工作中比较常用的能力。如美国著名的"区别性向测试"就包括8个分测试——语文推理、数学推理、抽象推理、空间关系、机械推理、文书速度与准确度、语文拼字习惯和语文造句习惯。测试后，根据被测试者在各个方面所得分数，评估其在各个方面的表现。

特殊性向测试是在一些特定的职业或职业群中所需要的，它在一般的招聘中并不常用。所谓特殊性向，就是指某些人具有他人所不具备的能力，如美术能力。对美术能力倾向进行测试并不是要知道这个人目前已有的美术水平，而是想测量该个体在未来有没有潜在的美术能力，能否在美术方面有所成就。飞行能力测试是较早编制并应用于实践中的一种特殊性向测试，它测量的是一个人是否具有潜在的飞行能力，从而降低飞行员的淘汰率。

## 二、体力测试

体力测试既包括运动能力，也包括劳动能力和其他形式的身体运动能力。它与体能基

本上是同义语，但习惯上体能只被用来表达运动能力，很少用来表达劳动能力。

我国学者从运动医学的角度将体力进行了如下分类。

1. 运动能力

运动能力包括力量、速度、爆发力、耐力、灵敏性、柔韧性和平衡性 7 个测试指标。

2. 防御能力

防御能力包括适应力、抵抗力、免疫力、恢复力、代偿力、稳定性、精神和心理的安定性等测试指标。

体力测试通常通过测量握力、背拉力来反映肌力；通过测量垂直跳来反映爆发力；通过测量上下台阶运动、俯卧撑来反映耐力；通过测量俯卧后仰、立位体前屈来反映柔韧性；通过测量闭眼单足站立来反映平衡性；通过测量反复横跨来反映灵敏性。

## 三、个性和兴趣测试

### （一）个性的含义

个性也可称为人格，是人们在先天和后天的交互作用下形成的个体独特的和稳定的对待现实的态度和习惯性行为方式，是一个人区别于其他人的稳定的心理特征。

个性包括三层含义。

（1）人们的行为是有规律可循的。如果对某人的行为仔细观察一段时间，就会发现在他每日每时的行为中总会贯穿着一些共同的规律，虽然场合有所变化，但是这些规律恒久不变。如有些人不愿意冒险，与人相处时显得谨小慎微；有些人不注意细节，处理问题大刀阔斧；有些人眼光狭窄，只见树木，不见森林。

（2）各种行为规律之间存在着联系。了解应聘者过去的行为，就可以总结出他的个性模式。

（3）这些规律在人们未来的行为中仍然会起作用。行为习惯通常都是在一个人的早期生活经历中形成的，除非采取特殊的方式来改变它们，否则它们将一直会影响应聘者的未来行为。

### （二）个性测试的主要方法

测试个性的方法有很多种，在招聘筛选中最常用的是自陈式量表法。另外，投射测试和情境测试在招聘筛选中也有一定的应用。

1. 自陈式量表法

自陈式量表是问卷式量表的一种形式，也叫自我报告量表，是由被测评者自己作答的，而一般的问卷式评定量表是由熟悉被测评者的人作答或对被测评者进行观察的人作答的。

自陈式量表中比较有名的有明尼苏达多项人格测试（MMPI）、卡特尔 16 种人格因素测试（16PF）、爱德华个体偏好量表（EPPs）、艾森克人格问卷（EPQ）和加州心理调查表（CPI）等。

2. 投射测试

所谓投射，就是让人们在不自觉的情况下，把自己的态度、动机、内心冲突、价值观、需要、愿望等在潜意识水平下的个性特征在他人或环境中的其他事物上反映出来的过程。投射测试是通过向被测试者提供一些意义不明确的刺激情境，让被测试者在不受限制的条件下，自由反应，这样可以通过分析反应的结果来推断被测试者的某些个性特征。由于人格结构的大部分内容处于潜意识中，很难凭意识去表现，当测试本身不显示任何目的，被测试者就不会因有意地防范而做出虚假的反应，而常常将隐藏在潜意识中的欲望、需求、动机、冲突等表现出来。

投射测试根据被测试者的反应方式可以分为四类。

（1）联想法。要求被测试者根据刺激说出自己联想的内容。例如，荣格的文字联想测试和罗夏克的墨迹测试等。

（2）构造法。要求被测试者根据自己所看到的编造出一个包括过去、现在和未来发展的故事，可以从故事中探测其个性。例如，主题统觉测试。

（3）完成法。要求被测试者对一些句子不完整的故事进行自由补充，使之变得完整，从中探测其个性。例如，句子完成测试。

（4）表达法。要求被测试者用某种方法（如绘画）自由地表露其特点。例如，画人测试、画树测试等。

3. 情境测试

情境测试是将被测试者置于特定的情境中，由测试者观察其在此情境下的行为反应，从而判断其个性特点。情境测试很早就已经在人员筛选中使用了。例如，第二次世界大战中，美国战略情报局为了选拔派往海外的间谍，多采用情境测试。其中最常用的是"无领袖团体情境"，即在情境中安置数人，彼此互不相识，受命完成一项任务，必须数人通力合作，并在规定时间内完成，否则将受到惩罚。在这一过程中，能主动担任领导并赢得他人支持的人被认为是具有领导能力的人。情境测试是评价中心常采用的代表性测评方法，本书将在有关评价中心的讨论中详细介绍。

## 四、成就测试

### （一）成就测试的含义

成就测试用来鉴定一个人在某一特殊方面经过学习或训练后实际能力的高低。根据成就测试的反映方式，可以分为操作测试和书写测试。

操作测试如表演操纵一种机器，组装零件或者排除机器故障等。

书写测试又可以分为再认式与回忆式两类。再认式题目是把若干学习或培训过的事物，重新呈现在被测试者面前，让被测试者辨认或加以排列组合，如是非题、多选题、顺序题、匹配题；回忆式题目是学习过的东西或者事物不被呈现在被试者面前，必须通过回忆题目才能写出答案，题目形式如填空题、简述题、论述题等。

成就测试和智力测试、性向测试的测试对象都是认知性特质，即都是测试个体从与环境的相互作用经验中发展出来的能力。所以在本质上，它们有相同之处。性向、智力测试所测量的也可以看作一种"成就"。不过，如果从测试的目的、性质及所涵盖的经验范围来看，这三种测试仍有不同之处，不能相互取代。大多学者认为成就测试测量的是一些特定的、限定于某一范围的能力和知识，而另两者所测试的则为一般性的、较为广泛的能力。

从功能上看，成就测试不同于智力、性向测试，后两者的主要功能是预测一个人在未来的教育、训练或工作经验中可能的表现，它们的使用是在教育或训练程序以前，用以反映被测试者是否有接受某种课程或专业技能训练的能力。成就测试则是评估被测试者在接受一些教育或训练程序后所获得的学习成果，它的实施发生在教育、训练过程后。在测试的技术品质上，成就测试注重内容效度，而性向、智力测试则必须有较高的预测效度，否则就失去了基本价值。

成就测试常用于招聘专业管理人员、科技人员和熟练工人，特别是当对应聘者实际具有的专业知识和技能不能确认时，便于应聘者间的公平竞争。

### （二）成就测试的种类

成就测试根据不同标准可分成不同的种类。

1. 按反应方式分

按反应方式，成就测试可分为操作测试和书写测试，这与前面介绍的概念是一致的。操作测试需要具体操作，如表演体操、调整机器等。书写测试又可分为再认式和回忆式两类。

2. 按编制方法分

按编制方法，成就测试可分为标准化测试和教师自编测试。标准化测试是由专门机构编制的，测试内容和常模样本较为普遍；而教师自编测试通常因教师、课程、班级或教学单元的不同而有所更换，其内容范围和常模样本较为狭窄。

3. 按用途分

按总的用途，成就测试可分为形成性测试和总结性测试。成就测试的传统用途是在学习单元或全部课程结束后实施测试，以测量学生是否已达到教学目标。从技术上讲，这种用途称为总结性测试，它以测试成绩作为最终产物，目的是对学生的学习做出总结性评价，如好或坏、过关或不过关。另一类是形成性测试，这种测试是把教育过程和评估结合起来，在教学过程中测量学生的进步情况。形成性测试是教学活动中的一个有机组成部分，通过对学习者在学习过程中的表现进行评估，可以指导学生决定是复习还是继续学习下一个单元。

4. 按解释分数的方法分

根据解释分数的方法不同，成就测试可分为标准参照测试和常模参照测试。这两种测试在前面已经讨论过。在实际应用中，许多成就测试既可以是常模参照测试，也可以是标准参照测试，了解一个人已经学了多少（标准参照测试的功能）和把一个人的成绩与其他人做比较（常模参照测试的功能），有时可以由同一个测试来完成。

5. 按测试的功能分

按测试的功能，成就测试可分为检查测试、水平测试、预测性测试、诊断性测试和准备性测试。

（1）检查测试，主要用来考察被测试者对某种知识、技能总的掌握情况，而不是被测试者所具有的长处和不足。

（2）水平测试，是一种标准参照测试，是用来考察被测试者是否达到某种要求的能力水平的一种测试。它不是用来确定被测试者在人群中的位置，而是用来对被测试者达标情况进行判断。这种测试又可称为基本技能最低限度测试。

（3）预测性测试，通常用来预测被测试者未来的学习成就。一般它所包含的题目比相同学科的一般成就测试复杂，在预测今后是否成功方面，其作用与性向测试类似。预测性测试包括阅读测试、算术测试和外语测试等。

（4）诊断性测试，能鉴别被测试者在学习方面的困难。编制这种测试必须把被测试者在各个学科上的成绩分解成在各种技能上的成绩，再分别设计出测量这些技能的题目。一般成就测试只可用于比较被测试者在人群中的相对位置，却不知道对具体技能的掌握情况；而诊断性测试可以了解被测试者在几个基本技能上的优劣，从而提供改进的依据。诊断性测试包含的题目差别很大，施测时间比相同学科检查测试长，有时还要用到特殊仪器，如眼动仪等。在使用时，一般成就测试通常是第一步，它给出被测试者在各个课程中表现的具体情况，如需要评估被测试者在特定领域的成就，可以实施单科检查测试，最后如果需要仔细分析个体在阅读、算术等方面的困难及其原因，可以实施诊断性测试。

（5）准备性测试，主要考察被测试者在一个特定的任务上是否做好了准备，其效度由对有关领域做好准备的人员同没有做好准备的人员之间的有效区分决定。

6. 按测试的内容范围分

按测试的内容范围，成就测试可分为成套成就测试和单科测试。成套成就测试是包括不同内容范围的一套测试，每个分测试包括某种学科的知识，各分测试得分可互相比较。当然，分测试也可以单独使用，但这样做比单科测试的信度和效度低。单科测试包括特殊领域的知识，适合于确定被测试者在该领域的成就大小。

各种不同的成就测试，其分类可以是重叠的。例如，单科检查测试既可以是总结性测试，也可以是形成性测试；既可以是标准参照的，也可以是常模参照的。我们必须根据自己的目的，合理选用不同的成就测试。

确定目的和实际条件后还需要了解测试的信度、效度和常模等情况，这些内容在前面基本理论部分已经介绍过，这里只讨论成就测试的特殊地方。对于成就测试来说，一般信度系数应在 0.80~0.90，复本信度应比内部一致性信度高。内容效度一般最为重要，但如果是预测性测试，还需要提供预测效度的证据。常模资料也应满足测试的目的。

## 第三节　管理评价中心

### 一、管理评价中心的内涵

　　管理评价中心是近几十年来流行于西方企业的一种筛选和评估管理人员或专业人员的选拔测评方法，起源于第一次和第二次世界大战中德国和美国军方对于军官的选拔。第一次世界大战期间，德国的军事心理学家采用多种评价程序对军官进行评定，这实际上是管理评价中心的前身。后来这种方法被带到了美国，美国部队在第二次世界大战中流行使用小组讨论和情景模拟练习来选拔情报人员。第二次世界大战结束后，这种方法被推广到工业企业中。据统计，20世纪80年代中后期，仅美国就有3000多家企业、非营利性组织建立并使用各种各样的评价中心技术。自20世纪80年代以来，评价中心技术在我国国家机关和企业的招聘中也得到了广泛应用。

#### （一）管理评价中心的概念

　　管理评价中心是一种综合性人员测评方法，而不是一个地理概念。它通过评估参加者在相对隔离的环境中做出的一系列活动，以团队作业的方式，客观地测评其专业技术和管理能力，为企业发展选择和储备所需人才。管理评价中心综合采用了各种测评技术，包括心理测试和面试，以及显示其自身特点的情景模拟。通过这些方法，管理评价中心不但可以从个体的角度进行测评，还能够从群体活动中对个体的行为进行测评。

　　管理评价中心同时测试一组个体（通常是12人），评价者（通常是6人）由企业或其他招聘单位内部的高级管理人员和组织外部的专家共同组成，时间跨度从几个小时到几天不等。在测评活动中，人力资源管理部门的专业人士和用人部门的负责人共同观察被测评者的表现，每个被测评者至少被3名评价者观察，并且一个评价者观察的被测评者数量不超过3人，最后依据一定的标准对被测评者的行为打分，在评价者间达成一致意见。

#### （二）管理评价中心的优、缺点

　　许多研究者和实际应用工作者认为管理评价中心具有突出的特点，这些特点表现出其他测评方法不可比拟的一些优点，同时也表现出一定的缺点。

　　管理评价中心的优点如下。

　　（1）管理评价中心综合使用了多种测评技术，由多个评价者进行评价，可以从不同的角度对被测评者的目标行为进行观察和测评，能够得到大量的信息，从而得出较为可靠和有效的结论。

　　（2）管理评价中心多采取情景模拟方法，这是一种动态的测评方法，在与其他人交往和解决问题的过程中，被测评者的某些特征会更加清晰地显露出来，这有利于对其较复杂的行为做出评价。

　　（3）评价中心所采取的很多测评手段是对真实情境的模拟，而且很多情境是与拟任工作相关的情境,这样可以考察应聘者的实际工作能力和潜在的能力,确保最终选拔上来的人员可以直接上岗,从而节省了大量的培训费用。

管理评价中心的缺点包括:第一,它的成本较高,包括货币成本、时间成本、精力成本等;第二,这种测评形式的复杂程度较高,任务的设计和实施的控制也比较困难;第三,该方法所运用技术的有效性也需要进一步的理论解释与验证。

## 二、管理评价中心的主要测评方法

管理评价中心综合应用了各种人员测评技术,但这些方法并不是评价中心的核心组成部分。评价中心的一个重要特征就是在情景模拟中对被测评者的行为进行观察和评价。情景模拟通常是将被测评者置于一个模拟的工作情境中,采用多种评价技术,由多个评价者观察和评价被测评者在这种模拟工作情景中的行为表现。情景模拟有各种各样不同的形式,其中最普遍使用的有无领导小组讨论、文件筐测试或公文处理练习、管理游戏、模拟面谈、即席发言等。

### (一)无领导小组讨论

无领导小组讨论是管理评价中心经常使用的一种测评技术,是采用情景模拟的方式对应聘者进行集体面试。应聘者以一定的数量(5~7人)组成一组,就工作问题展开一个小时左右的讨论,讨论过程中不指定谁是领导,也不指定位置,让应聘者自行安排,评价者以此观测应聘者的组织协调能力、语言表达能力、辩论能力等是否达到拟任岗位的要求,以及自信程度、进取心、情绪稳定性、反应灵活性等是否适合拟任岗位,由此综合评价应聘者之间的差别。

如今,无领导小组讨论的适用对象越来越广,不再局限于中高层员工,如大企业的校园招聘、公务员考试等也在使用无领导小组讨论,该方法主要适用于那些经常跟人打交道的岗位,如中高层管理人员、人力资源管理人员、行政管理人员、营销人员等的甄选,但IT人员、生产类员工不适合使用。

1. 无领导小组讨论的类型

(1)根据讨论的主题有无情景,可分为无情景性讨论和有情景性讨论。无情景性讨论一般针对某一个开放性问题展开讨论;有情景性讨论一般把应聘者放在某个假设的情景中展开讨论。

(2)根据是否给应聘者分配角色,可以分为不定角色的讨论和指定角色的讨论。不定角色的讨论是指应聘者在小组讨论过程中不扮演任何角色,可以自由地就所讨论的问题发表自己的见解;指定角色的小组讨论中,应聘者分别被赋予一个固定的角色,就自身角色参与讨论。

2. 无领导小组讨论的实施步骤

无领导小组讨论一般需要30~60分钟,主要分为以下四个阶段。

1)准备阶段

(1)指导语:要有统一、明确的指导语,以免在组与组的应聘者之间造成不匹配,使结果没有可比性。

（2）安排场地：为使所有的应聘者处于同等地位，无领导小组讨论应该用圆桌，而不要用方桌，因为使用方桌容易使相对而坐的人有对立感。

（3）选择题目：无领导小组讨论常用的题型有五种，包括开放式问题、两难问题、多项选择问题、操作性问题和资源争夺问题，在出题难度、评价难度方面略有不同。一般来说，选择能够引发小组成员展开较激烈争论的题目比较好。

① 开放式问题。所谓开放式问题，是指事先无固定答案可供选择，主要考察应聘者思考问题时是否全面、有针对性，思路是否清晰，是否有新的观点和见解。例如，"你认为什么样的领导是好领导？"关于此问题，应聘者可以从很多方面来回答，如领导的人格魅力、领导的才能、领导的亲和力、领导的管理取向等。开放式问题对于评价者来说，容易出题，但是不容易对应聘者进行评价，因为此类问题不太容易引起应聘者之间的争辩，因此对应聘者能力的考察较为有限。

② 两难问题。所谓两难问题，是让应聘者在两个各有利弊的答案中选择一个，主要考察应聘者的分析能力、语言表达能力及说服力等。例如，"你认为以工作为取向的领导是好领导，还是以人为取向的领导是好领导？"一方面，此类问题对于应聘者而言，不但通俗易懂，而且能够引起充分的辩论；另一方面，对于评价者而言，不但在编制题目方面比较方便，而且在评价应聘者方面也比较有效。需要注意的是，两个备选答案一定要有同等程度的利弊，不能令其中一个答案明显优于另一个答案。

③ 多项选择问题。此类问题是让应聘者在多个备选答案中选择有效的几个或对备选答案的重要性进行排序，主要考察应聘者分析问题实质、抓住问题本质的能力。此类问题对于评价者来说比较难编制，对于评价应聘者各个方面的能力和人格特点则比较有利。

④ 操作性问题。操作性问题是给应聘者一些材料、工具或者道具，让他们利用所给的这些材料、工具或者道具设计出一个或一些指定的物体，主要考察应聘者的主动性、合作能力，以及在实际操作任务中所充当的角色。如给应聘者一些材料，要求他们相互配合，构建一座楼房的模型。此类问题主要考察应聘者的操作能力，同时情景模拟的程度要大一些，对评价者来说，必须充分准备可能用到的一切材料，难度较大。

⑤ 资源争夺问题。此类问题适用于指定角色的无领导小组讨论，是让处于同等地位的应聘者就有限的资源进行分配，从而考察应聘者的语言表达能力、问题分析能力、概括或总结能力、发言的积极性和反应的灵敏性等。如让应聘者担当各个分部门的经理，并就有限数量的资金进行分配。要想获得更多的资源，发言必须有理有据，必须能说服他人，所以此类问题可以引起应聘者的充分辩论，也有利于对应聘者进行评价，但是对讨论题目的设置要求较高，评价者必须确保角色地位的平等性和材料准备的充分性。

2）讨论阶段

评价者给应聘者提供必要的资料、交代清楚问题的背景和讨论的要求后，一定不要参与提问、讨论或者回答应聘者的问题，以免给应聘者暗示。讨论过程可以分为三个阶段，过程中可用摄像机监测、录像。

（1）第一阶段：评价者宣读试题后，应聘者了解试题，独立思考，列出发言提纲，此阶段一般用时 5 分钟左右。

（2）第二阶段：应聘者轮流阐述自己的观点。

（3）第三阶段：应聘者自由发言，不但要阐述自己的观点，也要对别人的观点提出意见，最后达成一致意见。单个应聘者的单次发言时间不要过长。

3）评价阶段

至少要有 2 个评价者，以相互检查评价结果。评价时应对照计分表所列条目仔细观察应聘者的各项表现；对应聘者的评价一定要客观、公正，以事实为依据，不能带有民族、种族、性别、年龄、资历等方面的成见。

4）总结阶段

结束无领导小组讨论后，所有评价者都要撰写评价报告，内容包括此次讨论的整体情况、所问问题的内容等，主要应说明每个应聘者的具体表现、对每个应聘者的评价及最终录用意见等。

3. 无领导小组讨论的评价内容

在无领导小组讨论中，评价的内容主要包括：应聘者有效发言次数的多少；应聘者是否有随时消除紧张气氛，说服别人，调解争议，创造一个使不大开口讲话的人也想发言的气氛，并最终使众人达成一致意见的能力；应聘者是否能提出自己的见解和方案，同时敢于发表不同意见，并支持或肯定他人的意见，在坚持自身意见的基础上根据别人的意见发表自己的观点；应聘者能否倾听他人意见，并互相尊重，在他人发言的时候不强行打断；应聘者在语言表达、问题分析、概括或归纳总结不同意见方面的能力；应聘者反应的灵敏性、概括的准确性、发言的主动性等。

4. 无领导小组讨论的特点

作为一种人员筛选方法，无领导小组讨论具有以下突出的优点。

（1）它是对被测评者的所做而非所说进行评价，趋近于真实的行为，更能反映被测评者的实际情况。

（2）被测评者的相互交流能够使其能力和行事风格充分地显示出来，便于评价者观察被测评者与人交往的真实能力及其在团队工作中的角色。

（3）讨论内容多是与实际工作密切相关的话题，被测评者易于接受，效度高。

（4）能够在同一时间内对多名被测评者进行评价，可减少时间、题目、评价者等因素对评价的影响。

无领导小组讨论的缺点包括：编制题目的难度大；对评价者的要求较高；评价结果受评价者主观因素的影响较大等。

【专题拓展 5-1】　　　　选谁做接班人

（二）文件筐测试

1. 文件筐测试的概念

文件筐测试（in-basket test）是评价中心最常用、最核心的技术之一，是对实际工作中管理人员掌握和分析资料、处理各种信息，以及做出决策的工作活动的一种抽象和集中。该测试在假定的情景下实施，如单位、机关所发生的实际业务、管理环境，所需提供的信息，如函电、报告、声明、请示等有关材料，内容涉及人事、财务、资金、市场、政府的法令、工作程序等。测试时，将这些材料放在公文筐里，要求应聘者以管理者的身份，模拟真实工作情景，在规定的条件下在限定时间（通常为1~3小时）内处理各类公文，评价者通过应聘者处理文件过程中的行为表现和书面答案，评价其计划、组织、预测、授权、沟通和决策的能力。该测试通常用于管理人员的选拔。测试一般只给日历、背景介绍、测试指示和纸笔，应聘者在没有他人协助的情况下回复函电、拟写指示、做出决定，以及安排会议。评价者除了看书面结果，还要求应聘者对其文件处理方式做出解释，评价者根据其思维过程予以评分。

文件筐测试的方法非常适合对管理人员，尤其是中层管理人员进行评价。相对于其他测评方法而言，文件筐测试具有实施操作简便、对实施者和场地的要求低、易为被测评者所理解和接受的特点。另外，已有研究证实，文件筐测试具有良好的内容效度。它作为一种写作测试，是对被测评者的静态考察，除通过实际操作的动态过程才能体现的要素外，其他任何静态的内容，如背景知识、专业知识、操作经验及能力性向等都可隐含于文件中，通过文件处理对被测评者的潜在能力和综合素质进行考察。

但在设计文件时，除注意真实具体外，还应该注意与待测评的各维度相联系，并考虑评分的可操作性。这种方法若与其他测评方法结合使用，则可取得取长补短、相得益彰之效。

2. 文件筐测试的特点

文件筐测试的主要特点表现在以下几个方面。

（1）考察内容广。文件筐测试的依据是应聘者处理文件的方式及理由，体现应聘者静态的思维结果，因此可以考察应聘者的背景知识、业务知识、操作经验及分析能力等。

（2）测验效度高。文件筐作业所采用的文件与实际工作中的十分类似甚至就是拟任职位中常见的文件，因此，如果应聘者能妥善处理测试公文，就能理所当然地被认为具备职位所需的素质。

（3）适用范围广。文件筐测试具有广泛的适用性，易于接受，因此，文件筐测试在众多公选考试测试中都得到了普遍使用。

（4）结果准确性高。文件筐测试完全模拟真实发生的经营、管理场景，与实际操作有高度的相似性，因而结果的准确性高。

（5）综合性强。测试所用材料涉及日常管理、人事、财务、市场、公共关系、政策法规等各项工作，能够对中高层管理人员做出全面综合的测评与评价。

（6）评分难度大。文件处理结果的评价受多种因素的影响，结构、氛围、管理观念不同的组织具有不同的评价标准。在文件筐测试的评分确定过程中，专业人员和实际工作者往往存在理解上的差异，因此评价结果可能大相径庭。

（7）测试成本高。文件筐测试的试题设计、实施、评分都需要投入相当大的人力、物力和财力，因此花费的精力和费用都比较高。

### 3. 文件筐测试的设计

文件筐测试的设计必须注意以下三个方面的内容。

第一，工作分析。深入分析职位工作的特点，确定胜任该职位必须具备哪些知识、经验和能力。通常对各个职位应具备何种程度的知识、经验和能力的客观可靠依据、难度的把握比较困难。若把握得不准，材料过难，虽然可以选拔到水平很高的人才，但容易大材小用，出现不安心于本职位工作的状况；材料过于容易，测验会出现"天花板效应"，即大家都得高分，区分不出应聘者的能力高低。工作分析的方法可以是面谈、现场观察或填写问卷。通过工作分析，要确定文件筐测验要测评什么要素、哪些要素可以得到充分测评、各个要素应占多大权重。

第二，文件设计。具体包括选择哪些文件种类，如信函、报表、备忘录、批示等；确定每个文件的内容，选定文件预设的情境；等等。文件的签发方式及其行文规定可以忽略，但文件的行文方向（对上与对下、对内与对外等）应有所区别。特别要注意各个文件测评要素的设计。常常一个文件的不同处理可以体现不同的要素，设计的对文件的处理方式要有所控制，确定好计分规则或计分标准，尽量避免每个要素同时得分或计分无法归于某一要素的情况出现。同时，要注意材料真实性程度的把握。完全杜撰的材料，应聘考生可以根据一般知识推理，处理的结果没有针对性，看不出应聘考生的水平差异，考生被录取后需要经过较长时间的培训和适应才能胜任工作。完全真实的材料，使招聘考试本身对单位内部考生和单位外部考生不公平，同样的能力水平，内部考生被录取的可能性更大，结果给人留下"一切都是内定，考试不过是走形式"的印象，这对真正想引进外部人才的单位尤其不利。

第三，测验评分。实施文件筐测试之后，一般由专家和具备该职位工作经验的人（一般是选拔职位的上级主管及人事组织部门的领导）评分，除了前面设计时要制定好评分标准，更重要的是对评分者进行培训，使评分者根据评分标准而不是个人的经验评分。评分的程序也要特别注意，可以考虑各自独立评分，然后交流评分结果，对评分差异各自申述理由后，再独立进行第二次评分。最后，对评分结果进行统计平均（评分者比较多时，可以去掉最高分和最低分），以平均分作为最后得分。有时，在考生答案不明确的情况下，需要质询应聘考生，根据其对处理方式的解释确定得分。

### 4. 文件筐测试的考察内容

管理人员计划、组织、预测、决策、沟通能力的个体水平和群体水平是企业管理团队核心能力的标尺，对于企业可持续发展能力的保持和提升具有重大意义。针对这五大能力的考察是文件筐测试关注的焦点。下面以"市场总监"为例逐一介绍。

（1）计划能力。计划能力是指应聘者分析每一既得信息所反映的问题、问题产生的根源及各问题间的相互关系并据此确定工作目标、工作任务、工作方法和工作实施步骤的能力。对于市场总监来讲，就是考察他在特定的外部竞争环境和内部资源条件下制订产品计划、价格计划、分销计划和促销计划的能力。滚动计划法的应用情况、计划的可行性、实施所需时间/成本及风险度是考评应聘者计划能力的关键指标。

（2）组织能力。组织能力是指应聘者按照各项既定工作任务的重要和紧急程度安排工作次序、调配人力/物力/财力资源、合理分工/授权并进行相应组织机构或人事调整的能力。当某大区的商品营业额出现大幅度滑坡时，市场总监往往要组织增派促销人员、调拨促销用品、增加营销费用，授予大区市场经理临时特别权利，甚至调整大区市场部组织机构或管理班子来加以应对。工作次序安排、资源配置、工作分工/授权情况，以及组织措施的成本和风险度是考评应聘者组织能力的关键指标。

（3）预测能力。预测能力是指应聘者对模拟工作环境中相互关联的各类因素及总体形势、未来发展趋势做出准确判断并预先采取相应措施的能力。例如，竞争对手刚刚在某中心城市的各大商场投放一种明显优于本公司现有主导产品的新产品，而该城市正是本公司计划下一步重点经营的目标市场。此时准确的预测及有效的应对措施对市场总监来说十分关键。对工作环境中各类相关因素及总体形势未来发展的多种可能性及其发生概率的分析论证、各种防范/因应措施的合理性是考评应聘者预测能力的关键指标。

（4）决策能力。决策能力是指应聘者在解决实际工作问题（特别是解决重要且紧急的关键问题）时策划并选择高质量方案的能力。例如，公司的新产品已被消费者认同，销售额和利润正在快速增长，仿制品也开始进入市场，那么是重点开拓全新市场、建立新的分销渠道，还是在已开发市场转变广告宣传策略、降价促销呢？这就需要市场总监审时度势、全面斟酌、正确决策。决策目标的清晰程度、备选方案（一般为两到三个）的可行性、各方案的评价/比较和最终确定的方式是考评应聘者决策能力的关键指标。

（5）沟通能力。沟通能力是指应聘者通过书面形式准确表达个人思想和意见的能力。实际工作中，市场总监会经常以电子邮件、传真、信函或公文的形式与各大区经理进行工作交流，根据市场人员状况和市场竞争态势适时对大区经理做出工作指导，对大区经理进行日常慰问和精神鼓励，等等，这就需要具备良好的书面沟通能力。沟通网络和沟通方式的选择、信息的准确性、思维的逻辑性、结构的层次性、文字的流畅性是考评应聘者沟通能力的关键指标。

5. 文件筐测试对评价者的要求

文件筐测试对评价者的综合素质要求较高。评价者不仅要具备管理学和心理学领域的基础知识，了解文件筐测试的理论和实践依据，而且要对应聘者所任职位的职责权限和任职资格（工作经验、学历、能力、潜能和个性心理特征等）进行系统研究，能够独立或与他人合作设计测试题目，了解各测试题目之间的内在联系；能够恰如其分地开展考评问询，对应聘者做出全面、客观、公正的评价。评价者要对每种可能出现的答案及其所代表的意义成竹在胸并与其他评价者事先达成共识。20 世纪 50 至 80 年代，文件筐测试的评价者是清一色的管理顾问、咨询专家或心理学家。20 世纪 80 年代以后，文件筐测试的评价者开始逐步吸收所在企业的高级管理人员（他们通常是应聘者直接上级的上司）。

6. 文件筐测试的实施过程

文件筐测试有严格的时间控制，总计 115 分钟。其具体实施过程如下。

（1）根据具体情况选择适当的测试场地。

(2)准备好测试所用的各种材料。
(3)安排应聘者进入场地,宣布测试中的注意事项。
(4)开始测试,监督应聘者测试。
(5)测试结束后回收答题纸等文件。

☞【专题拓展 5-2】　　　　文件筐测试答卷纸

☞【专题拓展 5-3】　　　　文件筐测试指导语(供招聘秘书用)

☞【专题拓展 5-4】　　　　文件筐测试指导语(供录用秘书用)

### (三)管理游戏

管理游戏(management game)是一种比较复杂的测评方法。被测评者每 4~7 人组成一个小组,就算是一个"微型企业"。组员自愿组合或指派均可,但每个人在企业中承担的责任或职务由每个人自荐或互相推举,小组经协商确定。组内是否有分工或分工到什么程度由各组自行决定。各组按照游戏组织者所提供的统一"原料"(可以是纸板、糨糊和积木或电子元件与线路板等),在规定的时限内,通过组合拼接,装配"生产"出某种产品,再将其"推销"给游戏的组织者。最后,评价者根据每个人在此过程中的表现,遵循既定测评维度进行评分。

这种方法不仅可以测评每个组员的进取心、主动性、组织计划能力、沟通能力、群体内人际协调能力等,还可以对这样一个集体的某些方面,如"产品"的质量和数量、团结协作状况等做出评定,并向优胜队给予象征性奖励,使活动具有游戏性质。

近年来,管理游戏越来越向计算机化发展,还出现了专门的软件。组织者向各组提供"贷款"来源与条件、市场需求与销售渠道、竞争者概况及市场调研咨询服务等信息,由各组自行决定筹款生产、经营策略,输入计算机后求得决策盈亏结果,并据此做出下一轮决策。这使该测试越来越逼真。

### (四)模拟面谈

模拟面谈(mock interview)是管理评价中心中角色扮演的一种形式,它是让被测评者与经过培训的面试助手交谈,由评价者对面谈的过程进行观察和评价的测评方法。在这种测评中,面试助手可以充当各种与被测评者有关的角色。例如,被测评者拟任职位的下属、客户或其他可能在工作当中与被测评者发生关系的角色,甚至可以充当对被测评者进行采访的记者。按照具体情境的要求,面试助手遵循标准化模式向被测评者提出问题、建议或反驳被测评者的意见、拒绝被测评者的要求等。模拟面谈主要考察的是被测评者的说服能力、表达能力和处理冲突的能力及其思维的灵活性和敏捷性等。

对于许多在工作中经常需要与他人交谈的职位来说，如何通过交谈获取信息、准确地表达自己的意思及说服他人是非常关键的技能。因此，通过模拟面试的方法来模拟与被测评者未来工作相关的谈话场景，考察被测评者在面谈中的表现成为一种非常有用的评价手段。

模拟面谈的关键在于对与被测评者交谈的面试助手的选择。首先，这个人必须非常了解模拟面谈方法的意图，知道通过什么方法来引发被测评者的反应。其次，这个人必须具备灵活、快速的反应能力，能够根据被测评者的不同反应对事先准备好的脚本进行调整。最后，这个人要有表演能力，可以将情景表现得较为逼真。

☞【专题拓展 5-5】　　　测评销售总监的模拟面谈

☞【专题拓展 5-6】　　　测评人力资源部经理的模拟面谈

### （五）即席发言

即席发言（impromptu speech）就是指给被测评者一个题目，让被测评者稍做准备后按题目要求发言，主要考察被测评者的快速反应能力、理解能力、语言表达能力、思维逻辑、言谈举止、风度气质等。即席发言的题目形式往往是做一次动员报告、开一次新闻发布会、在职工联欢会上致辞等。在即席发言之前，应该向被测评者提供有关的背景材料。

具有同类性质的其他测评技术还有案例分析、搜寻事实、答辩等，它们都属于在模拟工作状况下揭示胜任特定职位所需的特质，从而对被测评者在分析、沟通、决策、领导等方面的能力做出评估。这些测评方法在实际运用中可能会结合在一起使用。例如，在文件筐测试的过程中插入模拟面谈，并根据文件的信息进行即席发言等。

应该说，管理评价中心的应用前景是乐观的。因为它明显具有信度高和效度高的特点。西方管理学家对管理评价中心的效果进行调查后发现，由企业领导随意选拔的管理人员，按照使用的结果，其正确性只有 15%；经过各级经理层层提名推荐的，其正确性可达到 35%；而通过管理评价中心测试选拔的，其正确性在 70%以上。匹兹堡大学职业研究所的威廉·C.柏海姆调查了管理评价中心的研究项目后也指出，经过管理评价中心技术选拔的管理人员相比仅仅凭主管人员判断而提拔的管理人员，其成功率要高 2～3 倍。但是，由于管理评价中心具有耗时久、费用高、需有专家支持和指导的特点，决定了它不能被大规模地推广，在员工招聘中一般只限于招聘那些高层次的管理人员或特殊的专门人员使用。

此外，客观测试（包括各种类型的人格测试、智力测试、兴趣测试和成就测试）和面试也可以作为管理评价中心的一部分。

## 第四节 面　　试

面试就是一种在特定场景下，经过精心设计，通过面试官与应试者双方的面对面观察、交谈等沟通方式，了解应试者的素质特征、能力状况及求职动机等的人员甄选方式。

### 一、面试的基本形式

按照不同的角度，面试可以分为以下几种基本形式。

#### （一）单独面试与集体面试

所谓单独面试，是指面试官个别地与应试者单独面谈。这是最普遍、最基本的一种面试方式，它的优点是能提供一个面对面的机会，让面试双方展开较深入的交流。单独面试又有两种类型：一种是只有一个面试官负责整个面试过程，这种面试大多在较小规模的单位录用较低职位人员时采用；另一种是由多位面试官参加整个面试过程，但每次均只与一位应试者交谈，公务员面试大多采用这种形式。

集体面试又叫小组面试，是指多位应试者同时面试的情况。在集体面试中，通常要求应试者进行小组讨论，相互协作解决某一问题，或者让应试者轮流担任领导主持会议、发表演讲等。这种面试方法主要用于考察应试者的人际沟通能力、洞察与把握环境的能力、领导能力等。无领导小组讨论是最常见的一种集体面试。

#### （二）一次性面试与分阶段面试

所谓一次性面试，是指用人单位对应试者的面试集中于一次进行。在一次性面试中，面试官的阵容一般都比较大，通常由用人单位人事部门负责人、业务部门负责人及人事测评专家组成。在一次性面试情况下，应试者能否面试过关，甚至能否被最终录用，就取决于这一次面试的表现。面对这类面试，应试者必须集中所长、认真准备，全力以赴。

分阶段面试又可分为两种类型，一种叫"依序面试"，另一种叫"逐步面试"。

依序面试一般分为初试、复试与综合评定三步。初试的目的在于从众多应试者中筛选出较好的。初试一般由用人单位的人事部门主持，主要考察应试者的仪表风度、工作态度、上进心、进取精神等，对明显不合格者予以淘汰。初试合格者则进入复试，复试一般由用人部门主管主持，以考察应试者的专业知识和业务技能为主，衡量应试者对拟任工作岗位是否合适。复试结束后再由人事部门会同用人部门综合评定每个应试者的成绩，确定最终合格人选。

逐步面试一般是由用人单位的主管领导、处（科）长及一般工作人员组成面试小组，按照小组成员的层次，由低到高，依次对应试者进行面试。面试的内容依层次各有侧重，低层一般以考察专业及业务知识为主，中层以考察能力为主，高层则实施全面考察与最终把关。实行逐层淘汰筛选，要求越来越严。应试者要对各层面试的要求做到心中有数，力争在每个层次均留下好印象。在面对低层次面试时，不可轻视大意、骄傲马虎；在面对高层次面试时,也不必胆怯、拘谨。

### (三) 非结构化面试与结构化面试

非结构化面试的组织比较随意。关于面试过程的把握、面试中要提出的问题、面试的评分角度与面试结果的处理办法等,面试官事前都没有精心准备与系统设计。非结构化面试类似于日常非正式交谈,很难保证非结构化面试的效果,因此目前非结构化面试越来越少。

所谓结构化面试,包括三个方面的含义:一是面试过程把握(面试程序)的结构化。在面试的起始阶段、核心阶段、收尾阶段,面试官要做些什么、注意些什么、要达到什么目的,这些在事前都会相应策划。二是面试试题的结构化。即在面试过程中,面试官要考察应试者哪些方面的素质,应围绕这些考察角度提出哪些问题?在什么时候提出?怎样提?三是面试结果评判的结构化。即从哪些角度评判应试者的面试表现?如何划分等级?如何打分?

☞【专题拓展 5-7】　　　　　　　公务员面试

### (四) 常规面试与情景面试

所谓常规面试,就是我们日常见到的面试官和应试者面对面交谈的面试。在这种面试条件下,面试官处于积极主动的位置,应试者一般是被动应答的姿态。面试官提出问题,应试者根据面试官的提问给出回答,展示自己的知识、能力和经验。面试官根据应试者对问题的回答及应试者的仪表仪态、身体语言、在面试过程中的情绪反应等对应试者的综合素质状况做出评价。

情景面试突破了常规面试中面试官和应试者那种一问一答的模式,引入了无领导小组讨论、公文处理、角色扮演、演讲、答辩、案例分析等人员甄选方法。情景面试是面试形式发展的新趋势。这种面试形式灵活多样,应试者的才华能得到更充分、更全面的展现,面试官也能对应试者的素质做出更全面、更深入、更准确的评价。

### (五) 计算机辅助面试

计算机辅助面试是指通过计算机进行面试。在这种面试中,计算机屏幕将显示有关应试者背景、教育、经历、知识、技能和工作态度方面的问题,尤其是与应试者所应聘的岗位有关的问题。目前,计算机模拟等先进手段正被用于计算机辅助面试程序的开发中。这不仅极大地提高了面试的趣味性,而且可以生动地展示了工作中不易或不愿意用文字描述的情形。

## 二、面试的主要测评内容及其作用

### (一) 面试的主要测评内容

面试测评的主要内容包括通用要素和专业要素两大类。通用要素是指适用于任何岗位的测评要素;专业要素是指仅适用于特定岗位或人员的测评要素。

通用要素包括仪表风度、专业知识、工作实践经验、语言表达能力、综合分析能力、反应能力与应变能力、人际交往能力、自我控制能力与情绪稳定性、工作态度、求职动机、业余兴趣与爱好等方面。

专业要素包括专业知识与专业技能。面试中虽然不能全面系统地考察应试者对专业知识的掌握程度,但可以灵活地结合岗位需要、有针对性地考察应试者对某些专业知识点的掌握程度,这是对笔试测评专业知识的补充。专业技能是指对某一具体业务规范的把握驾驭能力,具有专业技能的员工能够掌握某种专业活动的操作技巧,确保工作流程的顺利进行,面试中可以通过询问应试者接受专业技能的培训情况、是否获得专业技术证书、从事该专业工作的年限等了解应试者的专业技能。

☞【专题拓展 5-8】　　　国家公务员面试的主要内容

### (二) 面试的作用

**1. 验证应试者提供的信息**

面试应应试者的简历和应试者提供的其他信息作为基础,通过交谈、考察和询问对应试者的相关背景和资料进行验证。

**2. 可以弥补笔试的失误,并有效地避免高分低能和冒名顶替现象**

有些综合能力素质突出的应试者可能由于各种原因在笔试中发挥欠佳,那么,面试就成为他们命运的转折点,只要确实优秀,一定会在面试中有上佳表现,从而弥补笔试中的失误和不足,而对于弄虚作假和冒名顶替者,面试这一关能让他们原形毕露。实际上,面试的过程更多体现的是能力和水平,那些"高分低能"的应试者不可能顺利过关。

**3. 面试可以灵活地测评应试者的多方面素质**

虽然面试是面试官和应试者之间的一种双向沟通活动,但面试的主动权还是控制在面试官手里,面试测评时面试官要专即专、要广即广,要深即深、要浅即浅,具有很大的弹性和灵活性。

## 三、面试的设计和实施

### (一) 面试的准备

**1. 明确面试的目的**

在面试之前一定要花一些时间想清楚面试的真实目的。除了最基本的考察应试者是否具备成为企业员工的基本个人素质,还有通过面试掌握应试者从前工作的行业或企业的信息,宣传本企业的诸多优势,使对方了解本企业及其拟任职位等其他面试目的。

**2. 掌握工作说明书的内容**

职位分析的质量直接关系到选人的方向与准确度,是在面试中判断应试者能否胜任职位的依据，因此面试官在进行面试之前必须对相关工作说明书了如指掌。

面试官在进行招聘面试前，必须准备一份清楚和具体的工作要求清单，然后按不同工作的情况草拟相关的问题，这样才能有效地与应试者沟通，客观全面地评价应试者的工作能力、工作态度及工作表现。具体而言，面试官在面试前，必须细致地掌握工作说明书中的以下内容。

（1）受教育程度和以前的经历。受教育程度和以前的经历决定了空缺岗位所需人员的录用资格。

（2）职责和责任。职责和责任是空缺职位所需要承担的具体工作要求，通常体现在工作说明书的细则中。

（3）工作环境。工作环境是该项工作所面临的物质环境，为了使应试者清楚地了解到这方面的影响，国外的一些公司在面试时会带应试者参观工作场所。

（4）薪水幅度。是否要在面试一开始就告诉应试者其应聘岗位的薪水幅度，这取决于公司的政策。但是，应试者必须知道这项因素，从而可以在面试中预测出应试者会不会有兴趣接受这个工作机会。

（5）福利。介绍公司的福利政策作为面试的一个组成部分，是一个不错的吸引点，尤其是在空缺岗位不易招到人时。

（6）成长机会。应试者普遍关心他们在组织中的发展机会，即是否能够逐步晋升。在面试中，企业所提供的发展机会的信息越详细，对应试者的吸引力越大。

**3. 审查求职表和简历**

求职表和简历是企业了解求职者的第一次机会，也是面试前对求职者进行初步筛选的重要依据。在面试之前，面试官一定要仔细阅读求职者的求职表和简历。这样做的原因主要有两点：一是熟悉求职者的背景、经验和资格并与职位要求和工作职责相比较，对求职者的胜任程度做出初步的判断。二是发现在求职者应聘简历中存在的问题，以便在面试时进行进一步讨论。对于不符合企业要求的求职者，将不会进入面试阶段。

审查求职表和简历时应侧重于以下几个方面。

（1）浏览求职表和简历，看其是否简洁易懂、条理清晰、职业化。

（2）寻找是否有遗漏信息，若有，面试时可直接询问求职者，求职者有时会故意漏填很重要的信息。

（3）审核求职者的工作经历，确认是否有时间空白。

（4）审核不一致的地方，对于时间重叠等现象要多加注意，面试时可直接提问。

（5）考虑工作变化的频率，同时应谨慎考虑求职者的离职原因。

（6）求职者的薪水要求是否客观。

（7）若求职者在求职表和简历中没有描述清楚求职意向，面试时要让他解释清楚。

**4. 设计面试评价系统**

面试评价系统由三部分内容构成：一是面试评价方法；二是面试评价量表；三是面试成绩评定表。

1）面试评价方法

面试评价方法可以大致分为两种：一种为内容评分法，另一种为问答评分法。两种方法的比较如表 5-1 所示。

表 5-1　两种面试评价方法的比较

| 比较项目 | 方法 | |
| --- | --- | --- |
| | 内容评分法 | 问答评分法 |
| 定义 | 按面试重点内容要求打分，不是每提问一个问题就打一次分。在打分过程中，评委依据各自对每个应试者回答问题情况的独立观察、分析和判断，在面试成绩评定表中对应项目的得分栏内打分；也可记录回答要点和评定意见，等该应试者面试结束后再在各个项目的得分栏内打分，并写出简短评语 | 将拟定的所有题目按顺序编号，主试者依顺序提问；应试者针对所提问题作答，每答完一题，评委即为此题打分，直至问题问完 |
| 优点 | 互不干涉，精力集中，不受权威或领导意志的影响，比较客观 | 可使评分工作简便直观，无须进行转换分析 |
| 缺点 | 难以避免个别人打"人情分" | 首先是对应试者基本素质的判断不明显，方法不够规范，尤其是技术性问题；其次是考察内容不全面，有些问题很难用"问题"形式提出 |

2）面试评价量表

为确保不同面试官评价的前后一致性及可比性，必须制定标准化面试评价量表。面试评价量表由若干评价要素构成，它是面试过程中面试官现场评价和记录应试者各项要素优劣程度的工具，它应能反映出工作岗位对人员素质的要求。在设计面试评价量表时，应使评分具有一个确定的计分幅度及评价标准。

（1）附有行为描述的评价量表。表 5-2 是用来评价适应能力的两个五分制标准化评价量表，其中一个附有行为描述，另一个则没有。

表 5-2　用来评估适应能力的标准化评价量表

| 附有行为描述的评价量表 | | | | |
| --- | --- | --- | --- | --- |
| 1 | 2 | 3 | 4 | 5 |
| 适应能力弱；视很小的变化为重大障碍 | 企图适应变化；不喜欢变化；对细微变化敏感；工作表现受影响 | 接受变化；及时了解新信息；工作表现未受影响 | 喜欢变化；很快适应新的工作及环境；工作有进步 | 明显喜欢变化；很快适应新环境；工作成绩有提高；有成功应变的记录 |
| 不附有行为描述的评价量表 | | | | |
| 很弱 | 较弱 | 一般 | 较强 | 很强 |

附有行为描述的评价量表并不能使之更有效。然而，一个开发良好的附有行为描述的评价量表可减少面试者主观臆断的概率与面试工作量，同时有助于培训缺乏经验的面试官，并促进面试官之间的相互理解。

（2）李克特式等级量表。常用的等级有 5 级、7 级、9 级或 10 级；评价等级越多，对面试官的面试能力及技巧的要求就越高。有时可对各等级进行量化，即对各评价标准等级予以标度。标度又有两种基本形式：一是定量标度，就是采用分数形式进行标度，如百分制或五分制（见表 5-3）；二是定性标度，如"优、良、中、合格、差"或"甲、乙、丙、丁、戊"等。

表 5-3 建筑工人的五点尺度标准表

|  | 1 | 2 | 3 | 4 | 5 |
| --- | --- | --- | --- | --- | --- |
| 心理能力 |  |  |  |  |  |
| 气力 |  |  |  |  |  |
| 握力 |  |  |  |  |  |
| 耐力 |  |  |  |  |  |
| 控制力 |  |  |  |  |  |
| 调整力 |  |  |  |  |  |
| 坚持力 |  |  |  |  |  |
| 手指灵活程度 |  |  |  |  |  |
| 手臂灵活程度 |  |  |  |  |  |
| 手眼协调程度 |  |  |  |  |  |
| 方向、形状、大小一致 |  |  |  |  |  |
| 视觉灵敏度 |  |  |  |  |  |
| 颜色判别力 |  |  |  |  |  |
| 注意集中力 |  |  |  |  |  |
| 听力灵敏度 |  |  |  |  |  |
| 记忆力 |  |  |  |  |  |
| 数字计算灵巧性 |  |  |  |  |  |
| 机械设计了解程度 |  |  |  |  |  |
| 判断力 |  |  |  |  |  |
| 情绪稳定程度 |  |  |  |  |  |

3）面试成绩评定表

面试成绩评定表是记录面试官对应试者回答意见的一种表格，其设计要求如下。

（1）重点内容要突出。

（2）要设计评语栏，供面试官对应试者做综合评定用。

（3）格式要清晰、简洁，使人一目了然。

面试成绩评定表的主要项目包括以下四项。

（1）应聘职位名称。

（2）重点面试要素。

（3）评语栏。

（4）评委签字栏。

表 5-4～表 5-6 是三种不同风格的面试成绩评定表。

表 5-4  面试成绩评定表（例一）

| 姓　　名 | | 应征职位 | | | |
|---|---|---|---|---|---|
| 用表提要：请主持面谈人员，就适当之格内打 √，无法判断时，请免打 √。 | | | | | |
| 评分项目 | 等级 | | | | |
| | 5 | 4 | 3 | 2 | 1 |
| 仪容 礼貌 精神<br>态度 整洁 衣着 | 极佳 | 佳 | 平实 | 略差 | 极差 |
| 体格、健康 | 极佳 | 佳 | 普通 | 稍差 | 极差 |
| 领悟、反应 | 特强 | 优秀 | 平平 | 稍慢 | 极劣 |
| 对其工作各方面及有关事项之了解 | 充分了解 | 很好了解 | 尚了解 | 部分了解 | 极少了解 |
| 所具经历与本公司的匹配程度 | 极匹配 | 匹配 | 尚匹配 | 未尽匹配 | 未能匹配 |
| 前来本公司服务的意志 | 极坚定 | 坚定 | 普通 | 犹疑 | 极低 |
| 外语能力 | 区分 | 极佳 | 好 | 平平 | 略通 | 不懂 |
| | 英语 | | | | | |
| | 日语 | | | | | |
| 总评 | 拟予试用：＿＿＿＿<br>列入考虑：＿＿＿＿<br>不予考虑：＿＿＿＿ | | | 面谈人：<br><br>日期：　月　日 | |

表 5-5  面试成绩评定表（例二）

| 姓　　名 | | 性　　别 | | 出生日期 | |
|---|---|---|---|---|---|
| 应聘职位 | | 考　　号 | | 面试时间 | |
| 评价项目 | | | 评　　价 | | |
| 应聘者的求职动机良好吗？ | | | □良好 | □一般 | □不好 |
| 应聘者的工作经历是否符合职位要求？ | | | □符合 | □一般 | □不符合 |
| 应聘者的专业技能是否符合职位要求？ | | | □符合 | □一般 | □不符合 |
| 应聘者的工作意愿能否在本公司实现？ | | | □能够 | □一般 | □不能够 |
| 应聘在工作条件和薪酬方面的要求能否满足？ | | | □能 | □待谈 | □不能 |
| 应聘者的气质和性格是否符合职位要求？ | | | □符合 | □一般 | □不符合 |
| 应聘者自信吗？ | | | □是 | □一般 | □不是 |
| 应聘者精力充沛吗？ | | | □充沛 | □一般 | □不充沛 |
| 应聘者工作热情高吗？ | | | □高 | □一般 | □不高 |
| 应聘者对职位的职责了解吗？ | | | □了解 | □一般 | □不了解 |
| 应聘者的综合素质如何？ | | | □高 | □一般 | □不高 |
| 评语 | 建议： | | □予以录用 | □复试 | □不予考虑 |
| 面试人 | （签字） | | | | |

表 5-6　面试成绩评定表（例三）

评价人姓名：_____　职务：_____　面试时间：_____
应聘人姓名：_____　性别：_____　年龄：_____　编号：_____
应聘职位：_____　原单位：_____

| 评价方向 | 评价要素 | 评价等级 | | | | |
|---|---|---|---|---|---|---|
| | | 1（差） | 2（较差） | 3（一般） | 4（较好） | 5（好） |
| 个人基本素质评价 | 1. 仪容 | | | | | |
| | 2. 语言表达能力 | | | | | |
| | 3. 亲和力和感染力 | | | | | |
| | 4. 诚实度 | | | | | |
| | 5. 时间观念与纪律观念 | | | | | |
| | 6. 人格成熟程度（情绪稳定性、心理健康等） | | | | | |
| | 7. 思维逻辑性，条理性 | | | | | |
| | 8. 应变能力 | | | | | |
| | 9. 判断分析能力 | | | | | |
| | 10. 自我认识能力 | | | | | |
| 相关的工作经验及专业知识 | 11. 工作经验 | | | | | |
| | 12. 掌握的专业知识 | | | | | |
| | 13. 学习能力 | | | | | |
| | 14. 工作创造能力 | | | | | |
| | 15. 所具备的专业知识、工作技能与招聘职位要求的吻合性 | | | | | |
| 录用适合性评价 | 16. 个人工作观念 | | | | | |
| | 17. 对企业的忠诚度 | | | | | |
| | 18. 个性特征与企业文化的相融性 | | | | | |
| | 19. 稳定性、发展潜力 | | | | | |
| | 20. 职位胜任能力 | | | | | |

| 总得分 | | | |
|---|---|---|---|
| 人才优势评估 | | 人才劣势评估 | |
| 评价结果 | | | |
| 建议录用 | 安排再次面试 | 储备 | 不予录用 |
| | 时间： | | |

**5. 确定面试时间和场地**

面试官应该特别注意计划好自己的时间，避免面试与其他重要工作的时间发生冲突。如果面试官安排应试者在集中时间段内进行面试，就应该做好整体的流程安排：一共要进行多少场面试、每场面试大约持续多久、多长时间用来评分、多长时间中间休息。通常来说，人的反应能力在上午 11 点左右达到高峰，下午 3 点左右出现低谷，在下午 5 点时会达到另一个高峰,因此面试时间应尽量安排在高峰时间,避开低谷时间,以提高面试准确率。

在场地的选择上,一般公司会选择办公室作为面试场所,如果公司比较偏远,有条件时应尽量选择外部交通便利且体面的酒店或写字楼作为面试场所。面试场所的选取主要考虑以下几点。

(1)在总体布局上,如条件允许可考虑分设候考室(应试者面试前休息、准备的场所)和工作间(正式面试场所)。候考室内设接待处,应试者到达面试地点后,由接待员进行登记和安置,在适当时候,再由接待员将其引导到工作间。

(2)根据面试的方式及面试官和应试者的数量确定面试场所的大小。如一对一面试可选取较小的空间,而多对多面试则需要有较大的空间,以免应试者产生空间上的窘迫感。

(3)面试环境应保持安静、敞亮、整洁、舒适,有良好的采光和通风条件,有适宜的温度和湿度,布置要朴素大方,切忌乱堆乱放。除非想特意考察应试者的某种心理特点,否则最好采用封闭环境,场内不设电话,避免面试进行中受到外界干扰。

(4)在座椅安排上,椅子一定要弄得舒服一些,最好两旁有扶手。对于座次朝向,研究显示,图 5-1 中 A 型座次安排比较适于多个面试官面对一个应试者时采用。B 型座次安排,由于面试官与应试者成一定的角度,因此可以有效避免双方目光直接接触,可以缓和紧张气氛,避免冲突,也有利于对应试者进行观察。相向而坐的 C 型与 D 型座次安排比较符合传统的面试官和应试者的角色身份,但应注意两者间的距离应适度。因为面试官若与应试者隔得太远(D 型),则易使应试者产生疏离感和被审感;若相隔太近(C 型),则易使应试者紧张不安,以致其发挥失常,因此这种形式比较适合考察应试者的压力承受能力时采用。E 型座次安排中,面试官与应试者坐在桌子的同一侧,容易拉近双方的心理距离,不易给应试者造成心理压力,但面试官的位置显得不够突出、严肃,也不利于观察应试者。

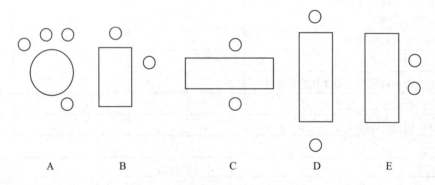

图 5-1 面试中的座位朝向安排示意

总体来说,面试的环境要舒适、安静、整洁,座位摆放要合理,因为任何不恰当的安排都可能影响应试者的发挥,影响面试的效果。

### (二)面试试题的设计

1. 面试试题设计的基本要求

1)应体现面试目的

面试的目的是考查应试者的实际工作能力、经验、精神状态和身体素质及其他有关方面的情况，以弥补笔试的不足，进而选择出适应岗位需求的可用之才。因此，面试试题要围绕整个录用总目标进行具体的安排和部署，这样才能达到预期的效果。

2）应体现面试重点

重点与应试者申请的相关岗位有直接关系，或是侧重于考查思维逻辑能力，或是侧重于考查文字表达能力，或是重点考查应试者的耐心和意志等。如果面试试题无重点，面试官就有可能提出一些与岗位无关的内容，就会跑题，而应试者的回答也会很离谱，弱化了应试的严肃性和慎重性。

3）共性、个性统一

针对同一职位设置的一组题目可以分为共性试题和个性试题两大类。所谓共性试题，主要是指那些围绕职位所需的专业知识所提出的问题。这一类问题一般是知识性的，对每个应试者的提问范围、问题的难易程度、问题的类型基本上差不多。但共性试题并不是所有人都用同一套试题，而是相应地抽取同一能力要素的不同试题加以测试。所谓个性试题，则主要是针对应试者的不同背景和职位的要求提出，这些问题一般要明确而具体。试题内容应当选取应试者在实际生活和工作中经常可能遇到的实际问题，加以提炼和加工。在实际操作中，试题的编制要根据拟招聘职位最核心、最重要的能力素质要求，选取那些职位工作中具有关键性、经常性、稳定性的内容，设置最有代表性的试题。同时，试题要有模拟性，能够真实模拟生活的场景和工作内容，所提的问题与实际越接近，越能体现应试者解决实际问题的能力，面试结果的准确性就越高。

4）应有内涵

面对众多的应试者，面试的试题内容应包括丰富的内涵，让应试者有话可讲且能体现应试者的不同层次，便于对应试者进行横向比较，从而增强评判的可操作性。试题的内涵还包括试题的内容应有一定的深度，与应试者的价值和精神面貌相关联，具有引导性、启发性，以下面两个问题为例。

问题 1："一个和尚挑水喝，两个和尚抬水喝，三个和尚没水喝。"请你从逻辑的角度谈谈自己的看法。

问题 2：谈谈你对"看不到现在就看不到未来，看不到未来就看不到现在"这句话的想法。

5）要讲究形式

（1）试题要新颖，包括试题的形式、试题的角度、试题的观点，尽量不落俗套，做到既能激发应试者的想象力，但又目的明确、没有歧义。

（2）试题的分量要适度。所问问题应该篇幅适中、文字简练、以小见大、相互关联。题目过大，应试者无从下手，只能泛泛而谈；题目太小，一两句话就回答完毕，不能测验出真实水平。

（3）试题形式多样。模拟情景有利于应试者角色的把握，结构化平面试题有利于体现应试者的思路是否清晰，而心理测试可深入了解应试者。试题的形式多样化，能避免面试内容单调枯燥，有利于气氛的活跃，也有利于面试官和应试者的互动。

## 2. 行为描述性面试的设计

行为描述性面试遵循一个基本原则：行为一致性原则，即"过去的行为是对未来行为的最好预测"。图 5-2 为行为描述性面试程序图。

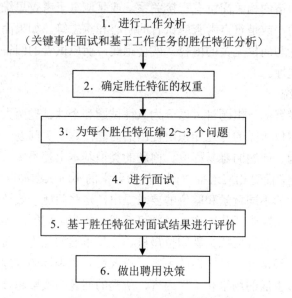

图 5-2 行为描述性面试程序

### 1) 基于胜任力的工作分析

正如其他人员选拔方法一样，行为描述性面试也是基于工作分析而设计的。工作分析就是收集与工作相关信息的系统方法，它适用于各种管理活动，包括人员选拔、培训、绩效评估和新的工作设计。在进行人员选拔时，工作分析的外部标准是在工作中取得成功所需要的特殊的知识、技能、能力或者其他品质，即胜任力。

通过工作分析决定所需的胜任特征，或帮助面试考官把精力集中于求职者过去工作经历的关键方面。同时，工作分析开发的是有一致性特征的问题，是对所有求职者的评价避免同源误差，将晕轮效应的影响降至最低。

工作分析要求咨询一些对待聘职位十分熟悉的人，这将减少特殊个体对工作形成的特异性知觉。当界定了工作所需的个体的胜任特征时，他们就会根据人们在这些工作中过去的经验做出判断。这些胜任特征中有些可能是与工作相关的，有可能只与某个成功或者失败的从业者相关。

进行行为描述性面试的工作分析有两种方法：关键事件技术和基于工作任务分析的胜任特征分析，其中最常用的就是关键事件技术。

(1) 关键事件技术。关键事件是指能区别好绩效以及差绩效的案例。参与相关事件分析的专家包括上级、从业者和其他对该职位了解的人，主要收集该职位过去的从业者的经验，能区别实际工作中绩效较好和绩效较差的例子。这些事件经过简单的叙述，隐去其中的人名，但必须包括从业者所面临的情境、从业者的行为和结果。关键事件通过访谈或者问卷调查获得，访谈者可以是个体也可以是小组（通常是人力资源管理或工作分析专家），被访谈者通常包括 3～6 个相关事件专家。

关键事件必须是典型的，而且是实际遇到的事情。如"合作者之间产生摩擦需要帮助"等相当普遍的实例。

例如，一个员工的同事向他请求帮忙恢复一份丢失的表格，这个任务不是该员工分内的工作。该员工答道："你应当保留一份备份表格。你活该，帮别人恢复数据不是我的职责。"最后，他的同事没能按时完成任务，而且从此再也没有向该员工提出过帮忙的请求。（注：这个例子包括从业者的情境，即同事要求帮忙找回一份丢失的表格；从业者的行为，即说他同事本应该保留一份表格；结果，该同事没有按时完成任务。）

又如：

情境：给顾客的汽车换汽油。

行为：汽车维修工注意到刹车油管已严重生锈。他告诉顾客注意危险，并建议应立即换一个。

结果：顾客感谢维修工的提醒。

通过相关事件专家收集关键事件的方法有两种：相关事件专家较少时，可以个别访谈；相关事件专家较多时，可以用小组访谈或问卷法。关键事件要考虑两个方面：工作特征特殊性以及工作整体性。既考虑到与工作相关的特征，又考虑与相关事件的整体联系。在关键事件后，请相关事件专家将关键事件归纳为 5～10 个胜任特征。从经验上来看，每个胜任特征应该包括 3～4 个关键事件。

（2）基于工作任务分析的胜任特征分析。关键事件技术是在进行行为描述性面试的工作分析中用得最多的技术，因为面试的问题直接与过去的较好和较差的绩效有关。为了从工作任务中推断出胜任特质，必须确认工作的最终结果、责任、成就和工作成果。每一个最终结果被分解成组成人物的各个部分，然后，鉴别完成这些任务需要的胜任特征。如图 5-3 所示是一个快餐连锁店仓库经理的胜任特征和结果之间的关系。

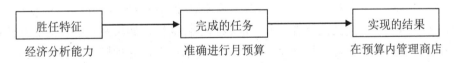

图 5-3　快餐连锁店仓库经理的胜任特征和结果之间的关系

2）确定胜任特征的权重

胜任特征可以具有相同的权重，也可能具有不同的权重。确定胜任特征常用的是关键事件法，就是把更多的权重赋予那些关键事件数目最多、在工作中极重要的关键事件的胜任特征上。如果胜任特征是基于任务推断而来的，那么，权重更多的胜任特征就与一些不同任务评定中最重要或最频繁的任务有关。

通常采用的是 1～5 的等级权重，5 代表最重要的胜任特征。一旦确定最重要的胜任特征，其他特征与之相比就能得到一个从 1 到 5 的权重。例如，"绩效管理系统项目主管"的胜任特征要素权重的确定如下：

5—人事管理；

4—计划；

4—绩效管理系统的知识/经验；

3—高工作标准；

4—分析能力；

3—决策制定；

3—言语沟通；

2—书面沟通。

一旦完成工作分析，行为描述性面试系统的下一步就是形成面试问题。

3）形成面试问题

行为描述性面试的关键是向求职者询问怎样处理与所需相关胜任特征情境的一系列问题。问题的形成是通过提取每项胜任特征的行为描述来完成的。在关键事件中，行为描述包括三个成分：求职者面临的情境、求职者自身的行为以及结果。面试研究者从每一个行为中寻找，并询问一个对应特殊情境的开放式问题，然后以追踪式调查证明应试者的行为和结果。开放式问题应该事先规划，并写在时间表前面，而追踪式的问题可以在访谈过程中计划或形成。

编制访谈问卷的基础就是确认关键事件，是否为工作分析的一部分。例如询问："在你现有的工作中，你的同事向你求助过一些不是你本职工作的事情吗？"假如求职者回答"有"，面试考官可以进一步问："请你回忆一下最近发生的事。"一旦求职者开始描述这件事，面试考官可以通过追问的形式获得当时的情境、求职者的行为和结果的细节。

问题提问的顺序是先以一个开放式的问题引出，使求职者进行相应的行为描述，然后，用追踪式提问的方式，使求职者为情境、行为和结果提供具体的细节。在这种情况下，开放式问题不会向求职者表露出考官想要的胜任特征，降低求职者对认为能加深考官印象的描述。例如问："在最近的零售服务中，你有过设身处地为顾客着想的情况吗？"还不如问："在你最近的零售服务中，我想你有时候一定得面对一些焦虑不安的顾客，那你能考虑到他们一些特别为难的地方吗？"这里，提到具体需要对顾客设身处地的情境，但没有提到"设身处地"这个词。作为面试设计者，应该能识别这种情境，如果是基于任务的胜任特征推断，那么就需要对工作情境进行假设，一旦求职者承认有过这种情境的真实经历，面试考官就应该直接问求职者一个特殊的情境，并运用一些关键形容词（最近的、最难忘的、最具挑战的、最失望的、最烦躁不安的等）。

（1）确定问题。在行为描述性面试中，不需要对所有的求职者询问后才确定出问题，只要有求职者被问到有胜任特征领域的行为就行了。看完求职者的个人简历之后，面试考官可能制定出一些一般性的问题，如"你能举出一个自己的发展计划的例子吗？"用下面的方式询问。

面试考官："我看到在你最近做过的工作中，你曾参与过两个项目，这包括在你的主要计划里吗？"

求职者："是的。"

面试考官："哪一个包含在你的主要计划中？"

求职者："质量管理。"

面试考官："具体包含了项目的哪个方面？"

像这样，面试考官可以根据求职者在面试初期所说的内容制订出一个面试计划。考虑到前面谈到的项目管理，面试考官可以评价他在计划和组织方面的胜任特征。在面试后期，面试考官计划问求职者与同事冲突的情境时，可以这样问："刚开始你提到，在为顾客制订计划时，有一位同事提出了与你不同的意见。你能把这件事说得更明白些吗？"

行为描述性面试对特殊求职者可以表现出灵活性，这就是要涉及面试"模式"的原因。面试考官可以追问一系列的问题，而不是那些已经确认的问题。灵活性的优势在于，一个受过训练的面试考官能帮助求职者集中对过去行为进行描述，使面试进行得更加自然。而在实际应用中，面试考官大多快速浏览求职者的个人简历或工作申请表，就为特殊的求职者制定了行为描述性的问题，这在面试中提供了一种更舒适和非正式变化的信息。

（2）询问每天活动。一些胜任特征暗含在每天的活动中，如时间管理和每天的督导。决定求职者在这些技能上的表现并不适合我们原先讨论的情境—行为—结果的模式，因为没有涉及个体的"情境"。因此，我们可以直接询问他最近的经历，比如："请告诉我，昨天你是怎么安排你的时间的？"

（3）回顾性问题。面试前应该回顾所有的问题，下面有一些回顾的标准。

① 只有重要的工作需要才应该包含在面试中。
② 工作分析应该确保问题明确而清晰，并与工作相关。
③ 只有那些对工作评估有价值的胜任特征才应该包括进来。
④ 某些问题应该回避，以消除偏见，如性别、年龄、个人信仰等。

3. 情境性面试的设计

1）基本假设

与行为描述性面试一样，情境性面试针对的是特定的行为，而不是针对某个人的综合品质或特征。但是不同的是，行为描述性面试基于"过去的行为能够很好地预测未来的行为"，而情境性面试基于目标设置理论，即"一个人的未来行为会在很大程度上受到他的目标或行为意向的影响"。

基于以上假设，情境性面试的目标是给求职者一系列工作中可能遇到的事情，并询问"在这种情况下你会怎么做"，以此来鉴别求职者与工作相关行为意向。我们认为，求职者对他们未来将会怎么做的回答与他们将来真实的行为之间有很高的相关性。例如，一个管理职位的求职者说他在做出一个重大决策前会广泛地征求上司的意见，那么事实上，他也很有可能这么做。

显然在情境性面试中，问题是否真正基于工作需要的胜任特征，是这次面试效度高低的关键。这些问题跟真实的情境越是接近，就越能准确预测未来的工作绩效。现在在一些高端人才的选拔中常用的"高度仿真"模拟，就是基于此。例如飞行员的招聘中，经常要用电子计算机模拟飞行的全过程，以期检测求职者是否能够真正掌握相应的技术。

2）情境性面试程序的开发

与行为描述性面试一样，开发情境性面试的第一步是进行工作分析。但不同的是情境性面试可以通过分析任务所需的胜任特征而得出，即关键事件分析。由于必须有关键事件，情境性面试不适用于新工作，或者变动较大的工作，或者过去只有一两个人做过的工作。

与行为描述性面试相同的是，由相关事件专家将关键事件划分不同的胜任特征，同时赋予不同的权重。图 5-4 所示为情境性面试程序图。

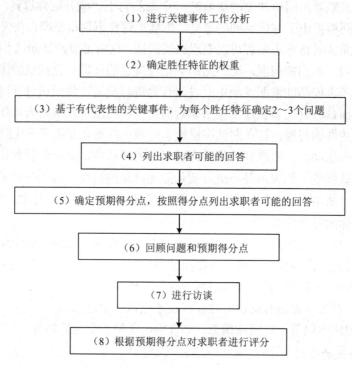

图 5-4　情境性面试程序图

3）情境性面试问题的开发

一旦决定了胜任特征，相关事件专家需要从鉴别出来的关键事件中为每一项胜任特征编制 2~3 个问题。大多数胜任特征都有 3 个以上的关键事件，每项都是开发面试问题的基础，因此，必须对列出来的关键事件进行删减，选择更能清晰地代表胜任特征的关键事件，从而形成情境性问题。

每个关键事件最后都要组成一个面试问题，可以提供给该职位的所有求职者。这需要对选定的事件做一个描述，然后询问一些问题。例如："在这种情况下你会怎么做？"以主管为例，一个典型的问题是："你的一个下属领会错了你的指示，错误地完成了一项拟分配给他的任务，结果给你造成了很大的麻烦。你会怎么做？"

4）为每一个问题的回答制定预期得分点

编制好将要询问求职者的问题之后，下一步就是制定一种方法对求职者的回答进行评分。这对于保证面试考官判断什么是恰当的回答，什么是不恰当的回答并达成一致看法是非常重要的。如果没有一个提前确定的预期的得分点，面试考官对求职者回答的评价就会受到个人主观影响。

首先，对于每个面试问题，必须列出足够的求职者可能回答的答案。如果求职者数量不是很大（通常 100 人以内），一个简单的做法就是请几位相关事件专家对此问题进行头脑风暴式的讨论。如果求职者数量比较多，可以对曾经承担过该职位的人进行调查，了解他们在每个假设的情境描述中会怎么做。这种调查可以采用问卷形式，也可以采用访谈形式，这样就提供了一个较为简单的决定情境性面试效标关联效度和一致性的机会。

其次，每个问题的可能性回答都要根据预期得分点进行评分。有经验或者非常胜任的从业者或管理者，应当作为相关事件专家对可能的回答进行评分。用五点量表，有时也用三点量表。通常使用五点量表，1 表示完全不能接受的回答，3 表示可以接受，5 表示回答非常好，2 和 4 表示介于其中的评价。可能的回答在量表上锚定，通常使用五点量表上的 3 和 5。下面仍以主管为例，列出相应的评分体系：

1—向上级汇报下属的失误；

3—自己来收拾残局；

5—跟下属一起改变局面。

对于一些问题也许有相当多的回答是不恰当的（即给 1 分），也有一些行为可以给 3 分或 5 分。究竟应该给多少分，还取决于情境的复杂程度。关键事件工作分析以及相关事件专家的判断可以用于决定可供选择的回答有多少以及应该如何给予评分。

5）检查问题

在进行情境性面试之前，需要对面试问题进行详尽、清晰、适当的检查，以避免出现面试中可能出现的误差。情境性面试问题的检查应该做到以下三点。

（1）保证预期得分点涵盖了求职者所有可能的回答。

（2）删除不能区分求职者回答水平的问题。

（3）如果可能，检查问题和预期得分点的预测效度。

可以通过对现在该职位的从业者进行前测来检查预期得分点是不是覆盖到求职者所有可能的回答，如果从业者数量较少，也可以将组织中其他可能会作为一个求职者应聘该职位的员工进行测量。这里应该注意，先向求职者问问题，这样可以立即得到答案。

同时，如果所有的求职者都对同一个问题给出了相似的答案，那么，这道题是没有预测效度的。同样，应该清楚在某个特定情境下什么行为是有效的。否则，面试考官可能会在"什么样的回答是有效的，什么样的回答是无效的"这个问题上产生分歧，因而导致在给求职者的回答评分时意见不一致。在此，可以采用小规模的前测来避免这些问题。

如果在这个职位上有相当多的从业者，问题的效度和回答的预期得分点可以通过对面试情境进行控制而加以检验，同时结合其他个人问题得分，如一种或多种工作绩效的测量（如绩效评价分数）。个人面试问题和个人绩效测量之间的相关程度可以反映该项目在预测绩效时的效度。

同样，面试问题得分和该职位从业者真实工作的绩效分数相结合，可以用来评价面试问题的质量。这两种方式都可以作为研究的效标。前者是"一致性"研究，即面试分数和绩效得分是在同一时间获得的；后者是"预测性"研究，即面试得分作为以后工作绩效的一种预测。

☞【专题拓展 5-9】　某大厂的 18 道 HRBP 的面试题曝光，你能回答几题

### （三）面试的实施

1. 面试过程的控制技巧

无论是结构化面试还是非结构化面试，在其过程的安排上都应该分为五个阶段：建立融洽关系阶段、导入阶段、核心阶段、确认阶段和结束阶段。每一个阶段有各自不同的目标及相应的注意事项。

1）建立融洽关系阶段

在此阶段，面试官应该努力营造一种轻松、友好的氛围，使双方能够消除紧张感，为迅速步入正式面试做好铺垫。一般包括一个简短的自我介绍和2~3分钟的寒暄，通常讨论一些与工作无关的问题，如天气、交通等。这部分的时间大致占整个面试的2%。在这个阶段，通常不采用基于关键胜任能力的行为描述性面试题目，而主要是简短的直接性问题。这个阶段，面试官需要注意的事项有如下三个。

（1）给予应试者适当的接待，如主动地欢迎和握手，切忌板着脸，对应试者呼来唤去。

（2）避免环境使应试者分心，如应试者心存疑虑、四处打量，可适当地介绍一下周围环境。

（3）注意观察应试者的非语言行为，如出现不停地擦汗、搓手，频繁点头等，这表明对方心情紧张，这时可通过为其倒水、聊一些轻松话题来转移其注意力，舒缓其紧张情绪。

2）导入阶段

面试官首先要问一些应试者一般有所准备的比较熟悉的题目，如让应试者介绍一下自己及过去的工作等。这部分时间一般占面试的比重为8%，以开放式问题为主，这样可以给应试者较大的自由度，使其答复的内容更丰富。同时，也可使双方减少紧张感，逐渐进入角色。在此阶段，需要注意的是应恰到好处地介绍组织和工作岗位的要求，具体如下。

（1）注意时机，不可操之过急，否则，应试者或者容易钻空子、投组织所好，或者早早地就打"退堂鼓"。

（2）注意分寸，既不回避实际存在的"脏、苦、累"，亦不过分夸张可能的优越性，目的是让应试者对组织和工作/岗位形成一个正确的心理预期。

3）核心阶段

面试官应该通过引导应试者讲述一些关于核心胜任能力的事例来收集具体的反映应试者技术能力、知识水平、行为能力、人际交往能力和个性特征的信息，并对这些信息做出基本的判断和评价。核心阶段时间占整个面试的比重为80%，重点是灵活运用各种面试技巧与应试者交流，控制面试的节奏，有效获得有关应试者胜任能力的信息。这一阶段主要需要明确以下三个方面的信息。

（1）确认某些模糊的背景信息。

（2）评估其既往的专长和工作成就。

（3）根据其对问题的回答及观察，推断其与组织、工作岗位的适配度。

4）确认阶段

确认阶段通过提出一些比较敏感、尖锐的问题来收集补充信息，以便深入、全面地了解应试者。这一阶段并不是可有可无的，由于许多应试者都有丰富的求职面试经验，常规的问题常常难以发现其深层次的心理特征，因此，根据组织及工作岗位的特点设计一些有针对性的问题，往往能使应试者不为人所知的一面显露出来。但需要注意的是，不要伤及应试者的人格和隐私，避免使双方陷入一种无法回转的境地。

5）结束阶段

当面试接近尾声时，面试官应该检查自己是否有遗漏的问题和不能确认的信息，若有，需要在最后的阶段加以追问。由于面试官已经获得了应试者关于职业目标的很多信息，在最后阶段如果已经初步认定应试者可以录用，那么就可以向他介绍公司及个人的福利等，以增加应试者对公司的兴趣，有利于后期工作。如果面试官还无法肯定对方是否是企业所需要的人，结束时就要用一些感谢的话来表明对对方的友好和尊重。此阶段需注意的是，应留给应试者一些时间，由其主动补充说明某些问题或询问某些事项。通过让应试者发问可以看出他对组织、工作岗位的重视程度及真正的动机。

面试的各阶段转换是一个有机连续的过程，面试官要熟练掌握面试技巧，使面试过程既有连续性又能突出阶段性，保证面试过程的顺畅进行。

2. 面试的提问方法与评价技巧

1）面试的提问方法

在面试中经常使用四种提问方法：开放式提问、假设性提问、探究性提问和封闭式提问。每一种提问方式在面试中都能起到举足轻重的作用，只有掌握了各种提问方式的特点，才能驾轻就熟地掌握面试的节奏和脉搏，保证面试的有效性。

（1）开放式提问。该类问题要求应试者给予完整的、字数较多的回答。这些回答本身也能引起讨论，为面试官提供提出进一步问题的材料。开放式问题鼓励应试者表达，使面试官能够有机会积极地倾听，对应试者的素质进行评估，并同时观察其非语言交际模式。这类问题还能使面试官找出时间计划下一步的提问。开放式问题尤其有助于鼓励腼腆的人开口说话，同时避免了要求回忆具体事例所可能带来的压力。例如，"请描述一下你当前这份工作的一般性日常活动"。

（2）假设性提问。这类问题根据空缺职位的工作任务，向应试者提出难题并要求其给出解决方案。假设性问题能使面试官对应试者的推理能力、思维过程、价值观、态度、创造力、工作方法和处理不同任务的方法做出评价。但是，面试官不要期盼这类问题会有正确的答案。应试者对这类问题的回答是基于他们以往的知识和经验，是建立在他们的想象而不是他们所了解的情况的基础上的。例如，"假如你是经理，你的下属因为不得不满足公司某位高级客户的不合理要求而发牢骚，你将用什么方法使客户和下属都感到满意？"

（3）探究性提问。这类问题有助于面试官更深入地了解情况，获得进一步的信息。最好将探究性问题视为进一步的提问，这类问题通常字数不多，措辞简单。那些难以完整回答问题的应试者往往需要探究性问题为他们提供额外的帮助。探究性问题根据其现实作用可以分为寻根究底型、澄清事实型、核实事实型三种。寻根究底型是运用一些简短的问题提问，如"为什么""什么人"等，要求应试者说明具体理由。澄清事实型用来限定或扩展应试者在先前某次答复中提供的信息，如"事情发生的原因是什么？"核实事实型用于核实某些陈述的真实性，如"你具体为他们做了什么？"

（4）封闭式提问。这类问题可以用简单的词语来回答，可以使面试官迅速、简单明了地获得所需信息。封闭式问题能使面试官掌握更多的主动权，使某些应试者心情放松，有助于澄清事实。当面试官需要核实情况时，往往可以得到肯定的答复，如"你现在这份工作多长时间需要出一次差？"

在掌握了这四种提问方式的技巧后，有必要了解一下提问中应该注意的问题。

- 不要问带有提问者本人倾向的问题，如以"你一定……"或"你没……"开头儿的问题。
- 避免提出引导性问题，如"当你接受一项很难完成的任务时，会感到害怕吗？""你不介意加班，是吗？"
- 提出的问题应该尽量能让应试者用其过去的言行实例来回答。
- 提问应由浅到深、由易到难、循序渐进，使应试者进入最佳状态。
- 面试要把握好节奏和进度，不要与细枝末节的问题纠缠。
- 努力营造和谐的谈话气氛，以便应试者能够将真实的信息自然地流露出来。

2）面试评价技巧

通常，应试者求职材料上写的都是一些结果，描述自己做过什么、业绩怎样，比较简单和宽泛。而面试官则需要了解应试者如何做出这样的业绩，做出这样的业绩都使用了哪些方法、采取了什么手段，通过这些，全面了解应试者的知识、经验、技能的掌握程度以及他的工作风格、性格特点等与工作有关的内容。具体可遵循STAR原则。

STAR是situation（背景）、task（任务）、action（行动）和result（结果）四个英文单词的首字母组合。

例如，企业需要招聘一个业务代表，而应试者的资料上写着自己在某一年获得过销售冠军、某一年销售业绩过百万等。面试官能否简单地凭借这些资料认为该应试者就是一名优秀的业务人员，一定能适合企业的情况？当然不能。

首先，面试官要了解该应试者取得上述业绩是在一个什么样的背景（situation）之下，包括他所销售的产品的行业特点、市场需求情况、销售渠道、利润率等问题，通过不断地发问，可以全面了解该应试者取得优秀业绩的前提，从而获知所取得的业绩有多少是与应试者个人有关，有多少是和市场的状况、行业的特点有关。

其次，面试官要了解该应试者为了完成业务工作都承担哪些工作任务（task）、每项任务的具体内容是什么样的。通过这些可以了解他的工作经历和工作经验，以确定他所从事的工作与获得的经验是否适合其应聘的职位，能否与现有人员协调配合。

再次，面试官应继续了解该应试者为了完成这些任务所采取的行动（action），即了解他是如何完成工作的、都采取了哪些行动、所采取的行动是如何帮助他完成工作的。通过这些，可以进一步了解他的工作方式、思维方式和行为方式。

最后，关注结果（result），即每项任务在采取了行动之后的结果是什么，是好还是不好，好是因为什么，不好又是因为什么。

这样，通过STAR，面试官可一步步地将应试者的陈述引向深入，一步步挖掘出应试者的潜在信息，为企业更好地决策提供正确和全面的参考依据，既是对企业负责（招聘到合适的人才），也是对应试者负责（帮助他尽可能地展现自我，推销自我），获得一个双赢的局面。

### 3. 面试的记录技巧

心理学研究表明，由于存在前摄抑制和倒摄抑制的双重影响，人们只对记忆材料的首尾内容记得较清楚，而对中间部分则会有较大程度的遗忘。单凭面试官的大脑，要记住一天所主持的五六场面试的每个细节几乎是不可能的。因此，记录在面试过程中是必需的。

做面试记录的意义在于以下几点。

（1）有助于在面试过程中和面试结束后进行有效归纳。

（2）确保所有重点问题都有所涉及。

（3）确保全部面试的一致性。

（4）有助于在招聘工作的最后阶段对应试者进行比较。

（5）符合法律和行为准则。

面试记录有别于听课笔记或会议笔记，它强调的是：尽可能逐字逐句地记录应试者的原话，切忌主观概括或臆会。对于应试者所叙述的正反两方面内容都应如实记录，不可当场主观决定是取还是舍，这样才会有助于后续阶段的正确分析。如果逐字逐句记录有困难，可以只记录应试者所叙述的关键词句或借助录音、录像设备。

如果决定使用录音或录像设备作为辅助记录手段，务必向应试者事先声明。借助录音或录像设备的好处还在于可使面试官将更多的时间与精力分配在观察应试者的身体语言、语音语调以及琢磨应试者的某些言外之意上，这样信息收集将更全面。

在记录应试者所叙述的反面内容时，不可以在应试者的话一出口即记录，因为这样做可能会强化应试者的防范心理与意识，不利于双方的沟通。

为了面试记录的方便，可事先准备好要提问的问题，特别是那些与工作有关的问题，也可以预先设想应试者可能的回答，到时候根据应试者的回答打钩即可并留下一定的位置用于填写应试者提供的附加信息，用关键字词标上即可，提醒你要问什么、为什么要问，并将这些问题与应试者对其他问题的回答联系起来。在补充问题栏中，列出你根据应试者的求职申请表和履历要提的具体问题，如表 5-7 所示。

表 5-7　面试记录形式举例

| 主 要 问 题 | 回　　答 | 补 充 问 题 |
| --- | --- | --- |
| 如果你的副手经常以权谋私，你会怎么办？ | • 我会开放布公地与他直接沟通，平时会加深彼此的相互了解<br>• 如果违反公司规章制度且在我的处置权限下，我会依规章制度办事；否则，先摸清其背景，再采取谈话和汇报的方式 | • 你过去碰到过这样的问题吗？<br>• 你是如何处置的？<br>• 有无预警系统？ |
| 你参加过哪些对目前工作有用的培训课程？ | 我最近刚参加完××国际酒店集团管理人员交叉培训课程 | • 什么内容的培训？<br>• 时间有多长？<br>• 对目前工作有何益处？ |

## 四、面试结果失准的原因

### （一）缺少整体结构

不少组织在招聘时未先根据岗位必需的才能制定出详尽的面试提纲，包括所提问题的顺序和完整的划分等级的方式等，而是仅凭某部门或某人的经验与直觉。于是，不少应试者反映面试官怎么在面试过程中总是有一搭没一搭地东拉西扯。很显然，这种没有整体结构的面试不仅会让应试者"找不着北"，使组织在应试者心目中的形象大打折扣，而且增大了组织为此投入的时间和金钱"打水漂"的概率。如果再经由应试者的嘴一传十、十传百，则更加得不偿失。

### （二）面试官不明确面试的目的及自己所要扮演的角色

实践中，很多面试官没有接受过选拔技巧的训练，有的更是临时客串，他们不清楚自己究竟该做些什么，该如何与其他面试官配合，这次面试在整个招聘活动中究竟处于一种什么样的位置等。因而他们可能会问一些重复的问题或让人摸不着头脑的问题，更有甚者会问一些侵犯个人隐私权的问题。

### （三）面试官过分相信或依赖自己的直觉

可靠而有效地主持的面试的能力并非自然形成的，也不是与生俱来的。因此，依靠直觉或本能反应来做出雇佣决策往往是极不准确的。有学者比较了基于直觉、预感、本能反应、经验的临床预测效果和基于对个体信息进行复杂的数学公式推演的统计预测效果间的差别，结果显示：在51项研究中只有1项研究认为临床判别比统计预测更有效。

### （四）面试官对合格者应具备的条件界定不清

由于未对工作/岗位成功所必需的相关知识、技能、能力和动力等进行透彻分析或分析失当，因而不少面试官并不清楚工作/岗位所需的才能哪些该在面试中提问，哪些可以通过其他测试手段来了解，哪些应给予更多的权重和关注，哪些可以一带而过，即便凭经验排出了先后次序或做出了某种取舍，往往也没有把握。

### （五）面试官所问问题缺乏与工作的相关性

从下面列出的10个问题我们可以看出，这些问题并不与某个特定的工作有关，换句话说，它们是"放之四海皆准"的。然而，遗憾的是，对这些问题的回答如何才算是适宜的并无可靠的实践数据做支撑。鲍里斯的研究指出，不同的人事经理对这些问题的答案会有不同的偏好，但偏好并不意味着做出该回答的个体就一定能在将来的工作中表现卓越。

（1）我为什么要聘用你？
（2）你认为从现在起5年内你将做什么？
（3）你认为自己最大的优点和缺点分别是什么？
（4）你如何描述自己？
（5）大学课程里你最喜欢什么，最不喜欢什么？

（6）你对我们公司知道些什么？
（7）你为什么决定寻求这样一个位置？
（8）你为什么离开上一份工作？
（9）从现在起5年内你想要挣多少？
（10）你生命中真正想要的是什么？

### （六）面试官缺乏追问技巧

面试官所要面对的应试者是千差万别的。有的求职经验老到，有的则是刚毕业的大学生。因而，他们对面试官所提同样问题的回答也是大相径庭的。有的是故意云里雾里地绕，有的则是因紧张慌乱而不知该如何归纳总结。因此，如果面试官不会循循善诱，则其对于应试者真实能力状况的判断就很有可能会"失之毫厘，谬以千里"。

### （七）为各种偏见所左右

1. 时间序列效应

心理学研究表明，人对信息的记忆能力与接收的时间性有密切关系。

（1）首因效应。在面试刚开始时，面试官会受首因效应，即先入为主的影响。戴斯勒的研究揭示了在一个15分钟的面试中，面试官往往在最初5分钟就决定了应试者的命运。对一群从事人事工作的专业人士进行的调查显示，74%的人认为他们能在面试最初的5分钟之内做出决策。这也是为什么研究发现面试时间长短与最终结果之间并无关系。

克服的办法是面试官首先应认识到面试的最初5分钟内对应试者形成的印象会对面试结果产生明显影响，接下来，则是要求面试官准确发现自己在最初的5分钟里喜欢或不喜欢某个应试者的哪些方面。让面试官认识到自己对应试者产生了什么感觉，有助于其将之与对工作相关方面的判断做出区分。

（2）近因效应。随着面试的进行，面试官对面试内容的记忆会逐渐下降。在面试结束前，近因效应开始生效，面试官会对其最后听到或发生的事情印象较深。至于面试中段的内容，由于受到前摄抑制和倒摄抑制的双重影响，面试官会较为陌生。由于首因效应和近因效应的存在，若应试者懂得在开场白及综合发言时多下一点功夫，他取得良好印象的机会便会提高。相反，那些循序渐进，在中段表现良好，但在结束前又归于平淡的应试者，可能会被面试官评为表现平平。

克服首因效应与近因效应的办法是在面试过程中，面试官在每个问题或一系列问题后做出判断，而不是等到面试结束后做整体判断。

2. 反差效应

反差效应又称对比效应。面试官对应试者表现的判断是根据他与前一个应试者的反差做出的。因此，如果前一应试者表现拙劣，紧接的后一应试者即便平平无奇也可能会在面试中得到较高的评价；反之，如果前一应试者有上佳表现，则紧接的后一应试者恐怕只有嗟叹"时运不济"的份儿。

反差效应的克服办法是对所要评估的每个项目建立评价标准，对每个应试者的表现与标准做比较，而不是与其他应试者做比较。

3. 晕轮效应

晕轮效应即所谓的"以偏概全""爱屋及乌"。应试者能否胜任某个工作岗位，往往并不取决于其是否具备某种单一的能力，而是其多种才能的复合情况。因此，"抓住一点，不及其余"或"抓住一点，过度放大"都会使最终的判断出现偏差。

克服的办法是逐一评价胜任某工作岗位所需要的才能，并对可能产生的"晕轮效应"保持警觉。

4. 过分看重消极信息或对消极信息过度敏感

面试中，有利于应试者被录用的信息为积极信息，而使应试者遭到拒绝的信息则为消极信息。研究表明，消极信息对面试官的作用要远远大过积极信息。"给负面的信息以更多的权重，而正面信息却被低估"，这大概就是为什么大多数应试者会在面试初期撒谎。因此，要想提高所获信息的准确度，必须想办法降低社会压力和尽可能使用书面或计算机面试。如分别在以下四种不同条件下进行面试。

（1）应试者阅读书面的面试问题，然后写下他们对这些问题的回答。

（2）用计算机进行面试。

（3）热情的面试官对应试者进行面对面的面试。

（4）冷酷的面试官对应试者进行面对面的面试。

5. 相似效应

研究显示，如果应试者在个性、态度上与面试官相近，则其通常会获得较高的面试分数。换句话说，面试官会倾向于忽略与自己相似的应试者的缺点，而夸大与自己不同的应试者的缺点或夸大与自己相似的应试者的优点。

克服的办法是，面试官首先要认识到如果将自己与应试者进行相似比较会在不知不觉中影响自己的理性判断；其次，面试官要注意把时间放在与工作有关的问题上，而不是寻找与应试者的"共同语言"。

6. 仪容仪表偏好

研究发现仪容仪表对面试的影响存在如下一些规律。

（1）仪容仪表较好的应试者往往在面试过程中占有优势。有趣的是，这种关系在女性应试者求职时则受到其应聘职位级别的影响。风姿绰约的女性往往在应聘非管理职位工作时会得到较高的评价，而姿色平平者则在应聘管理职位时往往会得到较高的评价。

（2）体形肥胖者比瘦者的面试得分要低。

（3）有魅力的男性在通常认为是男性的工作中得到最高的评价，而有魅力的女性在通常认为是女性的工作中得到最高的评价。当工作是中性时，有魅力者往往比无魅力者的面试得分要高。

（4）应试者不应衣着时髦，而应穿着保守、得体。也就是说，应聘白领职位，男士要穿衬衣、打领带，女士则要穿裙子和衬衫。

（5）应试者随身携带的小饰物既可能起到"喧宾夺主"的负面效应，也可能起到"四两拨千斤"的正面效应。因此，如无确切把握，宜小心慎用。

7. 投射效应

投射效应是指将自己的特点归因到其他人身上的倾向。具体来说，是人在认知和对他人形成印象时，以为他人也具备与自己相似的特性的现象，把自己的感情、意志、特性投射到他人身上并强加于人，即推己及人的认知障碍。比如，一个心地善良的人会以为别人都是善良的；一个经常算计别人的人就会觉得别人也在算计他。投射使人们倾向于按照自己是什么样的人来知觉他人，而不是按照被观察者的真实情况进行知觉。当观察者与被观察者十分相像时，观察结果会很准确，但这并不是因为他们的知觉准确，而是因为此时的被观察者与自己相似。投射效应是一种严重的心理认知偏差。辩证地、一分为二地对待别人和对待自己，是克服投射效应的有效方法。

8. 归因偏差

归因偏差是大多数人具有的无意或非完全有意地将个人行为及其结果进行不准确归因的现象。心理学研究表明，成功时，人们的正常心理反应是感到自己有能力，失败时则力图把责任推诿给外界和他人；将他人的成功归于外因，将他人的失败归于内因。

9. 定势效应

定势是指主体在过去经验的影响下，心理处于一种准备状态。定势效应是指这种准备状态对后续的知觉、思维等活动产生影响，使其具有一定的倾向性、选择性。在面试过程中，面试官由于过去面试经验和已有心理准备状态的影响，会对应试者的品评表现出一定的选择性和倾向性。

定势效应既有积极的作用，也有消极作用。其积极作用表现为能提高面试官的内部信度，因为他总是把应试者与其头脑中的某个原型进行比较。

消极作用则表现为以下两点。

（1）面试官对应试者的知觉易出现错误，产生错觉、幻觉。

（2）束缚面试官的思维，出现虽制定有详细完备的评分标准，但面试官仍按自己的评定方式形成各自独特的"标准答案"或"标准模式"的现象，从而导致面试官间评价信度较低、对应试者的评价与标准错位等一系列结果。

克服定势效应消极作用的办法是在面试前进行试评或相关培训，统一对标准的理解和掌握。

10. 关系效应

关系效应即以自己为中心，把应试者与自己心理上的远近亲疏作为面试依据的心理倾向。关系近者获得较高的面试评价结果；反之，关系远者则获得较低的面试评价结果。

11. 诱导效应

诱导效应即主考官或权威人士的率先评价对其他面试官会产生诱导和暗示作用，从而导致其他面试官放弃自己的独立看法和评价。

12. 集中趋势效应

集中趋势效应即面试评价中出现应试者得分相近而缺乏区分度的现象。这是中庸之道在面试中的折射和反映,在大规模面试中较为明显。集中趋势效应的消极作用是使面试区分度过小,不同水平的应试者难以拉开距离,优秀者难以脱颖而出。

# 第五节 背景调查

很多应聘者明明在面试过程中表现得很好,与面试官谈得很愉快,最后却过不了终面这一关。这可能是"背景调查"出了问题。那么,为什么要做背景调查?背景调查一般要查什么?不同的人,调查的内容是否一样?这些都是本节要讨论的内容。

## 一、背景调查的概念

背景调查是指在招聘过程中,核查应聘者所提供背景材料和证明材料等的真实性、有效性。

背景调查的概念有狭义和广义之分:狭义的背景调查是指向应聘者工作过的企业了解该应聘者的个人信息、工作履历及工作表现等;广义的背景调查除包含狭义的内容,还包括对应聘者身份信息、学历背景、薪资水平等的全面调查。

## 二、背景调查的意义

### (一)核查应聘者信息的真实性

应聘者在提交简历和面试的过程中难免会美化自己,为避免风险,招聘者应借助大数据系统,核实应聘者是否有财务风险;以电话或面询等方式,与应聘者曾经的同事、领导了解其过往的工作经历和业绩情况等,以此对应聘者所提供信息的真实性进行核查和确认。

### (二)降低企业用工风险

一般来说,企业招聘不同岗位层级的员工的成本是不同的,而岗位层级越高,意味着风险系数越大。背景调查可以了解简历和面试体现不了的职业道德问题和法律问题。在职场中,职业道德问题如虚假承诺、泄露商业机密、利益冲突等,法律问题如劳动纠纷、知识产权侵权等,往往会给企业带来巨大的损失。通过背景调查,企业可以了解求职者过往的职业操守记录,评估其是否符合公司的道德标准,是否存在法律隐患。不良员工的存在不仅会影响团队的整体氛围和士气,还会导致工作效率低下、客户满意度降低、法律风险和经济损失等问题。

## 三、背景调查的内容

### (一)获取应聘者的授权

在进行背景调查之前,用人单位应当与应聘者取得联系,告知其背景调查的内容和目的，并征得其同意，取得其授权。用人单位还应当告知应聘者，如果发现其提供的信息与实际情况不符，用人单位有权取消其应聘资格。

### 【专题拓展 5-10】 对所有的应聘者，都要做背景调查吗

#### （二）查看身份证件和学历证书

1. 身份信息验证

通过网上身份证号查询系统，输入要查询的身份证号码，就可以验证姓名、性别、归属地。

2. 学历背景验证

用人单位可以通过查看应聘者的身份证和学历证书来确认其身份和教育背景。在查看证书时，用人单位应当核实证书的真伪，并注意检查证书上的具体内容，如毕业时间、专业等。

通过学信网，选择"零星查询"，就可以免费查询应聘者的学历真伪。但是如果是在部队获得的学历或一些特殊学历，学信网是查询不到的。

#### （三）查阅应聘者的工作证明材料

用人单位应当查阅应聘者的工作证明材料，如离职证明、社保缴费证明等，以确认其工作经历。在查阅工作证明材料时，用人单位应当核实证明材料的真伪，并注意检查证明材料上的具体内容，如工作时间、职位等。

#### （四）查询应聘者的犯罪记录和经济信用记录

用人单位可以通过查询应聘者的犯罪记录和经济信用记录来了解其个人信用状况，重点调查应聘者过往是否有违法违纪行为、是否有不良信用记录、是否有潜在风险等。比如，与原单位仍有业务往来，或签订竞业协议，或有任期责任未履行完，造成短期内无法完成交接；在银行等金融机构有不良征信记录；在公安系统等有违法违纪行为。用人单位可以查询公安部门和人民法院的相关信息，并向应聘者索取其信用报告。

#### （五）与应聘者面谈

用人单位还可以与应聘者面谈，通过交流了解其个人背景和经历。在面谈时，用人单位应当注意关注应聘者的言谈举止和态度表现，以了解其个人素质和能力。

经过以上核实以后，若应聘者各项信息都和简历及面试中陈述的内容均相符，则可以考虑向其发送入职通知书。

**本章小结**

测试是指在招聘过程中，运用各种科学方法和经验对应聘者加以客观鉴定的各种方法的总称。甄选是指通过运用一定的工具和手段对招募到的求职者进行鉴别和考察，区分他们的人格特点与知识技能水平、预测他们的未来工作绩效，从而最终挑选出组织所需要的、填补恰当空缺职位的活动。在人力资源招聘过程中，测试与甄选是密不可分的，只有通过科学合理的测试才能甄选出符合岗位需要的人才。测试与甄选必须遵循合法、回避、宁缺毋滥、德才兼备、用人所长、民主集中和公平竞争等原则；依据一定的步骤和考虑相应的影响因素。

信度与效度是组织在决定采用何种测试与甄选方法时所依据的两个重要指标。信度是指测量的一致性或可靠性程度，分为分半信度、对等信度、重测信度等类型；效度是指采用测试方法测量出的所要测量内容的程度，即它在多大程度上能测量出要测的内容，分为内容效度、同测效度和预测效度等类型。无论是信度还是效度都应注意影响测试的误差来源。

对应聘者可以从认知能力、个性和体力等方面进行测试，测试的方法因考察要素的不同而不同。评价中心是近几十年来西方企业流行的一种筛选和评估管理人员或专业人员的人员选拔测评方法，综合使用了各种测评技术，包括心理测验和面试，以及显示其自身特点的情境模拟。通过这些方法，评价中心不但可以从个体的角度进行测评，还能够从群体活动中对个体的行为进行测评。评价中心的一个重要特征就是在情境测验中对被测评者的行为进行观察和评价，情境测评方法有各种各样不同的形式，其中最普遍使用的类型主要有无领导小组讨论、文件筐测验、管理游戏、模拟面谈、即席发言等。

面试是一种经过组织者精心设计，在特定场景下，以面试官对应试者的面对面交谈与观察为主要手段，由表及里测评应试者的知识、能力、经验等有关素质的一种考试活动。面试能够灵活测评应试者的多方面素质，弥补笔试的不足。面试内容、面试的准备与实施尤为重要，在面试实施前需要进行大量的面试准备工作。面试设计工作主要侧重于行为描述性面试的设计和情景模拟性面试的设计。行为描述性面试基于行为一致性原则，即"过去的行为能够很好地预测未来的行为"，而情景模拟性面试基于目标设置理论，即"一个人的未来行为会在很大程度上受到他的目标或行为意向的影响"。面试实施过程包括建立融洽关系阶段、导入阶段、核心阶段、确认阶段和结束阶段。这五个阶段有各自不同的作用和任务，面试官应掌握好每个阶段的控制技巧、提问与评价技巧和面试记录技巧。面试结果失准的原因有：缺少整体结构、面试官不明确面试的目的及自己所要扮演的角色、过分相信或依赖自己的直觉或超自然的"洞察"人的能力、对合格者应具备的条件界定不清、所问问题缺乏与工作的相关性、缺乏追问技巧、为各种偏见所左右。

复习思考题

1. 人员甄选的基本原则是什么？
2. 什么是测试的信度和效度？
3. 管理评价中心的内容有哪些？
4. 如何理解无领导小组讨论？
5. 文件筐测验的内容是什么？
6. 面试测评的主要内容是什么？
7. 行为描述性面试设计与情景模拟性面试的设计有哪些联系与区别？
8. 影响面试的偏见有哪些？

 案例分析

## K 公司的择人决策

问题：

1. 在本案例中，K 公司采用了哪些测评方法？各测评方法主要测量和评价候选人的哪些素质？
2. 如果你是张先生，你会做出怎样的决定？

 模拟训练

### 训练1：无领导小组讨论

一、实训目的

1. 理解无领导小组讨论的基本原理，掌握其实施流程；
2. 通过角色扮演，熟练运用无领导小组讨论进行应聘者的筛选，并能够分析、总结该方法的优缺点。

二、实训的内容及要求

实训内容：运用无领导小组讨论进行应聘者的筛选。

实训要求：以模拟招聘某软件公司的市场营销部的区域经理为例，运用无领导小组讨论进行人员的筛选。

### （一）模拟的背景资料

某软件公司欲招聘市场营销部的区域经理 1 名，按照招聘选拔的程序，通过层层选拔，现已剩下 5 名应聘者，公司欲通过无领导小组讨论筛选出最后的人选。

### （二）构建实训小组，进行角色分工

第一步，建立实训小组（8～10 人），以小组为单位开展活动。

第二步，进行小组内部的角色分工，5 名学生扮演应聘者，3～5 名学生扮演招聘者。

第三步，扮演应聘者的一组讨论无领导小组的主题、测试内容、时间安排、每个人的观察点、评价标准等。

第四步，针对扮演应聘者的一组，要求自己独立思考应聘者的角色，不建议进行讨论。

### （三）运用无领导小组讨论进行人员的筛选

第一步，实训小组全体成员进入指定的地点（如某教室或会议室），应聘者落座在事先放好的圆桌周围，招聘者坐在指定的位置。

第二步，由招聘者代表宣布讨论的主题、时间、最后的陈述要求等。

第三步，讨论开始，招聘者进行观察，针对自己的观察点进行打分。

第四步，招聘者一组进入另一地点（如另一教室）进行集体讨论评价结果，进行汇总，给出每个应聘者的最终得分，并讨论得出最终的人选，将小组集体讨论后的结果填入评价表。

第五步，招聘者向应聘者一组公布最后的结果。

第六步，实训小组成员一起讨论自己角色扮演的体会，并分析无领导小组讨论的优缺点。

## 三、实训时间

本项目实训时间为 2 个小时。其中，前期准备 30 分钟，无领导小组讨论测试 30 分钟，讨论评价结果 30 分钟，体会、分析无领导小组讨论的优缺点 30 分钟。

## 训练 2：面试设计与实施

### 一、实训目的

1. 了解面试准备在面试流程中的重要作用；
2. 熟练掌握面试设计的方法，以及面试过程中的控制技巧和提问技巧。

### 二、实训内容及要求

实训内容：设计行为描述性面试并实施。

根据实训内容，需要指导教师在实验室电脑中预先储备一份公司的背景资料，其中包括公司简介、组织结构图、公司战略及业务运营情况介绍，以及 8 份该公司拟招聘岗位的工作说明书。

实训要求：运用行为描述性面试设计的方法为该公司拟招聘的不同岗位设计有针对性

的结构化面试试题问卷；根据规范性面试流程做好相应的面试准备工作；运用 STAR 及相关技巧实施面试。

第一步，建立实训小组（3～5 人），以小组为单位开展以下各项活动。

第二步，每小组选择 1 个拟招聘岗位，根据该公司战略以及提供的背景资料进行讨论分析，确定所选岗位的胜任力要素并赋予权重，并说明确定这些要素及权重的理由或依据。

第三步，分别对不同的胜任力要素进行分析，并为其编制 2～3 个面试问题，形成面试问卷。

第四步，做好面试前的各项准备工作。

第五步，实施面试，其他小组同学拟扮演求职者，在面试过程中注意运用相关技巧。

第六步，面试记录分析，并做出面试结果评价。

### 三、实训时间

本项目实训时间约为 4 小时。其中，面试设计约为 2 小时，面试准备约为 1 小时，面试实施及结果评价约为 1 小时。

# 第六章 员工培训

## 本章导读

培训是企业人力资源管理中一个极其重要的环节。激烈的竞争环境迫使企业重新审视培训工作对提升企业核心竞争力的作用,并纷纷开展培训。企业开展培训工作不仅要做好前期的培训需求分析,在此基础之上还要拟定相应的培训目标、制订合理的培训计划并按计划逐步落实。在培训实施过程中,要注意抓好实施前的准备工作和实施中的监控工作。为了保证培训效果顺利达成,在开展培训的不同阶段,运用四层次评估法对整个培训过程进行评估。

## 学习目标

**知识目标**:清楚培训与开发的含义;理解培训的目标与原则;能够理解培训的方法。

**思政目标**:认识到员工培训在企业中的重要性,培养学生学习和培训的意识,使得学生在日常学习生活中时时更新知识储备,提高战略布局意识,提前规划自身发展。

**能力目标**:提高综合分析的能力;初步具备员工培训与开发的管理能力。

**素质目标**:根据员工类别选择合适的员工培训方法;将多种员工培训方法进行综合运用。

## 关键概念

培训(training)
培训需求分析(training needs analysis)
培训计划(training plan)
培训评估(training evaluation)
在职培训(on-the-job training)
工作轮换(job rotation)
情景模拟(simulation)

## 第一节 员工培训的概念与原则

### 一、培训及其相关概念

培训是人力资源管理系统的子系统,作为该系统的重要组成部分,它与其他人力资源管理模块之间存在密切的联系。如果把人力资源管理系统比喻为一辆"汽车"的话，任职资格系统就是"车架"，人力资源战略与规划就是"方向盘"，绩效管理系统就是"发动机"，薪酬管理系统就是"燃料"和"润滑剂"，培训系统则是"加速器"。企业想持续加速员工的核心专长与技能的形成，就必须建立有效的培训开发系统，并使之很好地与其他人力资源子系统相衔接，形成有效协同。

## （一）员工培训的发展历程

培训作为科研课题一般被归到心理学与管理学的范畴，它经历了如下重要发展历程。

1891年，美国古典管理学家弗雷德里克·W.泰勒撰写的《科学管理》一书出版，标志着现代管理学的建立。在这本小册子中，泰勒提出了三条管理原则：对工人的操作进行科学研究，以代替原有的经验方法；科学地挑选、培训和教育工人；与工人相互合作，劳资双方共担责任。从中可以看出，培训是其中重要的一条。

1961年，麦格希和赛耶共同创作的《企业与工业中的培训》一书出版，书中提出三种分析法（见表6-1），即组织分析、工作分析和人员分析。该方法至今仍是指导培训工作的主要方法。

表6-1 麦格希和赛耶判定培训需求的方法

| 分析 | 目的 | 方法 |
| --- | --- | --- |
| 组织分析 | 决定组织中哪里需要培训 | 根据组织长期目标、短期目标、经营计划，判定知识和技术需求；将组织效率和工作质量与期望水平进行比较；制订人事接续计划，对现有员工的知识/技术进行审查；评价培训的组织环境 |
| 工作分析 | 决定培训内容应该是什么 | 对个人工作分析业绩评价标准、要求完成的任务和成功地完成任务所必需的知识、技术、行为和态度 |
| 人员分析 | 决定谁应该接受培训和他们需要什么培训 | 通过业绩评估分析造成业绩差距的原因；收集和分析关键事件；对员工及其上级进行培训需求调查 |

对培训理论研究影响最深的还是马尔科姆·诺尔斯和伊诺·恩吉斯特洛姆的关于成人学习的理论体系：前者主要活跃于20世纪60年代至70年代；而后者主要活跃在20世纪80年代至90年代。这两个人对现代培训工作的发展都做出了不可磨灭的贡献。

他们的理论构想认为，一个人在走向成年时：

（1）其自我概念由一个依附性的个体转向具有自主性的独立个体。

（2）其日益丰富的经验累积为自身提供了日益丰富的学习源泉。

（3）其学习欲越来越偏向自己在社会中的角色作用。

（4）其知识应用的时间概念已发生改变，学习知识不再是为了未来使用，而是为了眼前实际应用。因此，其学习的取向由以教学内容为中心转变为以解决问题为中心。

## （二）员工培训与开发的含义

培训（training）与开发（development）在英文中是两个既相互联系又相互区别的概念：

培训是指为员工学习技能提供指导，从而能够在工作中立即使用的过程。它的着眼点比较集中，着重于那些能尽快给组织带来好处的技能。开发有一个很宽的视野，它着重于使员工学习那些今天或者将来的某些时候能用到的知识。它并不单纯地着重于现在或将来的工作应用，而是更多地强调满足组织总体和长期的发展需要。表6-2比较了培训与开发之间的不同。

表6-2 培训与开发的比较

| 项　　目 | 培训 | 开发 |
| --- | --- | --- |
| 关注的重点 | 现在 | 未来 |
| 工作实践的运用程度 | 低 | 高 |
| 目　　标 | 为当前工作做好准备 | 为未来变化做好准备 |
| 参　　与 | 必需的 | 自愿的 |

对培训与开发含义的准确理解，需要把握以下几个要点。

（1）培训与开发的目的是改善员工的工作业绩并提升企业的整体绩效。应当说，这是企业进行培训与开发的初衷和根本目的，也是衡量培训与开发工作成败的根本标准。如果不能实现这一目的，培训与开发工作就是不成功的。

（2）培训与开发的主体是企业，也就是说培训与开发应当由企业来组织实施。有些活动虽然客观上也实现了培训与开发的目的，但实施主体并不是企业，因此不属于培训与开发的范畴。例如，员工自学同样会改善工作业绩，但不能算作培训与开发；但如果这种自学是由企业来组织实施的，就属于培训与开发。

（3）培训与开发的内容应当与员工的工作相关。与工作无关的内容不应当包括在培训与开发的范围之内。此外，培训与开发的内容应当全面，应当包括与工作有关的各种内容，如知识、技能、态度、企业的战略规划、企业的规章制度等。过去，有些企业在培训时往往不注意这个问题，只重视对"硬内容"的培训，如业务知识、工作技术等，而忽视了"软内容"，如工作态度、企业文化等。这里所指的工作既包括员工现在从事的工作，也包括员工将来可能从事的工作。

（4）培训与开发的对象是企业的全体员工，而不只是部分员工。当然这并不意味着每次培训的对象都必须是全体员工，而是说应当将全体员工都纳入培训体系，不能将一些员工排斥在培训体系之外。

（三）培训与教育的区别

无论是培训还是教育，都关注人的知识、技能的提升。正因为它们具有这样的共同点，许多人经常将两者混淆，搞不清它们之间到底有何区别。

对培训和教育的一般理解是：培训是非学历教育，周期较短，重点在于实用性知识和技能的学习；而教育往往指的是学历教育，周期长，重点在于知识的学习；而经过研究，人们发现培训和教育之间有更多区别，如表6-3所示。

表 6-3 培训和教育的区别

| 区别 | 培训 | 教育 |
| --- | --- | --- |
| 知识 | 在培训中,知识主要是被发现的而不是传授的,培训师只是促进和帮助学员发现真理 | 在教育中,知识主要是通过教而学会的。教师告知学生什么是真理 |
| 中心 | 培训以学员为中心 | 教学以教师为中心 |
| 行为 | 培训虽然也关注行为,但它同时关注态度 | 教学主要关注那些可测评的行为 |
| 目标 | 培训虽然也注重目标的明确性,然而更强调人际技能的掌握(学会如何学习) | 教学注重明确的行为性目标,强调信息的获取 |
| 内容 | 培训内容涉及人的技能,诸如决策能力和批评性思维能力,以及处理人际关系、进行管理和领导所需的一些软技能 | 教学内容关注理论性能力 |
| 方法 | 培训更具个性化和多样化,注意与环境的融合,更强调发挥学员参与的积极性 | 教学是以学科为中心,一般采用讲课的方式,学生较少主动参与 |

(四)培训的作用

1. 提高员工的能力

无论组织如何努力,也很难保证将所有的工作都分配给能完全胜任的人。即使是那些在受雇时高度合格的人,也需要一些额外的培训才能达到令人满意的绩效。一个组织的培训和开发可保证员工得到必要的指导。

为提高员工的能力、满足新员工的需要,人力资源管理部门应提供多种类型的培训,如技术培训、取向培训和文化培训。对新员工来说,他们需要通过培训来熟悉自己的工作、公司的政策和程序。对于在职员工,需要接受某种纠正性或与变革有关的培训和再培训。例如,当组织面临技术进步或有新的法律或程序出台等时,培训就是必不可少的。

2. 减少人员流动

培训可以通过以下方式避免那些不必要的人员流动。

(1)增强员工的工作技能,从而提高其工作绩效。

(2)提高主管人员的管理能力,避免优秀员工因不满其管理方式而离职。

(3)对技能已过时的员工进行再培训,允许组织分配给他们新的工作职责。

3. 培训是高回报的投资

"培训是一种投资"已经成为大多数企业的共识,这种投资能使员工的潜力得到开发,并能直接贡献于生产率的提高。相比于对物的投资,对人的投资所带来的利润更大,能创造更长期的经济效益和社会效益。美国培训与发展协会统计:投资培训的公司,其利润的提升比其他企业的平均值高37%,人均产值比平均值高57%,股票市值的提升比平均值高20%。对企业来说,员工培训能使人力资源的整体水平不断提高,其成果迟早会在企业的经济效益指标上反映出来,从而增强企业的竞争力。

4. 有利于应对新技术革命的挑战

在知识经济迅速发展的今天,知识更新、技术更新的周期越来越短,而高新技术在竞争中,尤其是在高新技术企业中的地位越发重要。一些大型跨国企业,如英特尔、微软等都是凭顶尖技术支撑整个企业的，技术创新成为企业赢得竞争的关键利器。技术创新离不开技术培训，科技人员可通过技术培训不断更新知识、更新技术、更新观念，从而使企业始终走在新技术革命的前列。

### （五）培训时机的选择

要让培训产生立竿见影的效果，选择正确的培训时机是很重要的，尤其是对那些培训体系还不是很健全的企业而言。最适宜开展培训的时机有以下几个。

**1. 企业需要改善工作业绩**

改善工作业绩能使企业保持竞争力，并最终获得成功。当以下几个现象出现时，说明企业需要适当开展培训，以改善工作业绩。

（1）顾客不满，投诉率升高。当顾客抱怨员工对待他们的方式有明显错误时，管理部门应予以重视，调查问题原因，如因为员工不知如何正确服务客户而导致客户不满，应开展相关业务培训。

（2）内部混乱。若员工不能和睦相处，则集体就像一盘散沙，无法有效工作。此时应通过培训加强员工的团队合作精神，使他们懂得如何与别人进行协调和配合，从而提升企业的凝聚力和向心力。

（3）士气低落。员工培训是提高员工士气的重要手段之一。通过制订合理的培训计划、注重培训的实效性、激励员工参与培训、关注培训的后续跟进等措施，企业可以有效提高员工的专业能力和工作积极性，提升整个团队的士气和凝聚力。

**2. 开拓新市场和新业务**

当组织开拓新市场、新业务时，组织内部肯定会出现许多不适应的地方，解决办法就是对公司业务进行重新定位，此时培训是不可或缺的。

**3. 招聘新员工**

随着企业的发展和壮大，将有大批新员工不断补充进来。每次招聘了新员工，无一例外都要开展岗前培训。即使新员工已经掌握了所需要的技能，也需要对他们开展有关公司文化等的培训，使其认同公司的文化，提高其忠诚度。

**4. 提升和晋级**

在组织中，员工因为能力较强而得到提升和晋级，这种情况非常普遍。管理层需要重视的是，员工在提升之前，是否培训到位？新的岗位职责通常需要新的技能，而这需要通过培训来获得，特别是出现高层领导更迭和掌握特殊才能的关键员工出现职位变动时应做好培训工作，以保证工作平稳过渡。

**5. 引进新技术以实行组织变革**

当引进一项新的技术时，要对员工进行培训，帮助他们快速掌握这项技术。与此相类似，在引进新的工作方式的时候，无论是转变基层管理人员工作方式和客户导向方式，还是仅仅改变采购的方式，都要确保有关员工在发生转变之前就能正确地使用新的组织系统或新的工作程序。在多数情况下，这意味着需要开展培训。

组织变革是现代组织适应外部环境变化和内部情况变化，提高应变能力的必然要求，是组织求得生存与发展的必然选择。组织变革包括技术变革、产品和服务变革、战略和结构变革、人员与企业文化变革。

组织中的每一项变革对员工都是新的东西，因而需要通过培训使员工熟悉和适应这种变革，了解变革的目的、意图和内容，学习新知识、新技能、新规范、新的管理方式和适应新产品、新市场和新顾客，及时调整自己的思想、行为和习惯，理解并融入新的战略思想和文化环境，从而理解变革、支持变革，减少因变革造成的动荡、不适和压力，保证组织变革的顺利实施。

6. 加强生产安全

对企业来说，安全是高于一切的。定期的安全教育培训能使员工对潜在问题时刻保持警惕，学会如何规避危险、处理紧急情况，尽量减少安全事故的发生。

（六）培训工作的主要参与者

有相当一部分人认为，培训只是培训部门或人力资源部门的事，与自己无关，培训做得好，是各部门配合的结果；培训做得不好，就是培训部门或人力资源部门没做好。这种错误理解是很多企业的培训做得不成功的原因之一。在一个组织中，培训需要多方面的支持，高层管理者、人力资源部门、直线主管和员工都对培训工作负有主要责任。

1. 高层管理者

高层管理者的积极参与对组织实施有效培训具有非常关键的作用。他们负责就培训计划的执行制定一系列政策和流程，并对执行过程实施监督控制，以保证培训计划顺利实施。

2. 人力资源部门

人力资源部门负责提供专家意见和各种资源，举办各种培训会议和制订、实施培训计划。

3. 直线主管

每个员工的直线主管都对员工发展负有直接责任。主管必须鼓励员工积极参与培训，并为员工的自我发展提供良好的环境、足够的资源支持。

4. 员工

除高层管理者、人力资源部门和直线主管，员工是培训的主要参与者之一。通过培训，员工可以对自己未来职业道路的发展有更加清晰的认知，并据此选择更加适合自己的培训。

【专题拓展 6-1】　　　　DELL 公司"太太式培训"

## 二、培训的基本原则

在设计实施员工培训之前，必须把握企业人员培训的原则，这将有助于全面切实地完成人员培训的重要任务。

### （一）系统性原则

现代企业是一个投入产出系统，即投入一定的资源，将其转化为市场需要的产品和服务，相应地，其管理活动也是一个庞大的系统工程，可细分为若干子系统，如生产系统、销售系统、人力资源系统等。人员培训作为人力资源系统的子系统，从属于人力资源管理的各项活动，同时与企业的其他经营活动紧密相关。作为一个复杂的系统过程，培训工作将是一项长期的战略性工作。人员培训的系统性原则主要表现为培训过程的全员性、全方位性和全程性。

（1）全员性。全员性包括两层含义：一方面，它是指培训工作针对所有员工。它不仅是针对新员工或一线的操作员工，从基层一线工人到最高领导者，都需要接受培训，只不过培训的内容、方式和形式各有差异而已。另一方面，全员性是指全员都可作为培训者。企业内的每一个员工不仅要接受培训，而且有担当培训者的义务。尤其是直接从事管理工作的人员，无论他的职位高低，都有培训下属的义务。尽管组织设有专门的培训人员，但执行培训的职能将转向所有管理者。

（2）全方位性。全方位性主要是指培训的内容应丰富广泛，满足不同层次的需求。

（3）全程性。全程性是指企业的培训过程应贯穿于员工职业生涯的始终。

### （二）理论与实践相结合的原则

理论与实践相结合是指根据生产经营的实际状况和受训者的特点开发培训工作，即讲授专业技能知识和一般原理，提高受训者的理论水平和认知能力，并解决企业发展中存在的实际问题。这一原则要求在设计培训时必须以帮助企业解决实际问题、提高企业效益为目的。培训中，要充分发挥学员主动性，通过学员的积极参与合作，提高培训的效果。

### （三）人格素质培训与专业素质培训相结合的原则

在人员培训过程中，人们往往注重对专业知识技能的培训，而忽视对人格素质的培训，这是因为知识、技能的提高可以显著改善工作绩效、提高工作效率，而人格素质的提高带给人和组织的转变是无形的且通常这种转变花费的时间也很长，人们看不出它对组织绩效的改进有什么直接的联系。事实上，人格素质和专业素质的培训是不可分割、缺一不可的。专业素质培训主要是指知识和技能的培训，它是使员工符合岗位要求、获得较高工作业绩的必要条件；而人格素质培训主要是指态度培训，是影响能力和工作效力发挥的重要因素，也是一个人道德修养水平的重要标志。在对人员进行培训时，二者不可偏废，尤其对态度的培训要予以足够的重视。

### （四）全员培训和重点提高相结合的原则

全员培训是有计划、有步骤地对在职的各级各类人员开展的培训。但全面并不等于平均，全员培训要有所侧重，即重点培训技术、管理骨干，特别是中上层管理人员；对于年纪较小、素质较好、有培养前途的第二、第三梯队干部，更应该有计划地进行培训。

### (五)因人施教的原则

在组织中,从普通员工到最高决策者,由于所从事的工作不同、创造的绩效不同,其能力和应当达到的工作标准也不相同。所以,员工培训工作应充分考虑他们各自的特点,做到因人施教。也就是说,培训工作要针对员工的不同文化水平、不同职务、不同要求及其他差异,区别对待。

### (六)面向市场的原则

现代企业管理者已经清楚地意识到,企业成功应以市场为基础,企业的所有经营管理活动都必须面向市场,围绕满足顾客需要展开工作,人员培训工作也不例外。培训工作面对市场可以从以下几个方面着手。

(1)价值观培训体现满足顾客需要的宗旨。在培训中,应让员工体会到:不为顾客着想就意味着企业失去了存在的基础;不从顾客需要出发就失去了生命的源泉;不能为顾客提供最满意服务的企业在竞争中会处于劣势。

(2)内容设置体现满足顾客需要的宗旨。提供满意的产品、优质的服务是争取顾客的重要因素,因此提供客户服务方面的培训是相当重要的。

(3)培训方式的市场化。传统的企业培训多在企业内完成,事实上企业内部的培训并不一定是最经济的。在选择培训方式时,应在比较利用企业内部资源和外部资源的成本后再做选择。

### (七)前瞻性原则

人员培训工作必须紧跟时代的步伐,为员工提供关于最先进资讯的培训和学习,掌握时代发展最前沿的知识与管理方法,唯有如此,人员培训工作才有实际意义。

---

**【☆思政专栏6-1】　　　　　中国古代的国学文化培训**

国学文化培训是一种传承中华文化的教育方式,旨在让人们更好地了解和学习中国传统文化。随着社会的发展,越来越多的人开始关注国学文化,认为它是一种宝贵的文化遗产,需要得到更好的传承和发扬。

国学文化培训的内容非常丰富,包括经典诵读、书法练习、古诗词鉴赏、礼仪教育等多个方面。其中,经典诵读是国学文化培训的核心内容之一。通过诵读经典,人们可以更好地了解中国传统文化的精髓,感受到其中蕴含的深刻思想和哲学思考。同时,书法练习也是国学文化培训的重要组成部分。书法是中国传统文化的瑰宝之一,通过书法练习,人们可以更好地领悟中国传统文化的美学价值和审美标准。古诗词鉴赏也是国学文化培训的重要内容之一。中国古代文学作品中,诗歌是一种非常重要的文学形式,它不仅具有文学价值,还蕴含深刻的哲学思考和文化内涵。通过古诗词鉴赏,人们可以更好地了解中国传统文化的文学价值和思想内涵。礼仪教育也是国学文化培训的重要组成部分。中国传统文化中,礼仪是一种非常重要的文化现象,它不仅是一种行为规范,更是一种文化传承和价值观的体现。通过礼仪教育,人们可以更好地了解中国传统文化的礼仪文化,学习到正确的行为规范和价值观念。

国学文化培训是一种非常重要的教育方式，它可以帮助人们更好地了解和学习中国传统文化，传承和发扬中华文化的精髓。在今天这个时代，我们需要更多的人来关注和学习国学文化，让中国传统文化在现代社会中得到更好的传承和发扬。

## 第二节 培训的类型与主要方法

### 一、培训的类型

在实践中，培训有不同的类型，了解这些类型有助于我们加深对培训的理解。按照不同的标准，可以将培训划分成不同的类型。

1. 按照培训对象划分

按照培训对象的不同，可以将培训划分成新员工培训和在职员工培训两大类。新员工培训是指对刚刚进入企业的员工进行培训；在职员工培训是指对已经在企业中工作的员工进行培训。由于培训的对象不同，这两种培训之间存在比较大的差别，新员工培训相对来说比较简单，因此通常所说的培训是针对后者而言的。这里主要讨论对在职员工的培训。

按照员工所处的层次不同，在职员工培训又可以继续划分为基层员工培训、中层员工培训和高层员工培训三类。这三类员工在企业中所处的位置不同，承担的职责不同，发挥的作用也不同，因此对他们的培训要区别对待，应当侧重不同的内容，采取不同的方法。

2. 按照培训形式划分

按照培训形式的不同，可以将培训划分为在岗培训和脱产培训两大类。在岗培训（on-the-job training，ONJT）是指员工不离开工作岗位，在工作过程中接受培训；脱产培训（off-the-job training，OFFJT）是指员工离开工作岗位，专门接受培训。这两种培训形式各有利弊，企业在实施过程中需要根据实际情况选择恰当的形式。

3. 按照培训性质划分

按照培训性质的不同，可以将培训划分为传授性培训和改变性培训两大类。传授性培训是指那些使员工掌握自己本来所不具备的技能的培训，如员工本来不知道如何操作机床，通过培训使其能够操作，这种培训就是传授性培训。改变性培训则是指那些改变员工本来已具备的技能的培训，如员工知道如何操作机床，但是操作的方法有误，通过培训使其掌握正确的操作方法，这种培训就是改变性培训。

4. 按照培训内容划分

按照培训内容的不同，可以将培训划分为知识性培训、技能性培训和态度性培训三大类。知识性培训是指以业务知识为主要内容的培训；技能性培训是指以工作技术和工作能力为主要内容的培训；态度性培训则是指以工作态度为主要内容的培训。这三类培训对于员工个人和企业绩效的改善具有非常重要的意义，在培训中都应当给予足够的重视。

培训还可以划分成其他不同的类型。需要再次强调，对培训类型的划分意义并不完全在于这些类型本身，而在于对培训的深入理解。

## 二、培训的主要方法

培训方法是指为了有效地实现培训目标而使用的手段和技法。现实中存在各种不同的方法可以帮助员工获取新的知识、新的技能和新的想法。同时，在科技进步的推动下，新的培训方法也不断衍生出来。但并不是所有的方法都是通用的，有些培训方法适用于管理者和初级专业人员，有些方法则适用于操作工人；有些方法可用于工作岗位上，边做边学，而有些培训方法则适合在工作岗位外使用。由此可见，培训方法的选择应基于对培训需求、培训课程、培训目标及培训对象的基本特征等的考量。表 6-4 列举了企业中较为通用的几种培训方法。

表6-4 企业通用的培训方法

| 方法 | 适用对象 | | | 适用环境 | |
|---|---|---|---|---|---|
| | 经理和专业人员 | 操作工人 | 所有员工 | 工作岗位上 | 工作岗位外 |
| 在职培训 | | | × | × | |
| 工作轮换 | | | × | × | |
| 案例研究 | | | × | | × |
| 情景模拟 | | | × | | × |
| 角色扮演 | | | × | | × |
| 基于计算机的培训 | | | × | × | |
| 课堂教学 | | | × | | × |
| 经营管理策略 | × | | | | × |
| 拓展训练 | | | × | | × |
| 特别任务 | × | | | × | |

### （一）在职培训

在职培训是指让员工通过实际做某项工作而学会做这项工作的过程。在职培训的基本原理是：员工在组织内观察自己的同事或上级管理者是如何完成工作的，然后模仿他们的行为。在职培训有多种类型，人们最熟悉的是教练或实习，即由一位有经验的员工或直接主管人员在工作岗位上对员工进行培训。在较低层次职位上，这种培训可能只是让受训人员通过观察主管人员的工作掌握机械操作技能。这种培训同样适用于高层管理人员，如助理经培训可能成长为企业未来的高层管理人员。让员工（一般是接受管理培训的人）在预定时间内变换工作岗位的工作轮换是另一种在职培训方法。

与其他方法相比，在职培训的主要优点是在材料、资金和时间上投入较少，培训师资源充裕；主要缺点是被仿效的员工完成项目工作的行为过程并不一定相同，受训人员既能接触到有用的内容，也能接触到一些无用的内容或不良的习惯。为了克服这些缺点，保证在职培训的有效性，必须按以下要点编制结构化在职培训方案并加以实施。

（1）列出受训人员需要学习的所有信息和技能。

(2) 设定学习目标。

(3) 创造一次仿效经历,以保证受训人员有机会观察称职的员工是如何执行每一项重要工作任务的。

(4) 演示任务时,榜样员工应该向受训人员解释工作原理和方法。

(5) 让受训人员有机会执行重要的工作任务,给其机会去实践且能得到必要的反馈。

在职培训是一种广受欢迎的方法,可分为工作指导培训、师带徒、自我指导学习等形式。

### 1. 工作指导培训

许多工作是由一系列有逻辑顺序的步骤组成的,因此培训中最好一步一步地教。这种逐步渐进的过程被称作工作指导培训(job instruction training,JIT),源自第二次世界大战中培训没有经验的平民生产军用设备。工作指导培训主要是依照适当的逻辑顺序列出某项工作中必需的所有步骤。同时,在每个步骤旁列出相应的要点。所列步骤说明要做些什么,而所列要点则说明怎样完成这些步骤及其原因。表 6-5 是一份教受训人员如何操作一台大型机械化切纸机的工作指导培训单。

表 6-5 工作指导培训单

| 步 骤 | 要 点 |
| --- | --- |
| 1. 开机 | 无 |
| 2. 设定切距 | 仔细阅读尺度,以防弄错切纸尺码 |
| 3. 将纸放在切纸台上 | 确定纸是平的,以防切歪 |
| 4. 将纸推进切纸机 | 确定纸是紧的,以防切歪 |
| 5. 用左手抓住安全释放装置 | 不要松开左手,以免手被机器夹住 |
| 6. 用右手抓住切刀释放装置 | 不要松开右手,以免手被机器夹住 |
| 7. 同步拉动切刀和安全释放装置 | 保持双手都在相应的释放装置上,不要将手放在切纸台上 |
| 8. 等候切刀缩进 | 保持双手都在释放装置上,不要把手放在切纸台上 |
| 9. 将纸撤下 | 确定切刀已经缩进,保证双手离开释放装置 |
| 10. 关机 | 无 |

### 2. 师带徒

师带徒是最传统的一种培训方式。早期的学徒制是学徒从旁观察,从中体会获得技能,成效较慢。后来,该形式演化为由一名经验丰富的员工作为师傅,带一到多名新员工,按照一定的程序传授技能,通常应用于手工艺领域。如表 6-6 所示为常见的适用师带徒培训的职业及所需时间。

在师带徒传授技能的第一个环节中,经验丰富的师傅常常会通过询问或要求演示来了解新员工是否掌握某一操作技能,如果答案是否定的,他会先通过口头传授告诉受训人员应该做什么、应该怎样做。接着,师傅会亲自示范,一边操作一边讲解动作或操作要领。师傅将某一操作技能的要领完全告诉并示范给受训人员后,会要求受训人员练习或跟着做。最后,师傅会检查受训人员的学习效果,并决定是否需要重新培训,如图 6-1 所示。

表6-6 适用师带徒培训的职业及所需时间

| 职 业 | 年 数 | 职 业 | 年 数 | 职 业 | 年 数 |
|---|---|---|---|---|---|
| 烘焙师 | 2 | 木匠 | 4 | 煤气管道工 | 5 |
| 理发师 | 2 | 锁匠 | 4 | 陶工 | 5 |
| 铁匠 | 2 | 工程师 | 4 | 印刷工 | 5～6 |
| 摄像师 | 3 | 电工 | 4～5 | 照相制版师 | 5～6 |
| 泥水匠 | 3～4 | 乐器制造者 | 4～5 | 雕刻师 | 7 |
| 厨师 | 3～4 | 工具制造者 | 4～5 | 钻井工 | 8 |
| 装饰师 | 3 | 水管工 | 5 | 金属版雕刻师 | 5～10 |

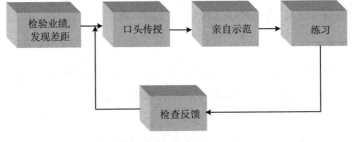

图6-1 师带徒培训传授技能的主要程序

师带徒的主要优点在于：当师傅因退休、辞退、调动和晋升等原因离开工作岗位时，能有训练有素的员工补缺，不影响工作效果或效率；能在培训者与受训者之间建立良好的关系，有助于工作的开展。师带徒的主要不足在于：该培训仅对受训者进行某一特定技能的培训，随着新技术和新管理方法在企业中的应用，那些仅具有单一技能的员工将处于不利的地位；一些培训者可能抱有"教会徒弟饿死师傅"的传统消极观念，从而导致技能培训无法实施。

随着师带徒在实际工作中的应用，其外延和内涵也在不断地丰富和发展，已经从手工艺领域扩展到众多知识、技能培训领域。导师制就是师带徒的现代演绎版本。

3. 自我指导学习

自我指导学习是指通过使用编订的教材和练习来指导受训人员一步步学习，是以学习为中心的指导方式，在培训期间并不需要有人指导，即使有，也很少。这种方法每次只为受训人员提供跨度很小的主题资料，要求他们做出反应，同时立即将反应的正确性告知他们。

（二）工作轮换

工作轮换是指在一段时间内将员工换到组织内不同类型的工作岗位上，轮换前后的工作岗位可以是相同层次的，也可以轮换到直接部门中更高层次的岗位上。这种轮换短则一两个小时，长则一年。很多组织会在一个员工工作的前两三年采用这种方法使员工熟悉组织内更大范围的运行和工作过程。工作轮换在日本公司中是非常常见的，如丰田公司。

工作轮换的优点是：能丰富受训人员的工作经验，加深其对企业的了解；使受训人员明确自己的长处和弱点，找到自己适合的位置；改善部门间的合作；等等。

工作轮换的不足之处是：此法鼓励"通才化"，适用于一般直线管理人员的培训，不适用于职能管理人员的培训；员工在每个岗位上停留的时间较短，容易造成学艺不精；因轮岗员工工作水平不高，导致工作小组的工作效率受影响；临时性轮岗容易让员工滋生敷衍了事的工作态度。

为提高这种方法的培训效果，应注意以下实施要点。

（1）需根据每个受训人员的具体情况制订轮换计划，应将企业的需求与受训人员的兴趣、能力倾向和职业爱好相结合。

（2）配备有经验的指导者。受训人员在每个岗位上工作时，应由富有经验的指导者对其加以指导。指导者最好经过专门训练，主要负责为受训人员安排任务，并对其工作进行总结、评价。

（3）不宜硬性规定工作轮换的时间长短，应因人而异。

### （三）案例研究

案例研究是一种信息双向交流的培训方式，它将知识传授和能力提高融合在一起，是一种非常有特色的培训方法，可分为案例分析法和事件处理法两种。

#### 1. 案例分析法

它是围绕一定的培训目的，对实际中真实的场景加以典型化处理，形成供受训人员思考分析和决断的案例，通过独立研究和相互讨论的方式，提高受训人员分析及解决问题能力的一种培训方法。

#### 2. 事件处理法

此法让受训人员自行收集亲身经历的案例，将这些案例作为个案，利用案例研究法进行分析讨论，并用讨论结果提醒受训人员注意日常工作中可能出现的问题。受训人员通过对彼此亲历事件的相互交流和讨论，充分利用和共享企业内部信息，同时有利于形成和谐的工作氛围。

亲历事件的选择标准如下：亲身经历的问题中最难解决的；工作中经常发生的问题；不能再次发生的问题；能给他人带来某些启示的问题。选择成功的或失败的例子均可，目的是使受训人员共享彼此的经验。

案例研究法的适用范围非常广，可有效地提高员工理论联系实际、分析解决问题以及表达、交流的能力。这种方法的优点体现在：参与性强，变被动接受为主动参与；教学方式生动具体、直观易学；受训人员之间能够通过案例分析达到交流的目的。但这种方法也存在以下不足：案例准备时间较长且要求高；对受训人员的能力有一定的要求；对培训者的能力要求高；无效的案例会浪费受训人员的时间和精力。

### （四）情景模拟

情景模拟是一种模仿现实生活中场景的培训方法，它以工作中的实际情况为基础，将实际工作中可利用的资源、约束条件和工作过程模型化，受训人员在假定的工作场景中参与活动，学习从事特定工作的行为和技能。在这种情景下，受训人员的决定所产生的结果就是其在工作中做出同类决策所可能产生的后果。

情景模拟可以对员工在工作中所使用的物理设备进行复制，如在飞行员培训中，采用模拟飞行器的培训方法，可以有效地降低培训的开支和危险性。情景模拟还可以被用来开发管理技能，如某公司开发设计了一种帮助受训人员提高团队合作能力和个人管理能力的情景。在这一情景中，管理者被委以不同角色。在模拟练习中，每位参加者都要通过备忘录和通信的方式与其他团队成员互动，每位参加者在解决通信中所描述的问题时所表现出来的行动和人际互动都将被记录下来并受到评价。在情景模拟的总结阶段，参加者会得到各自业绩表现的反馈。

情景模拟环境必须与实际的工作环境有相同的构成要素，模拟环境还必须像一定条件下的设备一样准确做出反应，并能够对受训人员所发布的指令做出反应。正是由于这种原因，开发模拟环境的成本是很高的，同时，获得了新的工作信息之后，还需要对这种模拟环境做出改进。另外，这种培训的准备时间较长，对组织者的要求也较高，他们必须熟悉培训中的每一项技能。但这种培训在增强员工的竞争意识、创造良好的培训气氛以及提高员工的工作技能上还是效果显著的。

### （五）角色扮演

角色扮演是让受训人员身处模拟的日常工作环境之中，并以其在实际工作中应有的权责来担当与实际工作类似的角色，模拟处理工作事务，从而提高受训人员处理各种问题的能力。这种方法与情景模拟类似，但不完全相同。情景模拟侧重于对操作技能和反应敏捷度的培训，而角色扮演更适合开发角色的行为能力，使员工的行为符合各自特定的职业、岗位行为规范要求，提高其行为能力。例如，客户关系处理、销售技术、业务会谈等行为能力的学习和提高。

角色扮演的优点有：受训人员参与性强，受训人员与培训者之间的互动交流充分，可以提高受训人员参与培训的积极性；特定的模拟环境和主题有利于增强培训效果；通过观察其他受训人员的扮演行为，可以学习各种交流技能；通过模拟后的指导，可以及时认识到自身存在的问题并改正；在提高受训人员业务能力的同时，也提高了其反应能力和心理素质。

角色扮演法的缺点有：场景的人为性降低了培训环境的真实性；模拟环境并不能体现现实工作环境的多变性；扮演中的问题分析仅限于个人，不具有普遍性。

### （六）基于计算机的培训

这是一种充分利用计算机的速度、记忆和数据处理能力的培训方法，现在绝大多数大企业都使用计算机进行培训。计算机辅助教学系统可以通过音频、动画、图像等直观的手段增强受训人员的学习效果（如把钻床翻过来让受训人员观察）。计算机辅助教学还具有高仿真能力，具体地说，就是能模仿一些复杂或困难的任务，并用"如果……"的提问方式让受训人员思考、回答。计算机辅助教学还可以提供自定进度的个别化教学手段，采用一对一的教学方法，使用起来非常方便，受训人员可以及时获得自己所输入内容的反馈。计算机辅助教学还能对机上的测试加以说明，这样，管理人员就能掌握受训人员的进度和需求。

借助计算机，通过国际互联网和企业内部网进行在线培训也是时下流行的方法。在线培训具有以下优点：可以在世界上任何地方随时随地向受训人员传递培训内容；节约培训成本；提高培训管理效率；受训人员可自我指导学习；受训人员可控制培训节奏；可实时监督受训人员的业绩表现能力；培训渠道的可控性较高。从学习和成本的角度来看，在线培训还有不少优点：受训人员能够完全控制培训的传送过程；能够与其他资源链接在一起；受训人员能够与其他受训人员及培训者分享信息、交流沟通，或者往数据库中存储信息。这种信息的分享可能发生在培训之前、培训之中以及培训之后。

在线培训也有其局限性：需要企业建立良好的网络培训系统，即需要投入大量的培训资金购买相关的设备和技术，这对中小企业来说是很难承受的；人际交流方面的培训不适合采用在线培训方式。

### （七）课堂教学

课堂教学是指培训者按照准备好的讲稿系统地向受训人员传授知识与技能。它是最基本的培训方式，适用于对专业知识、前沿理论的系统培训。在许多情况下，在讲授过程中常常辅以问答、讨论或者案例研究等形式。尽管计算机辅助讲解系统之类的新技术不断涌现，但课堂教学仍然是最常用的一种培训方法。它能够以最低的成本、最少的时间向大量的受训人员提供某种专题信息。此外，受训人员越积极参与，在课程讲授中引用与工作相关的例子越多，在讲授过程中穿插的练习越多，则受训人员越有可能学会并在工作中应用培训中所掌握的信息。

但是，这种培训方式较为枯燥、互动性较差，不能满足受训人员的个性化需求；课堂教学的成败与培训者的水平直接相关，容易导致理论与实践脱节；培训内容较多，受训人员一时很难消化、吸收。

### （八）经营管理策略

在经营管理策略中，设置给定的产品市场上两个或两个以上的虚拟竞争组织，分配给受训人员一定的角色（如总经理、审计、营销副经理），要求他们对产品的价格水平、生产量和库存水平做出决策。他们的决策通过计算机程序处理，其结果是对实际经营情况的模拟。受训人员可以看到决策对其他小组的影响，反之亦然。这种培训方式最好的地方在于，如果做出一项耗资100万元的决策，即使失败了，也没有人会被解雇。

### （九）拓展训练

拓展训练起源于第二次世界大战中的海员学校，旨在训练海员的意志和生存能力，后被应用于管理训练和心理训练等方面，用于提高受训人员的自信心，培养其把握机遇、抵御风险的心理素质，使受训人员保持积极进取的态度，培养其团队精神等。它以外化型体能训练为主，将受训人员置于各种艰难的情境中，在面对挑战、克服困难和解决问题的过程中，使其心理素质得到改善。训练方法包括：①拓展体验；②挑战自我的课程；③回归自然的活动。

### (十)特别任务

特别任务是指企业通过为某些员工分派特别任务对其进行培训,常用于管理人员的培训,具体包括初级董事会和行动学习法。

#### 1. 初级董事会

这是专为有发展前途的中层管理人员提供分析全公司范围内问题的机会及决策经验的培训方法。初级董事会一般由10~12名受训人员组成,他们来自各个部门,针对高层次的管理问题(如组织结构、经营管理人员的报酬以及部门间的冲突等)提出建议,再将这些建议提交给正式董事会,通过这种方法为管理人员提供分析高层次问题的机会及决策的经验。

#### 2. 行动学习法

这是指给团队或工作小组布置一项实际的难题,要求他们想办法解决这一难题,制订行动计划,并且负责该计划的实施。行动学习法一般包括6~30名成员,团队成员的构成有几种不同的类型:第一种,将一位与需要解决的问题有一定关系的顾客吸引到团队中;第二种,团队中可以包括一些与需要解决的问题有一定关系的跨职能团队成员;第三种,团队由来自多种不同职能领域的员工组成,他们都集中在与自己的职能有关的问题上,却共同为解决所发现的问题而做出贡献。这种培训方法能够实现学习和培训成果转化能力的最大化。

综上所述,每一种方法都有长处与短处,有一定的适用领域,在选择培训方法时要考虑以下几个方面的要求。

(1)保证培训方法针对具体工作任务。由于每项工作的要求是不同的,培训要求也不同。有些工作可能要求培训实际知识,而有些工作可能要求培训解决问题的方法。因而对学员来说,进行此项工作而必须进行的培训与彼项工作要求的培训是不同的。

(2)保证培训方法与培训目的、课程目标相适应。

(3)保证选用的培训方法与受训人员的特征相适应。受训人员的特征可以使用以下参数:受训人员的构成、工作可离度、工作压力。

(4)培训的方式、方法要与企业的培训文化相适应。

(5)培训的资源与可能性决定培训的效果。

---

【☆思政专栏6-2】 **树立终身学习意识,当好学生引路人**

教师作为专门从事人才培养的职业,从业者必须有高尚的道德情操、广博的专业知识、精湛的教学艺术,才能担负起为祖国培养建设者和接班人的重任。信息时代,科技飞速发展,社会日新月异,教育者必须日新其德、日勤其业,才能学为人师,身为世范。

构建学习型社会是历史的必然选择。荀子是我国历史上最早提出终身学习思想的人,他在《劝学》中写道:"学不可以已。"意思是,学习是一件永远也不能停止的事情。近代著名教育家陶行知倡导终身教育,主张"活到老,干到老,学到老,用到老"。教师应该成为终身学习的楷模。

国运兴衰系于教育，只有一流的教育，才有一流的人才，才能建设一流的国家。希望广大教师充满爱心，忠诚事业，学为人师，行为世范，做一名合格的人民教师。教师的日常工作既平凡，又不平凡。教师不是雕刻家，却塑造着世界上最珍贵的艺术品。广大教师应当成为善良的使者、挚爱的化身，做一名品格优秀、业务精良、职业道德高尚的教育工作者。广大教师："一要充满爱心，忠诚事业。当好一名教师，首先要是一个充满爱心的人，把追求理想、塑造心灵、传承知识当作人生的最大乐趣。要关爱每一名学生，关心每一名学生的成长进步，努力成为学生的良师益友，成为学生健康成长的指导者和引路人。二要努力钻研，学为人师。教师只有学而不厌，才能做到诲人不倦。要崇尚科学精神，严谨笃学，潜心钻研，做热爱学习、善于学习、终身学习的楷模。要如饥似渴地学习新知识、新科学、新技能，不断提高教学质量和教书育人本领。要积极投身教学改革，运用最先进的方法、最现代的理念，把最宝贵的知识传授给学生。三要以身作则，行为世范。身教重于言教。教师个人的范例，对于学生心灵的健康和成长是任何东西都不可代替的最灿烂的阳光。广大教师要加强师德修养，以自己高尚的情操和良好的思想道德风范去教育和感染学生，以自身的人格魅力和卓有成效的工作赢得全社会的尊重。"[1]

教育担负着提高民族素质的重要责任，为社会的发展提供人才支撑和智力保障。学校作为人才培养的专门机构，比其他任何组织更有必要建设成为学习型组织；教师作为专门从事人才培养的职业，比其他任何人更有必要成为终身学习的人。教师是教育的人力资源，也是教育的第一资源，教师强则学生强，教育强则民族强。教书者必先强己，育人者必先律己，教师良好的素质并不是表现在一纸文凭上，教师的学历不等于能力，只有持久的学习力，才能使教师的能力不断增长，素质不断提高。只有教师学会读书，才能教会学生读书；只有教师的知识不断更新，才能使学生的知识不断更新；只有教师学会终身学习，才能教会学生终身学习。教师的终身学习是构建学习型社会的前提和基础，因此，教师应该成为终身学习的实践者和楷模。

终身学习是教师专业持续发展的根本途径。教育是需要以品德化育品德、以人格塑造人格、以素质提高素质的崇高事业，教师要终身加强道德修养，及时掌握先进的教育理念，树立正确的教育观、人才观和质量观，才能教育学生学会做人、学会合作、学会求知、学会实践、学会创造。要给学生一碗水，自己必须有一桶水，是对教师学识水平的基本要求，在知识经济时代，特别是网络的普及，学生每天都在接收大量的信息，面对东西方不同文化思维的碰撞，面对学习和生活中的诸多压力，他们每天都会产生很多疑惑，具有"一桶水"的教师再也难以为学生传道、授业、解惑了。教师必须具有源源不断的源头活水，方可担当人师。"问渠那得清如许，为有源头活水来。"学习是教师专业水平持续增长的源头活水，教师只有通过学习，才能提高思想境界和道德水平；只有通过学习，才能不断丰富自己的专业知识；只有通过学习，才能掌握现代教育技术和教学技能。教师的学习就像植物对水分的吸收一样，一天也不能缺少，否则，教师的职业生命将会逐渐枯萎，教师只有做到学而不厌，才能诲人不倦，当好学生的引路人。

---

[1] 温家宝：努力提高教学水平 做一名合格的人民教师[EB/OL].(2009-09-06)[2024-06-03].https://www.gov.cn/ldhd/2009-09/06/content_1410446.htm.

## 第三节　员工培训的具体实施

培训是一项系统工程，通过系统方法使系统内部各个环节有机协调，最终实现组织、个人、工作三个方面的优化。系统内部的各个环节构成了一个循环过程，如图6-2所示。

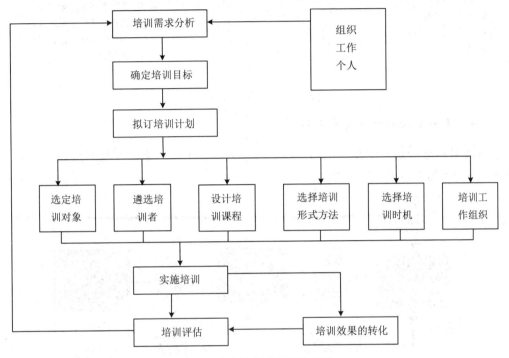

图 6-2　人力资源培训系统模型

## 一、培训需求分析

### （一）产生培训需求的原因及其结果

培训需求分析就是判断是否需要培训及确定培训内容的过程。培训过程的第一步是确定其具体需求。图6-3表明了产生培训需求的原因及所得出的结果。

从图6-3可以看出，有许多不同的原因会带来培训的必要性，包括绩效不佳、新技术出现、内部或外部顾客要求、新工作、出台新的法律法规、客户偏好发生变化、新产品出现或者员工缺乏基本技能等。需要注意的是，培训并不一定是正确解决这些问题的唯一途径。

从图6-3中可以看出，培训需求分析通常包括三项内容：组织分析、人员分析及工作分析。组织分析考虑的是培训是在怎样的背景下发生的；人员分析则有助于确定哪些人需要接受培训；工作分析要做的则是明确员工需要完成哪些方面的重要任务，然后确定为了帮助这些员工完成他们的任务，应当在培训过程中强调哪些方面的知识、技能及行为。

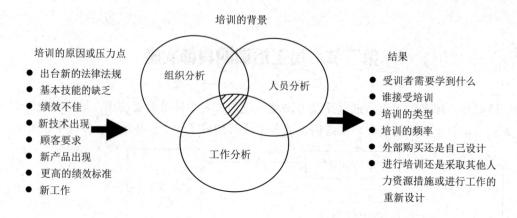

图 6-3　培训需求评价程序

**（二）不同层面的培训需求分析**

培训需求分析是一个复杂的系统，它涉及人员、工作、组织及组织所处的环境。如图 6-4 所示为培训需求分析模型。

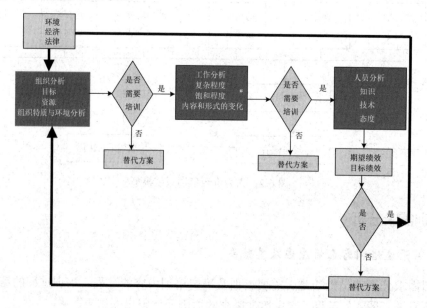

图 6-4　培训需求分析模型

1. 组织层面的培训需求分析

组织层面的培训需求分析主要侧重于总体的培训需求，即依据组织目标、结构、内部文化、政策、绩效及未来发展等因素，找出组织中存在的问题及问题产生的根源，确定问题是否能通过培训加以解决，若能，则确定培训所针对的部门、业务及人员。

组织层面的培训需求分析主要包括以下几个方面。

（1）组织目标分析。一切培训活动的终极目标都是实现组织的目标。明确、清晰的组织目标对培训的规划、实施起着关键性作用，培训活动必须紧紧围绕这一目标展开。

（2）组织资源分析。如果不能确定可供利用的人力、物力、财力资源，就难以确定培训目标。组织资源分析包括对组织资本、时间、人力等资源的分析。

① 资本。组织所能提供的经费将影响培训的范围和深度。

② 时间。培训时间安排不当，极有可能导致培训效果不佳。

③ 人力。对组织人力状况的了解非常重要，它是决定是否需要培训的关键因素。

（3）组织特质与环境分析。组织特质与环境对培训的成功具有重要的影响。组织特质与环境分析主要是对组织的系统结构、文化、资讯传播情况的了解，主要包括如下内容。

① 系统结构，指组织的输入、运作、输出、次级系统互动，以及与外界环境间的交流。

② 文化，指组织的软硬件设施、规章、制度、经营运作方式、待人处事风格等。

③ 资讯传播情况，指组织部门和成员收集、分析和传递信息的分工与运作情况。

2. 工作层面的培训需求分析

工作层面的培训需求分析主要是为了确定完成重要任务所需要强调的知识、技能和行为方式，有助于员工顺利完成任务。工作层面培训需求的一个主要分析途径是查阅工作说明书。为了避免工作说明书内容的滞后性，可汇总目前在岗人员、该岗位的直接上级主管人员及该岗位的监督部门人员的意见，分析有效完成某一工作所需的技能及其他必备条件，建立多方认可的培训需求。

工作层面的培训需求分析需从以下几个方面入手：①工作复杂程度；②工作的饱和程度；③工作内容和形式的变化。

3. 人员层面的培训需求分析

人员层面的培训需求分析主要是从任职者的角度分析培训需求。一般是对照工作绩效标准，分析员工目前的绩效水平，找出员工现状与标准的差距，以确定培训对象、培训内容和培训后应达到的效果。

这里所涉及的培训对象不仅是指目前担任某一职位的组织成员，也包括未来将担任某一职位的组织成员和非组织成员。人员层面的培训需求分析旨在让员工评估自己是否需要培训，主要目的是充分激发他们的培训积极性。如果员工对培训不理解，则会对培训产生不满甚至抵触，从而影响培训的实施效果。但一定要员工注意自我分析的缺陷性，即员工可能会过度考虑自己的利益而忽略了组织的利益。

人员层面的培训需求分析的重点是评价员工个人的实际工作绩效和工作能力，包括如下内容。

（1）知识，包括员工在整个职业生涯期间学习到的专业理论知识。

（2）技术，包括员工除专业理论知识外在实践过程中不断积累的技能。

（3）态度。除知识和技术，员工的工作态度也是员工个人分析的重要组成部分。员工的态度直接影响人员培训需求的确定。

在实践中，组织层面的分析、人员层面的分析和工作层面的分析通常不是按照某种特定的顺序逐一进行的。不过，由于组织层面的分析所关注的是培训是否与公司的战略目标相符，所以对组织层面的分析往往是最先做的，而人员层面的分析和工作层面的分析通常是同时进行的。

### (三）培训需求分析的方法

分析培训需求时，组织可采用不同的方法从不同的资料中收集不同类型的信息。

#### 1. 访谈法

访谈法是指通过与被访谈者面对面交谈获取培训需求相关信息。访谈可以是正式的——以标准的模式向所有的被访谈者提出同样的问题；也可以是非正式的——由访谈者针对不同的访谈对象提出不同的开放性问题以获取所需信息。

通过访谈法收集培训需求信息，可以遵循以下步骤：① 确定到底需要何种信息；② 确定访谈对象及人数；③ 准备好访谈提纲；④ 向被访谈者通报有关情况；⑤ 实施访谈；⑥ 整理并分析结果。在这个过程中，最关键的步骤是预先制定"访谈提纲"。

访谈法有利于发现培训需求所反映的具体问题及其产生的原因和解决办法，缺点是耗费时间、结果分析难度大、需要高水平的专家。

【专题拓展6-2】　　　　高层管理人员的访谈提纲

#### 2. 问卷调查法

问卷调查法是指以标准化问卷形式列出一组问题，要求被调查者就问题进行打分或做出是非选择。在被调查者数量较多且任务时间安排较紧时，常采用此方法。表 6-7 列举了一份培训需求调查表。

表 6-7　员工培训需求调查表

部门：　　　　　　　　　　　　　　　　填表日期：　　　年　　月　　日

| 培训类别 | 培训内容 | 是否同意 | 参加人员 | | | 培训方式 | | | | |
|---|---|---|---|---|---|---|---|---|---|---|
| | | | 自愿参加 | 指定人员参加 | 部门全体员工参加 | 课堂授课 | 在实践中演示 | 标杆 | 座谈提问 | 其他（请说明） |
| 公共教育 | 1. 公司简介（发展史、组织结构、主要业务） | | | | | | | | | |
| | 2. 公司规章制度及福利待遇 | | | | | | | | | |
| | 3. 客户完全满意（total customer satisfaction，TCS）和客户驱动（customer driven，CD） | | | | | | | | | |
| | 4. IT 行业动态 | | | | | | | | | |
| | 5. 其他（请在旁边栏中详细说明） | 说明： | | | | | | | | |

注：在"是否同意"一栏打钩

问卷调查法的优点：形式灵活，应用广泛；提问方式多样化；自主性强；成本较低；有利于总结和报告。

问卷调查法的不足：缺乏个人发挥的空间；要科学地设计问卷需要耗费大量的时间和

精力;不适合探讨较深层次的问题;问卷返回率较难保证。

在开展培训需求分析时,常结合使用问卷调查法与访谈法。

3. 观察法

观察法是指通过较长时间的反复观察或通过多种角度、多个侧面或有典型意义的具体事件细致观察调查对象,进而得出结论。可以说,了解员工工作表现的最佳方式就是观察,观察者可以观察员工的操作步骤和熟练程度,也可以发现其工作中存在的问题。但是,这种方法仅适用于可直接观察且操作较简单的工作。

观察法的缺点很明显,它对观察者的素质要求较高且员工的行为方式可能因被观察而有所改变,这会使观察结果产生很大的偏差。因此,观察时应尽量隐秘并重复观察,排除其他因素的影响。

4. 文献收集法

文献收集法是指通过查询组织有关记录和报告,包括组织的图表、计划性文件、政策手册、审计和预算报告等收集培训需求信息的方法。

5. 小组讨论法

小组讨论法是指从培训对象中选出一部分有代表性且熟悉问题的员工作为代表,通过讨论的形式调查培训需求信息。在组织者的指导下,以小组为单位围绕培训问题进行讨论,并对讨论内容加以记录,用作后续的数据分析。在公司内部寻找那些具有很强分析能力的人并让他们成为攻关小组的成员。公司外部的有关人员,如客户或供应商,也可以加入小组。小组讨论法的具体实施步骤如下:① 由一个人把小组成员召集起来,向他们说明目前企业或员工中存在的情况或问题,并提供有关信息;② 小组成员对问题的起因进行深入探讨,寻求可能的解决方法;③ 最理想的结果是经过讨论能够清晰回答培训是不是解决问题的有效方法这一关键问题。

6. 绩效差距分析法

绩效差距分析法也称问题分析法,它主要集中于解决问题而不是组织系统分析,是一种广泛采用的、非常有效的培训需求分析法。

绩效差距分析法主要分为以下四个阶段。

(1)发现问题阶段。发现并确认问题是绩效差距分析法的起点。导致理想绩效和实际绩效之间出现差距的问题包括生产力问题、士气问题、技术问题、变革问题等。

(2)预先分析阶段。这是培训者的直观判断阶段。在这一阶段,要做出两个决定:一是如果发现了系统的、复杂的问题,就要全面分析;另一个是用何种工具收集资料。

(3)资料收集阶段。培训需求分析需要分析考察个体实际绩效同职位说明书之间的差距。然而,需求分析也考察未来组织需求和职位说明书。至此,工作设计和培训就高度结合在一起。

(4)需求分析结果。通过一个新的或修正的培训规划解决问题,是全部需求分析的目标所在。对结果进行分析,通常最终确定针对不同需求采取不同的培训方法及不同的培训内容。

## 二、确定培训目标

确定具体的、可度量的培训目标是开展培训工作的前提和基础。对受训者而言,确定培训目标可以指明培训内容,使其产生兴趣,增加其积极性;而对于培训者而言,有利于确定培训重点,制订培训计划。

人员培训目标必须很清晰,每一个目标要标明达到目标需要怎样的主题内容。企业的培训目标可以分为三大类。

### (一) 强化员工在企业中的角色意识

员工只有完全融入企业,才能充分履行其职能。这一点对于新员工尤为重要。如何使新员工尽快熟悉企业的各个方面,消除陌生感,以一种良好的方式开始工作,在企业与员工之间建立默契和承诺,决定了新员工导向培训在企业培训工作中的重要作用。

### (二) 获得知识,提高技能

通过培训可提高员工在工作中必需的知识、技能水平。这些知识与技能分为以下几种。

(1) 基本知识,如语言、数学等。对某些工作而言,这些知识是必需的,如从事会计工作,必须掌握一定的数学知识。

(2) 人际关系技能。这些技能主要是指工作中普遍需要的技术与技能,如沟通技巧、合作能力等。

(3) 专项知识和技能。这些知识和技能是做好企业中某一具体工作所必需的,如机床工必须掌握机床操作技能、销售人员必须掌握销售技巧等。

(4) 高层次整合的技能。这类技能主要针对企业中的中高级管理人员而言,要求能适应复杂变化的情境,如领导、经营决策、组织设计等。

### (三) 态度动机的转变

态度是指受训者所表现出来的个人行为选择。如机会出现,学习者做出沟通的选择或者做出不沟通的选择。通过培训提高员工对组织的认知,使其摆正态度,形成良性动机,进而改善绩效。

## 三、拟订培训计划

### (一) 培训计划的定义

培训计划是指按照一定的逻辑顺序排列的记录,它是从组织战略出发,在全面、客观的培训需求分析基础上做出的对培训时间(when)、培训地点(where)、培训者(who)、培训对象(whom)、培训方式(how)和培训内容(what)等的预先设定。

拟订培训计划的实质是将培训目标具体化和可操作化,即根据既定目标,具体确定培训时机、培训形式、指导教师、课程设置方案、教学方法、辅助设备等。培训计划必须满足组织和员工两方面的需求,兼顾组织的资源条件及员工的素质基础,并充分考虑人才培训的超前性及培训结果的不确定性。

## （二）培训计划的分类

1. 横向划分

从横向来看，组织内部的培训计划可以分为三个层面，如图 6-5 所示。

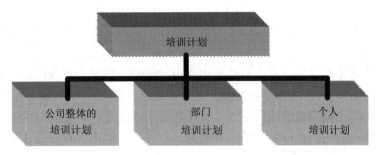

图 6-5　培训计划的分类（横向）

（1）公司整体的培训计划。它是保障组织内部整体培训目标和培训战略得以贯彻的整体发展计划，主要包括岗前管理培训、岗前技术培训、质量管理培训、企业管理培训等的培训计划。

（2）部门培训计划。它是根据部门的实际培训需求制订的，如营销部门的营销策略培训、信息管理部门的网络技术培训等。

（3）个人培训计划。它是将整体、宏观的计划或培训目标分解开来，具体地落实到个人。

公司、部门、个人三个层面的培训计划分别处在宏观、中观和微观三个不同层次。这三者不可分割：公司整体的培训计划指向未来的发展目标；部门培训计划则是整体培训计划得以贯彻的基础保障；个人培训计划则为前两者提供有力的支持。

2. 纵向划分

培训计划也可以以纵向的时间跨度为分类标准，形成长期、中期和短期培训计划。

（1）长期培训计划。一般是指时间跨度为 5 年及以上的培训计划。其重要性在于明确培训的方向、目标与现实之间的差距，以及资源的配置。

（2）中期培训计划。一般是指时间跨度为 1～5 年的培训计划。它起到承上启下的作用，既是对长期计划的进一步细化，又为短期培训计划提供了指导。

（3）短期培训计划。一般是指时间跨度在 1 年以内的培训计划，它是对中、长期培训计划的详细落实。

## （三）培训计划的内容

每一项培训计划因其制订的目的不同，重点强调的具体内容也会有所不同。各企业在制订计划时，实际情况不同，遇到的问题也不同，所以难以对培训计划的内容做统一规定，但通常来讲，培训计划应包括以下几项重要内容。

1. 受训人员

在大多数组织中，受训人员是由组织中相同等级的成员组成的，也有些公司有意让不同等级的管理者共同参与培训。应根据培训效果确定受训人员，如果高层管理者能促进基层管理者的学习，则可以共同参加培训，否则应分开培训。另外，受训人员的数量规模应与培训场地、培训师的能力和方法等相匹配。

2. 培训师

培训师质量的高低是决定培训工作质量好坏的关键。在企业中，培训师的来源主要有内部和外部两种。

内部培训师是指来自企业内部的培训人员。他们可以是企业专门的培训人员，也可以是临时指定的培训人员（如部门经理）。从内部遴选培训师的优点是：他们比较了解企业的特点、文化，对企业需求的反应较快，费用较低。缺点是：存在因与受训人员过于熟悉而不能很好地作为他们的榜样的弊端，有的内部培训师可能因没有接受过正规的培训教育，导致培训效果不佳。

外部培训师是从企业外部聘请的培训师，其来源包括高校、政府机关、培训机构或咨询公司等。与内部培训师相比，外部培训师具备更专业的培训知识，懂得更多的培训方法。但是，外部培训师对受训人员的了解不够深入且费用较高，对企业培训需求的掌握也不够精确。

组织应根据培训需求和实际情况决定是从内部指定培训师还是从外部聘请培训师，也可以对两者进行适当结合。

3. 培训课程设计

培训课程设计是指课程的实质性结构、课程基本要素的性质，以及这些要素的组织形式或安排。这些基本要素一般包括目标、内容、学习活动及评价程序。培训课程设计并不是一成不变的，主要按以下三步完成。

（1）在确定培训目标的基础上，设计课程安排的雏形，包括安排不同学习目标的顺序、确定培训课程的结构、安排教学事件、确定教学模式、准备培训教材等。

（2）收集各部门对培训课程安排的看法，吸取他们的意见。不同业务部门所处的位置是不同的，它们对同一问题的看法也是不一样的，因此在培训课程设计上要全面地收集各部门的意见，尽量使课程设计科学合理。

（3）在综合各个部门意见的基础上，对各培训课程安排的方案进行论证，做出最终决策。

培训课程设计的方法有很多，其适用的范围和情况也大不相同。有些方法具有很强的普遍性，在实际中的应用非常广泛，如表6-8所示。

表6-8 常用培训课程设计方法

| 方　　法 | 详　细　内　容 |
| --- | --- |
| 专家意见法 | 聘请对培训内容、岗位、方法、课程等非常熟悉的专家，根据企业的实际情况设计课程安排模型 |
| 适应性模型法 | 参考现有达到岗位要求人员的知识结构、知识水平对培训课程进行设计 |
| 深度递进法 | 在培训过程中，按照培训目标对培训课程的要求，按照由浅到深的原则安排课程，对人员进行分类培训，从而达到培训目标 |

4. 培训方法

在培训中，企业可视实际需要选择一系列培训方法，如讲授法、开会研讨法、案例研究法、行为示范法、工作轮换法、角色扮演法等，既可单独采取其中一种方法，也可轮流或组合使用多种方法，使培训效果达到最理想的状态。培训方法的选择也要注意受训人员的知识层次及其所从事岗位的类型，如案例研究法比较适合管理者和科技人员，但对操作人员来说，现场讲授的效果可能更好。

5. 培训时机

在安排培训时还要考虑何时开始、何时结束的问题，即培训是在旺季还是在淡季、是在白天还是在晚上、是在工作日还是在周末等。

6. 培训活动组织

培训活动的组织要考虑：培训活动是由培训部门发起，还是由领导亲自动员；参加者是只有员工，还是他们的上级也要参与；培训的考核结果是否与受训人员的晋升、加薪有关；等等。

7. 培训预算

企业应根据培训的种类、内容等各方面因素，确定使用多少经费、经费的来源等。培训费用的构成大致如下：①受训人员的工资；②受训人员的交通、饮食及其他各项开支；③受训人员因参加培训而减少工作的损失；④购买、租用器材、场地、教材及训练设备的费用；⑤负责培训的管理人员和主管的工资和时间补偿；⑥外聘讲师、培训机构的酬劳；等等。

## 四、实施培训

制订培训计划以后，应由培训组织部门依据培训计划实施培训。但是，在现实中，培训计划的落实情况往往并不能令人满意。一位负责培训的主管曾说过："大多数忙于工作的经理只顾砍树，以至于没有时间停下来磨锯。"由此可见，即使构想得好的培训项目，也经常被忙于生产的直线主管所忽视。因此，培训工作的实施首先要获得各层管理者的高度认同及支持，然后才能依据事先确定好的流程，按部就班地执行培训计划。下面就实施培训前的准备工作、培训过程中的控制工作加以具体阐述。

### （一）实施培训前的准备工作

1. 起草培训通知书

为了保证将培训信息准确无误地传递给受训人员，培训信息应以正式通知书的形式下发，这一方面可以引起员工的高度重视，另一方面可以作为文件存档，必要时还可以用作培训考核的依据。

培训通知书依其功能不同，可分为以下两类。

（1）信息采集型。这类通知书是通过下发通知来发布培训信息。它要求各部门把需要参加培训的人员确定下来，并上报给培训部门，培训部门再据此做出安排，样式如专题拓展6-3所示。

☞【专题拓展 6-3】　　××公司第八期员工基础素质培训通知

（信息采集型）

（2）信息发布型。这类通知书是在对即将开始的培训活动进行统筹安排之后，采取通知书形式将信息发布出去，样式如专题拓展 6-4 所示。

☞【专题拓展 6-4】　　××公司第八期员工基础素质培训通知

（信息发布型）

2. 起草培训协议

培训是一种投资行为，需要耗费大量的人力、物力、财力，为了保证企业的利益不受损，确保受训人员将所学知识、技能用于企业发展，同时为了明确和保障企业与员工的权利和义务，双方有必要在培训之前签订培训协议。特别是企业出资较大的培训活动，签订协议是必不可少的手续。培训协议所包含的内容如专题拓展 6-5 所示。

☞【专题拓展 6-5】　　　　员工教育培训协议书

3. 培训场所的选择与布置

一般情况下，应根据受训人员数量的多寡和培训的内容决定是选择大面积的场所还是选择小面积的场所；是选择户外场所还是选择室内场所；是选择自有场所还是租用相关场所，最好还要有备选场所。培训场所确定以后，还需要向相关管理人员了解场所内的音像设备、通风设备等，并亲自核查所有设备的情况，以保证培训顺利进行。

在培训场所的布置上，应考虑培训效果，使参与者感到舒适、方便，便于讨论、练习或实操。

4. 培训的后勤保障工作

为了保证培训的顺利完成，培训组织者一定要精心安排相应的后勤保障工作。具体内容有：①交通；②教学设备及辅助工具的准备；③聘请技术维护人员；④安排餐饮、住宿；⑤熟悉培训场地周围环境。

（二）培训实施中的控制工作

在实施培训的过程中，要做好以下两个方面的控制工作。

1. 工作分配

由于培训涉及的事务繁多，培训主管不可能事必躬亲，必须适当地把工作分配下去。在工作分配过程中，要注意以下要点。

（1）确保工作完全被分配下去，不存在遗漏。
（2）分配给每个人的工作量大致平均，不超出其工作能力范围。
（3）每一项工作都由专人负责。
（4）重点工作由主管或经理监督完成。
（5）有明确具体的进度安排。
（6）有明确的工作完成标准。
（7）对可能发生的意外情况有所准备，不拖延进度。
（8）在分配工作时给予必要的指导。
（9）不造成人力资源浪费。

2. 安全工作

无论是在室内培训还是在野外进行拓展训练，难免存在一些安全隐患。对此，预防是最好的措施，良好的安全意识和充分的预防措施胜过所有的事后补救。

## 五、培训评估

### （一）培训评估的含义

培训评估是指收集培训成果、评判培训是否有效的过程，是培训工作的最后阶段。培训评估通过建立培训效果评估指标及评估体系，对培训是否达到预期目标、培训是否具有成效等做出评估，然后把评估结果反馈给相关部门，作为下一次培训计划制订与培训需求分析的依据。

### （二）培训评估的意义

培训评估对所有参加培训的企业来说是必不可少的一个环节，其意义具体体现在以下几个方面。

（1）对培训效果做出正确合理的判断，以便了解培训是否达到预定目标。
（2）确定受训人员知识、技术能力的提高或行为表现的改善是否直接来自培训本身。
（3）找出培训中的不足，总结经验，指导后续培训。
（4）发现新的培训需求，为下一轮的培训提供重要的参考依据。
（5）通过对成功的培训做出肯定性评价，激发受训人员对培训活动的兴趣，使他们保持参加培训的积极性和创造性。
（6）评估培训活动的支出与收入，有效分配培训资金。
（7）客观评价培训者的工作。一般来说，培训的效果反映了培训者的水平和受训人员对待培训的态度。对培训效果的检测评估，有助于培训者的自我检查，使其端正态度，不断提升培训的质量。

### （三）培训评估的流程

培训评估是培训活动长期有效开展的重要保障措施，而严格遵循评估流程是有效进行培训评估的重要保证。一般来说，有效的培训评估流程包括以下步骤。

1. 全面考虑评估活动

在评估前,培训主管应该全面筹划评估活动,一般来说,在开展培训评估前,培训主管应综合考虑下面几个问题。

(1) 从时间和工作负荷量上考虑,是否值得进行评估?
(2) 培训评估会给企业带来哪些正面、负面影响?
(3) 培训评估的影响范围如何?
(4) 评估的目的是什么?
(5) 重点对培训的哪些方面进行评估?
(6) 谁将主持和参与评估?
(7) 是否有足够的时间和资源?
(8) 如何获得、收集、分析评估的数据和意见?
(9) 以什么方式呈报评估结果?

2. 分析需求,暂定评估目标

培训需求分析是设计培训项目的第一步,也是培训评估的第一步。对没有充分分析需求的培训项目进行评估,结果多半是令人失望的。无论一个培训项目是由什么原因引起的,培训主管都应该通过培训需求分析来明确具体的知识、技能、态度缺陷。在培训项目实施之前,企业培训主管必须把培训评估的目的明确下来。多数情况下,培训评估的实施有助于对培训项目的前景做出预测,对培训系统的某些部分进行修订,或对培训项目进行整体修改,使其更加符合企业的需要。重要的是,培训评估的目的将影响数据收集的方法和所要收集的数据类型。

3. 选定评估对象

培训主要应针对下列情况进行评估。

(1) 新开发的课程——应着重于培训需求、课程设计、应用效果等方面。
(2) 新教员的课程——应着重于教学方法、质量等综合能力方面。
(3) 新的培训方式——应着重于课程组织、教材、课程设计、应用效果等方面。
(4) 外聘培训机构进行培训——应着重于课程设计、成本核算、应用效果等方面。
(5) 出现问题和投诉的培训——针对投诉的问题。

选定评估对象,可以针对这些具体评估对象开发有效的问卷、考试题、访谈提纲等。

4. 收集培训评估数据

进行培训评估之前,培训主管必须将培训前后发生的数据收集齐备,因为培训数据是培训评估的对象,尤其是在进行培训三级、四级评估过程时,必须参考这些数据。培训的数据按照能否用数字衡量的标准可以分为两类:硬数据和软数据。硬数据是对改进情况的主要衡量标准,以比例的形式出现,是一些易于收集的无可争辩的事实,这是最需要收集的理想数据。硬数据可以分为四大类:产出、质量、成本和时间。几乎在所有组织机构中,这四类都是具有代表性的业绩衡量标准。有时候很难找到硬数据,这时,软数据在评估培训项目时就具有关键性意义。常用的软数据类型可以归纳为六个部分:工作习惯、氛围、新技能、发展、满意度和主动性。

5. 确定培训评估层次

柯克帕特里克模型由国际著名学者威斯康星大学教授唐纳德·L.柯克帕特里克于1959年提出，是世界上应用最广泛的培训评估工具，在培训评估领域具有难以撼动的地位。从评估的深度和难度看，柯克帕特里克的模型包括反应层次、学习层次、行为层次和结果层次四个层次。培训主管要确定最终的培训评估层次，因为这将决定培训评估开展的有益性和有效性。多年来，业内权威人士认为，要使与工作相关的培训做得好，至少要对一部分培训课程进行三级评估甚至四级评估。然而，限于企业的精力、实力和财力，大多数培训在做完一级评估或二级评估后就草草了事了。

（1）一级评估（反应层次）。一级评估用于对表面效果的测评，是针对课程内容、讲师、教材以及教学安排等的评估，主要评估受训人员对培训的满意程度（或喜爱程度），适用于所有的普通课程。该层次的评估在培训过程中可以随机开展，多采用问卷调查法、观察法以及面谈法。

（2）二级评估（学习层次）。二级评估主要用于确定受训人员对原理、技能、态度等培训内容的理解和掌握程度，分析培训内容、培训方法的选择是否合适有效。此类评估通常用于评估技巧或知识课程的培训。二级评估在培训中期和后期进行，一般采用考试、问卷调查或心得报告的形式。

（3）三级评估（行为层次）。三级评估是通过考察受训人员接受培训后在实际工作中的行为的变化，以判断其所学知识、技能对实际工作的影响的评估。这一层次的评估要求评估者细致观察培训前后受训人员在工作行为上发生的变化及变化程度。三级评估适用于旨在改变工作表现且客户对实际效果期望很高的课程。通常在培训结束三个月左右以调查和访问受训人员及其同事、主管或部属的方式展开评估。

（4）四级评估（结果层次）。四级评估是关于受训人员行为转变的结果层次的评估，可以通过一些适当的指标加以衡量，如事故率、生产率、员工流动率、质量、员工士气以及企业对客户的服务等。四级评估是评估培训内容使受训人员的个人绩效及组织绩效得以提升的程度，多在培训后半年、一年左右开展。

以上四级培训评估的比较如表6-9所示。

表6-9　四级培训评估的比较

| 层次 | 标准 | 过程 | 意义或重点 | 评估方法 | 评估单位 | 阶段时间 |
| --- | --- | --- | --- | --- | --- | --- |
| 一级 | 反应 | 学习过程 | 衡量受训人员对课程的接受程度 | 问卷调查<br>面谈观察<br>综合座谈<br>学习测试 | 评估单位 | 培训中 |
| 二级 | 学习 | 学习过程 | 衡量受训人员对课程内容的掌握程度 | 问卷调查<br>模拟练习<br>座谈会<br>心得交流 | 评估单位 | 培训结束 |

续表

| 层次 | 标准 | 过程 | 意义或重点 | 评估方法 | 评估单位 | 阶段时间 |
|---|---|---|---|---|---|---|
| 三级 | 行为 | 行为转变过程 | 衡量受训人员的工作行为变化 | 学员问卷访问 主管问卷访问 同事问卷访问 | 受训人员的主管 | 培训结束三个月以后 |
| 四级 | 结果 | 行为转变过程 | 衡量培训导致的组织绩效变化 | 个人与组织绩效指标；成本效益考量 | 受训人员的主管 | 培训结束半年或一年后 |

6. 选择评估衡量的方法

在决定对培训进行评估后，评估工作在培训进行中就可以开始了。这时候采取的方法主要是培训主管部门或有关部门管理人员亲临课堂听课，现场观察受训人员的反应、培训场所的气氛和培训师的讲解组织水平等。虽然这样做可以获得一手材料和信息，但因培训还未结束，所以仅以该阶段的观察加以评估并不全面。为获得完整数据，一般在培训结束后做进一步评估，主要方法有以下几类。

（1）测试/测验。这是指在培训前和培训后对受训人员进行内容相似的测试/测验，以此了解培训前后受训人员的收获与改进，也可以采用对比性测试的方法，即选择未经培训的人员与经过培训的人员进行相同题目的测试，以此来考察培训的作用。

（2）观察行为/能力。通过观察行为或能力的变化，可以了解受训人员是否在行为上有了明显的改进。学是一回事，用是另外一回事。若培训后受训人员自我感觉很有收获，但在回到原单位工作后，仍然如同以往一样，则说明培训没有产生真正的效益。

（3）目标实现程度。检查培训是否达到了原先设定的培训目标。如果目标实现了，说明培训是有实际价值的。对于那些可以预先确定目标的培训活动，这是一种最佳的评价方法。

（4）成本收益评估法。在经济上，成本收益评估法常用来评价投资效果。而在一定意义上可将培训视为公司的一项重要投资，因而在评估培训效果时也可借鉴成本收益评估法。在使用该方法时，最重要的是确定培训成本和收益。

① 培训成本核算。计入成本范畴的有：培训项目开发或购买成本，向培训师和受训人员提供的材料、设施设备和硬件成本，交通与住宿成本，培训者与辅助人员的工资，以及受训人员因参加培训而损失的生产率（未能工作或请临时工的成本）。如表 6-10 所示为某项目培训基础成本。不同培训项目的成本是有差异的。

表 6-10　培训基础成本　　　　　　　　　　　　　　　单位：元

| 直 接 成 本 | |
|---|---|
| 外部培训师 | 2000 |
| 内部培训师 | 1500 |
| 小额福利（工资的25%） | 375 |
| 旅行交通费 | 0 |
| 材料费 | 3360 |
| 教室和视听设备费 | 600 |
| 饮料 | 672 |

续表

| 直 接 成 本 | |
|---|---|
| 总直接成本 | 8507 |
| 间 接 成 本 | |
| 培训的管理成本 | 0 |
| 工作人员和管理人员的工资 | 750 |
| 小额福利（工资的25%） | 187 |
| 邮资、运费和电话费 | 0 |
| 培训前后的学习材料费 | 224 |
| 总间接成本 | 1161 |
| 开 发 成 本 | |
| 培训项目购买费 | 3600 |
| 培训师培训费 | |
| 　差旅费 | 975 |
| 　报名费 | 1400 |
| 　工资 | 652 |
| 　福利（工资的25%） | 150 |
| 　总开发成本 | 6756 |
| 一般管理费 | |
| 一般的组织支持、高层管理者的时间（直接成本、间接成本及开发成本的10%） | 1443 |
| 总的一般管理成本 | |
| 受训人员薪酬 | |
| 受训人员的工资和福利（根据脱岗的时间计算） | 16969 |
| 总培训成本 | 34836 |
| 人均培训成本 | 622 |

② 培训收益分析。收益分析需要与预期的培训目标和效果结合起来考虑。培训所获得的收益中，有些可转换成货币价值，称为硬性收益；有些则不能被货币化，称为软性收益。

硬性收益主要包括：提高的生产力；改善的质量（减少的废料、减少的浪费、减少的返工产品、减少的失误）；增加的营业额；浪费的时间、工伤减少；工人对保险的补偿申请减少；在重复销售中反映出的客户满意度提高。

软件收益主要包括：沟通能力提高；企业形象改善；冲突的解决方法改善；员工的士气提高；员工的忠诚度提高。软性收益不能被直接衡量，可以通过关联效果推断或间接地衡量出来。

确定培训收益的方法包括：通过以往的研究和培训记录，确定培训的收益；在组织范围内进行小范围的样本试验，由此预估某一培训可能带来的收益；通过观察培训后绩效特别突出的员工，分析培训的收益。

7. 统计分析评估原始资料

培训主管对前期的培训评估调查表和培训结果调查表进行统计和分析，对收集到的问卷、访谈资料等进行统计分析、整理合并，剔除无效资料，同时得出相关结论。

8. 调整培训项目

基于对收集到的信息进行认真分析，培训主管就可以有针对性地调整培训项目。如果培训项目没有什么效果或是存在问题，人力资源开发人员就要对该项目进行调整或考虑取消该项目。如果评估结果表明，培训项目的某些部分不够有效，例如，内容不适当、授课方式不适当、对工作没有足够的影响或受训人员本身缺乏积极性等，人力资源开发人员就可以有针对性地考虑对这些部分进行重新设计或调整。

9. 计算投资回报率

要考量培训的经济效益，就要计算投资回报率，其计算公式为

$$投资回报率 = \frac{项目净利润}{项目成本} \times 100\%$$

计算出投资回报率之后，要与培训项目的目标进行比较。有时对这些目标的确定是以公司资金支出标准为基础的，其他则基于经理对培训项目的期望结果，或者基于他们对实施项目的要求程度。

10. 沟通培训结果

在培训评估过程中，人们往往忽视对培训评估结果的沟通。尽管经过分析和解释后的评估数据将转给某个人，但是，当应该得到这些信息的人没有得到时，就会出现问题。在沟通有关培训评估信息时，培训部门一定要做到不存偏见、有效率。一般来说，企业中有四种人必须了解培训评估的结果。

（1）培训主管。他们需要这些信息来改进培训项目。只有在得到反馈意见的基础上精益求精，培训项目才能得到提高。

（2）管理层。评估的基本目的之一就是为妥善的决策提供基础。管理层作为决策者，决定着培训项目的未来。

（3）受训人员。他们应该知道自己的培训效果怎么样，并对自己的业绩表现与其他人的业绩表现进行比较。这种意见反馈有助于他们继续努力，也有助于将来参加该培训项目的人员不断努力。

（4）受训人员的直接主管。当受训人员参加培训时，其直接主管要关注其培训情况，作为调整其后续工作的依据。

 **本章小结**

培训是指为员工提供指导来学会能够在工作中立即使用的过程，它与开发有四点不同。培训在提高员工能力、减少人员流动方面起到重要作用，同时培训是高回报的投资且有利于迎接新技术革命的挑战。培训的参与者包括高层管理者、人力资源部门、直线主管和员工本人。

培训实施的原则有系统性原则、理论与实践相结合的原则、人格素质培训与专业素质培训相结合的原则、全员培训和重点提高相结合的原则、因人施教的原则、面向市场的原

则和前瞻性原则。

按照不同标准可以把员工培训的类型分成四种方式。培训的方法主要有在职培训、工作轮换、案例研究法、情景模拟、角色扮演法等十种形式，不同方法有各自的适用性和优缺点，在企业实际选择中侧重各有不同。

建立一个完整的培训需求模型是一项很复杂的工作任务，主要包括确定培训需求、确定培训目标、拟订培训计划、实施培训和培训评估五方面的内容，五方面同等重要，缺一不可。

### 复习思考题

1. 简述培训与开发的区别。
2. 何谓培训需求分析？培训需求分析的三个层次是什么？
3. 组织层面、工作层面、人员层面的培训需求分析如何开展？
4. 列举两种以上培训需求分析方法及其操作方式。
5. 什么是培训计划？培训计划的种类有哪些？
6. 什么是培训评估？培训评估的意义是什么？
7. 培训评估包括哪四个层次？每一层次的具体含义是什么？

### 案例分析

## 广汽传祺：锻造职业"传祺人"

问题：

1. 广汽传祺的新员工培训计划包含哪些培训方法？
2. 广汽传祺的新员工培训计划有哪些不足？
3. 广汽传祺的新员工培训计划带给我们哪些启示？

# 第七章 绩效管理

## 本章导读

实施科学、有效的绩效管理是提升企业人才竞争优势的关键点。只有通过建立与完善企业绩效管理体系,提高企业整体管理水平,提升企业整体效能,才能进一步提升企业的竞争优势。有效的绩效管理不仅可以减少企业人才流失、发掘优秀人才,也能有效地激励员工,提高员工的工作满意度,增强员工工作的胜任力与归属感,进而提高员工的绩效水平,实现企业与员工的共同发展,促使员工更好地实现自我价值,增强企业的凝聚力,实现企业发展目标。

## 学习目标

**知识目标**:了解绩效考核的含义;理解绩效考核与绩效管理的区别;掌握绩效考核的方法。

**思政目标**:引导学生在生活和工作中树立科学的人生观和世界观。

**能力目标**:培养综合分析的能力;初步具备绩效管理能力。

**素质目标**:根据企业性质选择合适的绩效考核方法;运用科学的绩效考核方法进行绩效评价;进行绩效反馈面谈;将绩效考核结果运用到管理决策中。

## 关键概念

绩效(achievement)

绩效考核(performance examine)

强制分布法(compulsory distribution method)

360度考核法(360-degree assessment method)

图尺度评价法(graph scale evaluation method)

绩效反馈(performance feedback)

平衡计分卡(balanced score card)

关键绩效指标(key performance indicator)

## 第一节 绩效与绩效管理

### 一、绩效

绩效是一个管理学概念,是指成绩与成效的综合,是一定时期内的工作行为、方式、结果及其产生的客观影响。在企业等组织中,绩效通常用于评定员工的工作完成情况、职责履行程度和成长情况等。

#### (一) 不同视角下的绩效

1. 管理学视角

绩效是组织期望的结果,是组织为实现其目标而展现的有效输出。它包括个人绩效和组织绩效两个方面。

2. 经济学视角

绩效与薪酬反映了员工与组织之间的对等承诺关系:绩效是员工对组织的承诺;薪酬是组织对员工的承诺。

3. 社会学视角

绩效意味着每一个社会成员按照社会分工所确定的角色承担的一份职责。

#### (二) 绩效的概念、层次和特点

1. 绩效的概念

绩效是指组织及个人实现目标过程中的工作行为及结果,是组织所有管理实践的指向与期望的结果,必须与组织战略的要求保持一致。它本身是一个多层次的有机整体,基于不同角度对绩效的划分有所不同,如从行为主体划分为组织绩效、群体绩效、个人绩效,从构成维度划分为任务绩效、周边绩效。绩效具有多因性、多维性、动态性特征,所以企业与个人在分析绩效差距时,不仅要把握影响绩效的关键因素,还应根据评价结果的不同用途,选择相应的评价维度及指标,在不同的环境中依据实际情况进行分析,制定合适的绩效周期,以充分掌握绩效情况,提高绩效水平。绩效按照字面意思,可解释为"业绩"加"效果",业绩关注的是过程,效果关注的是结果,因此一般意义上的绩效是行为过程和结果的结合体。

目前,对绩效的概念普遍存在三种观点。第一种观点类似对绩效的定义,认为员工行为的结果便是绩效,即结果说。彼得·德鲁克将绩效定义为"直接的成果",就是人们通常所说的业绩。第二种观点将绩效看作一种行为,即行为说。这种观点认为绩效是员工在工作过程中包括工作能力、工作态度等在内的一系列行为特征。第三种观点认为绩效是结果与行为的统一,结果和行为是互为依存的,绩效作为产出,是行为作用的结果;而没有目标结果约束的行为容易导致员工行为的短期化和非协作性,使预期效果无法实现。本书认

为，第三种观点更具有科学性和可操作性，故在绩效考核中采用该定义。

2. 绩效的层次

对于一个组织而言，绩效可以分成三个层次，即员工绩效、团队绩效和组织绩效。层次不同，测量绩效的方法、绩效包含的内容、影响绩效的因素也不同。对组织和团队而言，绩效是组织和团队希望的结果，是目标任务在效率、数量和质量上的不同程度的完成情况。而对员工而言，绩效意味着上级和同事对其工作情况的评价。

3. 绩效的特点

绩效具有多维性、动态性和综合性特点。绩效是一个多维的概念，它往往包含了多个层面的内涵，包括履行、有效、效率三个方面。从时间角度看，绩效是一个动态的概念，影响绩效的因素处于不断变化中，因而绩效具有动态性。此外，组织绩效是组织中多个个人绩效的综合表现，因而具有综合性。

☞【专题拓展 7-1】　　　　　　降落伞的故事

（三）绩效在实践中的含义

在实践中，对绩效的理解可能是以上三种认识中的一种，也可能是对各种绩效概念的综合平衡。概括而言，对于绩效概念的理解，可以分为以下五种（见表 7-1）。

表 7-1　绩效定义适用情况对照表

| 绩 效 含 义 | 适 用 对 象 | 适用的企业或阶段 |
| --- | --- | --- |
| 1. 完成工作任务 | 体力劳动者；<br>事务性或例行性工作的人员 | |
| 2. 工作结果或产出 | 高层管理者；<br>销售、售后服务等可量化工作性质人员 | 高速发展的成长型企业，强调快速反应，注重灵活、创新的企业 |
| 3. 行为 | 基层员工 | 发展相对缓慢的成熟型企业，强调流程、规范，注重规则的企业 |
| 4. 结果+过程 | 普遍适用于各类人员 | |
| 5. 做了什么（实际收益）+能做什么（预期收益） | 知识工作者，如研发人员 | |

1. 绩效就是完成工作任务

适用对象：体力劳动者；事务性或例行性工作的人员。

2. 绩效就是工作结果或者产出

适用对象：高层管理者；销售、售后服务等可量化工作性质人员；高速发展的成长型企业，强调快速反应，注重灵活、创新的企业。

3. 绩效就是行为

适用对象：基层员工；发展相对缓慢的成熟型企业，强调流程、规范，注重规则的企业。

4. 绩效就是结果与过程（行为）的统一体

普遍适用于各类人员。

5. 绩效=做了什么（实际收益）+能做什么（预期收益）

适用对象：知识工作者，如研发人员等。

## 二、绩效考核

### （一）绩效考核的概念

绩效考核是人力资源管理中技术性最强的环节之一，也是众多人力资源管理者最为关心的内容之一。但是，要想给绩效考核下一个准确而完整的定义，并不是一件容易的事。目前，对绩效考核的概念主要有以下几种表述。

（1）对组织中成员的贡献进行排序。

（2）客观评定员工的能力、工作状态和适应性，对员工的个性、资质、习惯和态度及其对组织的相对价值进行有组织的、实事求是的考核，它是考核的程序、规范、方法的总和。

（3）对员工现任职务状况的出色程度及其担任更高一级职务的潜力进行有组织的、定期的且尽可能客观的考核。

（4）人事管理系统的组成部分，由考核者对被考核者的日常职务行为进行观察、记录，并在事实的基础上，基于一定目的进行考核，达到培养、开发和利用组织成员能力的目的。

（5）定期考评和考察个人或工作小组工作业绩的一种正式制度。

结合以上观点，本书认为，绩效考核是考核主体对照工作目标或绩效标准，采用科学的考评方法，评定员工的工作任务完成情况、工作职责履行程度和发展情况，并将评定结果反馈给员工的过程。

从整个绩效管理体系来看，首先，绩效考核的内容和考核周期都属于绩效计划阶段；其次，绩效考核的主体和方法是在绩效计划的基础上，对目标完成情况进行考核，属于绩效考核阶段；最后，绩效考核结果的应用属于绩效反馈阶段。在一个完整的绩效考核流程中，这些关键决策都应在绩效考核方案中得到体现。

### （二）绩效考核的指标

绩效考核是绩效管理系统的核心环节，而绩效考核指标的确定是绩效考核环节的核心。绩效考核指标是指与员工工作结果和工作表现相关联的评价要素。考核指标必须能反映员工的努力方向，为企业的招聘、薪酬管理及培训提供参考依据。考核指标的设计应该具有针对性、明确性、合理性和精练性。绩效考核指标通常是由多个指标组成的指标体系且各个指标的权重是不一样的。从考核的内容来看，考核指标有业绩指标、能力指标和态度指标三大类；从考核对象来看，考核指标有组织指标、部门指标和员工指标三大类。

### （三）绩效考核的方法

目前，绩效考核的方法或者考核工具多达几十种，每种考核方法的原理、内容和使用范围不尽相同。企业在选择合适的绩效考核方法时，一定要考虑考核方法的实用性和成本。不同考核方法应付出的成本有很大的差别，一定要根据考核目标，综合考虑组织的实际情况，如企业的人数、组织结构等选择合适的考核方法。

常用的绩效考核方法有图尺度评价法、行为锚定等级评价法、关键绩效指标法和平衡计分卡等。

### （四）绩效考核的内容

绩效考核是企业人力资源管理的一个重要环节，是为企业实现战略目标而服务的。绩效考核的内容包括工作态度、工作能力、工作业绩三个层面。

#### 1. 工作态度

工作态度考核的重点是个人特质，即考核员工是一个怎样的人。比如考核员工的岗位责任感、工作主动性、诚实度、合作性、工作纪律、日常考勤等方面，是将外在的、形式的考核与内在的、实质的考核结合在一起。就算一个员工有很好的工作能力，但如果没有正确的工作态度，没有足够的工作动力，也很难做出好的工作成绩。通过此种考核，能够发现企业中能力一般但是对工作有干劲、有热情的员工，让他们也能找到正确的工作方法，同时对那些工作态度不端正的员工进行适当的引导。

#### 2. 工作能力

工作能力考核侧重于员工的工作风格和工作行为是否能够满足岗位的需要，是对工作过程的考核。其中，专业技能、沟通技巧、领导技巧和创新技巧是重要考核内容。此种考核可以帮助企业发现有能力的员工并将其安排到更重要的岗位上，从而使企业的人岗匹配更合理，让员工能够在各自岗位上充分发挥自己的能力。

#### 3. 工作业绩

工作业绩考核的重点是员工对本职工作任务数量、质量的完成情况，是与工作内容及任务关系最密切的，也最能直接体现一个员工的工作成果。它是实际考核中运用得最多的考核内容。

**【专题拓展 7-2】　　阿里全新价值观体系的考核方式**

## 三、绩效管理

20 世纪六七十年代以来，随着经济的发展和技术的发展，市场竞争越来越激烈。许多公司通过提高绩效管理水平来提升竞争力。因此，公司变得扁平、有条理，促进公司权力下放，权力下放是现代组织变革的主导趋势。绩效管理结构调整措施虽然可以减少成本，但不一定会提高效率，评估团队及其个人表现，目的在于提高公司组织运作效率，即创建学习型组织。绩效管理能够激励员工、鼓励创新和参与团队合作的组织文化和工作环境，通过持续开放的沟通，以实现组织的目标、预期收益和预期结果，以及管理团队和个人行为的完美统一。当然，绩效管理是一种持续的沟通过程，由员工及其上级领导共同维系。绩效管理代表了公司管理的理念和思想，以及对与业务效率相关的问题的系统思考，其目的是不断提高个人和组织的绩效，最终实现公司战略目标。绩效管理对业务组织目标的实现起着重要作用，从这个意义上说，绩效管理是公司竞争优势的核心，是对活动实施过程中各要素的管理，是基于战略目标的管理活动。管理活动包括制定公司战略、分解目标、绩效评估等。

【☆思政专栏7-1】　　绩效管理与习近平新时代中国特色社会主义思想融合

建立全面规范透明、标准科学、约束有力的预算制度，全面实施绩效管理，"全面实施绩效管理"应用于政府运行和国家治理，绩效管理理念是以人民为中心，绩效评价取向是高质量发展，注重结果，但不唯结果，坚持正确政绩观，不简单以国内生产总值增长率论英雄。树立和践行绿水青山就是金山银山的理念，破除"唯GDP论"。绩效考核原则是公平、公正、合法、民主、科学、效率；评价的主体是人民，以人民是否满意为标准。"全面实施绩效管理"是习近平新时代中国特色社会主义思想指导下的新方略、新举措。

资料来源于网络并经作者加工整理。

## 四、绩效考核与绩效管理的关系

绩效管理是组织在管理中针对绩效采取的技术性方法，是指组织确定员工绩效目标，评价与确定员工绩效和发展需求，由组织与员工共同努力，确保企业战略实施，并将提升个人、部门和组织绩效作为主要目标的一种管理体系。绩效管理是企业管理活动的全过程，并在整个运行过程中始终以企业战略目标为核心，实施绩效管理需要坚持权责一致、量化考核、兼顾公平的原则。通过实施绩效管理，增强员工的积极性与绩效能力，促进员工的发展，提高企业整体管理水平。

绩效管理与绩效考核既有联系又相互区别。绩效考核是绩效管理过程中不可或缺的重要环节，合理、有效的绩效考核支撑着绩效管理科学运行。绩效管理与绩效考核的区别是：绩效管理伴随管理活动的全过程，具有战略性与前瞻性，注重过程管理、信息沟通与达成绩效目标；而绩效考核是阶段性总结，只在特定时期出现，具有滞后性，注重考核和评估。

从发展历程来看，绩效考核是绩效管理思想演变的一个重要历史阶段，而绩效管理是在绩效考核的基础上进行延伸拓展而形成的一个完整的管理过程。从管理实践角度来看，绩效考核仅仅是绩效管理中的一个环节，是绩效管理的核心，绩效考核不等同于绩效管理。关于它们的比较如表7-2所示。

表 7-2 绩效考核与绩效管理的比较

| 比较对象 | 过程完整性 | 侧重点 | 出现的阶段 |
|---|---|---|---|
| 绩效管理 | 一个完整的管理过程 | 侧重于信息沟通与绩效提高,强调事先沟通与承诺 | 伴随着管理活动的全过程 |
| 绩效考核 | 管理过程的局部环节和手段 | 侧重于判断和评估,强调事后的评价 | 只出现在特定的时期 |

绩效考核与绩效管理既联系紧密又有区别,需进行全面、系统的审视。如果组织只重点关注绩效考核,而认为绩效管理的其他环节不重要,则不利于其实现绩效目标。绩效考核能否成功,主要依赖于绩效管理全过程,而不是仅由其本身决定,绩效管理的关键决策也都建立在绩效考核的基础之上。为了有效地监测和管理绩效,确保绩效目标顺利实现,必须将绩效考核纳入绩效管理。

【专题拓展 7-3】　　　　中国古代的政绩考核

## 第二节　绩效考核的方法

自 20 世纪 30 年代以来,国内外各个管理学派已经提出了 20 余种绩效考核方法,适用于企业不同类别岗位人员,具有不同的特点和适用范围。

### 一、相对评价法

相对评价法也称比较法,就是指评价对象相互比较,从而考核其工作绩效相对水平。相对评价法是在相互比较的基础上对员工进行排序,提供一个反映员工工作的相对优劣的评价结果。对很多工作而言,绝对评价法的标准很难制定,这时人们就会倾向于通过相互比较和分析确定一个相对的评价标准,从而进行评价。相对评价法是最方便的评价方法,评价结果一目了然,可用作各类管理决策的依据,因此得到了广泛应用。相对评价法具有以下缺点:第一,该方法无法找出存在绩效差距的原因,因而组织很难改进绩效、缩小绩效差距;第二,采用相对评价法得出的评价结果无法在不同评价群体之间展开横向比较;第三,采用相对评价法很难找出充分的依据说明最终评价结果的合理性,因此其评价结果往往让个人难以接受,也难以作为奖金分配等决策的依据。

因此,组织一般不宜单独使用相对评价法,在实践中,相对评价法往往与后面介绍的绝对评估法和描述法结合使用。

相对评价法具体包括以下几种。

#### (一) 简单排序法

简单排序法又称直接排序法,评价者以自己对评价对象的工作业绩的整体印象为依据进行评价,要求管理者对本部门所有员工从绩效最好到最差进行排序,如表 7-3 所示。

表 7-3　简单排序法示例

| 顺　　序 | 等　　级 | 员 工 姓 名 |
|---|---|---|
| 1 | 最好 | 张×× |
| 2 | 较好 | 李×× |
| 3 | 好 | 王×× |
| 4 | 差 | 赵×× |

## （二）交替排序法

交替排序法是根据绩效考核的要素对员工从绩效最好到绩效最差进行排序。通常来说，从被考核者中挑出绩效最好的和绩效最差的，要比绝对地对他们的绩效进行考核容易得多。交替排序法是一种运用得非常普遍的工作绩效考核方法。其操作方法是：①列出被考核者名单，然后将不是很熟悉因而无法对其进行评价的人的名字划去；②在被评价的某个方面，挑出最好的和最差的；③在剩下的被考核者中挑出次好的和次差的，以此类推，直到所有必须被考核的对象都被排列在表格中为止，如表 7-4 所示。

表 7-4　交替排序法示例

| 顺　　序 | 等　　级 | 员 工 姓 名 |
|---|---|---|
| 1 | 最好 | 张×× |
| 2 | 较好 | 王×× |
| 3 | 一般 | 赵×× |
| 3 | 差 | 钱×× |
| 2 | 较差 | 孙×× |
| 1 | 最差 | 李×× |

排序法的优点：排序法的设计和应用成本都很低且相对容易；能够有效地避免扩大化倾向、中心化倾向及严格化倾向。

排序法的缺点：主观性、随意性强，结果容易引起争议；当几个人的绩效水平相近时，难以排序，容易产生晕轮效应；此种方法的评价基础是整体的印象，而不是具体的比较因素，所以很难发现存在问题的领域，不利于向员工提供建议、反馈和辅导。

## （三）配对比较法

配对比较法是由排序法衍生而来的。它是指管理者对所有评价对象进行比较，根据结果排出名次。这种方法比排序法更科学、更可靠。以配对比较法对员工绩效进行排序，首先要设计出如表 7-5 所示的表格，表中要标明被评价员工的姓名。当评价不是针对整体印象而是针对某个确定的评价要素时，还要注明所要评价的要素。表中，"0"表示两者绩效水平一致，"+"表示行代表的员工比列代表的员工的绩效水平高，"-"的含义与"+"相反。一个员工得到的"+"越多，对该员工的评价就越高。从表 7-5 可以看出，钱××的绩效表现比其他四个人都好，共得到了四个"+"。赵××和孙××都有两个"+"，两人的绩效都处于中等水平。而剩下的李××和王××都只得到一个"+"，绩效均处于差的等级。

表7-5 配对比较法示例

| | 赵×× | 钱×× | 孙×× | 李×× | 王×× |
|---|---|---|---|---|---|
| 赵×× | 0 | + | + | - | - |
| 钱×× | - | 0 | - | - | - |
| 孙×× | - | + | 0 | + | - |
| 李×× | + | + | - | 0 | + |
| 王×× | + | + | + | - | 0 |
| 对比结果 | 中 | 最好 | 中 | 差 | 差 |

### (四) 强制分布法

强制分布法也称硬性分布法或强迫分配法。假设员工的工作行为和工作绩效整体呈正态分布，那么按照正态分布的规律，员工的工作行为和工作绩效的好、中、差分布存在一定的比例关系，在中间的员工应该最多，好的、差的占少数。强制分布法就是按照一定的百分比，将被考核的员工强制分配到各个类别中。表7-6所示的例子是某公司将部门绩效和员工个人绩效结合在一起，将员工分别放入不同的绩效类别。如在绩效最差部门中（无法接受），只有1%的员工能够得到最高等级的绩效评价，而在绩效最好的部门（卓越）中，有8%的员工可以获得最高等级的评价。

表7-6 根据部门绩效确定目标员工的绩效等级分布　　　　单位：%

| 员工绩效评价等级 | 等级类型 | 部门绩效评价等级 | | | | |
|---|---|---|---|---|---|---|
| | | 卓越 | 优秀 | 高标准 | 有改进余地 | 无法接受 |
| 前5% | 相对 | 8 | 6 | 5 | 2 | 1 |
| 前20% | 相对 | 20 | 17 | 15 | 12 | 10 |
| 突出 | 绝对 | 71 | 75 | 75 | 78 | 79 |
| 很好 | 绝对 | | | | | |
| 好 | 绝对 | | | | | |
| 最差的5% | 相对 | 1 | 2 | 5 | 8 | 10 |
| 无法接受 | 绝对 | | | | | |

强制分布法的优点：等级清晰、操作简便；刺激性强，此法常常与员工的奖惩联系在一起，对绩效优秀的重奖，对绩效较差的重罚；强制区分，由于必须在员工中按比例区分出等级，可有效避免评估过严或过宽的现象。

强制分布法的缺点：如果员工绩效水平实际上不遵从设定的分布规律，硬性区分容易引起员工的不满；不能在诊断工作问题时提供准确可靠的信息。

该方法适用于被考核人员较多的情况，操作起来比较简便；同时有利于管理控制，尤其对引入员工淘汰机制的企业来说，可有效激励和鞭策员工。

## 二、绝对评估法

绝对评估法是指通过确定一个客观标准，对每一个员工的业绩进行评估，以判断其是否达到标准及程度如何的一种评估方法。该方法易于使被评估者了解自己的发展状况，主动学习，但在技术上有一定难度。绝对评估法包括以下几种方法。

## （一）自我报告法

自我报告法是指员工利用书面形式对自己的工作进行总结及考核的方法。它适用于管理人员的自我考核。员工通常要填写自我鉴定表（见表 7-7），回顾一定时期内自身工作状况并说明相应原因，提出改进建议。此法一般用于在每年年终进行自我报告。

表 7-7  员工自我鉴定表

| 姓名 | | 学　历 | | 专　业 | |
|---|---|---|---|---|---|
| 部门 | | 入职日期 | | 现任岗位 | |
| 项目 | | | | | |
| 目前工作 | | | | | |
| 工作目标 | | | | | |
| 目标实现 | | | | | |
| 存在的问题及其原因 | | | | | |

## （二）360 度考核法

360 度考核法又称为全方位考核法或者 360 度反馈，最早由英特尔公司提出并应用。该考核方法的基本思想是：通过与被考核者有工作关系的多方主体获得有关被考核者工作行为和工作结果的信息，以此对被考核者进行全方位、立体的绩效考核。通过员工的上司、同事、下属、客户等考评被考核者的工作绩效，可使员工全方位了解自己的长处和短处，从而改进工作，提高工作效率。该方法相比其他考核方法最大的优势在于可以最大限度地收集被考核者的相关信息，既有上级对下属的评价，也有平级之间的反馈，还有下属对上级的意见，因此考核更加全面，所得出的结果更能够体现出被考核者的真实情况，可避免考核中出现盲点。但是这种考核方法也有着非常明显的缺点：由于要考虑的因素比较多，在考核中需要更多人员的配合，流程也比较烦琐，不仅不便于实施，所消耗的成本也比较高。

360 度考核法现已被广泛应用，在应用时要注意以下几点：结合 360 度考核法的优缺点，企业在确定考核方法时要根据企业所属的发展阶段，先仔细评估应用该方法的成本和考核结果与所能取得的效益是否匹配，再决定是否应用该方法进行绩效考核，一般在发展初期的企业或者高科技企业不适合应用 360 度考核法。360 度考核法属于全方位考核，涉及的考核主体很多，有企业内部成员，也有外部相关成员，对全体员工的素质要求较高，因此企业要投入大量资源建设实施 360 度考核法的内部环境和外部环境。此外，该方法的应用要求考核者了解和熟悉被考核者的工作情况。

【专题拓展 7-4】　　　　两熊赛蜜

## 三、特征导向评估法

特征导向评估法主要介绍图尺度评价法。图尺度评价法是所有绩效考核方法中最简单、应用最早、范围最广泛的考核方法,于1922年由派尔森提出。使用该方法要列举出一些组织所期望的绩效要素(质量、数量或个人特征等),还要列举出跨越范围很广的工作绩效等级(从"不令人满意"到"非常优异")、考核的事实依据或评语。在进行绩效评价时,首先对每一个员工从每一项评价要素中找出最能符合其绩效状况的分数,然后对每一个员工所得到的分值进行汇总,得到最终的绩效评价结果。许多组织并不仅仅停留在一般性工作绩效要素上,还将作为评价标准的工作职责进一步分解,形成更有针对性的绩效评价表。其优点是使用起来较为方便;能为每一个员工提供一种定量的绩效评价结果。其缺点是不能有效地指导行为,只能给出考评的结果而无法提供解决问题的方法;不能提供一个良好的机制以提供具体的、非威胁性的反馈;准确性不高,由于评定量表上的要素未给出明确的评分标准,所以很可能得不到准确的评定结果,考评者常常凭主观来考评。此法示例如表7-8、表7-9所示。

**表7-8　图尺度评价法应用举例(一)**

姓名:　　　　　　　　　　职位:　　　　　　　　　所在部门:
绩效评价原因:　年度例行评价　　晋升　　绩效不佳　　工资　　试用期结束　　其他
说明:请根据员工所从事工作的现有要求,仔细地对员工的工作绩效加以评价,并参照尺度表中所明的等级来核定员工的工作绩效分数,如绩效等级标准不合适,请用 N 字标明。最终的工作绩效结果通过将所有分数进行加总和平均而得出。
评价等级说明:
O:杰出。所有各方面的绩效都十分突出,并且明显比其他人的绩效优异得多。
V:好。是一种称职的和可依赖的工作绩效水平,达到了工作绩效标准的要求。
G:一般。各方面的绩效都不是很优异。
I:需要改进。在绩效的某一方面存在缺陷,需要进行改进。
U:不令人满意。工作绩效水平总的来说无法让人接受,必须立即加以改进。
N:不做评价。在绩效等级表中无可以利用的标准或因时间太短而无法得出结论。

| 一般性工作绩效评价要素 | 评价尺度 | 评价事实依据或评语 |
| --- | --- | --- |
| 1. 质量:所完成工作的精确度彻底性和可接受性 | □O　100～90<br>□V　90～80<br>□G　80～70<br>□I　70～60<br>□U　60以下 | 分数 |
| 2. 生产率:在某一特定的时间段中所生产的产品数量和效率 | □O　100～90<br>□V　90～80<br>□G　80～70<br>□I　70～60<br>□U　60以下 | 分数 |
| 3. 工作知识:实践经验和技术能力以及在工作中所运用的信息 | □O　100～90<br>□V　90～80<br>□G　80～70<br>□I　70～60<br>□U　60以下 | 分数 |

许多企业在图尺度评价法的应用上不仅仅停留在对一般性工作绩效要素的评价层面上，它们还对工作职责做进一步分解，根据每种职责的重要性赋予不同的权重，对评价内容事先规定评价尺度，由考评者做一般性说明后，给出评价等级选项，如表 7-9 所示。

表 7-9　图尺度评价法应用举例（二）

| 姓　　　名：_____<br>职　　　位：_____<br>评价期间：从_____到_____<br>评价者姓名：_____<br>评价者职位：_____<br>部　　　门：_____ | 评价尺度定义<br>1. 未能达到工作要求<br>2. 基本达到工作要求<br>3. 全部达到工作要求<br>4. 很好地达到了工作要求<br>5. 超过了工作要求 |
|---|---|
| 被评价的职位：行政秘书 | |
| A：打字速度　　　权重：30% | 评价等级　1　2　3　4　5<br>　　　　　□　□　□　□　□ |
| 以每分钟 60 个词的速度按照适当的格式准确地将来自以下各个方面的信息打印成文件：口头指示、录音内容、总经理的手写材料、通知、会议议程和其他内部材料 | 评语： |
| B：接待　　　　　权重：20% | 评价等级　1　2　3　4　5<br>　　　　　□　□　□　□　□ |
| 当面或通过电话核定已经签订的合同，热心地帮助来电者和来访者；接听打进来的电话，转达消息，提供信息或直接将客人引到相应的办公室或个人处；作为主人在客人等待期间提供临时服务；操纵自动应答设施；与来电者及来访者保持一种合作态度 | 评语： |
| …… | …… |

图尺度评价法的应用范围十分广泛，适用于组织中全部或大部分工作，其因实用性强、开发成本小，备受企业人力资源管理部门的青睐。但这种方法也存在一定的缺陷，如不能有效地指导员工的行为，也就是说，评定量表不能清楚地指明员工必须做什么才能得到某个确定的评分，员工对企业期望他们做什么一无所知，因此也很难找出改进的办法。

## 四、行为导向评估法

行为导向评估法主要包括关键事件法、行为锚定等级评价法等。

（一）关键事件法

关键事件法也称重要事件法，是由美国学者福莱·诺格（John C. Flanagan）和伯恩斯（Baras）在 1954 年共同提出的。关键事件法对事不对人，以事实为依据，考核者不仅要注重对行为本身的评价，还要考虑发生行为的情境，可以用来向员工提供明确的信息，使他们知道自己在哪些方面做得较好、在哪些方面做得不好。关键事件法主要利用从一线管理者或员工那里收集到的有关被评价员工工作表现的特别事例进行考评。关键事件法一般有以下几种。

1. 年度报告法

这种方法的一种形式是一线考核者在考核期内保持对员工关键事件的连续记录。考核期内特别好或特别差的事件就代表了员工在考核期内的绩效水平。在考核期内没有或记录很少的员工所做的工作处于平均绩效水平。其优点是：它特别针对工作，与工作的关联性强，而且由于考核是在特定日期就特定事件进行的，很少或不受考核者主观的影响。年度报告法的主要缺点是很难保证对员工表现的精确记录。由于考核者更优先地考虑其他事情，所以常常不给记录员工表现以充足的时间。如果管理者对考核者进行必要的训练，使他们能客观、全面地记录员工的关键事件，这种考核方法也可以用于开发性目标。年度报告法的另一缺点是缺乏关于员工的比较数据，很难用关键事件的记录来比较不同员工的绩效。

2. 关键事件清单法

关键事件清单法也可以通过开发一个与员工绩效相联系的关键行为的清单来进行绩效考核。这种考核方法对每一项工作要给出 20 或 30 个关键项目。考核者只需简单地检查员工在某一项目上是否表现出众。表现出众的员工将得到很多检查记号，这表明他们在考核期的表现很好。一般员工将只得到很少的检查记号，因为他们仅在很少的某些情况下表现出众。表 7-10 是运用关键事件法对工厂助理进行绩效评价举例。关键事件清单法常常给不同的项目以不同的权重，以表示某些项目比其他项目重要。

表 7-10 关键事件法工作绩效评价

| 职　责 | 目　标 | 关　键　事　件 |
| --- | --- | --- |
| 安排工厂的生产计划 | 充分利用工厂中的人员和机器；及时发布各种指令 | 为工厂建立了新的生产系统；上个月的指令延误率降低了 10%；上个月提高机器利用率 20% |
| 监督原材料采购和库存控制 | 在保证充足的原材料供应前提下，使原材料的库存成本降到最低 | 上个月使原材料库存成本上升了 15%；A 部件和 B 部件的定额富余了 20%；而 C 部件的定额却短缺了 30% |
| 监督机器的维修保养 | 不因机器故障而造成停产 | 为工厂建立了一套新的机器维护和保养系统；由于及时发现机器部件故障而避免了机器的损坏 |

关键事件清单法产生的结果是员工绩效的数字总分，因此必须为组织内每一不同岗位制定一个考核清单，这种方法很费时间，而且费用很高。

3. 不良事故考核法

这是指通过预先设计不良事故清单对员工进行绩效考核。现实中，经常发现组织中存在这样一类工作现象：当一些例行常规性工作被很好地完成时，可能不会被列为重要的绩效考核指标，一旦这些工作出了差错，却可能给整个组织带来很大的损失。这就需要针对这些不良事故设计考核标准，加以规避。表 7-11 为不良事故管理清单示例。

**表 7-11 不良事故管理清单（示例）**

一、目的：为规范公司会计行为，保证会计资料真实、完整，加强经营和财务管理，提高经济效益，特制定本办法。

二、定义：会计核算与财务管理的不良事故是指由于个人原因违反《会计法》和国家统一制定的《企业会计准则》制度以及公司规定的会计行为而引起的后果。根据其影响面的大小分为 A 级（重大事故）和 B 级（一般事故）。

三、不良事故监督与预防

1. 公司员工对违反《会计法》和国家统一制定的会计制度规定的会计事项、会计行为，有权拒绝办理或予以解决。
2. 无权处理的应以书面的形式向单位负责人或向上一级领导人报告，有请求查明原因并做出处理的责任和义务。
3. 各级领导必须随时对公司的各项经济业务进行监督、控制和防范，对已发生的事故应及时提报并设法控制予以解决。
4. 每位员工在提交工作报告中如实地反映问题，对造成事故的当事人要提出相应的处罚意见。
5. 公司总经理、各相关部门应按照《公司法》《会计法》及公司的有关规定进行定期检查。

四、不良事故的查处程序及处理规定

1. 举报或寻查不良事故—由人事部门记录并转相关部门查实—查实后填表上报（包含处罚意见）—由部门主管审核认定—转人事部门根据处罚规定进行绩效考评。
2. 季度内发生 A 级事故一次、B 级事故三次以下，扣除当事人当季绩效奖金；若及时查办上报并采取了补救措施，则记录在册并在季度绩效考评时适当扣分；若没有及时上报造成事态严重的，则当季业务管理评分记为零分。

五、不良事故的名称与判定

1. 伪造原始凭证、账簿、会计资料：不依法索取原始凭证或设置会计账簿，致使财务数据失真的，不良事故级别为 A 级。
2. 随意变更会计处理方法：会计处理方法不确定，违反《会计法》造成损失的，不良事故级别为 A 级。
3. 提供虚假的会计信息：向不同的会计资料使用者提供的财务会计报告不一致的，由于个人原因造成的不良事故级别为 A 级。
4. 隐匿会计资料：隐匿会计资料和上级文件精神，给公司造成不良影响的，不良事故级别为 B 级；造成经济损失的，不良事故级别为 A 级。
5. 故意销毁会计资料：未按照规定保管会计资料致使会计资料毁损、丢失的，不良事故级别为 A 级。
6. 预算不准确：预算额与实际差异在 30%以上，不良事故级别为 A 级；在 10%～30%，不良事故级别为 B 级。
7. 指使强令他人行为：强迫指使他人意志和行为造成不良影响的，不良事故级别为 B 级，造成经济损失的不良事故级别为 A 级。

……

资料来源：付亚和，许玉林. 绩效管理[M]. 上海：复旦大学出版社，2013.

## （二）行为锚定等级评价法

行为锚定等级评价法也称为定位法、行为决定性等级量表法或行为定位等级法，是由美国学者史密斯（P. C. Smith）和德尔（L.Kendall）于 20 世纪 60 年代提出的。行为锚定等级评价法是一种对同一职务工作可能发生的各种典型行为进行评分度量，建立一个锚定评分表，以此为依据，对员工工作中的实际行为进行测评计分的考评办法。其基本思路是：

描述职务工作中可能发生的各种典型行为,对行为的不同情况进行度量评分,在此基础上建立锚定评分表,作为员工绩效考评的依据,对员工的实际工作行为进行测评并给分。

行为锚定等级评价法是关键事件法的进一步拓展和应用。它将关键事件和等级评价有效地结合在一起,通过一张行为等级评价表可以发现,在同一个绩效维度中存在一系列行为,每种行为分别表示这一维度中的一种特定绩效水平,将绩效水平按等级量化,可以使考评的结果更有效、更公平。该方法的优点是:评价指标之间的独立性较高;评价尺度更加精确;具有良好的反馈功能。缺点是需要花费较多的时间,设计也比较麻烦,仅适用于评价不太复杂的工作。图 7-1 是行为锚定等级评价法的一个应用实例。

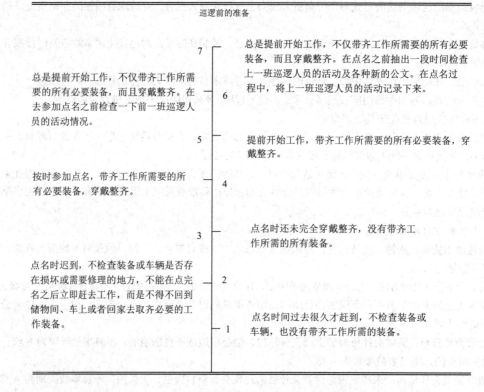

图 7-1 行为锚定等级评价法示例——巡逻人员

## 第三节 基于 KPI[①] 的绩效考核

### 一、KPI 的起源

1897 年,意大利经济学家帕累托偶然注意到 19 世纪英国人的财富和收益模式。在调查取样中,他发现大部分的财富流到了少数人的手里。他还从早期的资料中发现,在其他国家,这种微妙关系一再出现,而且在数学上呈现出一种稳定的关系。于是,帕累托从大

---

① key performance index,关键绩效指标。

量具体的事实中发现：社会上 20%的人占有 80%的社会财富，即财富在人口中的分配是不平衡的。后来，约瑟夫·朱兰等人将这一现象概括为帕累托法则（二八法则或二八定律）。KPI 是在"二八定律"的基础上建立起来的，即 80%的绩效通常是通过 20%的关键工作驱动而取得的。二八定律为绩效考核指明了方向，即考核工作的主要精力要放在关键的结果和关键过程上。

## 二、KPI 的定义

关键绩效是指用于考核和管理被考核者绩效的可量化的或可行为化的标准体系，是将企业宏观战略目标、决策层层分解产生的可操作性战术目标。具体包括企业级 KPI、部门级 KPI 和每个岗位的 KPI。在经营的过程中，企业应随着市场环境和内部状况的变化，在不同的时期设定不同的战略目标，而这种变化必须体现在绩效指标的变化和调整上。

关键绩效指标考核法是通过对组织内部流程的输入端和输出端的关键参数进行设置、取样、计算、分析，衡量流程绩效的一种目标式量化管理指标。它是把企业的战略目标分解为可操作的工作目标的工具，是企业绩效管理的基础。

## 三、KPI 考核体系的特点

关键绩效指标（KPI）主要是指能影响企业绩效管理的重要指标，是在企业成长中发挥重要作用的指标，当然这些指标所在领域也就成为企业需要重点发展的关键方面，这些关键指标的完成情况影响着企业价值的实现。具体来讲，要先确定企业的战略发展目标，然后剖析确定好的战略目标，选出对战略目标有着重大影响的关键绩效指标。通过绩效考核指标体系的建立，实现企业战略目标实现与企业价值创造的有机结合，然后重点关注该指标所在领域的发展情况，便能实现企业的战略目标。在此过程中有个关键问题，那就是关键绩效指标的量化问题，只有对指标进行量化，才能合理有效地评判企业绩效的成果，才能更好地为领导层所理解，从而做出有利于企业发展的决策。

KPI 考核体系的特点如图 7-2 所示。

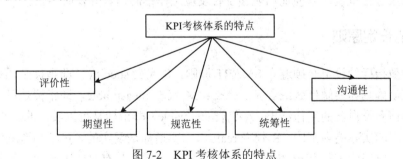

图 7-2　KPI 考核体系的特点

### （一）评价性

KPI 绩效考核标准是为了评价员工的绩效而设计的，所以绩效考核体系始终是为员工、团队、组织工作服务的，对各项工作进行划分，确定各方工作任务。实际工作中，员工、团队、组织的主动性、热情、忠诚和合作等因素的影响较为重要，但难以定义和衡量。绩效考核可以考虑这些指标的影响价值，以工作任务作为指导，落实到细处，纳入工作相关的指标，而对非工作相关指标加以排除。

### （二）期望性

KPI 考核要求公司审视内容管理工作，重点考核员工的业绩情况，赋予员工一定的绩效期望。换言之，要规范员工的工作内容、工作行为、工作态度，要求员工在一定时间内完成相关工作任务，避免因为员工不明确自身工作考核内容而实施绩效考核的不合理性。所以，公司要设定非常客观的绩效考核标准，针对不同的工作人员、团队、组织制定不同的标准，并使用通俗易懂的语言进行阐述。

### （三）规范性

对于同一类型的员工应采用相同的考核方式，考核周期应相同，如月考核、年考核等。另外，考核绩效时需提供正式文件。该文件应包括员工职责、潜在绩效结果以及在做出评估决定时检查此文件的方法。考核结束后，员工必须在考核文件上签字。

### （四）统筹性

合格的评价者在绩效评价中非常重要。考核管理人员应该对员工、团队、组织负责。这一责任应分配给一个或多个公司高层管理人员。在实际工作中，评价者通常是受过良好培训的员工直属上司。

### （五）沟通性

应强化绩效考核的公开沟通，在工作场所告知员工考核结果。大多数员工都想知道自己的绩效如何，考核管理人员要考虑到这种愿望，制定绩效评价体系的沟通机制，通过绩效考核沟通和反馈，进一步规范绩效考核体系。如果员工不知道考核结果和具体情况，只知道被扣了工资，既很难理解，也很难被说服。一个好的员工绩效考核制度应该让员工能够对评估结果进行审查，以便他们能够及时发现工作中的错误并及时纠正。

## 四、KPI 的设定原则

关键绩效指标的设定必须遵守 SMART 原则：S 代表 specific，即指标必须是具体的，能够让员工明确具体要做什么或者完成什么；M 代表 measurable，即指标是可以度量的，员工知道如何衡量自己的工作结果；A 代表 attainable，即指标是可以实现的、可以达到的，没有超出员工的实际能力范围；R 代表 realistic，即指标是现实的，员工知道绩效符合公司实际情况且可以证明；T 代表 time-bounded，指目标实现是有时间限制的，员工知道应该在多长时间内完成工作。

## 五、KPI 体系的构建

### （一）KPI 目标的确定

准确定位 KPI 目标，首先要明确公司的愿景和战略目标，公司所有的绩效结果标准都必须与公司的目标一致。

公司目标通常可以体现在财务、战略、组织、公司价值四个方面。

（1）财务目标衡量业务单元的财务业绩，如收入、净利润等。

（2）战略目标是一种长期的、目标明确的可衡量指标，可衡量业务可持续的获利能力，如重点客户细分、客户满意度等。

（3）组织目标致力于建立一个能够吸引、保留和激励人才的强大组织，如人才保留、技能培养、风险控制体系等。

（4）公司价值目标是公司区别于同行业者的显著特点，如工作理念、专业化和职业化操守等。

### （二）划分责任中心

责任中心是指企业里相对独立的、具有一定管理权限并承担相应经济责任的内部单位，是一个责、权、利相结合的责任单元。责任中心的划分以考核为主要目的，每一个责任中心按划分的标准不同而具备相应的权利义务关系，KPI 的确立也正是依据不同的责任中心而确定不同的指标体系。建立责任中心的关键就是分清责任与权限，并为责任中心充分授权。

### （三）确定关键绩效指标

确定关键绩效指标是构建 KPI 体系的核心环节，大致遵循以下步骤。

1. 明确 BSC

BSC（balanced score card）即平衡计分卡，它从财务、客户、内部业务流程和学习与成长四个不同的层面将企业愿景和战略转化为目标和考核指标，从而实现对企业绩效的全方位监控和管理。

2. 选择对企业经营具有重大影响的关键绩效指标

影响企业经营成果的因素有很多，如经营决策、市场条件、政府监管力度、自然资源条件等，但关键业绩指标只衡量经营成果中可影响的部分，即关键业绩指标的衡量领域主要包括企业的经营决策与执行部分。关键业绩指标的选择方法有很多，包括 KPI 矩阵法、敏感性分析法、结合关键成功因素法等，也可综合使用以上多种方法以达到优势互补。在这些方法中，敏感性分析法是一种易于操作且效果显著的方法，被很多企业采用。所谓敏感性分析法，就是先依据经验或历史数据确定若干个较为重要的指标，然后给各个指标增加 10%，引起资产贡献率变化最大的指标即可选定为关键绩效指标。

3. 给各部门、各岗位确定关键绩效指标

选定关键绩效指标后，就需要将指标层层分解到各部门或各相关人员，具体可以采取访谈或分析历史资料的方法，过程中需不断沟通反馈，以保证指标分解后的有效性。

4. 权重设定

权重设定是 KPI 体系构建中一个很重要的环节，依据企业经验，过高的权重易导致员工"抓大头儿扔小头儿"，对其他与工作质量密切相关的指标不予关注；过高的权重会使员工考核风险过于集中，万一不能完成指标，则全年的奖金、薪酬均会受到很大的影响。因此，KPI 权重一般为 5%~30%。另外，出于简化计算的考虑，权重一般取 5 的整倍数，并且得分一般利用线性变化算比例。

权重设定的方法有很多，月亮图法就是一种较为科学且形象直观的分析方法。这种方法的核心是对选定的各个关键绩效指标分别考虑指标的重要性、影响力、可测性等因素，并对各个因素的权重大小分别以圆圈中所占阴影面积的大小表示，最后把所有因素的权重汇总，得出最终的权重比例，如图 7-3 所示。

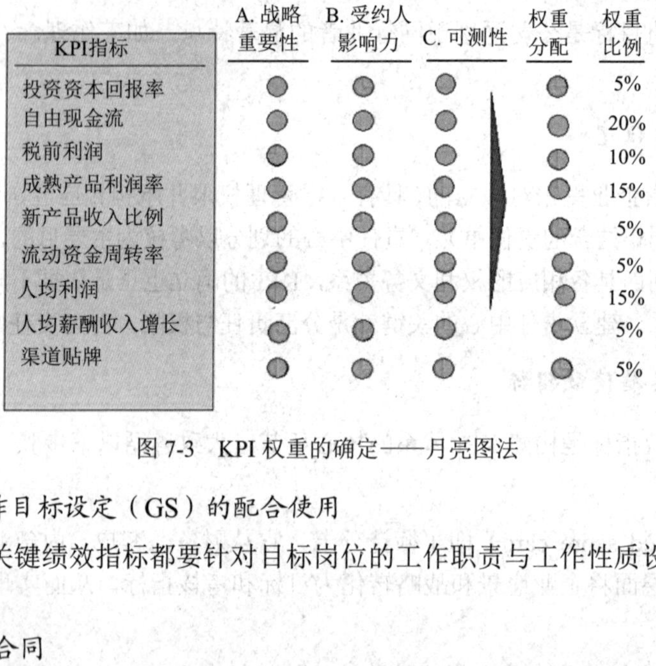

| KPI指标 | A. 战略重要性 | B. 受约人影响力 | C. 可测性 | 权重分配 | 权重比例 |
|---|---|---|---|---|---|
| 投资资本回报率 | ● | ● | ● | ● | 5% |
| 自由现金流 | ● | ● | ● | ● | 20% |
| 税前利润 | ● | ● | ● | ● | 10% |
| 成熟产品利润率 | ● | ● | ● | ● | 15% |
| 新产品收入比例 | ● | ● | ● | ● | 5% |
| 流动资金周转率 | ● | ● | ● | ● | 5% |
| 人均利润 | ● | ● | ● | ● | 15% |
| 人均薪酬收入增长 | ● | ● | ● | ● | 5% |
| 渠道贴牌 | ● | ● | ● | ● | 5% |

图 7-3　KPI 权重的确定——月亮图法

5. KPI 与工作目标设定（GS）的配合使用

工作目标和关键绩效指标都要针对目标岗位的工作职责与工作性质设定，由公司战略目标分解得出。

6. 生成业绩合同

业绩合同是中层以上管理人员与上级就应实现的工作/业绩订立的正式书面协议，它定义了公司各管理层的主要考核方面及关键业绩指标、工作目标设定，确定了各主要考察内容的权重，并且参照历史业绩及未来策略重点设定业绩需达到的标准，参与决定合同受约人的薪酬与非物质奖惩。业绩合同的制定是通过上下级业务之间和同级各部门之间的共同沟通反馈完成的。业绩合同组成部分包括 KPI 类别、KPI 指标、权重与目标且要对比实际完成业绩与预算目标，依各考核项目的重要性通过不同权重加权平均来计算综合业绩分数。

【☆思政专栏 7-2】　　　　海尔的"人单合一"管理模式

人单合一（Ren Dan He Yi，缩写为 RDHY）是海尔集团创始人、海尔集团董事局名誉主席张瑞敏提出并命名的一种商业模式，通常称为人单合一模式。人单合一模式不同于一般意义上的竞争方式和组织方式，也不同于传统的业务模式和盈利模式的范畴，而是顺应互联网时代"零距离"和"去中心化""去中介化"的时代特征，从企业、员工和用户三个维度进行战略定位、组织结构、运营流程和资源配置领域的颠覆性、系统性的持续动态变革，在探索实践过程中，不断形成并迭代演进的互联网企业创新模式。目标是确认员工关注哪些事项以及存在哪些特定问题，并在了解造成这些问题的原因的基础上制订出解决这些问题的行动计划。

"人单合一"的字面释义："人"，指员工；"单"，指用户价值；"合一"，指员工的价值实现与所创造的用户价值合一。"人单合一"的基本含义是，每个员工都应直接面对用户，创造用户价值，并在为用户创造价值中实现自己的价值分享。员工不是从属于岗位，而是因用户而存在，有"单"才有"人"。在海尔集团的实践探索中，"人"的含义有了进一步的延伸。首先，"人"是开放的，不局限于企业内部，任何人都可以凭借有竞争力的预案竞争上岗；其次，员工也不再是被动执行者，而是拥有"三权"（现场决策权、用人权和分配权）的创业者和动态合伙人。"单"的含义也进一步延伸。首先，"单"是抢来的，而不是上级分配的；其次，"单"是引领的，并动态优化的，而不是狭义的订单，更不是封闭固化的。因此，人单合一是动态优化的，其特征可以概括为两句话："竞单上岗、按单聚散"；"高单聚高人、高人树高单"。人单合一的"合一"即通过"人单酬"来闭环，每个人的酬来自用户评价、用户付薪，而不是上级评价、企业付薪。传统的企业付薪是事后评价考核的结果，而用户付薪是事先算赢、对赌分享的超利。

人单合一模式从薪酬驱动的方式根本性变革倒逼企业两个变量——战略和组织的模式颠覆，体现为"三化"——企业平台化、员工创客化、用户个性化。企业平台化，即企业从传统的科层制组织颠覆为共创共赢的平台；员工创客化，即员工从被动接受指令的执行者颠覆为主动为用户创造价值的创客和动态合伙人；用户个性化，即用户从购买者颠覆为全流程最佳体验的参与者，从顾客转化为交互的用户资源。

模式的颠覆同时颠覆了企业、员工和用户三者之间的关系。传统模式下，用户听员工的，员工听企业的；人单合一模式下，企业听员工的，员工听用户的。战略转型、组织重构和关系转变带来的是整个商业模式的重建。

海尔集团董事长张瑞敏提出并命名的"人单合一"管理模式体现了管理创新意识。

## 第四节 基于平衡计分卡的绩效考核

### 一、平衡计分卡的产生

#### （一）背景

工业经济时代，实物资产占据主导地位。像"资产报酬率"综合性财务衡量方法，既引导公司内部资产物尽其用，又监督各部门使用资金和实物资产为股东创造价值和效力。[①]

---

① 资产报酬率=(净利润+利息费用+所得税)/平均资产总额×100%。

20世纪初，唐纳德·桑·布朗首创的"资产报酬率"指标和"杜邦财务分析体系"曾在西方企业界得到广泛推崇和使用。这是一种利用各主要财务比率指标间的内在联系，通过制定多种比率的综合财务分析体系来考察企业财务状况及经济利益的分析方法。

### （二）产生

如今，人类文明从工业社会进入了信息社会，实物资产对公司的重要性降低，人力资产、知识资产等无形资产越来越成为现代公司成功的要素。1990年，在罗伯特·卡普兰（Robert S.Kaplan）和大卫·诺顿（David P.Norton）带领下的研究小组对12个公司进行了长达一年的研究，研究课题为"衡量未来组织的业绩"。这项研究源自这样一个想法：依靠财务方法进行业绩衡量已经过时。在研究初期，小组收集了一些富于创新精神的业绩衡量方法，其中包括模拟装置公司编制的"公司计分卡"。"公司计分卡"除进行传统的财务角度的衡量，还对交货时间、新产品开发的效率等因素进行衡量。在随后的研究工作中，该研究小组充实了该计分卡，使之成为现在的"平衡计分卡"。它以愿景与策略为中心，由财务、客户、内部业务流程、学习与成长四个方面组成。它之所以被称为平衡计分卡，是因为兼顾了长期目标与短期目标的衡量、财务与非财务的衡量、外部与内部的衡量等各个方面，能够多角度地为企业提供信息，综合地反映企业的业绩。

## 二、平衡计分卡的定义

平衡计分卡是围绕企业的长远规划，由与企业目标紧密联系、体现企业成功关键因素的财务指标和非财务指标组成的业绩衡量系统。这个系统有助于企业实现战略目标，可帮助企业寻找获得成功的关键因素，建立综合衡量的指标，以促使企业竞争的成功与战略目标的实现。平衡计分卡曾被《哈佛商业评论》评为最具影响力的管理工具之一，它打破了传统的单一使用财务指标衡量业绩的方法，在财务指标的基础上加入了未来驱动因素，即客户因素、内部经营管理过程和员工的学习成长，在集团战略规划与执行管理方面发挥了非常重要的作用。根据解释，平衡计分卡主要是通过图、卡、表来实现战略的规划。

图7-4所示是国内某大型电信企业开发的平衡计分卡指标体系。

## 三、平衡计分卡的特点

平衡计分卡是一种有效的考核方式，其特点如下。

### （一）它是一种将战略管理和实施相结合的方法

平衡计分卡在企业战略发展的基础上，通过将四个维度的目标和实施措施有效结合，形成一个战略管理与实施体系。该方法将企业的战略转换成绩效指标和具体行为，为企业战略实施创建平台，改善企业的战略执行。

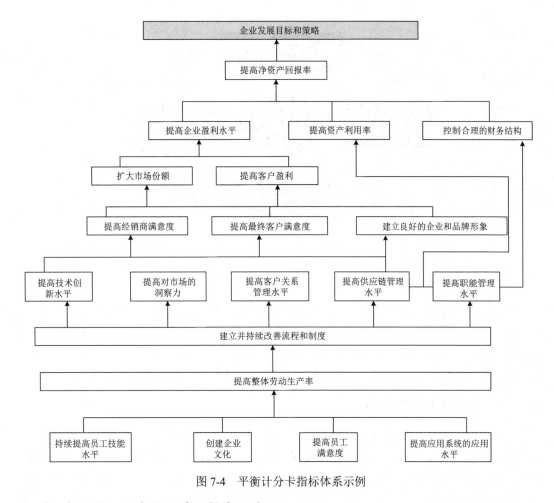

图 7-4 平衡计分卡指标体系示例

### （二）它是一种有效的绩效评价方法

平衡计分卡通过四个维度，通过学习和成长，持续改善企业内部流程，不断提高顾客的满意度和财务成果，建立可量化、可评估的绩效指标，全面系统地督促企业战略的执行，促使企业战略目标的实现。

### （三）它是一种较好的交流途径

为保证战略的有效实施，平衡计分卡具备目标之间的因果协同关系，明确界定个人及部门的目标，为部门之间、上下级之间搭建沟通的桥梁，使得员工明晰企业的战略，并及时给予有效的反馈。

## 四、平衡计分卡的理论框架

平衡计分卡将财务、内部业务流程、客户、学习与成长四个维度与企业战略和愿景有机地结合起来，各维度之间环环相扣、相互作用、层层递进，构成一套完整的绩效评价体系（见图 7-5）。

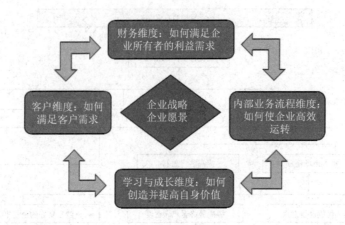

图 7-5　平衡计分卡的理论框架

### （一）财务维度

获得利益是企业的重要指标，这一维度就是解答"企业所有者怎样看待我们"的问题。平衡计分卡围绕财务指标开展绩效评价，重点关注如何满足企业所有者的利益需求，主要包括盈利能力、债权债务、投资回报率、单位成本等方面。财务维度直接反映出各相关者的利益，可衡量经营业绩的经济效果，并对企业战略是否有助于实现其经营目标做出判断。

### （二）内部业务流程维度

这个维度回答了"如何使企业高效运转"的问题。企业将围绕有效的内部控制、供应商管理、流程优化等方面进行考评，主要关注企业在哪些流程上的表现有助于实现目标。企业要着眼于核心竞争力，甄选出对企业影响较大的内部业务流程，并将其转化为有效的指标，以改善经营活动的业绩。内部业务流程维度需要企业确定对客户满意度和财务指标影响较大的内部业务流程，并对该过程进行优化，通过创造全新的产品和优质的服务扩大客户群体，促进企业的发展。

### （三）客户维度

设立客户维度的目的在于提高客户的满意度、扩大市场份额，该维度解答了"如何满足客户需求"的问题。客户怎样看待企业取决于企业能为其提供多少令人满意的产品和服务，包括市场占有率、客户满意度、客户增长率等。

### （四）学习与成长维度

这个维度主要解答"如何创造并提高自身价值"的问题。此维度可加强对员工的针对性培训，提升员工的满意度与凝聚力，不断提升员工的技术能力与管理素质，增强企业核心竞争力。该维度从学习与成长的角度，为弥补员工现有能力和目标之间的差距，明确企业长期发展所必须做出的投资。这些投资可帮助员工获得新的技能，有助于员工顺利开展工作。

平衡计分卡打破了仅以财务指标为考核重点的传统局面，引导企业在建立财务指标的同时，要关注员工的学习与成长、客户需求及内部业务流程等非财务指标，追求指标之间的平衡性和指标的丰富性。

## 五、平衡计分卡的基本内容

平衡计分卡一般由四个方面组成：财务、客户、内部业务流程、学习与成长。财务指标是企业最终的追求和目标，也是企业存在的根本物质保障；要提高企业的利润水平，必须以客户为中心，满足客户需求，提高客户满意度；要满足客户需求，必须加强自身建设，提高企业内部的运营效率；提高企业内部效率的前提是企业及员工的学习与成长。这四个方面构成一个循环，从四个维度解释了企业在发展中所需要满足的四个因素。而当一个循环结束后，企业又会面临新的战略目标，从而开始新的创新、新的循环。

### （一）财务指标

1. 必要性

财务指标是企业追求的最终目标。企业战略是否成功，平衡计分卡其他三方面的策略是否成功，都能够在财务指标上体现出来。如果平衡计分卡中所衡量的财务业绩未能得到改善，那便说明某个环节出了差错，企业应考虑重新确定成功的关键因素，甚至修订战略计划。

2. 指标选择

一个企业的寿命周期可以被划分为成长、维持和成熟三个阶段。不同阶段的企业，其财务指标可能会有很大的差异。

（1）成长阶段。成长阶段的企业有着巨大的增长潜力，要开发这一潜力，企业必须动用大量的人力和物力扩建生产设施，进行销售网络的建设等。这一阶段，企业的资金比较紧张，投资回报率也可能较低，因此企业财务方面的目标多为开发市场、扩大销售收入。

（2）维持阶段。维持阶段的企业努力保持现有的市场份额，并使这一阶段的投资获得丰厚的利润。这一阶段的财务目标主要是与获利能力有关的财务目标，如提高投资报酬率等。

（3）成熟阶段。成熟阶段的企业已无须扩大生产能力，不需要进行大量的投资。这类企业致力于收获前两个阶段投资所产生的利润。这时的财务目标主要是使净现金流量最大化。针对不同阶段的财务目标，可以进一步确定衡量指标。

总之，成长阶段可以使用销售增长率指标，维持阶段可以使用投资报酬率、利润等指标，成熟阶段可以使用净现金流量等指标。

### （二）顾客指标

1. 必要性

随着竞争的日益激烈，市场营销在企业中的地位显得日益重要。与传统的生产观念、产品观念、推销观念所不同的是：市场营销观念认为，实现企业各项目标的关键在于正确确定目标市场的需要和欲望，并且比竞争者更有效地传送目标市场所期望的产品或服务，进而比竞争者更有效地满足目标市场的需要和欲望。在这种观念的指导下，企业应致力于客户服务和客户满意，这也就是平衡计分卡客户方面的目标。企业应该深入开展市场调查，分析不同的客户群体，并据此确认自身的目标客户群体。

例如，某石油公司通过市场调查，将客户划分成五个客户群体后，发现其中一个客户群体"追求便宜"，这类客户只占买主的20%，而且其利润是最微薄的，而公司多年来一直花大力气与其他公司争夺这类客户。公司经分析后毫不迟疑地将今后工作的重点转移到吸引和留住其他类型的客户群体上。之后的财务报表显示，公司的业绩出现了明显的改善。这个例子说明，对客户群体进行划分有利于企业确定正确的目标客户，实现业绩的增长。在确定目标客户后，便可进一步确定平衡计分卡体系中客户方面的目标和衡量指标。

2. 指标选择

在确定目标客户后，企业应该想方设法地满足目标客户的需要，以留住原有客户、吸引新的客户，从而扩大市场份额，从客户处获得更高的利润。客户指标包括以下几个。

（1）市场份额。设立这个指标的目的就是促使企业争取客户、扩大销售。一般地，市场份额越大，从客户处获得的利润总额也就越高。

（2）客户保持率。对这一指标进行衡量，能促使企业想办法留住客户。显然，留住客户是扩大市场份额的前提。

（3）客户获得率。该指标用来计算企业新客户的数量占原有客户数量的比例。目的是促使企业赢得新客户。一般来说，企业若想扩大自己的市场份额，就应该制订一项在市场中扩大客户来源的计划，努力赢得新客户。

（4）客户的满意程度。该指标用来衡量客户对公司提供的产品、售后服务等各方面的整体满意程度。衡量客户满意程度的目的是提高客户对公司的满意度，从而留住客户和争取新的客户。研究表明，只有在客户购买产品时完全满意或极为满意的情况下，企业才能指望他们继续从本企业购买产品。确定客户的满意程度可以通过信函调查、电话调查、上门调查三种方式进行。这三种调查方式的费用由低到高，调查的准确性与提供的价值也由低到高。

（5）从客户处获得的利润率。这一指标一般用企业从某个客户或某个客户群体获取的利润与相对应的销售收入的比值来表示。扩大市场份额、留住客户、赢得新客户和使客户满意，只是企业获取更多利润的手段。

（三）内部业务流程指标

1. 必要性

企业内部的经营过程是其实现长远目标必不可少的环节。这个过程贯穿了根据客户需要设计开发新产品、生产产品、提供售后服务等流程。

2. 指标选择

1）创新过程的目标和衡量指标

创新过程的目标应该是全面、准确地收集有关市场、客户的情报，抢在竞争对手之前设计开发出满足具体客户需要的新产品。为此，可以使用以下衡量指标：① 新产品销售额所占比重；② 开发新一代产品的时间；③ 保本时间。其中，保本时间是指从研制某种新产品开始，到这种新产品投放市场后获取的收入相当于总成本所需要的时间。保本时间综合考虑了成本、产量、时间三方面的因素。这一指标能促使企业的设计部门、生产部门和销售部门为降低保本时间这一目标而共同努力。它促使企业去开发真正满足客户需要的产品，以尽快获取利润，同时促使企业尽快回收研制开发所耗费的投资。

2）经营过程的目标和衡量指标

经营过程的目标包括提高产品的质量、缩短生产经营周期和降低产品生产成本等方面。相应地，我们可以确定质量、时间、成本等方面的指标。

（1）质量指标。可以将合格品率和返工率两个指标相结合来衡量企业产品的质量。合格品率促使企业提高合格品的比例，对返工率的衡量则促使企业产品的生产能够一次过关。合格品率是人们所熟悉的衡量产品质量的指标，但为何还要衡量返工率呢？

下面举个例子说明。

20 世纪 80 年代，美国生产国防电子产品的电力公司出现严重的质量问题，原因出在集成电路板的生产装配环节上。于是，该公司派出专家组到日本一家同类公司参观学习。

日本厂家问美国专家：“我们的产品生产一次性合格的比例是 96%，你们一次通过的比例是多少？”美国专家答不上来，因为他们从未进行过有关的统计。美国专家返回之后，通过调查得知他们的产品一次性通过检验合格的比例只有 16%。大家都认为，如果不改进这一比例，企业末日即将来临。6 个月后，该公司将这一比例提高到 60%，同时实现裁员 100 人。实际上，这 100 人原来是准备用于生产次品并对次品进行返工的，既然公司不再生产次品和修理次品了，自然就不再需要他们了。

（2）时间指标。许多客户非常重视企业的反应时间，即从他们发出订单到接到货物所经历的时间。企业有两种方式缩短反应时间：一是接到订单之后做出迅速反应，加快生产、交付的过程；二是保持大量库存，接到订单之后，用库存的产品满足客户的订单。第二种方式往往造成企业产品积压，并且使企业缺乏对非库存产品的订单做出迅速反应的能力。现在，越来越多的企业采用第一种方式，即缩短内部生产经营所需的时间，并对客户订单迅速做出反应。

（3）成本指标。在经营过程中进行时间和质量方面的衡量时，还应对生产成本进行衡量。一般用单位生产成本指标来衡量在经营过程中降低成本方面的业绩。

3）售后服务过程的目标和衡量指标

售后服务过程的目标应该满足客户提出的合理的售后服务要求。

（1）售后服务质量。这项指标用于衡量售后服务一次性成功的比例。

（2）售后服务成本。具体包括售后服务过程中人力和物力方面的成本。

（四）学习与成长方面指标

1. 必要性

学习与成长是指企业投资于员工培训、改进技术和提高学习能力。影响企业成功的重要因素与相应目标是随着竞争环境的变化而不断变化的。它描述了企业的无形资产及其在战略中的作用。一般来说，无形资产可分为两种：一是人力资产，即为了支持公司战略，员工需具备的技能、才干及知识；二是信息资产，即为支持公司战略所需的信息系统、网络及基础设施系统。员工的能力是企业学习与成长能力中最主要的方面，它包括：第一，做好企业文化落地，在公司内部使员工拥有归属感与荣誉感；第二，提高员工满意度，提高优秀人才忠诚度，减少关键人员流失数量；第三，重视员工继续教育与培训发展，提高人员效能。企业学习与成长能力的另一个方面是反应灵敏的信息系统。反应灵敏的信息系统可以及时准确地把客户的信息传递给决策者和一线员工，这样才可以使他们运用自身的能力做出相应的决策或提出相应的合理化建议。

2. 指标

1）员工能力方面的衡量指标

这类指标包括：员工的培训次数、员工培训合格率；员工技能证书获取情况；员工满意度；员工保持率；员工流动率；员工企业文化认同度；雇员的劳动生产率；等等。

2）信息系统能力方面的目标和衡量指标

信息系统能力方面的目标是指建立一个完善的信息系统，使员工得到充分的关于客户、内部经营方面的信息反馈。可以用信息覆盖率、信息系统反应时间、信息系统更新速度等指标来衡量信息系统满足员工需要的能力。企业的愿景与战略，与平衡计分卡的四大基本内容的关系，如图 7-6 所示。

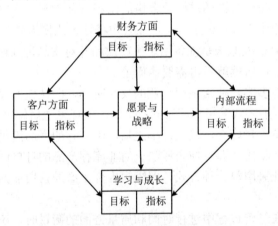

图 7-6 平衡计分卡的战略计划

## 第五节 绩效反馈与结果运用

### 一、绩效反馈面谈的主要类型

从绩效反馈面谈的内容和形式上看，绩效面谈可以有很多种分类，如按照具体内容区分，有以下四种类型。

## （一）绩效计划面谈

它是指在绩效管理初期，上级主管与下属就本期内绩效计划的目标和内容，以及实现目标的措施、步骤和方法所进行的面谈。

## （二）绩效指导面谈

它是指在绩效管理活动的过程中，根据下属不同阶段的实际表现，主管与下属围绕思想认识、工作程序、操作方法、新技术应用、新技能培训等方面的问题所进行的面谈。

## （三）绩效考评面谈

它是指在绩效管理末期，主管与下属就本期的绩效计划的贯彻执行情况，以及其工作表现和工作业绩等方面所进行的全面回顾、总结和评估的面谈。

其中，绩效评价面谈又可以根据每次面谈的特殊目的划分为几种类型，如表7-12所示。

表7-12 工作绩效评价面谈类型

| 类 型 | | 目 标 |
|---|---|---|
| 令人满意，可以晋升 | | 制订开发计划 |
| 令人满意，不能晋升 | | 维持现有绩效 |
| 不令人满意 | 可以改善 | 绩效改善计划 |
| | 无法改善 | 解雇或放任自流（不需要再面谈） |

1. 令人满意，可以提升

在这种面谈中，被面谈者的工作绩效是令人满意的，并且即将晋升。这是三种面谈中最容易的一种。面谈者的主要目标是与被面谈者讨论其职业发展规划，以及为此人新的工作岗位制订培训和职业发展方面的行动计划。

2. 令人满意，不能提升

这种面谈的对象是那些虽然工作绩效令人满意，却暂时不能得到晋升的员工。员工暂时不能得到晋升的理由可能是他已经达到了自己的能力限度，也可能是因为企业中暂时没有较高一级的职位空缺。还有一些员工则对目前的职位比较满意，因而不再希望得到晋升。在这种情况下，面谈的目的就不再是对此类人员的工作绩效加以改进或进行下一步的开发，而是设法使其维持现有的工作绩效水平。

3. 不令人满意，可以改善

当员工的工作绩效不令人满意，但有改善的可能时，工作绩效评价面谈的目的就是制订一个行动计划来改善当前这种无法令人满意的工作绩效。

## （四）绩效总结面谈

它是指在本期绩效管理活动完成之后，将考评结果和有关信息反馈给员工本人，为下一期绩效管理活动创造条件的面谈。

## 二、绩效反馈面谈的实施

### （一）面谈内容

绩效面谈的内容应围绕员工上一个绩效周期的工作开展，一般包括四个方面的内容。

1. 工作业绩

工作业绩是绩效反馈面谈中最重要的内容，如行为表现、工作态度、工作能力等。工作业绩的综合完成情况是主管进行绩效面谈时最重要的内容，在面谈时应将评估结果及时反馈给下属，如果下属对绩效评估的结果有异议，则主管需要和下属一起回顾上一绩效周期的绩效计划和绩效标准，并向下属详细地介绍绩效评估的理由。通过对绩效结果的反馈，总结绩效达成的经验，找出绩效未能有效达成的原因，为以后更好地完成工作打下基础。

2. 行为表现

除绩效结果外，主管还应关注下属的行为表现，如工作态度、工作能力等。对工作态度和工作能力的关注可以帮助下属更好地完善自己，并提高员工的技能，也有助于员工进行职业生涯规划。

3. 改进措施

改进措施是绩效反馈面谈的最终目的。在面谈过程中，针对下属未能有效完成的绩效计划，主管应该和下属一起分析绩效不佳的原因，并设法帮助下属提出具体的绩效改进措施。

4. 确立新目标

确立新目标是绩效反馈面谈最后的环节。绩效面谈是绩效管理流程最后的环节，主管应结合上一绩效周期的绩效计划完成情况与下属新的工作任务，和下属一起提出下一绩效周期的新的工作目标和工作标准，这实际上是帮助下属一起制订新的绩效计划。

### （二）面谈准备

1. 管理者应做的准备

1) 选择适宜的时间和场地

在选择绩效反馈面谈的时间时应当注意以下几点：第一，选择双方都比较方便的时间。第二，不要选择接近上下班的时间。第三，根据面谈的内容，估算一下面谈的时间。一般来说，与基层工作人员，如现场工人的面谈不超过一个小时，而与中层管理人员面谈则需要较长时间。通常在面谈前，应告知员工面谈所需要的时间。第四，在管理者拟定面谈时间后，应征得员工的同意，并至少提前一周通知员工，以便员工有时间对自己的工作进行审查总结。

地点的选择要根据实际情况而定，可以选择办公室、小型会议室、咖啡厅、公司运动场、公司绿化小花园等休闲场所。无论选择哪个场所，都应当注意以下问题：第一，场所应安静，不受打扰，远离电话、打印机、来访的客人等。当在室内进行面谈时要注意关门，不应被其他人听到面谈的内容。第二，尽量营造一种较为轻松的氛围，这样有利于员工放松,能够将自己真实的想法表达出来。第三,注意管理者和员工的座位安排。如果相对而坐,目光直视,则会给人居高临下的感觉,容易给员工造成心理压力。应采用双方并排且有一定角度的座次安排,这样既避免了目光直视,也有利于观察对方的非语言行为。

2)绩效反馈面谈的资料准备

在面谈前,主管应全面了解面谈对象——员工的情况,包括本次考绩结果、员工日常工作表现记录、员工工作岗位的工作说明书、员工的个人总结,甚至是员工的个人情况,如性格特点、家庭情况、教育背景、工作经历等,了解得越多越好。此外,主管还需要了解该员工之前的考绩结果、绩效反馈面谈记录等。主管在面谈之前,应设计面谈提纲,包括:面谈涉及哪些内容;这些内容的主次安排和先后顺序;每一部分内容大体需要的时间;采用什么方法和技巧能够促进沟通。总之,对包括开场白、谈话过程、结束方式等在内的谈话过程准备得越详尽越好,对可能出现的争执不下的焦点问题也要做出预留方案。

2. 员工应做的准备

绩效考核面谈是一个双向沟通的过程,在主管进行面谈准备的同时,员工也需要为面谈做准备:第一,收集并总结个人绩效的各类资料。员工要全面回顾总结和评估自身的绩效水平,找到企业期望绩效和员工个人绩效的差距。在总结个人绩效时,应收集以量化数据为基础的个人绩效表现,这样能更加有条理、有事实依据地陈述绩效表现。第二,制定个人发展规划。员工应针对个人绩效的总结和评价,正视自身的优点和不足,为自己今后的工作做出初步的规划。这是绩效考核的重要目的之一。第三,准备好向主管提问。员工应利用此机会向主管提出工作中、考绩过程中、个人发展规划中存在的疑惑和问题,同时可提出对主管和企业的建议。

### (三)面谈方法

在面谈方法中,汉堡法和BEST法最为常用。

1. 汉堡法

汉堡法即表扬+批评+以肯定支持的话语结束。

例如:王会计有一段时间总是迟到,财务部经理决定采用汉堡法与她面谈。

第一步,表扬特定的成就,真心地给予肯定。财务部经理找到王会计,笑着说:"小王,最近工作做得不错,账目上没有出现什么差错,上级领导很满意。"王会计面露喜色。至此,第一步就完成了。

第二步,提出需要改进的行为表现(批评)。

经理说:"但是你最近总迟到,这个星期已经迟到三次了吧?"王会计点点头。"销售部的同事找你报销,几次都没找到你,对你很有意见。"王会计面有歉意。至此,第二步就完成了。

第三步,以肯定和支持结束。

"你一向是很认真工作的。希望你能改了迟到的毛病,如果有什么困难可以提出来,大家帮你一起解决。"至此,第三步就完成了。后来,王会计果然不再迟到。

## 2. BEST 法

B-behavior description（行为描述）
E-express consequence（表达业绩）
S-solicit input（征求建议）
T-talk about positive outcomes（着眼未来）

例如：某经理和一个客服人员反馈问题，采用了 BEST 法。

B——"小李，这是你第二次和客户吵架了。"
E——"这不但影响你这个月的表现，还使得销售部门对咱们客服部门的意见更大了。"
S——"这种情况你觉得应如何改进呢？"

此时经理停顿下来，然后听员工讲述自己哪里不对、应该怎么改。等员工说完以后，经理及时给予肯定和支持。

T——"这样做对你和部门的形象都非常有帮助，值得考虑。在改进过程中，我们会支持你的。"

【专题拓展 7-5】　　　　李阳的绩效考核结果

## 三、绩效反馈面谈的策略

针对以下四种员工，绩效反馈面谈可采用以下策略。

### （一）贡献型：业绩好+态度好

这部分员工是优秀团队的主力军，是最需要维护和保留的。宜采取的面谈策略：对绩效考核优秀的员工要给予肯定，共同制定个人发展规划，在符合公司规定的前提下予以一定奖励，但主管切勿一时冲动，急于许诺员工某种奖励；提出更高目标和要求。

### （二）冲锋型：业绩好+态度时好时坏

员工原因：性格冲动；沟通不畅。主管切忌放纵、不管不问。宜采取的面谈策略：沟通—信任—原因—改善态度；日常辅导。

### （三）安分型：态度好+业绩差

宜采取的面谈策略：将明确、严格的绩效改进计划作为面谈的重点。

### （四）堕落型：态度差+业绩差

宜采取的面谈策略：重申工作目标，澄清员工对工作成果的看法。

## 四、绩效反馈面谈的结果运用

### (一) 作为员工奖金分配和薪酬调整的主要依据

这是绩效考核结果最基本的用途。员工考核结果分为四类：优秀、良好、合格、不合格。员工每月绩效考评得分与季度奖金挂钩，员工的年度绩效考评得分与年终奖挂钩。根据员工年终绩效考评成绩的不同，由部门经理提出工资调整意见，经人力资源部审核，报公司主管领导批准后，执行新的岗位工资标准。

### (二) 用于员工职位的调整和晋升

分析绩效考评记录后，若发现员工与工作岗位不适应，经分析查找原因后必须进行岗位调整的，对中层干部以下员工的调整，由人力资源部在征求该员工所在部门经理的意见后做出调整；对中层干部的调整，由人力资源部提出意见，报公司总经理批准后做出调整。根据考评结果，对确实不能胜任工作的员工，可以依据法定程序终止劳动关系。另外，通过对员工在一定时期连续的绩效进行分析，选出绩效较好、较稳定的员工作为公司晋升培养对象。

### (三) 用于员工个人职业发展

绩效考评作为企业的一种导向，反映了企业的价值取向。考核结果的合理运用，一是强化了员工对公司价值取向的认同，使员工个人的职业生涯有序发展；二是通过激励功能的实现，使员工个人的职业生涯得到更快的发展；三是通过考评信息的反馈，有利于员工认真分析自己的发展方向，有利于及时调整自己的职业生涯规划。

### (四) 用于培训教育

通过认真分析考评结果，能够发现员工在专业知识、工作技能上有哪些不足，帮助培训部门有的放矢地做好下一步的培训计划，提升员工队伍的整体素质。

### (五) 用于员工制订个人发展和绩效改进计划

根据绩效考核结果，主管及员工均可从不同角度看到员工绩效的长处及不足，对于不足方面，主管可协助员工制订绩效改进计划，不断提高员工的绩效水平。

### (六) 作为员工选拔和培训的评价

有效的绩效考核应有利于人才的培养和选拔。若选拔出来的优秀人才的实际绩效考核结果很好，则说明选拔是有效的；反之，则说明要么是选拔不够有效，要么是考核结果有问题。若培训之后，在一定时期内员工绩效水平得到提高，则说明培训发挥了一定作用；反之，则说明培训没有取得预期效果。

### (七) 增强了上下级间的沟通与交流

在考核办法中，公司可规定在下达季度绩效计划、半年绩效计划、年度绩效计划前，上级、下属之间要充分沟通协商，制订绩效计划，然后付诸实施。在每次考评结束后，直接上级要把考评结果反馈给被考评者个人，通过沟通与交流，说明其不足之处，并指明今后努力的方向。

人力资源部门应及时对绩效考评结果进行归档整理,根据不同的需要进行不同的统计和分析,为制定和实施各项人力资源管理政策,如招聘、选拔、培训政策等,提供参考。

【☆思政专栏7-3】　　　　　追溯中国传统的绩效文化

现代绩效管理理论源于西方,但其实绩效管理思想在中国古已有之。中国古代的考核制度称为"考课",是对政府官员进行监督的一种手段。"考课"制度规定考核时限依计划制定,考核内容包括品德和才能等,且必须根据考核结果进行奖惩。可以看出,中国古代的"考课"制度与现代绩效管理所包含的绩效计划、绩效指标、绩效评价和绩效结果应用等内容极为相似。通过介绍中国传统的绩效文化及其发展脉络,可帮助我们开阔眼界,了解中国传统文化的博大精深。

由于中西方文化存在差异,西方文化和中国传统文化对绩效的看法并不相同。西方文化倡导个人主义,在实际工作中突出个人的作用,因此在个人绩效和组织整体绩效的关系中更加强调个人绩效,认为组织绩效是个人贡献的结果。中国传统文化则倡导群体本位的集体主义,讲究以国家和集体利益为上,推崇爱岗敬业与忘我奉献的职业精神,在个人绩效和组织绩效的关系中更强调组织绩效,主张在组织整体绩效中实现个人价值。

## 本章小结

对企业来说,绩效考核是一项极具挑战性的工作,也是企业赢得竞争优势的关键所在。组织中相应的人应遵循一定的流程及原则,在明确的评价范围内,选择恰当的考核方法,定期开展员工绩效考核工作。自20世纪30年代以来,国外各个管理学派已经提出了20余种绩效考评的方法,这些方法适用于企业不同类别的岗位人员,具有不同的特点和适用范围。绩效考核完成后,还要采取有效的方式把绩效信息反馈给员工,促进员工改进绩效。

## 复习思考题

1. 什么是绩效考核?绩效考核的基本目的何在?
2. 简要描述下列绩效考核方法:①简单排序法;②强制分布法;③关键事件法;④行为锚定等级评价法;⑤图尺度评价法。
3. 如何运用配对比较法和强制分布法评价工作绩效?
4. 工作绩效考核过程中应避免的问题有哪些?
5. 举例说明如何控制工作绩效评价面谈的过程。
6. 举例说明如何选择绩效考核主体。
7. 请谈一谈你对关键绩效指标法、平衡计分卡的认识。

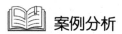 案例分析

## XD 公司的绩效考核管理

问题：
1. 你认为 XD 公司所做的一系列绩效管理决策有利于公司的长远发展吗？为什么？
2. XD 公司设计的绩效管理体系依据是什么？
3. 你对 XD 公司在绩效管理方面还有哪些建议？

# 第八章　职业生涯规划与管理

## 本章导读

"When my children grow up, I don't want them to have a job, I want them to have a career." 这是英国前首相布莱尔在参观 Sheffield Job Centre 时说的一番话。工作是生命中的重要经历，一个人如果有 75 年寿命，自 20 岁开始至 60 岁退休，职场生涯就占据了生命的一半以上。职场发展就好比爬树，在旧树干上爬得越高的人，退下来的难度也就越大。一个人迈入职业生涯的第一步会影响他一生的成就，因此必须一开始就有所规划。

## 学习目标

**知识目标**：学习有关职业生涯规划、职业生涯管理的基本概念和基本理论，了解职业生涯及发展和职业选择理论。

**思政目标**：引导学生科学系统地认识自己，结合自己所受教育、性格倾向、智力、身体条件、社会资源等因素，了解自己的职业性向和职业锚，确定适合自己的职业目标，树立正确的职业规划观念和就业观。

**能力目标**：能够进行自我职业生涯规划，具备因环境而适当调整规划的能力，制定符合自身发展的人才培养目标。

**素质目标**：引导学生树立事业心和正确的职业观，将自身的职业选择与国家重大战略需求相结合。

## 关键概念

职业（occupation）
职业生涯（career）
职业生涯规划（career planning）
职业生涯管理（career management）
职业选择理论（career choice theory）
职业锚（career anchor）
个人职业生涯管理（individual career management）
组织职业生涯管理（organizational career management）

# 第一节 职业生涯管理概述

## 一、基本概念

### （一）职业

美国知名学者舒尔兹认为，"职业"是指个人为获取生活来源所从事的工作，可决定从业者的社会地位。职业是人们在社会生活中所从事的以获得物质报酬作为自身主要生活来源并能满足自己精神需求的、在社会分工中具有专门技能的工作。职业是一个人应用自己的专业技能或丰富的知识储备实现社会上的物质需求或者满足精神需要，因此而获得一定的报酬，从而实现自己在社会中生存的条件。社会中人们通过自己的职业开展工作，因工作的需求而担任一定的岗位或者职务，因此从事职业不只获得一定的报酬，还要承担相应的义务与责任。

### （二）职业生涯

"职业生涯"的英文为"career"，这一概念最先由美国人事管理专家施恩在20世纪60年代提出并进行系统研究。施恩认为，职业生涯是指一个人一生从事工作经历的总称，特别包括其职位变迁、职务变化，以及个人实现理想和愿望的发展历程，反映这个人在人生不同阶段的行为取向态度和价值观。

在这个历程中，职业生涯通常以两种形式发生演变：一种是职务的升迁，即在同一企业或者同类型岗位中不断实现职级的晋升；另一种是职业的改变，即通过改变工作单位或改变职业实现职业的发展。职业生涯是人作为社会中的个体最重要的一段历程，这段历程对人生的价值起着决定性作用。

### （三）职业生涯规划

职业生涯规划最早起源于20世纪的美国，在当时大量年轻人失业的背景下，素有"职业指导之父"之称的帕森斯组织成立了全球首个职业咨询机构——波士顿地方就业局，并提出了"职业咨询"的概念，对于职业发展的指导逐步系统化。到了20世纪中期，以萨柏为代表的职业管理学家提出了"生涯"的概念，进而在职业指导的基础上形成了"职业生涯规划"的概念。

职业生涯规划是指一个人结合自身条件和现实环境确立职业目标，选择职业道路，制订相应的培训、教育和工作计划，并按照生涯发展的阶段实现具体行动以达到目标的过程。从时间上看，职业生涯规划一般指五年以上的长期规划，在部分语境中则特指涵盖整个职业生涯的科学规划。在很多情况下提到的职业生涯规划实际上就是长期规划。不过，在部分语境中，还包括短期规划及中期规划。

📖【专题拓展 8-1】　　　　　　步行试验

### （四）职业生涯管理

职业生涯管理是指组织和个人对其职业生涯的发展与变化进行全程跟踪与管理。它是一个个体在自身价值体系中的技能、能力、需求、动机和理想的缓慢发展中，不断发展自身职业概念的过程。

职业生涯管理可分为个人职业生涯管理和组织职业生涯管理：个人职业生涯管理，即个人为自己的职业生涯发展而实施的管理，集中表现为职业自我探索，确定职业目标，确立实现目标的策略，实现职业目标的行动；组织职业生涯管理，即组织针对个人和组织发展需要所实施的职业生涯管理，集中表现为帮助员工制定职业生涯规划，建立各种适合员工发展的职业通道，针对员工职业发展的需求进行适时培训，给予员工必要的职业指导，促使员工职业生涯成功。

现代社会中，职业生涯跨越人生中精力最充沛、知识经验日臻丰富和完善的几十年，职业成为绝大多数人生活中最重要的组成部分。它不仅提供了个人谋生的手段，而且创造了迎接挑战、实现自我价值的大好机会和广阔空间。企业也越来越认识到，人才是其最本质、最重要的资源。企业一方面想方设法地保持员工的稳定性和积极性，不断提高员工的业务技能以创造更多的经济效益；另一方面，又希望维持一定程度的人员、知识、观念的更新替代以适应外界环境的变化，保持企业活力和竞争力，而开展职业生涯管理则是满足员工与企业双方需要的最佳方式。职业生涯管理的流程如图 8-1 所示。

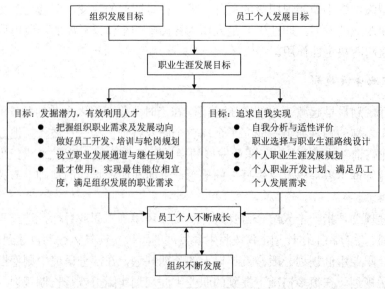

图 8-1　职业生涯管理流程图[①]

---

① 张再生. 职业生涯管理[M]. 北京：经济管理出版社，2019：25.

## 二、职业生涯发展理论

该理论主要是为了研究不同年龄段和职业生涯选择之间的关联，结合年龄段的不同，帮助人们做好职业生涯的决策，代表人物有舒伯、格林豪斯等。不同的学者根据年龄及职业阶段的特点形成了各自的理论。

### （一）舒伯的职业生涯发展理论

舒伯是职业生涯发展理论的重要人物，他根据年龄，把一个人的职业生涯概括为五个阶段，每个阶段各有特色又相互影响，涵盖人一生中各个年龄段的发展特点。在他看来，每个人在不同年龄段的任务不同、角色不同，五个阶段加起来就是一个人职业生涯的演变历程。

第一阶段是最初的成长阶段（0~15岁），是一个人从牙牙学语到自我认知的阶段。这个阶段大都是学生或者孩子的角色，在不断学习、了解世界。

第二阶段是探索阶段（16~25岁）。在这个阶段的人开始慢慢步入社会，有的在象牙塔中历练，有的则进入社会开始了人生新的旅程。

第三阶段是职业确立阶段（26~45岁）。这个阶段的人经过了一段时期的探索，对社会和自己有所了解，开始确立自己的职业方向，定位自己的职业领域，对自己的职业生涯不断地进行挖掘。

第四阶段是职业维持阶段（46~65岁），人们的角色慢慢转变成了休闲者、退休老人。此阶段产生工作变化的可能性变小，人们更想维持现有的成就和地位。

到了65岁以后，也就是第五阶段——退出阶段，这个时候人们的学习能力、职业水平都开始退化，基本处于退休或者即将退休的状态，逐步退出和结束职业生涯。

舒伯提出的职业生涯五阶段理论是学界普遍认为最具有代表性和经典的理论，它深刻区分了人在不同时期、不同阶段对职业生涯的动态取舍、合理利用和自我挖掘。

### （二）萨柏的职业生涯阶段理论

萨柏是美国的职业管理学家，他在其他专家的理论研究基础上开发出了诠释职业发展的概念模型。他提出的主张包括：职业是连续性的、动态性的，同时人在青春期就开始产生职业的概念，伴随年龄的增长，对职业的选择愈加慎重。父母会影响个人的职业计划及职业方向。个人的兴趣及价值观等均会影响个人职业的选择。而且对多数人来讲，工作及职业是个人一生中的重心，每个普通人都需要满足自己最基本的衣食住行需求，然后随着年龄的不断增长，需要在家庭中扮演重要的角色。职业稳定性在社会中是衡量一个人的主要参数。

1953年，萨柏通过长期研究，根据研究结果，将个人职业生涯划分为五个阶段。

1. 成长阶段（0~14岁）

这一阶段人们开始建立自我概念，形成自我认同，开始对职业好奇，并渐渐地培养职业能力。成长阶段又由三个子阶段构成。

（1）幻想期（10岁之前）：儿童从外界感知到许多职业，对自己觉得好玩和喜爱的职业充满幻想，并进行模仿。

（2）兴趣期（11~12岁）：以兴趣为中心，理解、评价职业，开始做职业选择。

（3）能力期（13~14岁）：开始考虑自身条件与喜爱的职业是否匹配，有意识地进行能力培养。

2. 探索阶段（15~24岁）

这一阶段，人们依托在学校进行学习，开始对自我进行认识和考察，开展职业探索、进行择业并开始初步就业。探索阶段又可分为以下三个子阶段。

（1）试验期（15~17岁）：综合认识和考虑自己的兴趣、能力与职业社会价值、就业机会，开始对未来职业进行尝试性选择。

（2）转变期（18~21岁）：正式进入劳动力市场或者进行专门的职业培训，由一般性的职业选择转变为特定目标职业的选择。

（3）尝试期（22~24岁）：选定工作领域，开始从事某种职业，对职业发展目标的可行性进行实验。

3. 确立阶段（25~44岁）

这是大部分人职业生涯最重要的阶段，人们在此阶段确定了一个合适的职业领域，以求在其中进行职业发展。确立阶段本身又由三个子阶段构成。

（1）尝试期（25~30岁）：在这一阶段，个人确立当前所选择的职业是否适合自己，如果不适合，就会重新做出选择。

（2）稳定期（31~44岁）：在这一阶段，人们往往已经定下了较为坚定的职业目标，并制定了较为明确的职业规划以确定自己晋升的潜力、工作调换的必要性以及为实现这些目标需要开展哪些教育活动等。

4. 维持阶段（45~64岁）

在此阶段主要是培养新的工作技能和激发新的工作动力，以求维护当前取得的成就和社会地位，并且维系好自身工作与家庭间的和谐关系，同时寻找合适的"接班人"。这是职业生涯的后期阶段。这一阶段的人们长时间在某一职业上工作，在该领域已具有一席之地，一般达到常言所说的"功成名就"，已不再考虑变换职业，只力求保住当前位置，维持已取得的成就和社会地位。重点是维持家庭和工作间的和谐关系，传承工作经验，寻求接替人选。

5. 衰退阶段（65岁以上）

这一阶段，人们逐渐退出和结束职业生涯，拓展社会角色，减轻权利和责任，慢慢适应退休。因此，这一阶段要学会接受权利和责任的减少，学习接受一种新角色，适应退休后的生活，以减轻身心的负担，维持生命力。

萨柏以年龄为依据对职业生涯阶段进行划分。在不同的人生阶段，人的生理特征、心理素质、智能水平、社会负担、主要任务等不尽相同，这就决定了不同阶段的职业发展的重点和内容也是不同的。但职业生涯是一个持续的过程，各阶段的时间并没有明确的界限，其经历的时间长短常因个人条件的差异及外在环境的不同而有所不同，有长有短，有快有慢，有时还有可能出现阶段性反复。

【专题拓展 8-2】　　　阿里巴巴的重大职级调整

## 第二节　职业生涯规划与管理的基本理论

职业生涯规划与管理是指个人根据内外在条件制订职业发展计划，包含为实现既定目标而制定的措施和对策。职业生涯规划与管理的概念产生于 20 世纪初的美国，是从近代职业指导的工作中衍生出来的。职业生涯规划与管理的基本理论主要包括职业选择理论和职业锚理论。

### 一、职业选择理论

#### （一）人职匹配理论

人职匹配理论由美国波士顿大学的帕森斯教授提出，这是用于职业选择与职业指导的最经典的理论之一。1909 年，帕森斯在其所著的《选择一个职业》一书中提出了人与职业相匹配是职业选择的焦点的观点。他认为，每个人都有自己独特的人格模式，每种人格模式的个人都有与其相适应的职业类型，所以人们选择职业应寻求与个人特性相一致的职业。

帕森斯认为，以下因素影响职业选择。

第一，要了解个人的能力倾向、兴趣爱好、气质、性格特点和身体状况等个人特征。

第二，分析各种职业对人的要求，以获得有关的职业信息。这包括职业的性质、工资待遇、工作条件以及晋升的可能性、求职的最低条件（如学历要求、身体要求、所需的专业训练等）以及其他各种能力、就业的机会等。

第三，以上两个因素的平衡，即在了解个人特征和职业要求的基础上，选择确定一种既符合个人特点又可获得的职业。

帕森斯职业选择理论的内涵，即在清楚认识、了解个人的主观条件和社会职业需求条件的基础上，将主客观条件与社会职业岗位（对自己有一定可能性的）相对照、相匹配，最后选择一种职业需求与个人特长相当匹配的职业。该理论在职业指导和职业选择实践中有着深刻的指导意义。

#### （二）职业性向理论

美国著名的心理学专家约翰·霍兰德在 1971 年提出了著名的职业性向理论，也叫职业性向模型（见图 8-2）。该理论至今在众多领域仍有广泛的应用。这一理论根据劳动者的价值观念、性格特点及择业倾向等影响因素，将劳动者的职业性向分为六种类型，将不同职业性向与职业特点相组合，形成职业性向与职业相匹配。六种职业性向具体如下。

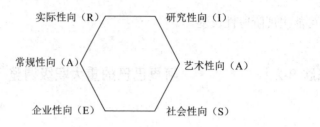

图 8-2 霍兰德的职业性向模型

1. 研究性向

这种人喜欢观察、学习、研究、分析、评估或解决问题。他们一般思想复杂，有创造性，有主见，但纪律松懈，不喜欢被束缚。拥有这种性向的人往往会被吸引到具有更多的认知活动的工作中去，适合从事需要谨慎分析研究的工作，如生物学家、社会学家、数学家和大学教授。

2. 社会性向

这种人喜欢和人在一起的工作，如唤醒、训练、帮助、培养类工作，他们具有言谈上的能力技巧。这类人最大的优点在于他们愿意在现有的工作和社会环境中结交朋友，帮助别人，最适合从事包含很多人际关系的工作，如营销、销售、培训等。

3. 常规性向

这种人喜欢与资料有关的工作，拥有事务或数据处理能力，能在别人的指示下，完成各种细节事项。这类人易于组织、团结起来，乐于处理数据，有清晰的目标。这种性格的人最适合从事会计、银行职员等。

4. 企业性向

这种人喜欢和人在一起的工作，基于组织或经济收益去影响、说服人们或从事任务的执行、领导或管理。这类人乐于与他人共事，经营管理的人更倾向于领导和掌控。这类人充满自信、活力，能言善道，更适合管理或律师职业。

5. 实际性向

这种人拥有创造或机械方面的能力，喜欢与实体、机器、工具、动植物有关的工作或户外工作。他们通常具备机械方面的技能，愿意从事半技术或手工劳动，如运动员、管道工人、流水线工人等。

6. 艺术性向

这种人拥有艺术、创新或直觉上的能力，喜欢在非结构性环境下工作，以发挥他们的想象力与创造力，倾向于选择舞蹈、文学、歌唱、设计等方面的职业。同时，他们的语言能力更强，会被吸引去从事艺术创作、情感表达和进行自我表达、个性化的工作，如艺术家和设计师。

事实上，大多数人实际上并非只有一种性向（一个人的性向中很可能同时包含着社会性向、实际性向和研究性向这三种性向）。霍兰德认为，这些性向越相似或相容性越强，则一个人在选择职业时所面临的内在冲突和犹豫就越少。根据霍兰德的研究，图 8-2 中的某两种性向越接近，则他们的相容性就越强。如果某人具有的两种性向是紧挨着的，那么他将很容易选定一种职业；如果此人具有的性向是相互对立的（如同时具有实际性向和社会性向），那么他在选择职业时就会有较多犹豫不决的情况。

## 二、职业锚理论

### （一）基本概念

职业锚理论是美国的埃德加·施恩经研究提出的。施恩以某学院44名毕业生自愿组建的小组为研究对象，对其成员开展了长达12年的职业生涯研究，最终分析研究出了职业锚（又称职业定位）理论。职业锚，又称为职业系留点（career anchor），是指当一个人不得不做出选择时，无论如何都不会放弃的职业中的那种至关重要的东西或价值观。它就是员工在自身职业生涯中所坚持的理念或者价值观念，员工在职业生涯选择的过程中，不会因为选择或者其他利益等放弃自己的理念。换言之，职业锚就相当于员工对自己职业生涯的定位。

### （二）类型划分

施恩将职业锚细分为技术型职业锚、管理型职业锚、创造型职业锚、自主型职业锚和安全型职业锚。

1. 技术型职业锚

具有这种职业锚的人，其职业发展围绕着自己所擅长的专业技术而进行，总是倾向于选择那些能够保障自己在既定专业技术领域中不断发展的职业。

2. 管理型职业锚

具有这种职业锚的人会表现出成为管理人员的强烈动机，他们的职业发展路径是沿着组织的权力阶梯逐步攀升，承担较高责任的管理职位是他们的最终目标。

3. 创造型职业锚

这种人的职业发展都是围绕着创业努力而组织的。这种创业努力会使他们创造出新的产品或服务，或是有所创造发明，或是创办自己的企业。

4. 自主型职业锚

具有这种职业锚的人总是愿意自己决定自己的命运，而从不依赖于别人。他们愿意选择一些自己安排时间、自己决定生活方式和工作方式的职业，如咨询师、自由撰稿人、经营小型企业等。

5. 安全型职业锚

具有这种职业锚的人极为重视长期的职业稳定和工作的保障性，他们愿意在一个熟悉的环境中维持一种稳定的、有保障的职业，如政府公务员、事业单位人员。

施恩教授和学生在长期深入研究后，通过不断分析总结，将最初的5种职业锚发展确定为现在常用的8种类型，分别是自主型、创业型、管理型、职能型、安全型、稳定型、服务型、生活型。施恩教授指出，职业锚在人们选择行业和岗位以及能否真正取得个人职业生涯上的成功等方面具有非常重大的影响和作用。

☛【专题拓展 8-3】　　　丰田公司的职业锚

## 第三节　职业生涯规划的设计

制定职业生涯规划是员工自身与其所在企业共同的责任，需要双方共同努力完成。员工是职业生涯规划的主体，必须要切实参与到自身的职业生涯规划当中，因为只有员工才清楚自己的职业兴趣、发展意向以及想要从工作中获得什么。企业需要与员工通过沟通，了解员工自身的潜能、优势、劣势及其职业目标等信息，结合企业的发展目标，为员工制定合适的职业生涯规划，提供相应的职业发展机会，实现两者的目标统一。

### 一、个人职业生涯规划

#### （一）基本概念

对于员工职业发展的管理，企业组织应当承担重要责任，但对职业成功负有主要责任的还是员工自己。其中就个人而言，最重要的是制订适当的个人职业计划。个人职业生涯规划是指个人为了解和控制自己的工作而实施的、经过深思熟虑的行动计划。这是一个动态的过程，包括对自我的充分认知、对职业环境的全面把握、设定科学的职业发展策略，最终实现个人价值和获取职业成就。

#### （二）个人职业生涯规划的设计

个体的职业生涯规划情况既受到个体特征影响，也受到周围环境、组织管理策略的影响，是个体做出工作行为决策的重要依据。从员工个人角度讲，职业生涯规划是用于帮助个人确定职业发展方向、实现职业生涯目标的工具，在职业生涯目标的实现过程中进行自我剖析、目标设定，并进行实践和反馈。从组织的角度讲，职业生涯规划是组织根据员工的个体属性，帮助其制定个人的职业发展规划，对职业发展过程进行评价和管控，助其实现职业目标，不断增强员工的工作满意度，调动员工工作积极性，最终实现组织和个人的共同发展。

1. 个人自我评价

个人自我评价是对自己的各方面进行分析评价。员工只有充分认识自己之后，才能建立可实现的目标。自我评价要对包括人生观、价值观、受教育水平、职业锚、兴趣、特长、性格、技能、智商、情商、思维方式和方法等进行分析评价，达到全面认识自己的长处和短处、了解自己的目的，这样才能选定适合自己的职业发展路线，增大事业成功的可能性。

橱窗分析法是自我评价的重要方法之一。心理学家把个人的了解比作一个橱窗。为了便于理解，可以把橱窗放在一个直角坐标系中加以分析。坐标的横轴正向表示别人知道，负向表示别人不知道；纵轴正向表示自己知道，负向表示自己不知道。坐标橱窗如图 8-3 所示。

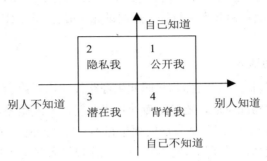

图 8-3 坐标橱窗分析图

坐标橱窗图明显地把自我分成了四部分，即四个橱窗。

橱窗 1 为"公开我"，这是自己知道、别人知道的部分，属于个人展现在外、无所隐藏的部分。

橱窗 2 为"隐私我"，这是自己知道、别人不知道的部分，属于个人内在的隐私和秘密的部分。

橱窗 3 为"潜在我"，这是自己不知道、别人不知道的部分，是有待进一步开发的部分。

橱窗 4 为"背脊我"，这是自己不知道、别人知道的部分，就像自己的背部一样，自己看不到，别人却看得清楚。

在进行自己剖析和评价时，重点是了解橱窗 3 "潜在我"和橱窗 4 "背脊我"。"潜在我"是影响一个人未来发展的重要因素，了解和认识"潜在我"有助于发掘个人的潜能。"背脊我"是对自己进行准确评价的重要方面，如果能够诚恳地对待他人的意见和看法，就不难了解"背脊我"。当然，这需要具备开阔的胸怀和正确的态度，否则就很难听到别人的真实评价。

2. 职业发展机会评估

职业发展机会评估主要是评估各种环境因素对自己职业发展的影响。环境因素包括经济发展、社会文化和政治制度等社会环境因素和企业环境等因素。在设计个人职业规划时，应分析环境发展的变化情况、环境条件的特点、个人与环境的关系（包括自己在此环境中的地位、环境对自己提出的要求以及环境对自己有利的条件与不利的条件）等。只有充分了解和认识所处环境，才能做到在复杂多变的环境中趋利避害，设计出切实可行的、有实际意义的职业生涯规划。

3. 选择职业

职业选择的正确与否直接关系到人生事业的成败，这是职业生涯规划中很关键的一步。在选择职业时，要慎重考虑自己的职业性向、能力、职业锚、人生阶段等重要因素与职业的匹配程度。

4. 设定职业生涯目标

设定职业生涯目标是指预先设定职业的发展目标，这是设计职业生涯规划的核心步骤。职业生涯目标的设定是在继职业选择后，对人生目标做出的又一次抉择。它是依据个人的最佳才能、最优性格、最大兴趣和最有利环境等信息所做出的。职业生涯目标通常分为短期目标、中期目标、长期目标和人生目标。短期目标一般为1~2年，中期目标为3~5年，长期目标为5~10年。

5. 职业生涯路线的选择

在确定职业和发展目标后，就面临着职业生涯路线的选择问题，即应当向哪条职业路线发展：是向行政管理路线发展，还是走专业技术路线，抑或是先走技术路线再转向行政路线等。由于发展路线不同，对职业发展的要求也不一样。因此，在设计职业生涯规划时，必须对发展路线做出抉择，以便为自己的学习、工作以及各种行动措施指明方向，使职业沿着预定的路径（即预先设计的职业生涯规划）发展。

6. 制订行动计划与措施

无论多么美好的理想与想法，最终都必须落实到行动上才有意义，否则只能是空谈。在确定了职业规划目标与职业生涯路线后，行动便成为关键的环节。这一步要制定落实目标的具体措施，包括工作、训练、教育、轮岗等方面的措施。

7. 评估与调整

如前所述，影响职业生涯规划设计的因素有很多，其中环境变化是最重要的一个因素。在现实社会生活中，要使职业生涯规划设计行之有效，就必须不断地对职业生涯规划进行评估与调整，职业的重新选择、职业生涯路线的选择、人生目标的修正以及实施措施与计划的变更等都是调整的主要内容。

## 二、组织职业生涯规划

### （一）基本含义

组织职业生涯规划主要包括三个方面的含义：一是组织职业生涯规划需要组织与个体共同协作与努力，组织生涯规划既离不开组织，也离不开个人，是二者共同作用的结果；二是组织职业生涯规划的内容涵盖多个方面，既有规划管理的方式和程序，也有人才引进、人才培养、晋升渠道、阶梯设置、压力管理、工作与生活冲突管理等多方面内容；三是组织职业生涯规划的最终目的是实现组织的更好发展，通过职业生涯规划指导作用，使员工在清楚自己优缺点的基础上，使自己的能力得到提升，以便员工在获得自我满足的过程中为组织做出更大的贡献，提高员工的团队凝聚力和归属感，从而更加有利于组织健康有序发展。

### （二）设计步骤

组织在进行员工职业生涯管理的过程中需要制订并不断完善实现目标的计划与措施，包括教育、培训、轮岗等实施计划及相应一系列行之有效的具体措施。组织职业生涯规划的设计主要遵循以下步骤。

1. 了解个人条件

职业生涯规划设计的有效性需要建立在员工对自身以及组织对员工的全面了解的基础之上。员工需要对自己的职业兴趣、职业需求、性格特点、专业水平等有清晰的认识和了解，只有能够客观地评价自己，才能明确自己适合的职业发展路线。组织在这个过程中，需要帮助员工更全面、更客观地进行个人条件评估。

2. 提供发展机会

员工在对自身条件的了解基础上，还要对自身所处环境进行全面客观的了解与分析，包括行业发展态势、行业发展机会、组织发展形势、组织发展机会等方面。组织需要在了解组织自身的发展趋势、发展目标、用人需求等方面的基础之上，明确可以提供给员工的发展机会，帮助员工确定其可能的发展路径。

3. 确定发展目标

员工职业发展目标通过员工自身综合各种条件确定，但同时也在很大程度上受到所在组织的客观限制。组织是否能给员工提供更多的职业选择、发展路线是员工能否确定自身发展目标的重要条件，组织内部的职位信息是否通畅也影响着员工对环境了解的全面与否。组织需要让员工充分了解各个岗位、各个部门的职位信息、职位要求，保障在企业内部的信息沟通渠道通畅，同时，让员工清楚自身与目标之间的距离，明确自身发展方向。

4. 制订实施计划

在确定职业发展目标之后，需要就如何实现发展目标而设计一些具体可行的措施与计划。要清楚自身现有水平和发展目标之间的差距，制订相应的计划，一步步地将差距缩小至目标实现，做什么、怎样做是这一阶段的重点。组织在此时要不断地关注并帮助员工制订实施计划，给予合适中肯的策略建议，帮助员工实现逐步成长，实现个人的职业发展目标。

【☆思政专栏8-1】　　　陈薇院士为清华新生授课："坚定目标，专注做事"

2020年9月24日，清华大学化工系1988级研究生校友、"人民英雄"国家荣誉称号获得者、中国工程院院士、中国军事医学研究院研究员陈薇少将回到母校清华大学，以"饮其流者怀其源"为题作分享报告。"山再高，往上攀，总能登顶；路再长，走下去，定能到达"，陈薇勉励同学们在未来的人生选择中要始终肩负使命，坚定目标，专注做事。"专注做一件事，只要方向正确，方法得当，换了谁都一样会成功。"来自化工系、探微书院、化学系、生命学院、环境学院、材料学院、药学院等36个院系的300余名大一同学现场聆听了分享报告。课上，陈薇以自身工作经历为主线，向同学们分享了自己奋战在抗击烈性病毒前线的动人故事，从抗击"非典"长时间奋战在负压实验室到汶川地震后第一时间前往灾区前线支援，从参与2008年北京奥运会安保工作到与埃博拉病毒直面斗争，特别是新冠疫情以来，她率领团队同时间赛跑、与病魔较量，研制重组新冠疫苗让世界再次见证"中国速度"。在危难之时闻令而动已成为陈薇和团队的常态，对于此次新冠疫情，她说，"除了胜利,别无选择"。

回顾一路走来的历程,陈薇用三个关键词来概括:"选择、坚持、使命"。陈薇动情地说,她也曾在选择这份职业时有过迷茫,但对于生物防御研究的热爱与兴趣,以及身为军人的自豪感与责任感,让她很快便不再动摇,义无反顾地选择坚定地走下去。"如果一个人的职业选择能与国家重大战略需求相结合无疑是幸运的,因为二者结合得越紧密,得到的支持就越大,发展的空间也越大,个人价值才更能得到充分的实现。"在交流环节,同学们踊跃提问,陈薇认真回答了大家关心的问题,她幽默的话语时常引起课堂内阵阵欢笑和掌声。陈薇表示,她一直很重视在"化学工程与高分子科学导论"课上为大一新生讲课,在这个场合每次她都喜欢用"饮其流者怀其源"作为报告题目。她说,作为校友,回到母校为学弟学妹们上课是一种幸福,今后也会延续,希望未来看到更多同学走出校园为人民生命健康事业贡献自己的力量。

来自化工系本科四年级的章思远同学激动地说,三年前他曾有幸在这门课上聆听过陈薇院士的报告,那时就被陈薇院士抗击非典、埃博拉病毒的故事深深打动。在经历了今年新冠疫情后,再次"蹭课"的他,又一次近距离聆听陈薇院士的报告,内心更有了不一样的感触:"陈薇院士讲课时的语气还是那么淡然,但背后有一种自信和力量,打动人心,这与她的选择、坚持、使命是密不可分的。"

资料来源:中国青年报客户端

## 第四节 职业生涯管理体系

职业生涯管理体系是一套完整的体系,包括个人和组织两个部分,该体系中主要包括组织内部基础设施体系、保障体系、实施过程体系等。在这一过程中,企业完成对员工个人发展的指导与支持,同时要求企业与员工二者互相配合,通力合作,最终实现员工不断成长与企业不断发展的双赢目标。

### 一、个人职业生涯管理

#### (一)基本概念

个人职业生涯管理(individual career management,简称ICM)也称自我职业生涯管理,是以实现个人发展的成就最大化为目的的,通过对个人兴趣、能力和个人发展目标的有效管理实现个人的发展愿望,即在组织环境下,由员工自己主动实施的、用于提升个人竞争力的一系列方法和措施。自我职业生涯管理的重要性对个人来说,关系到生存质量和发展机会;对于组织来说,关系到保持员工的竞争力。

#### (二)影响职业生涯管理的个人因素

职业生涯是一个人一生的最佳年华,能否成功地开创和发展自己的职业生涯,首先与个人对自己的认知和剖析程度有很大关系。通过自我剖析,明确自己的职业性向、能力、职业锚，这样才能做出切合实际的职业选择和发展路径。

1. 职业性向

霍兰德教授提出的职业性向模型，将人的性格与职业类型划分为实际性向、研究性向、艺术性向、社会性向、企业性向、常规性向六种基本类型。个体通过对自我职业性向的判断，选择与之相对应或相关性较大的职业，将会感觉到舒适和愉悦，获取职业成功的可能性也会增大。

2. 能力

对企业组织的员工来讲，其能力是指劳动的能力，也就是运用各种资源从事生产、研究、经营活动的能力。它是员工职业发展的基础，与员工个体发展水平成正比，具体包括一个人的体能、心理素质、智能在内的全面综合能力。体能即生理素质，主要就是人的健康程度和强壮程度，表现为对劳动负荷的承受能力和劳动后消除疲劳的能力。心理素质是指人的心理成熟程度，表现为对压力、挫折、困难等的承受力。智能包含三方面内容：第一，智力，即员工认识事物、运用知识解决问题的能力，包括观察力、理解力、思维判断力、记忆力、想象力、创造力等；第二，知识，即员工通过学习、实践等活动所获得的理论与经验；第三，技能，即员工在智力、知识的支配和指导下操作、运用、推动各种物质与信息资源的能力。

个人能力对个体职业发展有着重要的影响。第一，能力越强者，对自我价值实现、声望和尊重的要求越高，发展的欲望越强烈，对个体发展的促进作用也越大。同时，能力强者接受新事物、新知识快，其自我完善的速度快，能力与发展呈良性循环，不断上升。第二，在其他条件一定的情况下，能力越强，贡献越大，收入相对越高。高收入一方面为个人发展提供了物质保障，另一方面能替代更多自我发展的时间。所以，能力既对员工个人发展提出了强烈需求，又为个体职业发展的实现提供了可能条件，它是个人职业发展的重要基础和影响因素。

3. 职业锚

职业锚是人们选择和发展自己的职业时所围绕的中心。职业锚作为一个人自身的才干、动机和价值观的模式，在个人的职业生涯中以及组织的事业发展过程中都发挥着重要的作用。职业锚能准确地反映个人职业需要及其所追求的职业工作环境，反映个人的价值观与抱负。了解自己的职业锚类型，有助于增强个人的职业技能和经验，提高工作效率，进而实现职业成功。

4. 职业发展阶段

每个人的职业生涯都要经历许多阶段，只有了解不同阶段的特征、知识水平要求和各种职业偏好，才能更好地促进个人的职业生涯发展。萨柏教授的职业生涯阶段划分，为个人判断自己所处的职业生涯阶段及分析所处阶段的特点和要求提供了很好的参照。

（三）个人职业发展周期

每个人的职业发展都需要经过几个阶段，个人需要依据职业发展周期调整个人的知识水平和职业偏好。个人的职业发展周期可以分为五个阶段：成长阶段、探索阶段、确立阶段、维持阶段和下降阶段。虽然从原则上可以把职业生涯发展周期分为以上五个阶段，但所有人的职业发展周期并不都是一样的,因为每个人都有自己的特点并逐步形成价值取向、职业与家庭的平衡。

### (四)职业与家庭的平衡

1. 基本含义

职业生涯与家庭生活之间有着非常密切的关系。个人与家庭遵循着并行发展的逻辑关系,职业生涯的每一阶段都与家庭因素息息相关,存在或协调或冲突的关系。职业生涯与家庭责任之间的平衡,对员工特别是女性员工尤为重要。尽管个人在职业生涯中有多种选择,甚至有逆向选择的可能性,"但我们作为子女、父母的角色是不可逆的。我们能放弃一项职业,却不能放弃这些角色;相反,我们要设法完成这些角色"(埃德加·沙因,1992)。

人的全面发展包括自我事务(生理、心理发展、生活知识和技能、社会交际、休闲娱乐等)、职业生涯、家庭生活的发展和协调。既然职业生涯开发与管理的目的包括人的全面发展和社会的进步,职业生涯成功至少应对家庭生活的成功起积极作用。同时,家庭生活对职业发展也有着重要影响。组织中的员工除了过职业生活,还在经历家庭生活。婚姻与父母身份施加于个人的压力甚至远远超出一项工作或职业的压力,工作与家庭间的潜在冲突对职业生活的影响甚至超过个人发展目标对职业的影响。因此,弄清工作与家庭间的关系,构建职业—家庭平衡计划,对组织发展和个人发展都具有重要意义。

职业—家庭平衡计划是组织帮助员工认识和正确看待家庭与工作之间的关系,调和职业和家庭之间的矛盾,缓解由于职业—家庭关系失衡而给员工造成压力的计划。该计划的目的在于找到员工职业与家庭需要中的平衡点。要达到这一目的,组织必须了解职业生涯各阶段的特点、家庭各阶段的需要以及工作情境对家庭生活的影响,然后给予员工适当的帮助。

2. 平衡计划

组织只有在了解职业与家庭的相互作用后,才可能制订出有效的职业—家庭平衡计划。对家庭需要的了解可以参考家庭生命周期理论。一般来说,单身成人的主要问题是寻找配偶和决定是否结婚组建家庭;婚后初期,适合两人生活,而决定是否生育、做出家庭形式和财务要求的长期承诺则变为当务之急;子女出生后,抚养和教育子女的责任成为首要任务;子女成人时,员工不仅要适应空巢生活,而且要开始为自己的父母提供衣食和财务上的照顾。这些需要所形成的压力有的会影响员工的工作情绪和精力分配,有的则形成强烈的职业方面的需要和工作动机,最终影响员工对工作的参与程度。

## 二、组织职业生涯管理

### (一)基本概念

组织职业生涯管理是组织为了自身战略发展的需要,协助员工规划其职业生涯的发展,并为员工职业生涯发展设计通道,提供必要的教育、培训、轮岗、晋升等发展机会。它是组织为了达成组织和个人的目标而采取的一系列旨在开发人潜力的措施,简称职业管理。

在企业中,员工既是职业生涯管理的对象,又是职业生涯管理的主体,员工的自我管理是职业生涯管理成败的关键,同时,个人职业生涯管理离不开组织,个人的职业发展离不开组织提供的培训、经费、时间、机会、制度保障等条件。因此,员工的职业发展应服务于组织的发展战略,组织应成为员工职业生涯管理的主导。

### (二) 实现员工个人发展与企业发展的双赢

西方国家对职业生涯管理的研究始于 20 世纪 60 年代,随着时代的变迁,职业生涯管理研究的侧重点也有所变化。20 世纪 60 年代主要研究员工个人的职业理想和抱负,90 年代开始追求在企业和员工个人之间取得平衡,这意味着职业生涯管理开始被作为一种战略性规划,将员工自我价值实现和企业战略发展有机结合起来,最大化地开发员工个人职业潜能,最终达到员工个人发展、自我实现与企业发展的双赢。

在职业生涯管理中,要满足组织和员工的双重需要,从根本上说,组织和个人的需要应当是一致的。一方面,员工自我价值的提升和实现离不开组织在人、财、物及时间上给予的保障,一旦职业生涯管理无法满足组织发展战略的需要,职业生涯管理活动必然要因为失去组织的支持而终止;另一方面,员工是组织职业生涯管理的主体和对象,缺乏员工的积极参与,职业生涯管理活动也必然逃脱不了失败的命运。

### (三) 组织职业生涯发展通道

组织职业生涯发展通道是作为组织战略目标与个人发展目标有机结合的有效途径而存在的。组织职业发展通道是个体在一个组织中所经历的一系列结构化的岗位。它是组织职业生涯管理的重要内容之一,是组织为员工设计的自我认知、成长和晋升的管理方案,是员工在确定了自己的职业后,可能要经历的发展方向和发展机会。目前职业生涯发展通道主要分为以下五种模式:单通道、双通道、多通道、横向通道和网状通道。

1. 单通道模式

该模式是基于组织内成员过去的实际发展经历而设计的固定的职业发展模式和程序,即组织中成员从一种特定的工作职位纵向发展到更高一级的工作职位所需经历的职业晋升路径。该模式是传统的职业生涯发展通道模式,呈现出单一的金字塔式晋升路径。例如,一般工作人员——部门主管——部门经理——副总经理——总经理。该模式一般适用于职能部门,而不太适用于技术部门,易导致高水平技术员工流失。

2. 双通道模式

该模式是指管理通道和专业技术通道。该模式在一定程度上拓宽了员工发展空间,但仍然是纵向晋升路径。一旦员工确定自己的职业方向,其未来的发展仍然是遵循金字塔式的单向晋升路径。该模式常用来解决在某一领域中具有较高专业技能,但又不期望或者不适合通过一般升迁程序调动到较高管理部门工作的组织成员的职业发展问题。

3. 多通道模式

该模式是双通道模式的进一步发展,不再是管理和专业技术的双重通道,而是包括管理、技术、业务以及其他的职级序列。该模式可以使有不同兴趣、特点和专长的员工根据自身情况选择适合自己的发展道路,从而进一步拓宽发展空间。

### 4. 横向通道模式

该模式又称为水平通道模式,是指员工沿着水平方向进一步发展,包括工作内容的多样化、工作范围的扩大化及工作轮换等,采取横向调动来使工作具有多样性和丰富性。

### 5. 网状通道模式

该模式包括纵向的职务序列和横向的转换线路,它丰富了员工的职业选择,员工可以根据个人兴趣取向、特点选择横向或纵向发展,同时拓宽了员工发展渠道,帮助员工开拓事业、积累经验、全面发展。

【☆思政专栏8-2】　　　　　　　大局观决定职业发展水平

提到大局观,简单理解就是眼前为他人或组织考虑的观念。

深入分析,大局观包括两方面的含义:一是"局",指思考的空间尺度,既有横向,又有纵向,涉及四面八方;二是"观",指思考的方向目标,既有向外以他人为目标,又有向内以自己为目标。

常被忽视的是空间尺度的纵向考虑和方向目标的自我反思。结果就是:人类社会发展出现不可持续预警,许多精英昙花一现;人类战争、打杀、犯罪的悲剧一再重演,许多勤奋者的错误一再重犯。

"局"决定心胸,局的大小是心胸开放和发展的界限。例如,企业经理人遇到困难、批评或问题时,大小局对应两种结果:大局考虑对上下级、平级、公司、行业现在和未来的影响,会迎难而上、接受批评、克服困难、解决问题,得到好结果,赢得尊重、奖励和提升;小局只考虑自己或小团队眼前的得失,知难而退、抵触批评、视而不见,任问题存在发展,结果损失越来越大,被鄙视受罚。

"观"决定境界,观的高低是视野开阔和发展的界限。例如,企业人面对发展机遇时,高观考虑的是国家、行业、企业、团队对个人的需求,据此调整个人的职业规划和职业定位(当然要建立在个人技能的基础上),抓住机遇赢得社会、行业、企业和团队的认可,获得大的发展空间和资源,走上坡路;低观考虑的是个人的嗜好和利益得失,任着自己性子走,变成团队中的消极分子和不和谐因子,或无视企业需要扬长而去,成为社会中的待业者甚至破坏行业规则的搅局者,暴露出不知利他的职业观,失去已有资源积累和发展机会,降低个人职场身价,走下坡路(当然原职业发展规划有误现改正者例外)。

深入理解并学会运用大局观,才能拥有更加宽广的胸怀和境界,站在更高的位置规划、定位自我,融入、整合,抓住更多资源和机会,获得更大的成果,实现事业的快速持续发展。

资料来源:http://blog.sciencenet.cn/u/caoman

## 本章小结

职业是人们在社会生活中所从事的以获得物质报酬作为自身主要生活来源并能满足自己精神需求的、在社会分工中具有专门技能的工作。

帕森斯的人职匹配理论与霍兰德的职业性向理论都认为人格与职业的相互作用是谋求

最佳职业的有效途径。不同类型的人具有的人格特点、职业兴趣各不相同，从而所选择和匹配的职业类型也不相同。

职业生涯是指一个人一生从事工作经历的总称，特别包括其职位变迁、职务变化，以及个人实现理想和愿望的发展历程，反映这个人在人生不同阶段的行为取向态度和价值观。

职业生涯管理是指组织和个人对其职业生涯的发展与变化进行全程跟踪与管理。它是一个个体在自身价值体系中的技能、能力、需求、动机和理想的缓慢发展中，不断发展自身职业概念的过程。

职业生涯发展是指个体逐步实现其职业生涯目标，并不断制定和实施新的目标的过程。美国著名的职业管理学家萨柏将人的职业生涯分为五个主要阶段：成长阶段、探索阶段、确立阶段、维持阶段、衰退阶段。

职业生涯管理体系是一套完整的体系，包括个人和组织两个部分，该体系中主要包括组织内部基础设施体系、保障体系、实施过程体系等。在这一过程中，企业完成对员工个人发展的指导与支持，同时要求企业与员工二者互相配合，通力合作，最终实现员工不断成长与企业不断发展的双赢目标。

 复习思考题

1. 什么是职业生涯？什么是职业规划？什么是职业生涯管理？
2. 简述帕森斯、霍兰德的职业选择理论。
3. 试述职业生涯发展的不同阶段。
4. 简述职业锚理论。
5. 员工如何实现职业与家庭的平衡？
6. 员工如何制定个人职业规划？
7. 如何从组织角度对员工进行职业管理？

 案例分析

## 华为员工的职业生涯规划与管理

问题：
1. 华为公司新员工培训的重点是什么？
2. 华为公司新员工的职业生涯管理分为几个层面？每个层面职业生涯管理的重点是什么？
3. 华为公司为其员工设置了什么样的职业发展通道？这种职业发展通道的优点是什么？

# 第九章 薪酬管理

 **本章导读**

薪酬是指企业向员工提供的所有直接和间接的经济性收入，包括工资、奖金、津贴、股权及福利等。薪酬的功能体现在员工、企业、社会三个方面。薪酬管理受企业因素、职位因素、员工因素和环境因素等权变要素的影响。

**学习目标**

**知识目标**：理解薪酬的含义及构成；掌握薪酬体系的设计。
**思政目标**：使学生在校具备薪酬意识，理解薪酬构成各部分的含义。
**能力目标**：提高综合分析的能力；初步具备薪酬管理能力。
**素质目标**：根据员工性质选择合适的薪酬管理方法；运用先进的薪酬方法综合管理；将薪酬管理结果运用到管理决策中。

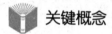 **关键概念**

薪酬（compensation）
薪酬管理（compensation management）
职位薪酬体系（job-based pay system）
职位评价（job evaluation）
能力薪酬体系（capability compensation system）

## 第一节 薪酬管理概述

### 一、薪酬概述

#### （一）薪酬的概念与构成

薪酬的概念来自西方的经济学和管理学，对应的英文单词从最初的 wage（工资）发展到 salary（薪水），又从 compensation（报酬）发展到 total rewards（全面薪酬），其中的变化不仅体现在名称上，更体现在支付对象和支付结构上。

wage（工资）概念广泛应用于 1920 年以前，主要支付对象是从事体力劳动的蓝领工人。

工资是以周或小时计算的基本薪酬,享受工资的员工加班,企业需要支付其加班费用。在这种薪酬概念中,基本工资占了绝大部分比例,而福利等只占薪酬总额的5%。

1920年以后,出现了salary的概念。salary即薪水,主要指脑力劳动者的收入,通常以年薪或月薪的形式发放,享受薪水的员工平常加班没有加班费用。为了保证薪水支付水平的相对固定,salary的组成中基本工资的比重相对较大,福利约占总额的15%。

从1980年开始,compensation的概念开始盛行。从字面上理解,compensation是"补偿、报酬"的意思,其支付对象包含所有的劳动者。劳动者为企业付出劳动,企业支付其报酬,双方之间是一种"交换"的关系。随着管理理念的进步,企业管理者为了突出报酬的高激励性,将基本工资的比例降到30%左右,大幅提高奖金(约30%)和福利(约40%)的比例。

近年来,由于企业支付报酬形式的多样化发展,各种显性和隐性的报酬形式层出不穷,全面薪酬(total rewards)的概念应运而生。如图9-1所示,全面薪酬把劳动者从企业方获得的所有形式的报酬都归于"总收入",即经济性薪酬和非经济性薪酬。经济性薪酬指工资、奖金、福利、假期等;非经济性薪酬指个人对工作乃至对企业的心理感受。相对来说,经济性薪酬直观且易量化,企业只要提高了经济性薪酬,员工就可立即感受到。而非经济性薪酬是员工在企业工作而形成的心理思维形式,也可以说是一种预期薪酬。全面薪酬概念强化了经济性薪酬在薪酬分配中的地位,也强调了非经济性薪酬在现代薪酬框架中的独特作用。

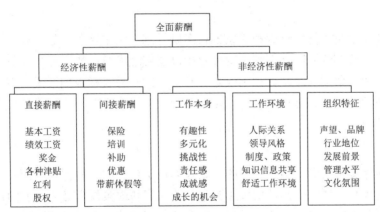

图9-1 全面薪酬的构成

### 【专题拓展9-1】　　　　　salary的内涵

在薪酬管理研究中,通常侧重于对经济性薪酬的研究。因此,本书将薪酬定义为:企业向员工提供的所有直接和间接的经济性收入,用以吸引、保留和激励员工。具体包括工资、奖金、津贴、股权及福利等。

1. 工资

工资包括基本工资和绩效工资。

（1）基本工资（base pay），也称基础工资，它是以员工劳动的熟练程度、复杂程度、劳动强度及工作责任为基准，在充分考虑员工工龄、职务、技能、学历和基本生活费用的基础上，按照员工实际完成的劳动定额、工作时间或劳动消耗而付出的劳动报酬。

（2）绩效工资（merit pay），又称绩效加薪，它是根据员工的周期工作绩效评价的结果而确定的对基本工资的增加部分。在功能方面，绩效工资侧重于激励而不是保障和稳定。

2. 奖金

奖金主要用来奖励员工的优秀绩效，起到对员工的激励作用，从而使他们保持或进一步提高绩效水平。奖金可以与员工的个人业绩挂钩，也可以与其所在团队的业绩相挂钩，还可以与组织的整体业绩挂钩，分别称为个人奖励、团队奖励和组织奖励。但需要注意的是，奖金不仅与员工的业绩挂钩，也与员工在组织中的位置和价值有关，它通常等于两者的乘积。奖金并不成为基础工资的永久性增加部分，而只是一次性奖励。

☞【专题拓展 9-2】　　　　九钢公司的头条

3. 津贴

津贴是指为了补偿员工特殊或额外的劳动消耗（如高空津贴、野外津贴、夜班津贴等）或因其他特殊原因（如技术性津贴、年功性津贴等）支付给员工的附加工资。

4. 股权

股权主要包括员工持股计划和股票期权激励计划。员工持股计划主要针对企业中的中低层员工，而股票期权激励计划则主要针对中高层管理人员、核心业务人员和技术人才。员工持股计划和股票期权激励计划不仅是针对员工的一种长期报酬形式，而且是将员工的个人利益与组织的集体利益相连接，优化企业治理结构的重要方式，是现代企业薪酬系统的重要组成部分。

5. 福利

福利是指除支付工资、奖金之外的，企业为员工提供的一种保障和便利，一般分为法定福利和补充福利。法定福利是指按照国家法律法规和政策规定必须发放的福利项目，其特点是只要企业建立并存在，就必须按照国家法律规定的福利项目和支付标准发放福利，不受企业所有制性质、经济效益和支付能力等的影响。补充福利是指在国家法定的基本福利之外企业自定的福利，其福利项目的多少和标准的高低由企业自行决定。现代薪酬设计中的福利在很大程度上已经与传统的福利项目有所不同，带薪休假、健康计划、补充保险、住房补贴已经成为福利项目中的重要形式，根据员工个人偏好而设计的自助餐式福利计划也作为新兴的福利形式，获得了员工的广泛认可。

（二）薪酬的构成

1. 薪酬四分图

从薪酬的差异性和刚性两个维度对薪酬的各个构成成分进行分析，不难发现它们在人力资源管理中所发挥的保障功能和激励功能各有不同。图 9-2 中的横坐标代表薪酬刚性，即薪酬的不可变性，纵坐标代表薪酬差异性，即薪酬的各个部分在不同员工之间的差异程度，整个坐标平面分为五个部分，形成五个区域。

(1) 基本工资。处于第Ⅰ象限的基本工资，属于高差异性和高刚性。也就是说，在公司内部，员工之间的基本工资差异是明显的，而且一般能升不能降，表现出较强的刚性。

(2) 奖金。处于第Ⅱ象限的奖金，属于高差异性和低刚性。由于员工的绩效、为企业做出的贡献相差较大，所以奖金表现出高差异性。而且，随着公司经济效益和战略目标的变化，奖金也要不断调整，表现出低刚性。

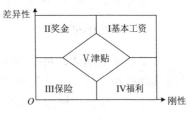

图 9-2　薪酬四分图

(3) 保险。处于第Ⅲ象限的保险，其成分较复杂，如医疗保险是低差异性、高刚性的；而养老保险则是高差异性、高刚性的。

(4) 福利。处于第Ⅳ象限的福利，是人人均可享受的利益，如果取消就会引起员工的不满，因而是低差异性、高刚性的。

(5) 津贴。处于中心的津贴，种类比较多，有的是低差异性、高刚性的，有的则是高差异性、低刚性的，如地区津贴属于低刚性、高差异性的成分，而工龄津贴则属于高刚性、高差异性的成分。

2. 薪酬模式

薪酬的构成成分及比例各不相同，因此构成了不同的薪酬模式。典型的薪酬模式有以下三种。

(1) 高弹性模式。在这种模式下，薪酬主要由员工近期的绩效决定。如果某段时期员工的工作绩效很高，那么支付给他的薪酬也相应地提高；如果在某段时期内，员工的积极性降低或由其他个人因素而影响了工作绩效，那么就支付其较低的薪酬。因此，在不同时期，员工薪酬的起伏可能较大。

在高弹性模式下，奖金和津贴的比重较大，而福利、保险的比重则较小，而且在基本工资部分，常常实行绩效薪酬（如计件薪酬）、销售提成薪酬等形式。这种模式具有较强的激励功能，但是会导致员工缺乏安全感。

如果员工的工作热情不高且人员的流动率较大，那么可果断采取这种高弹性模式，加大绩效工资在薪酬结构中的比重，即增加奖金、津贴的比例，激励员工为企业做出更大的贡献。

(2) 高稳定模式。在这种模式下，员工的薪酬主要取决于工龄与公司的经营状况，与个人的绩效关系不大。因此，员工的个人收入相对稳定。薪酬的主要部分是基本薪资，而奖金所占比重很小，而且主要依据公司经营状况及个人薪资的一定比例发放或平均发放。这种模式可使员工有较强的安全感，但缺乏激励功能，而且公司的人工成本增长过快，企业的负担也比较大。目前，有许多企业仍然采取这种模式。

(3) 折中模式。这种模式既有弹性（能够不断地激励员工提高绩效），也具有稳定性，能给员工带来安全感，使他们关注长远目标。这是一种比较理想的模式，需要根据公司的生产经营目标和工作特点及收益状况，合理地组合薪酬的各个组成部分，使薪酬制度既具激励性，又能使员工有安全感。如果公司资金实力雄厚，而且人工成本占总成本的比重较小，那么在确定薪酬水平时，不要单纯注重基本工资而忽视了奖金比例的增大。

### （三）薪酬的功能

所谓薪酬的功能，是指薪酬本身所应具有的职能和作用。薪酬的功能同人力资源管理的总体功能相一致，那就是吸引、保留和激励组织所需的人力资源，调动员工的工作积极性和创造性，使他们愿意并努力为组织工作。

#### 1. 维持和保障功能

所谓维持和保障功能，是指员工通过劳动和经营的行为，换取薪酬，以满足个人及家庭的吃、穿、住、用等基本生活需求，从而实现劳动力的再生产。在市场经济条件下，薪酬收入是绝大部分劳动者的主要收入来源，它对劳动者及其家庭的保障作用是其他任何保障手段所无法替代的。薪酬对员工的保障不仅体现在满足员工在吃、穿、住、用等方面的基本生活需求，还体现在满足员工在娱乐、教育、培训等方面的发展需求。总之，员工薪酬水平的高低对员工及其家庭的生存状态和生活方式所产生的影响是非常大的。

#### 2. 激励功能

所谓激励功能，是指组织用来激发鼓励员工按照其指示行事而又能加以控制的功能。从心理学的角度来说，薪酬是个人和组织之间的一种心理契约，这种契约通过员工对薪酬状况的感知而影响员工的工作行为、工作态度及工作绩效，即产生激励作用。在现实生活中，员工一方面追求实在的利益以提高自己的生活水平，另一方面重视追求自身的价值、主人翁意识和认同感。因此，薪酬会在很大程度上影响一个员工的情绪、积极性、能力发挥和成长。研究表明，当一个员工处于较低的岗位、获得较低的岗位工资报酬时，他会积极表现、努力工作，一方面为了提高自己的岗位绩效，另一方面为了争取更高级的岗位级别。在这个过程中，他会体验到由晋升和加薪所带来的价值实现和被尊重的喜悦，进一步促使其努力工作、积极表现。因此，组织必须注意尽可能满足员工不同层次的薪酬需求，运用好薪酬的激励功能。

#### 3. 调节功能

所谓调节功能，是指薪酬作为一种重要的经济杠杆，可以调节劳动力在社会各地区、各部门和各组织之间的流动。薪酬实际上是一种信号——薪酬水平的高低可以大体说明一个人在社会上所处的位置。在组织内部，员工的相对薪酬水平高低往往代表了员工在组织内部的地位和层次，从而成为对员工的个人价值和成就进行识别的一种信号。因此，员工对这种信号的关注实际上反映了员工对自身在社会及在组织内部的价值的关注。因此，当一个人在不同的组织可能获得的薪酬水平差距足够大时，薪酬因素实际上就成了劳动力在地区、部门和组织间流动的主要原因。

## （四）薪酬管理的基本原则

所谓薪酬管理，是指一个组织针对所有员工所提供的服务来确定他们应当得到的报酬总额、报酬结构和报酬形式的一个过程。在这个过程中，企业就薪酬水平、薪酬体系、薪酬结构、薪酬构成以及特殊员工群体的薪酬做出决策。同时，作为一种持续的组织过程，企业还要持续不断地制订薪酬计划、拟定薪酬预算，就薪酬管理问题与员工进行沟通，同时对薪酬系统的有效性做出评价后不断予以完善。

企业的薪酬管理必须坚持一定的原则，只有这样，才能确保企业薪酬管理的科学性和规范性。薪酬管理必须坚持以下原则。

1. 公平性原则

公平性原则要求根据公平理论，通过比较同质员工，按共同的价值观、统一的原则和标准给予报酬，使每个员工的绩效、贡献与其所获得的报酬相称，并获得较高的满意度。这里的"公平"包括机会公平、过程公平、结果公平、差别公平。

2. 激励性原则

激励性原则是指通过针对企业所有员工、管理者等内部利益关系人及相关集体的努力，给予合理的报酬。需要注意的是，报酬要与员工的努力和执行能力结合、与风险和权责相当、与所创造的价值对应、与个人绩效挂钩。这样一来，员工就能够感受到被认可、奖励和赏识，员工就能够为实现自己的价值而高兴，从而产生正向激励，也就是报酬公平性激励。

3. 经济性原则

提高员工的薪酬水平，一方面可提高竞争性与激励性，另一方面会增加劳动力成本，从而最终提高产品或服务的价格。因此，企业薪酬水平不可能不受经济性的影响。但是，企业在考察人力成本时，不能只看薪酬水平的高低，还要看员工的绩效水平。事实上，员工绩效水平对企业产品竞争力的影响往往大于对成本因素的影响。与此同时，人力成本的影响还与行业的性质及成本构成有关。因此，企业在制定薪酬制度的时候一定要充分考虑经济性原则。

4. 竞争性原则

竞争性原则是指在社会上和人才市场上，企业的薪酬标准要有吸引力，要能够留得住人才，要能够制约竞争对手的人力资源战略。因此，企业一定要综合考虑内外各种因素，制定有助于打造和维持企业核心竞争力和长期竞争优势的薪酬策略。

5. 结构性原则

报酬的结构性原则是指报酬结构均衡。一是指报酬体系的各因素之间、报酬标准体系的各指标之间都要保持适当的比例，不能偏重于某一因素，从而保证企业整体不因某一因素的失误而导致整个报酬制度的失败。相对员工个人来说，员工个人不因某一不具有绝对主导性权重的因素而得不到报酬。二是企业的报酬总量不应过分集中于少数人，而应在各类员工方面保持合理的比例。总之，薪酬的结构一定要合理。

6. 合法性原则

合法性是指企业的薪酬制度要符合国家相关法律法规和征管政策，不能有性别、民族、地区等方面的歧视性政策。

（五）薪酬管理的权变要素

薪酬管理是通过薪酬体系来实施的。薪酬体系是指薪酬中相互联系、相互制约、相互补充的各个构成要素形成的有机统一体。它是薪酬制度建立的基础和内在要求。一般而言，薪酬及其体系受多种因素影响，这些因素的变化会导致薪酬管理模式的变化，我们称之为薪酬管理的权变要素，主要包括四大类：企业因素、职位因素、员工因素和环境因素。

1. 企业因素

（1）经营战略。制定薪酬体系时，企业必须考虑如何有效地使其融入企业的整体经营战略，从二者匹配的角度来考虑问题至关重要，却又常常被人们忽略。

（2）发展阶段。由于企业在初创、发展、成熟和衰退等不同发展阶段呈现出较大的差异，所以在设计薪酬体系时，要充分考虑如何与企业所处发展阶段相协调。

（3）财务状况。这是企业薪酬体系设计及其变动可能会遇到的较强的约束。企业的财务状况影响企业的薪酬竞争性及薪酬结构。较强的财力给付能力，不仅使企业薪酬水平极具竞争性，还可让薪酬结构的改进有相对较大的回旋余地。

2. 职位因素

（1）职位说明书。以职位为基础的基本薪酬制度，其制定的前提条件就是工作分析。通过工作分析，明确组织内部的组织结构体系，形成所有岗位的职位说明书。

（2）工作评价。在完成职位说明书的基础上，确定每个职位对企业的相对价值，即进行工作评价，这是保证内在公平的关键步骤。

3. 员工因素

（1）员工绩效。员工的薪酬受个人工作表现的影响，在同等条件下，高绩效员工可获得高薪。一个健全的薪酬体系应该尽可能充分地考虑员工绩效。

（2）员工技能。企业之争便是人才之争，掌握关键技能的人才是企业竞争的利器。企业愿意给两种人支付高薪：一是掌握核心技术的专才，二是阅历丰富的通才。前者的作用不言而喻，后者则可有效地整合企业内高度分散的各项资源，产生综合效应。

（3）员工潜力。企业对员工支付的薪酬并不总是针对员工现时的绩效，有时也会考虑到与员工发展潜力相关的未来的绩效。被企业领导认定有较大发展潜力者，可能得到较多的非货币形态的薪酬。

（4）员工资历。通常资历高的员工，薪酬也较高，原因是要补偿员工在学习技能时所耗费的时间、体能、金钱乃至心理上的压力等直接成本，以及因学习而减少收入所造成的机会成本，从而促使员工愿意不断地学习新技术，加大对企业的贡献。

4. 环境因素

（1）所在行业。企业在制定薪酬标准时应考虑行业特点。传统行业与高新技术行业的差异必然会在薪酬上有所体现。同行业之间也应该互相参照，必要时还要事先做好市场调查。

（2）当地生活水平。企业所在的地区不同，对企业的薪酬水平影响很大，企业在确定员工的基本薪酬时应考虑当地的生活水平。一般来说，二者之间成正比。

（3）经济形势。经济形势直接影响着薪酬水平，在社会经济环境较好时，员工的薪酬水平通常也相对较高。

（4）法律与政策。虽然薪酬的制定是企业自己的事，但必须是在符合政府有关政策的范围内。其中，尤其值得关注的是有关最低工资及强制性劳动保险等方面的政府法规。

## 二、我国企业面临的薪酬管理困境

### （一）我国企业薪酬管理面临的挑战

随着代际更替，我国就业人口的绝对供给量和相对供给量正在发生着变化。首先，劳动力绝对供给量下降导致长期的劳动力供求格局发生变化。随着我国计划生育政策的调整，人口转变已进入低生育阶段，尽管现阶段三胎政策放开，但生育率不高导致劳动适龄人口的增长率仍处于较低水平，每年平均只有1%左右的增速。农村剩余劳动力已经吸纳殆尽，不足以补偿城市用工量。所以，劳动力供求的数量格局已经发生了显著变化，"人口红利"渐渐减小。

同时，相对供给量也发生着变化。

（1）供求的结构性失衡导致技工荒。随着城市产业不断由劳动密集型向资本密集型、知识密集型转化，产业升级和产业集群的成熟，新型产业需要具有相对技术含量的产业工人，而农民工技术水平落后和职业教育的高收费阻碍了劳动力素质的提升，形成劳动力供求之间的结构性失衡。

（2）国家的惠农政策效益、"三农"扶持力度加大、鼓励农民创业。国家对"三农"问题的关注，直接提高了农民的收入水平。陆续出台的取消农业税、增加农业补贴、稳定粮食价格等一系列惠农政策大大提高了农民农业生产的积极性与经济收入。

（3）农民工工资和福利水平过低、劳动保障制度缺失。

在现阶段大背景下，"刘易斯转折点"是否已经到来？以蔡昉为代表的学者认为我国已经进入"刘易斯转折点"。蔡昉指出，目前我国农村剩余劳动力只有不到1.2亿，剩余比例为23.5%，但在1.2亿剩余劳动力中有一半超过40岁，有效剩余劳动力不到6000万。结合我国人口出生率下降、劳动年龄人口比重下降等因素进行分析，蔡昉认为我国已经进入了"刘易斯转折点"[①]。另一种观点则认为我国还远没有达到"刘易斯转折点"。张宗坪指出，我国农村目前还有约2亿的剩余劳动力需要转移，"民工荒"与大量剩余劳动力并存，这种矛盾现象背后的实质是劳动力市场的结构性短缺。他认为，目前我国的城市化、工业化水平仍然较低，因此断言"刘易斯转折点"已经到来还为时过早。

尽管学界对"刘易斯转折点"是否到来的判断存在差异，但不管是认为进入了"第一转折点"的学者，还是认为远未达到"刘易斯转折点"的学者，都认为在未来相当长的一

---

① 蔡昉. 以劳动生产率为抓手推进农业农村现代化[J]. 中国农村经济，2024（7）：2-15.

段时间内，解决好农村剩余劳动力转移是"民工荒"问题的应对之策，是我国推动经济水平稳步提升、推进"城乡一体化"建设、全面开发农村人力资源的基础和关键任务。

☞【专题拓展 9-3】　　"刘易斯转折点"与人口红利

### （二）国有企业的薪酬管理困境

改革开放以来，我国国有企业逐渐从人事管理向人力资源管理转变，人力资源工作的布局越发成熟，人员队伍专业素质、体制机制日趋完备。但在这一发展过程中也面临一些困境，针对国有企业来说，其薪酬管理方面的困境具有一定的独特性。

1. 工资总量受限，零和博弈

国有企业由于有工资总额的限制——薪酬总量既定，不仅难以形成正常的工资增长机制，薪酬改革也往往只能做存量改革而不是增量改革。在极端程度上，这意味着绩效越高，平均每一单位绩效所对应的薪酬就越少，由此产生的问题就是无法发挥激励作用。目前，国有企业的高绩效在一定程度上不是来自激励员工产生的高效率，而是来自资源和制度上的政策优惠。

此外，国有企业内部薪酬的分割缺乏科学依据，容易让人觉得工资分配不公平。若改变其中一部分就意味着牵动其他部分，变革的好处不确定，坏处却"立竿见影"，这使得收入分配看起来不是经济活动，更像是政治活动。

2. 目的模糊，缺乏有效激励

国有企业的薪酬制度目的模糊，对战略、企业文化的支持不够，对核心员工的保留力度不强，对员工满意度的提升贡献不大。同时，由于遵从稳定第一的哲学，导致激励手段单一、激励不够有效。

3. 过分重视奖金，员工感知不佳

在国有企业的薪酬结构中，浮动薪酬占较大比例的情况较为普遍。当浮动薪酬与绩效考核挂钩时，如果绩效考核结果无法绝对公正客观，员工满意度就会下降，奖金的激励性也会大打折扣。

### （三）我国企业薪酬管理的变革要点

工资持续上涨，企业的支付能力总有限制，现实的压力使得企业必须打开视野，放开手脚进行变革。

薪酬变革的七大要点是：① 从货币报酬思维转向总体报酬思维；② 从只重视奖金激励转向更加重视基本薪酬激励；③ 从只注重员工辛苦到注重员工聪明；④ 从只注重短期报酬到短期和中、长期报酬并举；⑤ 从低劳动力成本思维转向高劳动力成本思维；⑥ 从成本管理到产出管理；⑦ 从企业说了算到劳资双方说了算的决定机制变化。

【☆思政专栏9-1】 企业薪酬管理方面的创新建议

（一）重视薪酬制度的落实

企业对薪酬制度的落实，可以使员工对企业薪酬制度认同并因此充满激情地投入工作。企业主要管理者要按照企业薪酬制度对做出成绩的员工及时给予肯定性的表彰和奖励，同时员工的人格得到企业主要管理者的认可和尊重，使员工对企业的"薪"物质和"酬"的双面性即"酬劳和精神"得到满足和获得成就感。

（二）增强薪酬管理的透明度、公平性

透明度是指薪酬执行方案公开，做到对不同岗位的员工一视同仁。公平性要求薪酬分配全面考虑员工的绩效、能力及劳动强度、责任、专业技能和职工工龄等因素。综合考虑外部竞争性、内部一致性要求，达到薪酬的内部公平、外部公平和个人公平。这就需要薪酬制度制定者要有很高的专业素养，并根据企业的实际全面综合考虑。

（三）薪酬管理者要不断学习和完善薪酬管理制度

高层管理者和制度制定者要加强多元化、系统化、弹性化、知识化、规范化的深入学习，深入不同企业相互学习交流、观摩，结合自身企业发展需要，吸取规范企业管理思维，并根据企业自身实际情况，结合企业文化和企业发展战略完善薪酬制度。制订薪酬计划并非一次性追求完善，关键是要具备可操作性，不能盲目折腾。薪酬制度可以随着企业的发展不断改进和完善。

（四）加强大数据在薪酬管理中的应用

第一，企业要依托大数据技术积极获取外部市场信息，对薪酬市场的真实状况有全面、准确的了解，同时对信息进行有效筛选并深入挖掘，以科学设计岗位薪酬体系，增强薪酬管理的科学性和公平性。企业要运用大数据思维，对现有薪酬管理模式进行创新、优化，推动薪酬管理实现良性变革。第二，企业要加强大数据技术在薪酬管理中的应用，构建薪酬管理基础数据平台，并根据薪酬管理具体需求，对大数据、云计算、AI技术等进行灵活运用，充分考虑员工对薪资的要求和其个人职业发展。第三，企业要拓宽信息收集渠道，对薪酬管理相关信息进行广泛收集和系统整合，实施合理的分类存储，构建基础数据平台，据此优化设计薪酬管理体系，实现精准高效的薪酬管理。

资料来源于网络并经作者加工整理。

## 第二节 基本薪酬体系

职位薪酬体系是一种比较成熟、稳定、运用最广泛的传统的基本薪酬制度。所谓职位薪酬体系，是指员工的薪酬主要根据其所担任职位的重要程度、任职要求的高低、工作环境对员工的身体和心理影响等来决定的薪酬体系。这种模式最大的特点是员工的薪酬只与所担任的职位相挂钩，不考虑个人的其他因素，只对事不对人。因此，这种薪酬模式在确定薪酬结构和薪酬水平时通常需要用到职位评价。

## 一、职位薪酬体系的设计

### (一) 职位薪酬体系的优、缺点

职位薪酬体系具有自身的优点和缺点。

1. 职位薪酬体系的优点

(1) 真正实现了同工同酬。职位薪酬体系基于严格的职位分析与评价,员工只有达到岗位要求才能上岗,在一定程度上排除了安排工资标准的主观性,比较客观公正。

(2) 操作简单,管理成本低。按照职位系列进行薪酬管理,操作比较简单,透明直观,容易理解,管理成本较低,有利于统一管理。

(3) 激励员工提高自身技能。由于晋升和基本薪酬增加之间具有关联性,能激励员工不断地提高自身的技能。

2. 职位薪酬体系的缺点

(1) 对职位评价的合理性、公正性和准确性的要求很高。这恰恰是职位薪酬体系成功与否的难点和关键所在。通常,员工对于这种薪酬模式的质疑多集中在职位评价上,因为职位评价直接决定了该职位上员工可获得的薪酬水平,而职位评价本身并不能完全排除主观因素,同时职位分析、职位评价都是专业性、技术性很强的工作,若没有专家参与则很难成功。

(2) 不承认超出职位需要的个人能力或跨职位的其他技能,因而不利于充分发挥能力强的员工的积极性,不利于员工的能力发展与职业发展,也不利于及时反映多变的外部经营环境对工作的新要求。

(3) 由于薪酬与职位联系紧密,高层职位相对有限,因此当员工晋升无望且无其他激励因素的情况下,员工获得较大幅度加薪的机会很少,其工作积极性必然受挫,甚至会出现人才流失的现象。

### (二) 设计职位薪酬体系的前提条件

企业在设计职位薪酬体系时,应当对以下几个方面的情况做出评价,以考察本企业的环境是否适合采用职位薪酬体系:职位的内容是否已经明确化、规范化和标准化;职位的内容是否基本稳定;是否采用严格的金字塔式组织结构;是否具有按个人能力、绩效安排晋升的机制;企业的薪酬水平是否足够高。

### (三) 职位薪酬体系的设计流程

职位薪酬体系主要根据每个员工所承担的职位的相对价值来确定其基本薪酬。因此,建立职位薪酬体系必须以科学、客观的职位分析和职位评价为基础,具体设计流程如图9-3所示。

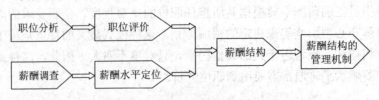

图9-3 职位薪酬体系的设计流程

1. 通过职位分析，收集企业内各职位的相关信息

这是为职位评价打基础的一步，主要通过职位分析并形成完整、清晰的职位说明书来获得，职位说明书提供了相关的职位描述和任职资格的信息与说明。

2. 在职位分析的基础上进行职位评价

职位评价与职位分析之间有着密切的联系。职位分析得到的信息是对职位进行评价的重要基础，在职位分析中，通过对职位系统的研究得到的职位说明书，包括职位描述与任职资格说明书，这些有关职位的充分信息能够使企业对工作的复杂性、难度、责任和价值做出适当的评价，从而确定这些职位之间的相对价值，同时识别、确定和权衡对各种职位应该给予补偿的因素。评价企业内各职位对企业的相对价值大小，以实现内部公平。这是职位薪酬体系设计的核心工作。

3. 薪酬调查

企业要吸引和留住员工，不仅要保证企业薪酬制度的内在公平性，而且要保证企业薪酬制度的外在公平性。职位分析和职位评价仅仅是为实现薪酬体系的内部公平性打下了良好的基础，还要进行相关劳动力市场的薪酬调查，实现企业薪酬设计的外部公平性及竞争性。通过薪酬调查，可以建立市场薪酬曲线，即在目前的劳动力市场上，企业中各职位应得到的薪酬标准。

4. 定位薪酬水平，选择薪酬策略

在分析市场或同行业的薪酬数据后，需要做的是根据企业的财力状况及战略需要选择不同的薪酬策略，主要包括三种类型：领先型、匹配型和拖后型。根据企业的薪酬策略，企业对前面所得到的市场薪酬曲线进行修正，得到企业的薪酬策略曲线，从而为将职位评价的点值转换为具体的金钱价值提供依据。

5. 建立薪酬结构

前面的步骤所确定的每个职位的价值主要反映了其平均价值，而企业还需要根据从事相同工作的不同人员之间的绩效差异、能力差异和资历差异设定不同的薪酬水平，也就是要为每个职位等级建立起薪酬的"跑道"，包括每个职位等级的中点工资、最高工资和最低工资。这一过程就是形成企业薪酬结构的过程。

6. 建立薪酬结构的管理机制

建立薪酬结构之后，整个企业的薪酬框架就已经基本完成了，这时候就需要建立对这样的薪酬结构进行管理的机制。它主要包括两个方面：一是现有人员和新人员如何进入这样的薪酬框架，即人员的入轨机制；二是如何根据业绩、能力和资历的变化及其他因素（如通货膨胀）对人员的薪酬进行调整。建立管理机制是实现对薪酬的动态调整、完善薪酬结构的关键。

## 二、基于能力的薪酬体系

基于能力的薪酬体系（即能力薪酬体系）的设计"以个人为基础"（pay for person）。

对于白领员工，特别是知识工作者，由于他们的工作很难提炼出操作性技能，所以决定他们绩效的不是知识与技术，而是某些品质与特征，它强调的是获取知识、运用知识并创造业绩的能力，而单纯的学历、背景往往只是求职时的敲门砖而已。近年来，越来越多的知识型员工迫使更多的组织采用基于能力的薪酬方案。

### （一）能力薪酬体系的含义

#### 1. 能力薪酬体系的基本概念

能力薪酬（competency-based pay）体系是一种依据员工的胜任能力水平而给付薪酬的制度。能力薪酬往往更适合复杂的工作，如管理人员、专业技术人员以及其他白领的工作。因此，与技能薪酬通常适用于生产类、事务类职位相对应，能力薪酬体系比较适合技术型、创新型等技术密集型企业，尤其适合各类组织中的高层管理和技术方面的白领职位，如基础研究、基础教育、技术开发等产出周期长、技术含量高、创新要求高、绩效难以考核测度的职位。对于这些职位的员工来说，他们所从事的工作很可能是开拓性、创造性、非常规性的，所以很难用职位描述或者职位说明书中的若干条工作职责和工作任务来表达清楚。与职位职责的引导和限定相比，这些员工工作的成功更多地依赖于其个人较高的综合素质、能力水平，他们的成功对企业绩效目标、发展目标的实现也有很大的影响，甚至可能带来超常利润。在这种情况下，以能力为基础的"投入型"薪酬模式就成为某些企业首选的薪酬模式。

#### 2. 能力薪酬的基本类型

能力在薪酬管理中有多种应用模式，在划分时需要注意两点：其一，能力具有难以衡量性，需要确定对其进行衡量的基础，可以通过衡量职位、个人角色和个人特征来反映能力；其二，按照薪酬体系的组成分为工作评价、基本薪酬、可变薪酬三个方面，对应能力衡量重心形成与能力相关的薪酬类型，如表9-1所示。

表9-1 能力薪酬的基本类型

| 应用范围 | 能力衡量的基础 | | |
| --- | --- | --- | --- |
| | 职位 | 个人角色 | 个人特征 |
| 工作评价 | 计点要素评价和等级结构，如朴次茅斯住房信托（Portsmouth Housing Trust） | 按角色分类，构成较宽的薪酬等级区间，如摩托罗拉公司 | 以个人为基础的薪酬构成非常大的薪酬等级区间，如史克必成公司 |
| 基本薪酬 | 能力作为薪酬等级的薪阶调整依据 | 根据能力和业绩表现的评估提供报酬，如Wool-wich公司 | 完全以个人能力为基础提供薪酬，如TCL公司 |
| 可变薪酬 | | 根据能力和业绩表现发放奖金，如美国计算机公司 | 根据个人价值和能力的提高提供奖励，如西南航空公司 |

根据表9-1，在主要以职位为基础的薪酬机制中，可将能力作为工作评价的基准；在比较重视个人角色的薪酬结构中，可将能力标准与具体薪酬形式相结合；在以个人特征为基础的薪酬结构中，可将奖金或非物质激励与个人能力相结合。在美国，比较流行的是按照能力进行薪酬调整，而结合能力进行工作评价则在欧洲应用得比较广泛。

## （二）能力薪酬体系的构建步骤

在能力薪酬方案中，支付个人薪酬的依据是员工所掌握的能力，薪酬增长取决于员工能力的提高和每一种新能力的获得。与较为成熟的技能薪酬机制相比，在能力薪酬方案更加侧重于对能力的界定、测试和评价，以及如何将能力与薪酬联系起来等环节和要点。具体有四个步骤。

1. 能力界定

能力界定即确定本企业准备支付薪酬的能力。不同行业、不同战略导向、不同文化价值观念的企业，其能力组合可能会存在差异。

能力组合（也叫能力模型）有两种类型：一种是企业统一的、通用的能力模型，它是根据企业战略和成功的关键要求提出的对全体员工都十分重要的一系列能力的组合；另一种是分层、分类的能力模型，它是在通用模型的基础上，根据每个职位或者职位族的工作内容和工作特点提出的，明确在这一具体的工作情境下胜任工作要求的工作者具备哪些能力。通用模型的优点在于所建立的薪酬体系能够在不同类别的人员之间进行比较，更具有内部一致性；其缺点在于不能反映具体的工作情境，对员工的能力要求缺乏个性化。分层、分类的模型正好相反，具有个性化而缺乏通用性。企业可以在两种模型之间加以选择来构建自己的能力模型。根据我国企业的实际情况，分层、分类模型更具操作性。在上述基础上，还要将核心能力转换为可观察的行为，形成能力指标。

2. 能力定义

能力定义即对每项能力进行分级，并对该项能力及其各个等级做出明确的界定，形成针对各职位族和各等级的能力资格标准，使企业可以用明确的衡量手段来评价员工是否具备某种能力。

例如，某跨国日用消费品生产和销售公司将希望自己的员工在市场营销领域中具备的核心能力界定为四大类。

（1）综合管理技能：对公司战略与创新做出贡献；制定销售渠道战略；建立销售基础设施与销售组织；管理客户供应链接口；完成交易；管理第三方（分销商等）。

（2）现代商业技能：客户开发计划的制订；客户计划的实施。

（3）一般商业技能：经销商管理。

（4）商业营销技能：商品类别管理。

3. 建立基于能力的薪酬结构，进行能力定价

这一步首先对企业中纳入能力薪酬体系的所有职位进行归类，如分为管理类、研发类、营销类、生产技术类等；然后对每一类职位，根据其自身的能力差异规律划分出若干等级。一般而言，基于能力的薪酬结构大多采用较少的薪酬等级，而每个等级内的薪酬变动幅度较大。

能力定价即根据每项能力的特点确定员工具备该项能力时能够获得多少薪酬。在对每项能力进行定价的基础上，还要将各项能力的价格分解到它的每个等级上，从而决定当员工达到该能力的某一等级要求时，获得多少对应的薪酬。

最基本的能力定价方法有两种：一种是市场定价方法，即对每项能力在相关劳动力市

场上所获得的薪酬进行调查，据以确定每项能力在本企业应该获得的薪酬。由于国内企业采用能力薪酬制的很少，在市场上很难直接获得每项能力的价格，所以通常是以每一职位族的薪酬区段与外部劳动力市场价格进行比较。另一种是绩效相关的方法，即根据每项能力与工作绩效的相关性来确定其价格。

4. 评价员工能力，将能力与薪酬结合起来

这是指根据界定好的能力类型及其等级定义标准，对员工在某领域中具备的绩效行为能力进行评价，然后将评价结果与他们应当获得的基本薪酬联系起来。对员工进行能力评价时，首先根据其任职岗位，将其划归到相应的职位族，如将产品开发人员划归到研发族。然后，按照所归职位族的能力评价标准，对该员工的能力水平进行评价，评价结果为哪一等级，就得到相应等级的薪酬水平。

## 三、长期绩效激励计划

长期绩效激励计划是指绩效衡量周期在一年以上的对既定绩效目标的达成提供奖励（主要以股票的形式）的计划。之所以将长期界定为一年以上，是因为组织的许多重要战略目标都不是在一年之内能够完成的。事实上，长期绩效激励计划的支付通常以3~5年为一个周期。长期绩效激励计划强调长期规划和对组织的未来可能产生影响的那些决策，它能够创造一种所有者意识，有助于企业保留和激励高绩效的员工，为企业的长期资本积累打下良好的基础。

长期绩效激励计划的主要形式是股票所有权计划。常见的股票所有权计划可分为三类：现股计划、期股计划与期权计划。

### （一）现股计划

现股计划是指通过公司奖励的方式直接赠予，或是参照股权的当前市场价值向员工出售股票，总之是使员工立即获得实实在在的股权，但这种计划同时会规定员工在一定时期内必须持有股票，不得出售。

### （二）期股计划

期股计划规定，公司和员工约定在将来某一时期内以一定的价格购买一定数量的公司股权，购股价格一般参照股权的当前价格确定，该计划同时会对员工在购股后出售股票的期限做出规定。

### （三）期权计划

期权计划与期股计划类似，但存在一定区别。在这种计划下，公司给予员工在将来某一时期内以一定价格购买一定数量公司股权的权利，但是员工到期时可以行使这种权利，也可以放弃这种权利，购股价格一般参照股权的当前市场价格确定。该计划同样会对员工购股之后出售股票的期限做出规定。

上述三种不同的股权计划一般都能使员工获得股权的增值收益权，其中包括分红收益、股权本身的增值收益。现股计划和期股计划都是预先购买了股权或确定了股权购买协议的

奖励方式，当股权贬值时，员工需要承担相应的损失。因此，员工从持有现股或签订了期股购买协议开始，就已经承担了风险。而在期权计划中，当股权贬值时，员工可以放弃期权，从而避免承担股权贬值的风险。

## 【☆思政专栏9-2】 以深化企业工资分配改革推进共同富裕

共同富裕是中国特色社会主义的本质要求，是中国式现代化的重要特征。我们党始终把促进全体人民共同富裕作为为人民谋幸福的着力点。在全面建设社会主义现代化国家的新征程中，促进全体人民共同富裕被置于党和政府工作更加重要的位置。习近平总书记指出，"蛋糕"不断做大了，同时还要把"蛋糕"分好。促进共同富裕的过程，就是不断增强发展的平衡性、充分性，在做大"蛋糕"的同时分好"蛋糕"的过程。劳动是价值创造的源泉，企业是市场经济的主体，合理有序的企业工资收入分配是激发劳动价值创造的动力之源，也是平衡资本和劳动的分配关系、实现社会公平正义的基础。深化企业工资收入分配改革，一头连着效率，一头连着公平，是促进高质量发展的重要一环，是增加低收入群体收入、扩大中等收入群体收入，实现收入分配结构由当前的金字塔形向橄榄形转变的关键，是推进全体人民共同富裕的必由之路。

一、企业工资分配改革有力促进劳动生产率提高和居民收入增长

伴随劳动工资制度改革，我国劳动生产率和城乡居民收入持续快速增长，在做大"蛋糕"方面取得巨大成就。2020年，我国国内生产总值1 015 686亿元，首破100万亿元大关，名义全员劳动生产率135 349元／人，人均国内生产总值72 000元，站稳1万美元台阶，城镇居民人均可支配收入43 834元，农村居民人均可支配收入17 131元。2000—2020年，我国国内生产总值增长9.13倍，年均增长12.28%；人均国内生产总值增长8.18倍，年均增长11.72%；城镇居民人均可支配收入增长5.98倍，年均增长10.2%；农村居民人均可支配收入增长6.2倍，年均增长10.35%。对于一个十几亿人口的大国来说，劳动生产率和城乡居民收入实现长期持续快速增长，是一个了不起的伟大成就。这一成就的取得在很大程度上得益于我国劳动工资制度改革对广大劳动者积极性、主动性、创造性的调动和激发。

二、深化企业工资收入分配改革助力共同富裕任重道远

当前，我国进入新发展阶段。贯彻新发展理念，构建新发展格局，推动经济社会高质量发展、可持续发展，对做好企业工资收入分配工作、助力共同富裕提出了新的更高的要求。与此同时，由于历史和现实的原因，我国企业工资收入分配方面仍然存在一系列深层次的突出矛盾和问题，深化改革任务依然紧迫而繁重。

三、打好深化企业工资收入分配改革促进共同富裕组合拳

采取切实有效措施改善欠发达地区经济和产业发展环境，以高质量发展带动高质量就业，助力低工资群体持续增资。发展好经济是提高低工资群体工资的根本保证。建立对口帮扶常态化机制。将东部发达地区帮扶内地欠发达地区发展经济纳入法制化轨道，强化"先富帮后富，最终实现共同富裕"的规范化、具体化和权威性。加大产业结构转型升级力度。果断淘汰落后过剩产能，改造升级短缺必需产能，对于农、林、牧、渔业，水利环境和公共设施管理业等低工资行业，要从投资、高端人力资源引入、政府采购等方面加大扶持力

度，促进改善其经济条件。加大企业改革重组力度。对长期经济效益欠佳的集体企业，要进一步明确管理主体，帮助其引进人才和战略投资者，加大政府采购力度，千方百计助其脱困。加大"放管服"改革力度和金融支持力度，改善中小微企业营商环境，助力中小微企业提高经济效益、提高职工工资。

推进共同富裕是一项系统工程，深化工资分配改革是其中最重要、最基础、最根本的环节之一。深化企业工资收入分配改革，要以习近平新时代中国特色社会主义思想为指导，以促进共同富裕为根本遵循，坚持以人民为中心、以劳动者为本，坚持人民性、科学性相统一，从政治和战略的高度做好顶层设计，加强调查研究和跟踪评估，不断完善工作机制和政策体系，切实发挥工资分配改革助力共同富裕的作用。

资料来源：聂生奎，刘军胜. 以深化企业工资分配改革推进共同富裕[J]. 中国党政干部论坛，2022(5)：69-73.

## 第三节 员工福利管理

### 一、福利的概念和功能

#### （一）福利的概念

员工福利是企业基于雇佣关系，以企业自身的支付能力为依托，并在一定程度上受国家的强制性法律法规所制约，向员工提供的、用以改善其本人和家庭生活质量的各种以非货币性薪酬和延期支付形式为主的补充性报酬与服务。在现代企业中，福利在整体薪酬中的比重已经越来越大，对企业的人工成本产生了十分重要的影响。

从性质上看，员工福利是一种间接或边缘薪酬，是对直接货币性薪酬的补充或延续，是全部报酬的一部分。所以，员工福利并不是雇主的恩惠，它同工资或薪金一样是员工劳动所得，属于劳动报酬的范畴。即使是法律规定的社会保险等福利项目，也是基于雇佣关系的薪酬支出，是对员工劳动成果的回报。它的分配观是"平均分配"或"按需分配"，是一种具有"大锅饭"性质的薪酬形式。大多数福利项目的特点是低差异、高刚性的，即多数福利项目具有内部普享性且不会被轻易取消，因而比工资和奖金更稳定、更可靠。

#### （二）福利的功能

对于企业来说，福利主要具有以下三种功能。

1. 传递企业的文化和价值观

越来越多的企业以薪酬福利政策的实施融会贯通企业文化所倡导的价值观和导向性。通常，持有工作生活质量价值观的企业谋求资本收益和劳动者报酬之间的平衡，将提高员工的工作生活质量当作企业的重要目标。这类企业更容易支付较高的薪酬，设计更全面的薪酬制度，向员工提供更完善的福利和更深入的精神报酬和内在激励。如通过积极组织社团和周边的福利文体活动等福利项目融洽人际关系，丰富员工的文化生活，传播企业文化。

## 2. 吸引和保留人才

一方面，人们在找工作时越来越把优厚的福利作为重要的选择标准。另一方面，随着知识经济的发展，企业对人才的竞争日益激烈，员工福利作为薪酬的重要组成部分，在很大程度上已经成为企业吸引和留住优秀人才、激发和调动员工工作积极性的重要策略。目前企业设计的许多与年资有关的福利项目（如带薪休假、退休金、健康福利基金、商业人寿保险、住房贷款、房租补贴、企业年金等）实际上已成为员工的一种长期投资，如果员工离开企业，这些福利将化为乌有，因此它们会影响员工的离职决策。

## 3. 税收减免

一方面，我国对福利企业有税收减免政策。另一方面，企业把福利项目纳入人力成本核算，并以投入和支出作为会计的核算和分析内容，还可享受税收减免待遇。

## 二、福利的种类

不同的企业，其福利的具体内容和具体项目往往会有所差别，总的来说，包括三大类：第一类是国家法定福利；第二类是企业自主福利；第三类是法定休假。

### （一）国家法定福利

大多数国家都有相关的法律来规定企业必须提供的福利项目。我国法律规定的法定福利项目包括养老保险、失业保险、医疗保险、工伤保险及生育保险。

#### 1. 养老保险

法律规定的养老保险是社会保障系统中的一项重要内容，是社会保险五大险种中最重要的一种。养老保险是国家和社会根据一定的法律法规，为解决劳动者在达到国家规定的解除劳动义务的劳动年龄界限或因年老丧失劳动能力退出劳动岗位后的基本生活而实行的社会保护和社会救助措施。因此，养老保险具有强制性、互济性、储备性、社会性等特点。

#### 2. 失业保险

失业保险是指国家通过立法强制实行的，由社会集中建立基金，对因失业而暂时中断生活来源的劳动者提供物质帮助的制度。它是社会保障体系的重要组成部分，是社会保险的主要项目之一。

#### 3. 医疗保险

医疗保险通常是指由国家立法规定并强制实施的，当人们生病或受到伤害后，由国家或社会给予一定的物质帮助，即提供医疗服务或经济补偿的一种社会保障制度。它具有社会保险的强制性、互济性、社会性等基本特征。

#### 4. 工伤保险

工伤保险是指国家和社会为在生产、工作中遭受事故伤害和患职业性疾病的劳动者及其亲属提供医疗救治、生活保障、经济补偿、医疗和职业康复等物质帮助的一种社会保障制度。劳动者在其单位工作劳动，必然形成劳动者和用人单位之间相互的劳动关系。在劳动过程中，用人单位除支付劳动者工资待遇外，如果不幸发生了事故，造成劳动者的伤残、死亡或患职业病，此时，劳动者就应当具有享受工伤保险的权利。

5. 生育保险

生育保险是国家通过立法，对怀孕、分娩女职工给予生活保障和物质帮助的一项社会政策。生育保险提供的生活保障和物质帮助通常由现金补助和实物供给两部分组成。现金补助主要是指给予生育妇女发放的生育津贴；实物供给主要是指提供必要的医疗保健、医疗服务以及孕妇、婴儿需要的生活用品等。其宗旨是通过向职业妇女提供生育津贴、医疗服务和产假，帮助她们恢复劳动能力，重返工作岗位。

### （二）企业自主福利

企业自主福利又称非法定福利，是指企业自主建立的，为满足职工的生活和工作需要，在工资收入之外向员工本人或家属提供的一系列福利项目。它不具有强制性，因此没有统一的标准，各企业通常根据自己的具体情况灵活决定。大体来说，可以包括以下一些形式。

1. 国家法定社会保险之外的各类保险和福利

具体包括退休福利（退休金、公积金），医疗保健福利（免费定期体检、免费防疫注射、药费和营养费补贴、职业病免费防护、免费疗养等），意外伤害福利（意外工伤补偿、伤残生活补助、死亡抚恤金等），带薪休假（对特殊贡献的员工给予一定时间的带薪旅游休假和疗养休假等）。

2. 各种过节费

具体包括春节、中秋节、端午节、国庆节等节日的加薪和过节费，其形式可以是实物、现金或购物券等。

3. 加班补助

在国家规定的加班补助之外，企业还可以额外提供免费的加班伙食、饮料等。

4. 住房福利

住房福利如免费单身宿舍、夜班宿舍、廉价公房出租、购房低息贷款、购房补贴等。

5. 交通补助福利

交通补助福利如免费班车服务、市内交通补贴等。

6. 教育培训福利

教育培训福利如企业内部免费脱产培训、公费进修、报刊订阅补助等。

7. 文体活动和旅游福利

文体活动和旅游福利如有组织的集体文体活动（晚会、舞会、郊游、体育竞赛），企业自建文体设施（运动场、游泳馆、健身房、阅览室等），各种文体活动的折扣票和免费票，外出交通免费订票服务等。

8. 生活服务福利

生活服务福利如洗澡和理发津贴、夏季降温费、冬季取暖费等季节福利补贴，优惠价提供本企业产品和服务等。

### 9. 金融服务福利

金融服务福利如信用储金、存款户头特惠利率、低息贷款、预支薪金、额外困难补助等。

### (三) 法定休假

#### 1. 公休假日

公休假日是劳动者工作满一个工作周之后的休息时间。我国实行的是一周 40 小时工作制，劳动者的公休假日为每周两天。《中华人民共和国劳动法》(以下简称《劳动法》)第三十八条规定："用人单位应当保证劳动者每周至少休息一日。"

#### 2. 法定休假日

法定休假日即法定节日休假，我国法定的节假日包括元旦、春节、国际劳动节、国庆节和法律法规规定的其他休假节日。《劳动法》规定，法定休假日安排劳动者工作的，支付不低于工资的 300%的劳动报酬。除《劳动法》规定的节假日以外，企业可以根据实际情况，在和员工协商的基础上，决定放假与否以及加班工资。

#### 3. 带薪年休假

我国《劳动法》第四十五条规定："国家实行带薪年休假制度。劳动者连续工作一年以上的，享受带薪年休假。"国家事业单位和公务员带薪年休假制度早已存在，工作人员有 10 年、20 年和 20 年以上工龄分别休假 7 天、10 天和 15 天，但这一政策在各单位可根据实际工作进行调整，并非硬性规定。

【专题拓展 9-4】　　　　我国目前的"五险一金"

## 本章小结

薪酬是指企业向员工提供的所有直接和间接的经济性收入，用以吸引、保留和激励员工，具体包括工资、奖金、津贴、股权及福利等。典型的薪酬模式包括高弹性模式、高稳定模式和折中模式三种，三种模式各自的适用性不同，因此在企业实践中有着不同的应用。薪酬具有维持和保障功能、激励功能和调节功能。同时，在进行薪酬管理时要注重公平性原则、激励性原则、经济性原则、竞争性原则、结构性原则和合法性原则。薪酬管理并不是一成不变的，它会随着权变因素的变化而发生变化。

设计薪酬体系主要有两种方式：一是按照职位进行薪酬体系的设计，此方法真正实现了同工同酬且操作简单、管理成本低，同时可以激励员工提高自身技能；二是基于能力进行薪酬体系的设计，可按照职位、个人角色和个人特征分成三种类型。

员工福利是薪酬的重要组成部分之一，它具备传递企业的文化和价值观、吸引和保留人才、税收减免三种功能。员工福利有国家法定福利和企业自主福利两大种，国家法定福利是员工必须享有的，而企业自主福利部分企业可依据实际情况选择为员工提供。

**复习思考题**

1. 薪酬由哪些内容构成？薪酬有哪些不同的模式？
2. 薪酬的功能及影响企业薪酬管理的因素有哪些？
3. 职位评价的方法有哪些？
4. 建立职位薪酬体系的主要步骤有哪些？
5. 建立能力薪酬体系的主要步骤有哪些？
6. 个人绩效激励薪酬和团队绩效激励薪酬各有哪些形式？
7. 福利包括哪几大类形式？

 **案例分析**

### 思科中国的薪酬与待遇

问题：
1. 思科公司的薪酬构成成分有什么特点？
2. 思科公司的薪酬体系是怎样发挥其激励作用的？

# 第十章 劳动关系与社会保险

## 本章导读

处于经济"内卷"时代的中国，严峻的就业压力和空前复杂的劳动关系给国民经济、社会带来诸多影响，针对企业所面临的不断上升的用工成本和劳动者所面临的就业保障和就业安全的严峻挑战，国家相继出台或修正了《中华人民共和国劳动法》《中华人民共和国社会保险法》《中华人民共和国劳动争议调解仲裁法》《中华人民共和国就业促进法》等相关法律法规，一方面规范和调整了我国的劳动关系管理，另一方面也保护了劳动关系双方的利益。

## 学习目标

**知识目标**：了解和掌握劳动关系的概念和特征以及处理劳动关系的原则；掌握劳动合同管理的相关原理；明确劳动关系管理的相关制度；明确处理劳动争议的途径和一般程序；了解和掌握社会保险的主要形式。

**思政目标**：通过探索劳动关系中的和谐、公正和共赢，培养学生的法治意识、和谐意识和团队精神，增强对中国特色劳动关系制度优越性的认同感，增强其时代担当和社会责任感。

**能力目标**：能够利用所学知识制定及修改企业劳动关系管理的相关内容；初步具备薪酬奖惩、申诉及解决劳动争议的能力。

**素质目标**：培养学生对现代企业劳动关系管理的基本认识，能辨别劳动关系管理中相关和相近概念的区别；注重提高自身劳动权益的保护能力和养成良好的责任感与工作态度。

## 关键概念

劳动关系（labor relationship）

劳动合同（contract of labor）

劳动合同法（labor contract law）

劳动争议（labor dispute）

劳动法（labor law）

社会保险（social insurance）

养老保险（endowment insurance）

# 第一节 劳动关系

员工管理关系和劳动争议处理已经成为人力资源管理的重点和难点，企业与员工，甚至与员工群体之间的劳动争议明显增多，直接影响企业的发展，甚至有可能形成社会冲突。如何最大限度地维护劳动者和资本所有者的平等关系，将直接影响社会稳定的大局。随着劳动者素质的不断提高、权利意识的觉醒、自我保护意识的增强，社会公众对劳动者的各种权利的关注日益加强。现代组织以保护劳动者权益为宗旨，重视对劳动者的劳动保护，增加此方面的投资，促进人力资源的开发、利用，劳动者权利保护日渐成为组织人力资源管理中的重要议题。如何恰当运用劳动法规保护企业合法利益，避免劳资冲突，已经成为人力资源管理人士和各级劳动与社会保障部门的工作重点。

## 一、劳动关系概述

### （一）劳动关系的含义

劳动关系是指劳动者与用人单位（包括各类企业、个体工商户、事业单位等）在实现劳动过程中建立的社会经济关系。从广义上讲，生活在城市和农村的任何劳动者与任何性质的用人单位之间因从事劳动而结成的社会关系都属于劳动关系的范畴。

劳动关系是维持人类社会得以存在和发展的最基本的社会关系。在不同的国家或不同的体制下，劳动关系有时又被称为"劳资关系""劳工关系""劳雇关系""员工关系""产业关系"等。从我国的现在情况来看，由于劳动力使用一方具有部分国家性质，所以使用"劳动关系"的表述，既可以避免因所有制不同而引起的概念差别，而且可以避免从某种政治态度和立场出发而引起的概念差异。

在我国目前的市场经济条件下，劳动关系具体是指劳动者与劳动力使用者（单位）之间在劳动过程中建立或结成的关系。更狭义地讲，是指企业所有者、经营者、普通员工及其工会组织之间在企业的生产经营活动中形成的各种责、权、利关系。其主要包括：所有者与全体员工（包括经营管理人员）的关系；经营管理者与普通员工的关系；经营管理者与工会的关系；工会与员工的关系。

### （二）劳动关系的三要素

劳动关系的三要素包括主体、内容和客体。

劳动关系的主体是指劳动法律关系的参与者，包括劳动者、劳动者的组织（工会、员工代表大会）和用人单位。

劳动关系的内容是指主体双方依法享有的权利和承担的义务。

劳动关系的客体是指主体的劳动权利和劳动义务共同指向的事物，如劳动时间、劳动报酬、劳动纪律、福利保险、安全卫生、教育培训、劳动环境等。

## (三) 劳动关系的特点

(1) 劳动关系主体双方具有平等性和隶属性。
(2) 劳动法律关系具有以国家意志为主导、以当事人意志为主体的特征。
(3) 劳动关系的双方当事人，一方是劳动者，另一方必须是劳动者为之提供劳动的用人单位。
(4) 劳动者必须为用人单位提供劳动。
(5) 劳动关系是基于职业的、有偿的劳动而发生的。
(6) 管理关系的一方劳动者必须成为另一方用人单位的组织成员，并遵守单位的内部劳动规则。

## 二、劳动关系的内容与分类

劳动关系的内容主要包括员工与用人单位之间在工作时间、休息时间、薪酬福利、劳动安全卫生、劳动纪律与奖惩制度、女员工与未成年人特殊保护、员工培训、社会保险等方面形成的关系。而且，员工与企业之间劳动合同的签订、实施、执行、修改的规定，员工与企业之间劳动争议解决的规定等也属于劳动关系的重要组成部分。

劳动关系可以按照不同的角度进行分类。

(1) 按实现劳动过程的方式划分，劳动关系分为两类：一类是直接实现劳动过程的劳动关系，即用人单位与劳动者建立劳动关系后，由用人单位直接组织劳动者进行生产劳动的形式，当前这一类劳动关系占绝大多数；另一类是间接实现劳动过程的劳动关系，即劳动关系建立后，通过借调或劳务输出等方式，由劳动者为其他单位服务实现劳动过程的形式，这一类劳动关系目前较少，但今后会逐渐增多。

(2) 按用人单位性质分类，可分为国有企业劳动关系、集体企业劳动关系、"三资"企业劳动关系、私营企业劳动关系等。

(3) 按劳动关系规范程度划分，可分为规范的劳动关系（即依法通过订立劳动合同建立的劳动关系）、事实劳动关系（指未订立劳动合同，但劳动者事实上已成为企业、个体经济组织的成员，并为其提供有偿劳动的情况），以及非法劳动关系（如招用童工和无合法证件人员，无合法证、照的用人单位招用劳动者等情形）等。

(4) 按劳动关系的具体形态划分，可分为常规形式（即正常情况下的劳动关系）、停薪留职形式、放长假形式、待岗形式、下岗形式、提前退养形式、应征入伍形式等。

## 三、加强劳动关系管理的意义

加强劳动关系管理，对企业的经营管理和发展具有以下重要意义。

### (一) 保障企业与员工的双向选择权，实现生产要素的优化配置

各种生产要素在适当的流动中取得最佳的组合是发展社会生产力的要求，这就要求员工和企业双向选择，否则势必造成人力资源的浪费，阻碍生产力的发展。

### （二）保障企业内各方面的正当权益，调动各方面的积极性

合理的投资回报可以吸引更多的资金流入企业，合理的工资、福利可以吸收和稳定企业所需人才，合理的企业利润留成则有利于企业的长远发展。

### （三）改善企业内部劳动关系，维护安定团结

企业各方相互信任、相互尊重以及相互合作，可以创造出一个令人心情舒畅的工作环境，有利于安定团结。只有调整好各方利益，才能保证企业改革的深入进行，确保企业改革和转换经营机制的顺利发展。

## 四、处理劳动关系的原则

### （一）兼顾各方利益的原则

要使企业内劳动关系主体保持和谐合作的关系，就必须兼顾各方的利益，不能只强调一方，损害另一方。

### （二）以协商为主解决争议的原则

员工与企业发生争执，应以协商的办法来解决，双方都不宜采取过激的行为，如怠工、罢工或开除等，避免形成对立，造成较大损失。另外，能够通过协商调解的方法解决争议时，就不应上法庭解决，避免诉讼费用和伤害感情。

### （三）以法律为准绳的原则

正确处理企业内部劳动关系，一定不能随心所欲，要以国家有关法律为依据，减少因不合理要求造成的争端。

### （四）劳动争议以预防为主的原则

不要等矛盾激化了才去处理，应当随时掌握企业劳动关系状况，了解员工的思想动态与情绪，预见可能发生的问题，采取措施，积极疏通，使矛盾及时得到解决。

### （五）明确管理责任的原则

劳动关系是经营管理工作中一个重要方面，应当明确主管这方面工作的责任部门和责任人员，如有必要，可设立专门的机构负责。

## 五、改善劳动关系的途径

### （一）建立健全相关的法律法规

与劳动关系相关的法律法规是处理劳动纠纷的依据。只有健全法律法规，才能在企业各方因利益冲突而产生矛盾时，有法可依，明确企业各方的权、责、利，使劳动纠纷得以合理的解决。

## （二）充分发挥工会及企业党组织的作用

工会与企业党组织作为劳动关系的主体之一，可以代表员工与企业协调劳动关系，兼顾员工与企业的利益，避免矛盾激化。

## （三）培训管理人员

劳动争议的产生和劳动关系的紧张常常与管理人员的工作作风、业务知识、法律意识有关。通过对管理人员的培训，可以增强他们的劳动关系意识，掌握处理劳动关系问题的原则及技巧。

## （四）提高员工的工作—生活质量

提高员工的工作—生活质量的主要内容包括：参与管理、职务设计、周期性安排"培训—工作—休息"，满足个人的特殊要求，使员工在工作中感觉到生活的真正意义。

## （五）员工参与民主管理

员工参与民主管理可以使员工参与企业的重大决策，尤其是涉及广大员工切身利益的决定，这样还可以更好地使企业经营管理者在做出重大决策时充分考虑员工的利益。

## 六、我国与劳动关系有关的法律法规

我国与劳动关系管理相关的法律法规有很多，不同的法律法规从不同的角度来维护劳动者和用人单位双方的权利。

### （一）《中华人民共和国劳动法》

《劳动法》是劳动关系法律法规的核心，于1994年7月5日第八届全国人民代表大会常务委员会第八次会议通过，并分别于2009年和2018年进行了两次修订。《劳动法》共13章107条，其各章主要内容如表10-1所示，它是调整劳动关系的一部综合性法律。

表10-1　《劳动法》主要内容

| 第一章 | 总则 | 第八章 | 职业培训 |
| --- | --- | --- | --- |
| 第二章 | 促进就业 | 第九章 | 社会保险和福利 |
| 第三章 | 劳动合同和集体合同 | 第十章 | 劳动争议 |
| 第四章 | 工作时间和休息休假 | 第十一章 | 监督检查 |
| 第五章 | 工资 | 第十二章 | 法律责任 |
| 第六章 | 劳动安全卫生 | 第十三章 | 附则 |
| 第七章 | 女职工和未成年工特殊保护 | | |

### （二）《中华人民共和国劳动合同法》

2007年6月29日第十届全国人民代表大会常务委员会第二十八次会议表决通过了《劳动合同法》。这部备受关注的法律经历了向社会全体公布征求意见、4次审议之后，于2008

年1月1日起施行,并于2012年12月28日第十一届全国人民代表大会常务委员会第三十次会议《关于修改〈中华人民共和国劳动合同法〉的决定》进行了修正。它从劳动合同的订立、履行和变更、解除和终止等多个方面,进一步完善了劳动合同制度,明确了劳动合同双方当事人的权利和义务,旨在保护劳动者的合法权益,构建和发展和谐稳定的劳动关系。

### (三)《中华人民共和国公司法》

《中华人民共和国公司法》是1993年12月29日第八届全国人民代表大会常务委员会第五次会议通过的,自1994年7月1日起施行,后续分别于1999年、2005年、2013年、2018年、2023年进行了五次修订。《公司法》是建立社会主义市场经济体制的一部重要法律,它为建立新型企业组织提供了法律依据。《公司法》第十六条规定:"公司应当保护职工的合法权益,依法与职工签订劳动合同,参加社会保险,加强劳动保护,实现安全生产。公司应当采用多种形式,加强公司职工的职业教育和岗位培训,提高职工素质。"第十七条则对工会、职代会做了进一步规定:"公司职工依照《中华人民共和国工会法》组织工会,开展工会活动,维护职工合法权益。公司应当为本公司工会提供必要的活动条件……公司依照宪法和有关法律的规定,建立健全以职工代表大会为基本形式的民主管理制度,通过职工代表大会或者其他形式,实行民主管理。"

### (四)其他有关劳动关系管理的法律法规

由于劳动关系涉及的内容非常广泛,所以对各项内容都应该做出专门的规定以保护劳动者和组织的利益,如表10-2所示。

表10-2 我国有关劳动关系具体规定的部分法律法规

| 类别 | 法律法规 | 发布部门 | 发布(施行)日期 |
| --- | --- | --- | --- |
| 劳动合同制、招工管理 | 《国营企业实行劳动合同制暂行规定》 | 国务院 | 1986年7月12日施行<br>1992年5月8日修订 |
| | 《禁止使用童工规定》 | 国务院 | 2002年12月1日 |
| | 《中华人民共和国劳动合同法》 | | 2008年1月1日施行<br>2012年12月28日修订 |
| | 《国务院关于工资总额组成规定》 | 国家统计局 | 1990年1月1日 |
| | 《关于进一步改进和完善企业工资总额同经济效益挂钩的意见》 | 劳动部、财政部、国家计委 | 1989年2月13日 |
| 工人考核、奖惩 | 《工人考核条例》 | 国务院 | 1990年7月12日 |
| | 《中华人民共和国劳动法》 | 全国人大常委会 | 1995年1月1日施行<br>2009年8月27日第一次修订<br>2018年12月29日第二次修订 |
| | 《失业保险条例》 | 国务院 | 1999年1月22日 |
| 员工工作时间、劳动保护 | 《中华人民共和国劳动法》 | 全国人大常委会 | 1995年1月1日施行<br>2009年8月27日第一次修订<br>2018年12月29日第二次修订 |

续表

| 类　别 | 法 律 法 规 | 发 布 部 门 | 发布（施行）日期 |
|---|---|---|---|
| 员工工作时间、劳动保护 | 《贯彻〈国务院关于职工工作时间的规定〉的实施办法》 | 劳动部 | 1994年3月1日 |
| | 《国务院关于职工工作时间的规定》 | 国务院 | 1994年2月3日施行<br>1995年3月25日修订 |
| | 《女职工劳动保护特别规定》 | 国务院 | 2012年4月28日 |
| | 《生产安全事故报告和调查处理条例》 | 国务院 | 2007年6月1日 |
| | 《生产安全事故应急条例》 | 全国安全生产委员会 | 2019年4月1日 |
| 待业、富余员工安置、退休、养老保险 | 《失业保险条例》 | 国务院 | 1999年1月22日 |
| | 《国有企业富余员工安置规定》 | 国务院 | 1993年4月20日 |
| | 《关于企业员工养老保险制度改革的决定》 | 国务院 | 1991年6月26日 |
| 职代会、工会 | 《全民所有制工业企业职工代表大会条例》 | 国务院 | 1986年10月1日 |
| | 《中华人民共和国工会法》 | 全国人大常委会 | 1992年4月3日<br>2001年10月27日第一次修订<br>2009年8月27日第二次修订<br>2021年12月24日第三次修订 |
| | 《中国工会章程》 | 中华全国总工会 | 1988年10月28日<br>2013年10月22日第一次修订<br>2018年10月26日第二次修订<br>2023年10月12日第三次修订 |

（五）《中华人民共和国劳动争议调解仲裁法》对劳动争议处理程序的规定

中华人民共和国第十届全国人民代表大会常务委员会第三十一次会议于2007年12月29日通过制定《中华人民共和国劳动争议调解仲裁法》，自2008年5月1日起施行。该法对劳动争议的受理、调解、仲裁、法律责任等都做了具体规定。

【专题拓展10-1】　　马萨诸塞州的面包和玫瑰罢工

## 第二节　劳动合同管理

### 一、劳动合同

（一）劳动合同的含义及特点

1. 劳动合同的含义

劳动合同是劳动者和用人单位之间关于订立、履行、变更、解除或者终止劳动权利义务关系的协议。2007年6月29日第十届全国人民代表大会常务委员会第二十八次会议通过，自2008年1月1日起施行的《劳动合同法》是我国第一部较完整的调整劳动合同关系的法律。该法的颁布和施行给我国的用人单位和劳动者依法保护自己的合法权益提供了更完整的法律依据。

2. 劳动合同的特点

劳动合同除具有合同的一般特点外，还具有自身的法律特征。

（1）劳动合同的主体是劳动者与用人单位。劳动者必须是依法具有劳动权利能力和行为能力的公民。作为劳动合同另一方当事人的用人单位，必须是依法设立的企业、事业组织、国家机关、社会团体或者个体经济组织。

（2）劳动合同的内容是劳动者与用人单位双方的权利和义务。劳动者要承担一定的工种、岗位或职务的工作，完成劳动任务，遵守用人单位的内部规则和其他规章制度；用人单位为劳动者提供法律规定或双方约定的劳动条件，给付劳动报酬，保障劳动者享有法定的或约定的各项政治经济权利和其他福利待遇。

（3）劳动合同的标的是劳动者的劳动行为。劳动者实现就业权利后，相应地有完成其劳动行为的义务；用人单位实现用人权利后，组织管理劳动者完成约定的劳动行为，并有义务支付劳动者的报酬，为员工缴纳社会保险和提供福利。

（4）劳动合同的目的在于确立劳动关系，使劳动过程得以实现。劳动合同是确立劳动关系的法律形式，劳动合同一经订立，就成为规范双方当事人劳动权利和义务的法律依据。

（二）劳动合同的内容

劳动合同的内容是指劳动者与用人单位双方通过协商所达成的关于劳动权利和劳动义务的具体规定。根据《劳动法》第十九条规定，劳动合同应当以书面形式订立，并包括法定条款和协商条款。

1. 法定条款

法定条款又称必备条款，是指根据《劳动法》的规定，劳动合同中必须具备的条款。根据《劳动法》第十九条规定，劳动合同应当具备的条款如下。

（1）劳动合同期限。根据《劳动法》第二十、二十一条的规定："劳动合同的期限分为有固定期限、无固定期限和以完成一定的工作为期限。劳动者在同一用人单位连续工作满十年以上，当事人双方同意续延劳动合同的，如果劳动者提出订立无固定期限的劳动合同，应当订立无固定期限的劳动合同。劳动合同可以约定试用期。试用期最长不得超过六个月。"

（2）工作内容。工作内容是劳动合同的核心条款之一，条款应明确员工在企业中所从事的工作岗位、性质、工种以及完成的任务、应达到的目标等，劳动者应事先对从事的工作做到心中有数。

（3）劳动保护和劳动条件。劳动保护是指用人单位为了防止劳动过程中的安全事故，采取各种措施保障劳动者的生命安全和健康。在劳动生产过程中，存在着各种不安全、不卫生因素，如不采取措施加以保护，将会发生工伤事故。例如，矿井作业可能发生瓦斯爆炸、冒顶片帮、水火灾害等事故，建筑施工可能发生高空坠落、物体打击和碰撞等，所有这些都会危害劳动者的安全健康，妨碍工作的正常进行。国家为了保障劳动者的身体安全和生命健康，通过制定相应的法律和行政法规、规章，规定劳动保护，用人单位也应根据自身的具体情况，规定相应的劳动保护规则，以保证劳动者的健康和安全；劳动条件主要是指用人单位为使劳动者顺利完成劳动合同约定的工作任务，为劳动者提供的必要的物质和技术条件，如必要的劳动工具、机械设备、工作场地、劳动经费、辅助人员、技术资料、工具书以及其他一些必不可少的物质、技术条件和其他工作条件。

（4）劳动报酬。用人单位和劳动者协商约定劳动者的工资额（含试用期工资）、工资调整的权限、发放时间、报酬的构成和变更，对于生产型企业，还可以有最低工资条款。劳动报酬是劳动者的权利，合理的报酬可以使劳动者维持劳动力的再生产，从而更好地为社会创造财富，因此，在劳动合同中必须加以规定。

（5）劳动纪律。
（6）劳动合同终止的条件。
（7）违反劳动合同的责任。

【案例10-1】

2. 商定条款

商定条款又称约定条款或补充条款，即双方当事人在法定条款之外，根据具体情况，经协商可以约定的条款。主要有以下几项。

（1）试用期。依据《劳动合同法》的规定，劳动合同期限3个月以上不满1年的，试用期不得超过1个月；劳动合同期限1年以上不满3年的，试用期不得超过2个月；3年以上固定期限和无固定期限的劳动合同，试用期不得超过6个月。同一用人单位与同一劳动者只能约定一次试用期。以完成一定工作任务为期限的劳动合同或者劳动合同期限不满3个月的，不得约定试用期。试用期包含在劳动合同期限内。劳动合同仅约定试用期的，试用期不成立，该期限为劳动合同期限。

（2）培训。针对实践中劳动者在用人单位出资培训后违约现象比较严重的情况，用人单位可以在劳动合同中约定培训条款或签订培训协议，就用人单位为劳动者支付的培训费用、培训后的服务期以及劳动者违约解除劳动合同时赔偿培训费的计算方法等事项进行约定。

（3）保守商业秘密。《劳动法》第二十二条规定："劳动合同当事人可以在劳动合同中约定保守用人单位商业秘密的有关事项。"商业秘密指不为公众所熟悉，能给用人单位带来经济利益，被用人单位采取保密措施的技术、经济和管理信息。保守商业秘密包括合同期内的保密问题以及合同终止后的竞业禁止。保密条款一般包括需要保守商业秘密的对象、保密的范围和期限及相应的补偿。

（4）补充保险和福利待遇。用人单位和劳动者除应当参加社会保险外，可以协商约定补充医疗、补充养老和人身意外伤害等条款，明确有关福利，如给员工提供的住房、通勤班车、带薪年休假、托儿所、幼儿园、子女入学等条件。

（5）其他事项。这是指双方认为需要约定的其他内容，如对第二职业的限制、对归还物品的约定等。

### （三）劳动合同与专项协议

劳动关系当事人的部分权利和义务可以以专项协议的形式规定。所谓专项协议，是劳动关系当事人为明确劳动关系中特定的权利义务，在平等自愿、协商一致的基础上达成的契约。专项协议可以在订立劳动合同的同时协商确定，也可以在劳动合同的履行期间因满足主客观情况的变化需要而订立。前者通常包括服务期限协议、培训协议、保守企业商业秘密协议、竞争禁止协议、补充保险协议、岗位协议书、聘任协议书等；岗位协议书或聘任协议书，约定其岗位（工种）、工作数量、质量标准和劳动报酬等。后者通常适用于企业劳动制度改革过程中，因为劳动制度的变化、结构调整、企业拖欠劳动者工资、应报销的医疗费或其他债务以及劳动者个人原因离岗或下岗而签订的专项协议书。此种专项协议书约定在特定条件下用人单位和劳动者的权利义务，此时，劳动合同中约定的权利义务暂时中止执行。各项协议书是劳动合同的附件。

### （四）劳动合同与劳务合同

劳务合同一般是指一方为完成某项工作而使用另一方提供的劳动，为此而支付报酬的协议。劳动合同是用人单位与劳动者依照法律规定，以双方劳动权利为主要内容订立的协议。它们的共同之处在于一方提供劳动，另一方支付报酬，但仔细分析二者有很大区别。劳动合同与劳务合同的区别表现在以下几个方面。

（1）提供劳动一方的主体不同。劳动合同的主体是确定的，只能是接受劳动的一方为单位，提供劳动的一方是自然人；劳务合同的主体可以双方都是单位，也可以双方都是自然人，还可以一方是单位、另一方是自然人。

（2）双方当事人关系不同。劳动合同的劳动者在劳动关系确立后成为用人单位的成员，须遵守用人单位的规章制度，双方之间具有领导与被领导、支配与被支配的隶属关系；劳务合同的一方无须成为另一方成员即可为需方提供劳动，双方之间的法律地位自始至终是平等的。

（3）承担劳动风险责任的主体不同。劳动合同的双方当事人由于在劳动关系确立后具有隶属关系，劳动者必须服从用人单位的组织、支配，因此提供劳动过程中的风险责任须由用人单位承担；劳务合同提供劳动的一方有权自行支配劳动，因此劳动风险责任自行承担。

（4）约定劳动报酬的方式不同。因劳动合同支付的劳动报酬称为工资，具有按劳分配性质，工资除当事人自行约定数额外，其他如最低工资、工资支付方式都要遵守法律法规的规定；而劳务合同支付的劳动报酬称为劳务费，主要由双方当事人自行协商价格、支付方式等，国家法律不过分干涉。

（5）适用法律和争议解决方式不同。劳动合同关系受《劳动法》及其配套法规的调整，发生劳动争议时，应先到劳动机关的劳动仲裁委员会进行仲裁，不服仲裁结果的在法定期间内才可以到人民法院起诉，劳动仲裁是前置程序；劳务合同关系受《中华人民共和国民法典》（以下简称《民法典》）的调整，发生劳务争议可以直接诉诸法院。

### （五）劳动合同的拟定

国家没有制定全国通用的劳动合同标准文本，有些地方由劳动保障行政部门统一制定了劳动合同文本，或经劳动保障行政部门审查同意由有关行业主管部门制定劳动合同文本，这对用人单位与劳动者双方有一定的示范、指导意义，用人单位和劳动者可以采用或参考。用人单位也可以根据自己企业的实际情况自行拟定，或由双方当事人共同拟订劳动合同文本。但劳动合同由用人单位自行拟订的，应当报劳动主管部门进行审查。拟订劳动合同应注意以下内容。

1. 劳动合同内容的确定

用人单位确定将要聘用人员后，应与该人员就所要订立的劳动合同的内容在平等、自愿的基础上进行协商。用人单位可以根据本单位的情况事先起草劳动合同的草案，经与该员工协商就劳动合同的条款达成一致，也可以由用人单位与该员工共同协商确定。劳动合同的内容应包括劳动合同期限、工作内容、劳动保护和劳动条件、劳动报酬、劳动纪律、劳动合同终止的条件和违反劳动合同的责任。在协商过程中，用人单位与该员工都有权对劳动合同草案的有关条款进行修改。只有就合同条款达成一致意见以后，双方才能签订合同，否则可能导致合同的无效和无法履行。

2. 劳动合同应由用人单位和劳动者平等协商

用人单位与劳动者应在平等、自愿的基础上，充分地表达自己的意见，进行平等的协商，就劳动合同的条款达成一致意见，劳动合同应当是用人单位与劳动者之间协商一致的结果。

## 二、劳动合同的订立

### （一）劳动合同订立的原则

根据《劳动法》第十七条第一款规定："订立和变更劳动合同，应当遵循平等自愿、协商一致的原则，不得违反法律、行政法规的规定。"根据这一规定，订立劳动合同应遵循以下原则。

1. 平等自愿、协商一致原则

在订立劳动合同过程中，双方当事人的法律地位平等，都是以劳动关系主体资格出现的，不存在命令与服从的关系。而且，劳动合同的订立完全是出于当事人自己的意志，是其真实意思的表示，任何一方不得将自己的意志强加于对方，也不允许他人非法干预。在签订劳动合同时，双方当事人对劳动合同的内容进行讨论协商，在取得完全一致的意见后签订劳动合同。

2. 依法订立、依法履行原则

在订立劳动合同时，不得违反法律法规的规定，这是劳动合同有效并受法律保护的前提条件。具体包括劳动合同的主体合法、劳动合同的目的和内容合法、劳动合同订立的程序和形式合法。

劳动合同的主体合法，即劳动合同的当事人必须具有订立劳动合同的资格。

劳动合同的目的和内容合法，即：双方当事人的意思表示必须真实；劳动合同的内容不得违反国家法律法规的规定。

订立劳动合同的程序和形式合法，即：劳动者和用人单位在签订劳动合同时，应遵循一定的步骤，未经双方协商一致、强迫订立的劳动合同无效；劳动合同必须以书面的、明确的形式（合同须具有法律所要求的形式，即书面形式，一式两份）订立。

（二）劳动合同订立的程序

劳动者和用人单位在签订劳动合同时，应遵循一定的手续和步骤。根据《劳动法》的有关规定以及订立劳动合同的具体实践，签订劳动合同的程序一般如下。

1. 提议、承诺

在签订劳动合同前，劳动者或用人单位提出签订劳动合同的建议，称为要约，如用人方通过相关的招聘渠道提出招聘要求，另一方接受建议并表示完全同意，称为承诺。一般由用人单位提出和起草合同草案，提供协商的文本。

2. 协商

双方对签订劳动合同的内容进行认真磋商，包括工作任务、劳动报酬、劳动条件、内部规章、合同期限、保险、福利待遇等。协商的内容必须做到明示、清楚、具体、可行，充分表达双方的意愿和要求，经过讨论、研究，相互让步，最后达成一致意见。要约方的要约经过双方反复提出不同意见，最后在新要约的基础上表示新的承诺。在双方协商一致后，协商即告结束。

3. 签约

在认真审阅合同文书，确认没有分歧后，用人单位的法定代表人或者其书面委托的代理人代表用人单位与劳动者签订劳动合同。劳动合同由双方分别签字或者盖章，并加盖用人单位印章。订立劳动合同可以约定生效时间。没有约定的，以当事人签字或盖章的时间为生效时间。当事人签字或盖章时间不一致的，以最后一方签字或盖章的时间为准。

（三）无效劳动合同的确认和处理

1. 确认

无效劳动合同是指劳动者与用人单位所订立的违反劳动法律法规的劳动合同。有下列情况的合同，都属于无效劳动合同。

（1）违反劳动法律法规的合同。
（2）以欺诈、胁迫等手段订立的合同。
（3）因重大误解订立的合同。
（4）内容显失公平的合同。
（5）有关劳动报酬和劳动条件等标准低于集体协议的合同。

无效的劳动合同，从订立的时候起，就没有法律约束力。确认劳动合同部分无效，如果不影响其余部分的效力，其余部分仍然有效。劳动合同被确认无效，劳动者已付出劳动的，用人单位应当向劳动者支付劳动报酬。劳动报酬的数额，参照本单位相同或者相近岗位劳动者的劳动报酬确定。对劳动合同的无效或者部分无效有争议的，由劳动争议仲裁机构或者人民法院确认。

2. 处理

双方当事人因劳动合同法律效力发生争议时，应向劳动争议仲裁委员会申请仲裁或向人民法院起诉确认。劳动合同无效，由劳动争议仲裁委员会或者人民法院确认。劳动合同被确认为无效后，应及时处理。

（1）确认劳动合同是全部无效，还是部分无效。对全部无效的劳动合同，制作无效劳动合同确认书，终止仲裁审理程序；对部分无效的劳动合同，以裁定方式终止仲裁程序，有效部分按仲裁程序审理。

（2）分清造成无效劳动合同的责任。对无效劳动合同造成的损失，应分清责任轻重，分别采取返还财产、赔偿损失的责任方式处理。双方都有过错的，各自承担相应的责任。对双方恶意串通订立的无效劳动合同，损害他人和公共利益的，要追缴责任人已经取得的利益，返还给第三人和国家。劳动合同被确认无效后，劳动者已履行劳动合同的，用人单位应当支付相应的劳动报酬，提供相应的待遇，一般可参照本单位同期、同工种、同岗位的工资标准支付劳动报酬。根据劳动法有关规定，由于用人单位的原因订立的无效合同，给劳动者造成损害的，应当比照违反和解除劳动合同经济补偿金的支付标准，赔偿劳动者因合同无效所造成的经济损失。

### 三、劳动合同的变更

劳动合同的变更是指劳动合同在履行过程中，经双方当事人协商一致，对原订劳动合同的部分条款进行修改、补充、废止的行为，具体包括工作内容、工作地点、工资福利的变更等。劳动合同的变更，其实质是双方的权利、义务发生改变。合同变更的前提是双方原已存在着合法的合同关系，变更的原因主要是客观情况发生变化，变更的目的是继续履行合同。劳动合同的变更一般限于内容的变更，不包括主体的变更。

劳动合同的变更要遵循平等自愿、协商一致的原则，任何一方不得将自己的意志强加给对方。变更劳动合同应当具备的条件如下。

（1）订立劳动合同时所依据的法律法规发生了变化，应依法变更劳动合同的相关内容。

（2）订立劳动合同时所依据的客观情况发生了重大变化，致使合同无法履行，当事人一方要求变更其相关内容；劳动者部分丧失劳动能力或身体健康情况发生变化而引起的合同变更。

（3）用人单位发生合并或者分立等情况，原合同继续有效，劳动合同由继承权利义务的用人单位继续履行。

劳动合同的变更程序如下。

（1）提出要求。要求变更的当事人以书面形式向对方提出变更合同的要求和理由。

（2）做出答复。15日内答复同意、不同意或提议再协商，逾期不答复视为不同意。

（3）签订协议。在变更协议书上签字盖章后即生效。

## 四、劳动合同的解除

劳动合同的解除是劳动合同在期限届满之前，双方或单方提前终止劳动合同效力的法律行为，分为法定解除和协商解除。法定解除指法律法规或劳动合同规定可以提前终止劳动合同的情况。协商解除指双方经协商一致而提前终止劳动合同的法律效力。

### （一）用人单位单方解除

1. 过失性解除

根据《劳动合同法》第三十九条规定，劳动者有下列情况之一的，用人单位可以解除劳动合同。

（1）在试用期间被证明不符合录用条件的。

（2）严重违反用人单位的规章制度的。

（3）严重失职，营私舞弊，给用人单位造成重大损害的。

（4）劳动者同时与其他用人单位建立劳动关系，对完成本单位的工作任务造成严重影响，或者经用人单位提出，拒不改正的。

（5）劳动合同是在欺诈、胁迫或者乘人之危，违背当事人真实意思的情况下订立而无效的。

（6）被依法追究刑事责任的。

这六种情况是由劳动者本身的原因造成的，劳动者主观上有严重过失，因而用人单位有权随时解除合同。过失性解除不受提前通知的限制，不受用人单位不得解除劳动合同的法律限制，且不给予经济补偿。

2. 非过失性解除

根据《劳动合同法》第四十条的规定，劳动者有下列情形之一的，用人单位应当提前30日以书面形式通知劳动者本人或者额外支付劳动者1个月工资后可以解除劳动合同。

（1）劳动者患病或者非因工负伤，在规定的医疗期满后不能从事原工作，也不能从事由用人单位另行安排的工作的。

（2）劳动者不能胜任工作，经过培训或者调整工作岗位，仍不能胜任工作的。

（3）劳动合同订立时所依据的客观情况发生重大变化，致使劳动合同无法履行，经用人单位与劳动者协商，未能就变更劳动合同内容达成协议的。

3. 经济性裁员

这是一种特殊的用人单位单方解除劳动合同的情况。根据《劳动合同法》第四十一条的规定，有下列情形之一，需要裁减人员20人以上或者裁减不足20人但占企业员工总数10%以上的，用人单位提前30日向工会或者全体职工说明情况，听取工会或者职工的意见后，裁减人员方案经向劳动行政部门报告，可以裁减人员。

（1）依照企业破产法规定进行重整的。

（2）生产经营发生严重困难的。

（3）企业转产、重大技术革新或者经营方式调整，经变更劳动合同后，仍需裁减人员的。

（4）其他因劳动合同订立时所依据的客观经济情况发生重大变化，致使劳动合同无法履行的。

裁减人员时，应当优先留用下列人员：一是与本单位订立较长期限的固定期限劳动合同的；二是与本单位订立无固定期限劳动合同的；三是家庭无其他就业人员，有需要扶养的老人或者未成年人的。用人单位裁减人员，在 6 个月内重新招用人员的，应当通知被裁减的人员，并在同等条件下优先招用被裁减的人员。

4. 用人单位不得解除劳动合同的规定

为了保护劳动者合法权益，防止不公正解雇，《劳动合同法》除规定用人单位可以解除劳动合同的情形外，还规定了用人单位不得解除劳动合同的情形。根据《劳动合同法》第四十二条的规定，劳动者有下列情形之一的，用人单位不得依照本法第四十条、第四十一条的规定解除劳动合同。

（1）从事接触职业病危害作业的劳动者未进行离岗前职业健康检查，或者疑似职业病病人在诊断或者医学观察期间的。

（2）在本单位患职业病或者因工负伤并被确认丧失或者部分丧失劳动能力的。

（3）患病或者非因工负伤，在规定的医疗期内的。

（4）女职工在孕期、产期、哺乳期的。

（5）在本单位连续工作满 15 年，且距法定退休年龄不足 5 年的。

（6）法律、行政法规规定的其他情形。

### （二）劳动者单方解除

根据《劳动合同法》的规定，劳动者单方解除合同的情况有以下两种。

第一，劳动者即时解除劳动合同。用人单位有下列情形之一的，劳动者可以解除劳动合同：一是未按照劳动合同约定提供劳动保护或者劳动条件的；二是未及时足额支付劳动报酬的；三是未依法为劳动者缴纳社会保险费的；四是用人单位的规章制度违反法律、法规的规定，损害劳动者权益的；五是劳动合同是在欺诈、胁迫或者乘人之危，违背当事人真实意思的情况下订立而无效的；六是法律、行政法规规定劳动者可以解除劳动合同的其他情形。

第二，劳动者应当提前通知对方解除劳动合同。无以上情形的，劳动者要解除劳动合同应当提前 30 日以书面形式通知用人单位。劳动者在试用期内提前 3 日通知用人单位，可以解除劳动合同。

### （三）用人单位解除劳动合同给予劳动者经济补偿的规定

1. 用人单位解除劳动合同的经济补偿和经济赔偿

用人单位依法解除劳动合同的，应给劳动者经济补偿金；用人单位违法解除劳动合同或者终止劳动合同的，劳动者要求继续履行劳动合同的，用人单位应当继续履行，劳动者不要求继续履行劳动合同或者劳动合同已经不能继续履行的，应给劳动者经济补偿金。

用人单位支付的经济补偿金，按劳动者在本单位工作的年限，以每满 1 年支付 1 个月工资的标准向劳动者支付。6 个月以上不满 1 年的，按 1 年计算；不满 6 个月的，向劳动者支付半个月工资的经济补偿。

用人单位违反法律规定解除或者终止劳动合同的，应当以经济补偿金标准的 2 倍向劳动者支付赔偿金。

劳动者月工资高于用人单位所在直辖市、设区的市级人民政府公布的本地区上年度员工月平均工资 3 倍的，向其支付经济补偿的标准按员工月平均工资 3 倍的数额支付，向其支付经济补偿金的年限最高不超过 12 年。

2. 劳动者解除劳动合同的经济补偿和经济赔偿

劳动者违反法律规定解除劳动合同或者违反劳动合同中约定的保密事项，对用人单位造成损失的应当依法承担赔偿责任。赔偿的范围如下。

（1）用人单位招收录用其所支付的费用。

（2）用人单位为其支付的培训费用，双方另有约定的按约定办理。

（3）对生产、经营和工作造成的直接经济损失。

（4）劳动合同约定的其他赔偿费用。劳动者违反劳动合同中约定的保密事项，对用人单位造成经济损失的，按《中华人民共和国反不正当竞争法》的规定向用人单位支付赔偿费用。

用人单位招用尚未解除劳动合同的劳动者，给原用人单位造成经济损失的，该用人单位应当与劳动者承担连带赔偿责任。

## 五、劳动合同的终止与续订

### （一）劳动合同的终止

劳动合同的终止是指合同期限届满或双方当事人约定的终止条件出现，劳动合同规定的权利、义务即行消灭的制度。劳动合同的终止，并非双方的积极行为所致，一般是由于合同本身的因素或法律规定、不可抗力所致。符合下列条件之一的，劳动合同即行终止。

（1）劳动合同期满的。

（2）劳动者开始依法享受基本养老保险待遇的。

（3）劳动者死亡，或者被人民法院宣告死亡或者宣告失踪的。

（4）用人单位被依法宣告破产的。

（5）用人单位被吊销营业执照、责令关闭、撤销或者用人单位决定提前解散的。

（6）法律、行政法规规定的其他情形。

根据 1995 年 8 月 4 日《劳动部关于贯彻执行〈中华人民共和国劳动法〉若干问题的意见》第三十八条的规定，劳动合同期限届满或者当事人约定的劳动合同终止条件出现，劳动合同即行终止，用人单位可以不支付劳动者经济补偿金。

### （二）劳动合同的续订

劳动合同经双方当事人协商一致，可以续订。续订劳动合同不得约定试用期，具体内容如下。

（1）双方协商续订劳动合同。

（2）劳动者在同一用人单位连续工作满 10 年以上，当事人双方同意续延劳动合同的，如果劳动者提出订立无固定期限劳动合同，用人单位应当与劳动者订立无固定期限劳动合同。

（3）劳动者患职业病或者因工负伤并被确认达到伤残等级，要求续订劳动合同的，用人单位应当续订劳动合同。

（4）劳动者在规定的医疗期内或者女员工在孕期、产期、哺乳期内，劳动合同期限届满时，用人单位应当将劳动合同的期限顺延至医疗期、孕期、产期、哺乳期期满为止。

## 六、集体合同管理

### （一）集体合同的概述

集体合同是集体协商双方代表根据劳动法律法规的规定，在平等协商一致的基础上签订的书面协议。根据《劳动法》的规定，集体合同由工会代表职工与企业签订；没有建立工会的企业，由职工推举的代表与企业签订。

1. 集体合同的特征

集体合同是一种以劳动关系为存在基础，以劳动条件为主要内容的劳动协议，它不是工会组织（或职工代表）与企业之间达成的民事协议，而是特定当事人之间订立的规定全体职工与企业之间整体性劳动权利义务的协议。集体合同必须是书面合同，其生效要经过特定程序，即经劳动行政主管部门审核通过才具有法律效力。

2. 集体合同的形式

根据《集体合同规定》，集体合同为法定要式合同，应当以书面形式订立。它的形式可以分为主件和附件。主件是综合性集体合同，其内容涵盖劳动关系的各个方面。附件是专项集体合同，是就劳动合同的某一特定方面的事项签订的专项协议。现阶段，我国法定集体合同的附件主要是专门就工资事项签订的集体合同，即工资协议。集体合同均为定期集体合同，我国劳动立法规定，集体合同的期限为1～3年。

3. 集体合同的生效

劳动保障行政部门自收到文本之日起15日内未提出异议的，集体合同或专项集体合同即行生效。生效的集体合同或专项集体合同，应当自其生效之日起由协商代表及时以适当的形式向本方全体人员公布。集体合同报送劳动行政部门后，15日内未提出异议，生效日期自第16日起计算；15日内经审核登记，劳动部门制作《集体合同审核意见书》送达集体合同签订双方代表的，生效日期为审核意见书确认的生效日期。凡未履行其法定报送程序的集体合同不具有法律效力，应视为无效。

### （二）集体合同的内容

（1）劳动条件标准部分。包括劳动报酬、工作时间、休息休假、保险福利、劳动安全卫生等。上述条款应当作为劳动合同内容的基础，指导劳动合同的订立，也可直接作为劳动合同的内容。

（2）一般性规定。劳动合同和集体合同履行有关规定，包括：员工录用规则；劳动合同的变更，续订规则；辞职、辞退；集体合同的有效期；集体合同条款的解释；变更、解除和终止。

(3) 过渡性规定。内容包括集体合同的监督、检查；争议的处理、违约责任规定。

(4) 其他规定。规定其他有关涉及员工合法权益的问题。

集体合同中一般不对下述内容做出具体规定。

(1) 本企业中长期发展战略问题。

(2) 本企业员工社会保险和福利问题。

(3) 本企业劳动纪律问题。

(4) 本企业经营目标和经营策略问题。

(5) 其他有关涉及员工合法权益的问题。

### (三) 集体合同的订立原则

1. 内容合法原则

集体合同的内容不得违反国家法律法规的规定；集体合同确定的劳动条件标准不得低于国家规定标准。

2. 平等合作、协商一致的原则

集体合同签约人的法律地位一律平等，具有平等意思表示和主张各自的权利。

3. 兼顾所有者、经营者和劳动者利益原则

确定集体合同的各项条款应兼顾各方利益，不能为追求自己的利益而损害其他人的利益，即要均衡所有者、经营者和劳动者各自的利益。

4. 维护正常的审查工作秩序的原则

为订立集体合同产生争议，任何一方都不应采取激化事态的行为。双方都应顾全大局，维持正常的审查工作秩序。

### (四) 集体合同的签订

(1) 协商准备。步骤如下：确定协商代表，拟定协商方案，预约协商内容、日期、地点。集体合同协商代表双方人数对等，各方为3~10名，并确定1名首席代表（企业代表由法人代表担任或指派；工会首席代表由工会主席担任或书面委托其他工会代表担任）。

(2) 讨论。工会组织全体员工讨论集体合同草案并进行修订。

(3) 审议。经修订的集体合同草案提交职工会议审议通过。

(4) 签字。双方首席代表在经过审议通过的集体合同文本上签字。

由企业一方将签字的集体合同文本一式三份及说明材料，在集体合同签订后的10日内报送县级以上政府劳动行政部门审查。行政部门在收到合同后的15日内将《审核意见书》送达。集体合同以《审核意见书》确认的日期为生效日期。若劳动行政部门在收到集体合同的15日内未提出异议的，自第16日起，集体合同自行生效。经审核确认生效的集体合同或自行生效的集体合同，签约双方应该及时以适当的方式向各自代表的成员公布。

## （五）集体合同的变更和解除

1. 集体合同的变更和解除条件

有下列情形之一的，可以变更或解除集体合同或专项集体合同。

（1）用人单位因被兼并、解散、破产等，致使集体合同或专项集体合同无法履行的。

（2）因不可抗力等原因致使集体合同或专项集体合同无法履行或部分无法履行的。

（3）集体合同或专项集体合同约定的变更或解除条件出现的。

（4）法律、法规规章规定的其他情形。

2. 集体合同的变更和解除程序

（1）一方提出建议。集体合同的一方向对方说明需要变更的条款、变更或解除集体合同的理由等，另一方必须在集体合同或有关法律规定期限内做出答复。

（2）双方协议。双方就变更或解除集体合同的具体内容和条件等进行协商谈判，在此基础上达成一致性的书面协议。

（3）协议书提交职工代表大会讨论通过。

（4）双方代表人签字，报送劳动行政部门审议确认，协议即告成立。

## （六）集体合同的监督

集体合同在履行过程中，企业工会应承担更多的监督检查责任，企业工会的各级组织应当及时向工会报告本组织所在团体的集体合同的履行情况，工会应当定期向职工代表大会或全体职工通报集体合同履行情况，也可以与企业协商，建立集体合同的联合监督检查制度，发现问题，及时与企业协商解决。职工代表大会有权对集体合同的履行实行民主监督。

【专题拓展 10-2】　　　　我国灵活用工的快速发展

# 第三节　劳动关系管理的相关制度

劳动关系管理制度是指劳动关系主体以《劳动法》及其他相关法律为依据，经管理方（或雇主协会、政府）提出，并通过一定形式，让员工（或员工团体、员工代表者）了解，或参与讨论并认同，最终形成的对劳动关系主体各方的权利和义务及其行使过程进行规范与协调的成文规定与规则。

## 一、劳动关系管理相关制度的制定程序

劳动关系管理的相关制度虽然要以法律法规为依据，但它们本身不是法律法规，基本是在企业产生的，所以，在制定这些制度过程中，都要依法保证企业员工参与，在达成一致意见后，再予以公布。程序不合法的内部劳动规则不具有法律效力，因此，制定用人单位内部劳动规则必须符合法定程序。其制定程序如下。

1. 员工参与

用人单位内部劳动规则的制定虽然是企业生产经营管理权的表现，在很大程度上是企业意志的体现，但只有在吸收和体现劳动者一方的意志，得到劳动者认同的情况下，才能确保其实施。因此，制定用人单位内部劳动规则时，用人单位有义务保证员工参与，听取员工意见。

2. 正式公布

用人单位内部劳动规则以全体员工和企业各个部门为约束对象，应当为全体员工和企业各个部门所了解，因此，应当以合法有效的形式公布，其公布形式通常以企业法定代表人签署和加盖公章的正式文件的形式公布。

## 二、员工民主管理制度

### (一) 员工代表大会制度

1. 员工代表大会制度的性质

员工代表大会是由企业员工经过民主选举产生的员工代表组成的，代表全体员工实行民主管理权利的机构。当前，根据我国相关立法，员工代表大会制度主要在国有企业中实行，非国有企业则实行民主协商制度。员工代表大会依法享有审议企业重大决策、监督行政领导和维护员工合法权益的权力。通过员工代表大会这一制度实现对企业的民主管理，是员工对企业管理的参与，而不是对企业管理的替代。在劳动关系的运行中，员工作为被管理者，通过民主参与，使员工的意志渗透到企业管理的行为与过程之中，从而实现劳动者的意志与管理者的意志的协调，进而保证劳动关系的稳定与协调。

2. 员工代表大会的职权

员工代表大会的职权是该机构依法享有的、对企业行政生产经营管理事务进行咨询、建议或决定的权力。具体表现如下。

（1）审议建议权。对企业生产经营重大决策事项进行审查、咨询和建议，如对生产计划、资金使用、重大技术引进与改造、财务预决算方案等提出意见或建议。通过员工代表大会的审议使企业重大生产决策建立在科学民主的基础之上。

（2）审议通过权。对企业事关员工切身权利的重大事项（如工资、劳动安全卫生、相关管理规则等）进行审查、讨论，并做出同意或否决的决议，从而维护和保障员工的合法权益。

（3）审议决定权。对企业非直接生产经营而是属于员工利益的事项进行审议，并做出决定，交由企业执行，如员工福利事项等。

（4）评议监督权。评议监督企业各级管理人员，并提出奖惩和任免的建议。

（5）推荐选举权。根据企业所有者的决定，民主推荐企业经营者或民主选举经营者。

员工代表大会行使上述职权必须注意权利行使的"度"。在企业重大生产经营决策方面，保证员工的知情权与咨询权；在关于劳动条件事项方面，保证员工的审议通过权或决定权，或者将此种事项交由劳动关系双方对等协商决定。员工民主参与适度与否可以考虑两个标准：劳动关系双方的利益是否协调，以及管理过程是否实现高效率、低成本。

## （二）平等协商制度

平等协商是劳动关系双方就企业生产经营与员工利益的事务平等商讨、沟通，以实现双方的相互理解和合作，并在可能的条件下达成一定协议的活动。平等协商制度是企业实行民主管理的基本形式之一。

平等协商作为企业员工参与管理的基本形式，与作为订立集体合同程序的集体协商是两种不同的制度，其具有自身明显的特点。

（1）平等协商的员工代表经员工选举产生，集体协商的工会代表由工会选派。只有在没有成立工会组织的企业才由员工推举产生。

（2）平等协商的目的在于实现双方的沟通，并不以达成一定的协议为目的；而集体协商则在于订立集体合同，规定企业的一般劳动条件。

（3）平等协商的程序、时间、形式比较自由，可以议而不决等；而集体协商有严格的法律程序。

（4）平等协商的内容广泛，可以是企业生产经营的所有事项或当事人愿意协商的事项；而集体协商的内容一般为法律规定的事项。

（5）平等协商表现为知情、质询与咨询，协商的结果由当事人自觉履行；集体协商表现为劳动关系双方对劳动条件的决定或决策过程，所达成的集体合同受国家法律保护。

（6）平等协商属于员工民主管理制度中的员工民主参与管理的形式；而集体协商的法律依据是《劳动法》中的集体合同制度等。

但是，平等协商与集体合同仍有密切的联系，主要表现在平等协商往往成为订立集体合同而进行集体协商的准备阶段。

## （三）信息沟通制度

建立有效的信息沟通制度，其目的在于保障正式信息沟通渠道的通畅和效率，减少企业与员工之间因信息的不对称而产生的误解、矛盾和冲突，也有利于员工及时了解企业的经营管理现状，并积极提出合理化建议，同时也有利于密切管理与被管理双方的感情联系，使企业以人为本的管理得以实施。

### 1. 建立完善的信息沟通系统

企业与员工之间开展信息沟通，不仅要利用好正式沟通渠道的信息，而且要善于利用非正式沟通渠道的信息，并对其进行引导。企业的信息沟通的类型总体上可分为纵向沟通和横向沟通两种，企业要注重从体制到具体的制度，建立和完善这两种信息沟通渠道。

（1）纵向信息沟通。根据企业的责权分配的管理层级结构，建立指挥、命令、执行、反馈信息系统。纵向信息系统分为下向沟通和上向沟通。下向沟通是企业内高层管理机构和职能人员逐级或越级向下级机构和职能人员，直至生产作业员工的信息传输。在沟通的各个环节要对信息加以分解并使之具体化。上向沟通是下级机构、人员向上级机构、人员反映汇报情况，提出建议或意见。上向沟通的信息应逐层集中，在各环节进行综合，然后向上一级传输。在上向沟通渠道中，应建立员工的申诉制度，作为企业奖惩、考核制度的有机组成部分。

（2）横向信息沟通。横向信息沟通是企业组织内部依据具体分工，在同一级机构、职能业务人员之间的信息传递。

2. 建立标准信息载体

（1）制定标准劳动管理表单。劳动管理表单是由企业劳动管理制度规定，有固定传输渠道，按照规定程序填写的统一的表格，如统计表、台账、工资单、员工卡片等。劳动管理表单记录、反映企业组织的劳动关系系统的数据和现实情况。通过劳动管理表单可以掌握、分析企业劳动关系系统的运行状况，以及据此形成各类管理信息。

（2）汇总报表。此类报表是为企业高层管理人员充分了解情况、掌握管理实际进程的工具，包括工作进行状况汇总报表与业务报告两类。

（3）正式通报与内部刊物。这是为了说明企业劳动关系管理计划、目标、发布的规定和管理标准等。其优点是信息传递准确，不易受到歪曲，且沟通内容易于保存。

（4）例会制度。这是直接以口头语言的形式，综合上向沟通、下向沟通、横向沟通三种信息沟通方式。具体形式可以是会议、召见、询问、指示、讨论等。此种沟通方式具有亲切感，可以通过语调、表情、身体语言增强沟通效果，容易获得沟通对方的反馈，具有双向沟通的优势。

☞【专题拓展 10-3】　　　　德国的劳资共决制

## 三、薪酬制度

### （一）最低工资制度

最低工资是指用人单位对单位时间劳动必须按法定最低标准支付的工资。

1. 最低工资标准的确定

最低工资标准是指单位劳动时间的最低工资数额，它使最低工资制度具体化。《劳动法》第四十八条规定："国家实行最低工资保障制度。最低工资的具体标准由省、自治区、直辖市人民政府规定，报国务院备案。"我国不实行全国统一最低工资标准，允许各地根据其具体情况确定。

各地在确定最低工资标准时应当根据《劳动法》的相关规定，《劳动法》第四十九条做了明确的规定，即应当综合参考以下因素。

（1）劳动者本人及平均赡养人口的最低生活费用。

（2）社会平均工资水平。

（3）劳动生产率。

（4）就业状况。

（5）地区之间经济发展水平的差异。

只有综合考虑这些因素，才能把劳动者的需要同当前社会生产水平和劳动生产率状况结合起来，使最低工资具有可能性和现实意义。

在我国，由于最低工资主要是根据各地区的生产、生活水平制定的，所以实行分级管理的原则,即"国务院劳动行政主管部门对全国最低工资制度实行统一管理","省、自治区、直辖市人民政府劳动行政主管部门对本行政区域内最低工资制度实施统一管理"。只有贯彻这两个"统一管理",才能保证最低工资制度统一、完整、正确地执行。

2. 最低工资的给付

2004年实施的《最低工资规定》明确规定下列各项不得作为最低工资组成部分。

(1) 延长工作时间工资。

(2) 中班、夜班、高温、低温、井下、有毒有害等特殊工作环境、条件下的津贴。

(3) 法律、法规和国家规定的劳动者福利待遇等。

上述的工资、津贴和待遇,属于非正常劳动、额外劳动和社会福利方面的报酬和待遇,不是正常劳动条件下的一般性劳动支出,所以不应当包括在最低工资内。如果用人单位混淆二者的界限,还要承担相应的法律责任。

**(二) 特殊情况下的工资及其支付保证**

特殊情况下的工资,是指依法或按协议在非正常工作情况下支付给员工的工资。特殊情况下的工资支付主要指以下情形的工资支付。

(1) 劳动关系双方依法解除或终止劳动合同时,用人单位一次性付清劳动者工资。

(2) 履行国家和社会义务期间的工资。劳动者占用生产或工作时间履行下列义务时,用人单位应按劳动合同规定的标准支付工资。

① 依法行使选举权或被选举权。

② 当选代表出席乡(镇)、区以上政府、党派、工会、青年团、妇女会等组织召开的会议。

③ 出席劳动模范、先进生产(工作)者大会。

④ 出任人民法庭证明人。

⑤ 不脱产工会基层委员,因工会活动占用的生产或工作时间。

⑥ 其他依法参加的社会活动。

(3) 加班工资。根据《劳动法》第四十四条规定,有下列情形之一的,用人单位应当按照下列标准支付高于劳动者正常工作时间工资的工资报酬。

① 安排劳动者延长工作时间的,支付不低于工资的150%的工资报酬。

② 休息日安排劳动者工作又不能安排补休的,支付不低于工资的200%的工资报酬。

③ 法定休假日安排劳动者工作的,支付不低于工资的300%的工资报酬。

(4) 婚丧假工资。《劳动法》第五十一条规定,劳动者在婚丧假期间,用人单位应当依法支付工资。

(5) 年休假工资。《劳动法》第四十五条规定,劳动者连续工作一年以上的,享受带薪年休假。在年休假期间,用人单位应当依法支付工资。

(6) 探亲假工资。探亲假工资是指依法支付给职工探望配偶、父母亲人期间的工资。1981年3月《国务院关于职工探亲待遇的规定》中规定,职工探望配偶和未婚职工探望父母的往返路费由所在单位负担;已婚职工探望父母的往返路费,在本人月标准工资30%以内的由本人自理,超过部分由所在单位负担。职工在探亲假期间的工资,按照本人的标准工资发给。

（7）停工、停业期间的待遇。非因员工本身过失造成的停工、停业的，在一个工资支付周期内，用人单位应当按照提供正常劳动支付劳动者工资；超过一个工资支付周期的，可以根据劳动者提供的劳动，按照双方新约定的标准支付工资，但不得低于当地最低工资标准；用人单位没有安排劳动者工作的，一般应当按照不低于当地最低工资标准的70%支付劳动者基本生活费；如集体合同、劳动合同另有约定的，可按照约定执行。

（8）企业依法破产时劳动者的工资。在破产清偿中，用人单位应按《中华人民共和国企业破产法》规定的清偿顺序，首先支付欠付本单位劳动者的工资。

（9）特殊人员工资的支付。

① 劳动者受处分后的工资支付。劳动者受行政处分后仍在原单位工作（如留用察看、降级等）或受刑事处分后重新就业的，应主要由用人单位根据个人情况自主确定其工资报酬。

② 学徒工、熟练工、大中专毕业生在学徒期、熟练期、见习期、试用期及转正定级后的工资待遇，由用人单位自主确定。

③ 新就业复员军人的工资待遇，由用人单位自主确定；分配到企业的军队转业干部的工资待遇，按《关于确定军队转业干部工资待遇问题的通知》（国发〔1995〕19号）的规定执行。

【☆思政专栏10-1】　　　　企业家的胸怀与担当

京东集团CEO刘强东于2019年11月25日宣布了一个政策：以后京东的员工只要是在任职期间无论因为什么原因遭遇不幸，公司都将负责其所有孩子一直到22岁（也就是大学毕业的年龄）的学习和生活费用。之前京东还有一项政策：凡是在京东工作满五年以上的员工，如果遭遇重大疾病，公司都将承担其全部医疗费用。

刘强东表示，"我们大部分的员工都是一线的兄弟，都是家里的顶梁柱，一旦出事整个家就毁了，我们希望所有的兄弟都好，但人生无常，公司要成为大家最后的依靠"。

## 四、奖惩与申诉制度

### （一）奖惩

奖惩是管理者根据员工行为发生的事实、情节，依奖惩制度所给予的处理，一般可以分为精神奖惩和物质奖惩。除非正式的口头赞许与责备之外，正式的奖惩措施主要有以下几种。

1. 奖励的种类

（1）嘉奖、记功、记大功。根据奖励事实和程序，给予嘉奖、记功、记大功。嘉奖3次相当于记功1次，记功3次相当于记大功1次。这些奖励措施通常可以作为绩效加分或增发奖金的依据或者晋升参考。

（2）奖金。以金钱激励受奖者，奖金数目可以根据月薪的百分比发放。

（3）奖状、奖牌、奖章。这类奖励方式可以使受奖者受到精神激励。

（4）晋级加薪。调升受奖者的薪酬等级，提高薪酬水平。

（5）调升职务。提升受奖者职务，如将技术员调升为工程师，或由职责较轻的工作调任职责较重的工作等。

（6）培训深造。优先选送受奖者进修、深造，或送其出国考察。

（7）表扬。利用开会等公开场合给予表扬、赞美、慰勉、嘉许，或将事迹公布，或刊登在公司发行的刊物上等。

2. 惩罚的种类

（1）申诫、记过、记大过。与嘉奖、记功、记大功的奖励措施相对应，惩罚措施也可以分为申诫、记过、记大过。申诫3次相当于记过1次，记过3次相当于记大过1次。这种惩罚措施也可以作为减发奖金的依据。

（2）降级。降低受惩罚者的薪酬等级，减少薪酬水平。降级通常应有时间限制，如3个月、6个月，时间一到，就应恢复原来的薪酬等级。

（3）降调职务。降调受惩罚者的职务，如由主管降调为非主管。

（4）停职。在一段时间内停止受惩罚者的任职，停职期间停发薪酬和津贴。

（5）免职。对严重违反劳动纪律者，可以依法解除劳动关系。

（6）追究刑事责任。对触犯刑律者，如侵占公款等，可以移送司法机关，追究其刑事责任。

这些奖惩措施可以同时使用，如对记大功者，可以同时发给奖金、表扬并调升职务；对受惩罚者，也可以同时记大过、降级以及降调职务。管理者应当详细考察事实程度、功过轻重大小，妥善运用惩罚。惩罚员工，尤其应注意其错误的原因、动机、目的，做到不偏不倚，达到惩罚之效果。

（二）申诉

1. 申诉及其种类

申诉是指员工认为自己在工作中的权利受到侵犯而提出要求解决的行为。申诉通常是员工认为企业违反了集体协议、劳动法律，或者违背了过去的惯例、规章制度、企业应承担的责任而引起的。建立申诉制度是处理劳动纠纷的有效办法，为澄清纠纷提供了一种机制，有利于发挥工会在处理纠纷过程中的作用，有利于劳资双方在不同层次上的协商，确保员工的问题得到及时处理。

申诉通常分为两类：个人申诉和集体申诉。个人申诉多是由管理方对员工进行惩罚引起的纠纷，通常由个人或工会的代表提出。其内容范围从管理方的书面警告开始，到最终工人被解雇整个过程中可能引发的任何争议。争议的焦点是违反了集体协议中规定的个人和团体的权利，如有关资历的规定、工作规则的违反、不合理的工作分类或工资水平等。集体申诉是指为了集体利益而提起的政策性申诉。通常是工会针对管理方（在某些情况下，也可能是管理方针对工会）违反协议条款的行为提出的质疑，集体申诉虽不直接涉及个人权利，却影响整个谈判单位的团体利益，通常由工会委员会的成员代表工会的利益提出。例如，管理方把协议中规定的本应在企业内部安排的工作任务外包给其他企业，这一做法可能并没有直接影响某个员工，但它意味着在谈判单位内部，雇佣的员工会更少，工作岗位也会更少，因而工会可以以团体利益为基础提出申诉。

2. 申诉的范围

员工申诉制度的主要作用在于处理员工工作过程中的不满，其范围一般限于与工作有关的问题。凡是与工作无关的问题，通常应排除在外，如员工的私人问题、家庭问题，虽然可能间接影响其工作绩效，但并不是申诉制度所应该或所能够处理的问题。一般而言，员工在劳动关系中可能产生的不满，可以通过申诉制度处理，这些事项主要有薪资福利、劳动条件、安全卫生、管理规章与措施、工作分配及调动、奖惩与考核、群体间的互动关系以及其他与工作相关的不满。

3. 申诉的程序

处理申诉的程序因企业规模大小、事情轻重以及有无工会组织而有所不同，有的只有一两个阶段，有的则多达五六个阶段，申诉程序很可能因企业不同而不同。但一般而言，申诉的起始阶段多由申诉人与其管理者直接协商，然后由工会代表和工厂主管磋商，如争端仍未获解决，最终则通过第三方仲裁。原则上，问题如果能在第一阶段获得解决，申诉就不再进入第二阶段。在无正式工会组织的企业，员工若有任何抱怨，大多直接由申诉人与其主管直接协商。如果没有解决，则依序向上一级提出，直至其最高主管来解决。在有工会组织的企业内部，员工申诉程序往往通过正式的流程来处理。实际提起申诉的程序是通过集体谈判确立，并被具体写入协议条款之中。通常在集体协议中包括了处理争议的申诉程序，具体步骤的设计由当事人双方自行决定。

一般而言，处理员工申诉，其主要程序可以归为受理员工申诉、查明事实、解决问题、申请仲裁（如果员工的不满不能在组织内部获得满意解决，则双方都可以诉诸第三者或公共权力来仲裁）四个阶段。

4. 建立、健全企业内部申诉制度

企业内部申诉制度的建立，是为了化解员工的不满情绪，解决组织内部不合理的制度安排。除了非正式的申诉处理制度（如当事人之间的私下沟通），组织应建立一个明确的申诉制度，给员工提供正常、合法的申诉渠道。内部申诉制度的建立应当主要做好以下几个方面的工作。

（1）制定规范的申诉规则并将其制度化。企业对申诉的细则和程序等要加以明确规定，并形成企业和员工都要遵守的制度。企业在制定细则过程中，应注重听取员工意见，不能单方自行制定。细则确定以后，要进行明示。

（2）成立企业内部的申诉机构。企业内部申诉事宜应由正式的机构来受理。企业应建立由劳资双方代表共同组成的正式的申诉机构，以确保申诉通道的畅通，提高申诉处理的效率，同时也做到有效防止直属主管刻意隐瞒事实的弊端，以确保申诉处理的客观和公正。

（3）明确申诉范围。明确界定申诉问题的范围，可以准确判断申诉事件是否成立，以及是否值得进一步调查。界定员工可以提起申诉的事项范围，可以使组织和员工了解申诉的问题所在，从而使申诉制度运作方向更为明确。同时，对申诉问题加以分类，可以使组织尽早发现问题，这样不仅可以及时平息员工的不满，而且由此可以发掘组织管理制度存在的不合理之处。

（4）使申诉程序更加合理化。每个企业的申诉程序虽然可以不尽相同，因为申诉制度的设计和运作要受到组织规模大小的影响，但一个合理的申诉程序应具备以下几个要项：员工有机会表达其意见；企业有接受意见并处理的机构或执行者；申诉处理按照正式的渠道和程序进行；问题处理必须能反馈给申诉者，明示申诉处理过程及结果；企业应定期整理并公布申诉处理的事件及问题特征，让员工了解申诉问题的重点及处理情形。

（5）不断提高申诉处理的质量。不断提高员工申诉处理的质量，要在掌握和运用处理的方法上下功夫。例如，要确实做好保密工作，减少申诉者的疑虑；摈除本位主义，以超然、公正及客观的立场处理员工申诉；掌握处理时效，避免久拖不决；答复员工问题时，力求精确明示，切忌语意不明、模棱两可。遵循这些原则，可以确保申诉制度的正常运行，并使员工对该项制度具有信心，发挥其效用。

## 第四节 劳动争议

### 一、劳动争议概述

#### （一）劳动争议的定义

劳动争议也称劳动纠纷，是指劳动关系当事人之间因劳动权利和义务产生分歧而引起的争议。随着社会的不断发展和劳动法制的逐步健全，劳动争议处理已经成为一项法律制度，在劳动法律制度中占有重要地位，并且在调整劳动关系中发挥着至关重要的作用。

#### （二）产生劳动争议的原因

产生劳动争议的原因可以从劳动关系的双方主体出发进行分析。

1. 用人单位方面的原因

（1）随着《劳动法》的颁布以及劳动力市场的日益成熟，一些经历了劳动用工政策转变过程的用人单位领导和管理人员在主观意识上对政策的巨大变更没有完全转变过来，有一部分人仍然不了解、不熟悉《劳动法》及现行的有关劳动保障方面的法规、政策，不按法律办事而是按传统的办法管理员工，这是造成劳动争议的主要原因。

（2）用人单位内部规章制度是用人单位自行制定、用于经营管理单位及规范员工行为的规范性文件。它是用人单位处理违纪员工的"操作手册"，是用人单位自己内部的"法律"。实践中因为用人单位内部规章存在问题而引发的劳动纠纷也不少，比如有的用人单位规章制度不健全，出现了许多不该发生的漏洞和违规行为。

（3）目前仍有相当一部分用人单位不按规定与员工签订劳动合同。《劳动法》明确规定，建立劳动关系应当订立劳动合同。即使用人单位在临时性岗位上用工，可以在劳动合同期限上有所区别，但必须依法与劳动者订立劳动合同，明确双方的权利和义务。因此，不与员工签订劳动合同所引发的系列劳动争议更是层出不穷。

（4）劳动用工日常管理不规范。引发劳动争议的原因多数为缴纳社会保险、劳动报酬、辞退、解除和终止劳动合同等问题。例如，有的用人单位虽然为员工缴纳了社会保险，但是为了单位自身的利益,压低缴费基数,侵害员工利益;有的用人单位和员工订立了劳动合同,但是合同条款不规范,不约定岗位、工资,随意变更员工的岗位,降低工资,引发劳动报酬争议;有的用人单位管理方法过于单一,在员工有违纪行为或是没能完成规定的某项工作时,没有明确合法的规章制度可以参考,而是一概用扣发员工工资的做法作为惩罚,以罚代管、代教,显然于法无据;某些用人单位解除、终止劳动合同条款不明晰,不了解解除和终止劳动合同之间的区别,引发经济补偿金争议;有的用人单位领导和管理人员不了解国家规定的工时制度,任意延长工作时间,无节制地安排员工加班加点,不按规定支付加班工资等,都是引发劳动争议的原因。

2. 劳动者方面的原因

(1) 由于社会的进步、法制大环境的影响,劳动者的法制意识、维权意识增强,当自身的利益受到侵害后,劳动者能勇敢地拿起法律武器维护自己的合法权益。

(2) 个别劳动者恶意用法,违反用人单位的劳动纪律或侵害用人单位的利益,给用人单位造成严重损失。

## 二、劳动争议的处理原则及程序

### (一) 劳动争议的处理原则

劳动争议的处理原则是指劳动争议处理机构在解决劳动争议过程中应当遵循的行为原则;《劳动法》和《企业劳动争议处理条例》对这一问题做了规定。根据《劳动法》第七十八条规定:"解决劳动争议,应当根据合法、公正、及时处理的原则,依法维护劳动争议当事人的合法权益。"因此,处理劳动争议要在查清事实的基础上,遵循法律规定的原则进行。

1. 合法原则

合法原则是指劳动争议处理机构在处理劳动争议案件的过程中应当坚持以事实为依据,以法律为准绳,依法处理劳动争议。合法原则要求劳动争议处理机构要查清案件事实,并在此基础上正确使用法律。

2. 公正原则

公正原则是指劳动争议处理机构在处理劳动争议时,要秉公执法,不徇私情,客观、公平、合理地处理劳动争议,不偏袒任何一方,保证双方当事人处于平等的法律地位,具有平等的权利和义务。公正原则还体现在任何一方当事人都不存在超越另一方当事人的特权,任何一方在申请调解、仲裁和提起诉讼时,在参加调解、仲裁和诉讼活动中,都享有同等权利,承担的义务也相同。

3. 及时处理原则

及时处理原则是指劳动争议案件处理中,当事人要及时申请调解或仲裁,超过法定期限将不予受理。劳动争议处理机构在处理劳动争议案件时,要在规定的时间内完成,否则要承担相应的责任。

4. 调解原则

调解是指在第三方的主持下，依法劝说争议双方当事人进行协商，在互谅互让的基础上达成协议，从而解决争议的一种方法。劳动争议经过说服教育和协商对话有可能得到及时化解。

### (二) 我国的劳动争议处理程序

《劳动法》第七十七条规定，"用人单位与劳动者发生劳动争议，当事人可以依法申请调解、仲裁、提起诉讼，也可以协商解决"，同时规定"调解原则适用于仲裁和诉讼程序"。这就指出了劳动争议当事人解决劳动争议的基本方法是申请调解、仲裁和提起诉讼，劳动争议双方当事人也可以自行协商解决。

我国现行的劳动争议处理程序为协商、调解、仲裁和人民法院诉讼。我国法律规定，劳动争议发生后，当事人可以通过协商解决；不愿协商或者协商不成的，可以向本企业劳动争议调解委员会申请调解；调解不成的，可以向劳动争议调解委员会申请仲裁，当事人也可以直接向劳动争议仲裁委员会申请仲裁；对仲裁裁决不服的，可以向人民法院提起诉讼。

由此可见，协商和调解不是劳动争议处理的必经程序，而仲裁是劳动争议处理的必要程序，同时，只有不服仲裁裁决的，才可以向人民法院提起诉讼，不能一发生劳动争议就向人民法院起诉。

1. 劳动争议调解

劳动争议调解是指企业调解委员会对企业一方与劳动者一方发生的劳动争议，以国家的劳动法律法规为准绳，以民主协商的形式使双方当事人达成协议，消除劳动纠纷。劳动争议调解是企业内基层群众组织所做的调解，是我国处理劳动争议的基本形式之一。

企业劳动争议调解委员会调解劳动争议，一般包括调解准备、调解开始、实施调解、调解终止几个阶段。

按照我国现行劳动法律法规的规定，劳动争议发生后，当事人申请调解，应当自知道或应当知道其权利被侵害之日起 30 日内，以口头方式或书面方式向劳动争议调解委员会提出申请，并填写劳动争议调解申请书，其中应写明争议的原因、经过，并提出具体的要求，如果是劳动者在 3 人以上并具有共同申请理由的劳动争议案件，劳动者当事人一方应当推举代表参加调解活动。

劳动争议调解委员会接到一方当事人的调解申请后，应当征询对方当事人的意见，对方当事人不愿意调解的，应做好记录，在 3 日内以书面形式通知申请人。对方当事人愿意参加调解的，调解委员会应在 4 日内做出受理或者不受理的决定。

劳动争议调解委员会调解劳动争议应在当事人申请调解之日起 30 日内结案。在此期限内，双方当事人协商一致、自愿达成协议的，应由调解委员会制作调解协议书，协议书送达双方当事人后，双方当事人应当严格地自觉履行；双方协商未果或者达成协议后后悔不履行协议的，在法定期限内，可以向劳动争议仲裁委员会申请仲裁。

2. 劳动争议仲裁

劳动争议仲裁是指劳动争议仲裁委员会对用人单位与劳动者之间发生的争议，在查明事实、明确是非、分清责任的基础上，依法做出裁决的活动。

根据我国劳动法律法规的规定，仲裁程序是处理劳动争议法定的必经程序。劳动争议当事人只有在仲裁委员会裁决后，对裁决不服时，才能向人民法院起诉，否则人民法院不予受理。

劳动争议仲裁的基本程序如下。

（1）申请仲裁的期限。根据我国《劳动法》的规定，劳动争议当事人申请仲裁的，应当从知道或应当知道其权利被侵害之日起60日内，以书面形式向劳动争议仲裁委员会申请仲裁。如果超过这一期限，就丧失了请求保护其权利的申诉权，劳动争议仲裁委员会对其仲裁申请可不予受理。

（2）提交书面申请。劳动争议当事人向劳动争议仲裁委员会申请仲裁，应当提交书面申请。劳动争议当事人提交申诉书时应当载明双方当事人基本情况、仲裁请求和所根据的事实和理由、证据等材料。劳动争议申诉书要按照被诉人数提交副本。

（3）仲裁受理。劳动争议仲裁委员会应当自收到当事人的仲裁申请之日起7日内做出受理或不予受理的决定。决定受理的应当自做出决定之日起将申诉书的副本送达被诉人，并组成仲裁庭；决定不受理的应当说明理由。

（4）做出裁决的期限。劳动争议仲裁委员会受理劳动争议案件，仲裁裁决一般应在收到仲裁申请的60日内做出。

（5）仲裁裁决的效力。当事人对仲裁裁决不服的，自收到裁决书之日起15日内，可以向人民法院起诉。若当事人对仲裁裁决无异议，或者对裁决不服但在超过法定期限后未起诉的，裁决书即发生法律效力。

3. 劳动争议诉讼

劳动争议诉讼是指劳动争议当事人不服劳动争议仲裁委员会的裁决，在规定的期限内向人民法院起诉，人民法院依法受理后，依法对劳动争议案件进行审理的活动。实行劳动争议诉讼制度对提高劳动争议仲裁质量十分有利。

劳动争议诉讼是解决劳动争议的最终程序，人民法院审理劳动争议案件适用民事诉讼法所规定的诉讼程序。

根据《劳动法》的规定，劳动争议当事人可以依法向人民法院起诉。而当事人提起劳动争议诉讼必须符合法定的条件，否则人民法院不予受理。依照我国诉讼法的有关规定，起诉条件如下。

（1）起诉人必须是劳动争议的当事人，当事人因故不能亲自起诉的，可以委托代理人代其起诉，其他人未经委托授权的无权起诉。

（2）必须是不服劳动争议仲裁委员会裁决而向法院起诉，不能未经仲裁程序直接向人民法院起诉。

（3）必须有明确的被告、具体的起诉请求和事实依据。

（4）起诉不得超过起诉时效，即自收到仲裁裁决书之日起15日内起诉，否则人民法院可以不予受理。

（5）起诉应依法向有管辖权的人民法院起诉，一般应向仲裁委员会所在地的人民法院起诉。

劳动争议案件的诉讼由人民法院的民事审判庭按照民事诉讼法规定的普通诉讼程序进行审理。

【专题拓展 10-4】 员工该怎样维护自己的合法权益

## 第五节 社会保险管理

### 一、社会保险概述

社会保险是国家通过立法建立的，对劳动者在其生、老、病、死、伤、残、失业以及发生其他生活困难时，给予物质帮助的一项基本制度。我国目前的社会保险包括基本养老保险、失业保险、基本医疗保险、工伤保险和生育保险 5 个项目。《劳动法》第七十二条明确规定"用人单位和劳动者必须依法参加社会保险，缴纳社会保险费"。同时为了保障企业和员工的合法权益，发展良好的劳动关系，《中华人民共和国劳动争议调解仲裁法》第四十七条规定"因执行国家的劳动标准在工作时间、休息休假、社会保险等方面发生的争议"属于劳动争议；《劳动法》第七十七条明确规定"用人单位与劳动者发生劳动争议，当事人可以依法申请调解、仲裁、提起诉讼，也可以协商解决"。可见社会保险关系到用人单位和劳动者的切身利益，用人单位对国家规定的社会保险相关业务的办理必须慎重对待，劳动者作为参保人员也必须熟知社会保险业务、缴费以及待遇享受等问题。

### 二、养老保险

劳动者如果具备以下条件，可以办理退休手续并按月领取养老金：达到国家法定退休年龄，即男年满 60 周岁，女工人（工人岗位）年满 50 周岁，女干部（管理岗位）年满 55 周岁；缴费年限（含视同缴费年限）满 15 年及其以上。

我国新的养老保险制度打破了企业所有制和员工身份的界限，规定凡是按照规定缴纳了养老保险费的人员，都可以按照同等条件享受养老保险待遇。按照参保人员参加工作时间的不同，基本养老金计发办法具体如下。

《国务院关于建立统一的企业员工基本养老保险制度的决定》（国发〔1997〕26 号）实施后参加工作、缴费年限（含视同缴费年限，下同）累计满 15 年的人员，退休后按月发给基本养老金。基本养老金由基础养老金和个人账户养老金组成。退休时的基础养老金月标准以当地上年度在岗员工月平均工资和本人指数化月平均缴费工资的平均值为基数，缴费每满 1 年发给 1%。个人账户养老金月标准为个人账户储存额除以计发月数，计发月数根据员工退休时城镇人口平均预期寿命、本人退休年龄、利息等因素确定。

国发〔1997〕26 号文件实施前参加工作、本决定实施后退休且缴费年限累计满 15 年的人员，在发给基础养老金和个人账户养老金的基础上，再发给过渡性养老金。各省、自治区、直辖市人民政府要按照待遇水平合理衔接、新老政策平稳过渡的原则，在认真测算的基础上，制定具体的过渡办法，并报劳动保障部、财政部备案。

本决定实施后到达退休年龄但缴费年限累计不满 15 年的人员，不发给基础养老金；个人账户储存额一次性支付给本人，终止基本养老保险关系。

本决定实施前已经离退休的人员，仍按国家原来的规定发给基本养老金，同时执行基本养老金调整办法。

### 三、失业保险

劳动者领取失业保险金必须具备的条件是：按照规定参加失业保险，所在单位和本人已按照规定履行缴费义务满 1 年的；非本人意愿中断就业的；已办理失业登记，并有求职要求的。

非本人意愿中断就业的是指下列人员。

（1）终止劳动合同的。

（2）被用人单位解除劳动合同的。

（3）被用人单位开除、除名、辞退的。

（4）根据《劳动法》第三十二条第二、三项与用人单位解除劳动合同的。

（5）法律、行政法规另有规定的。

劳动者达到领取失业保险金的条件，发生失业后即可按照规定享受失业保险待遇。以广州市为例，失业保险待遇具体规定如下。

1. 城镇户口失业人员

（1）失业保险金。① 享受期限。缴纳失业保险费 1~4 年，每满 1 年领取 1 个月的失业保险金；缴纳 4 年以上、超过 4 年的部分，每满半年增加 1 个月的失业保险金；享受期限最长不超过 24 个月。重新就业后再次非自愿性失业的，本次享受的失业保险期限可与前次失业应领而未领的失业保险期限合并计算，但最长不得超过 24 个月。领取失业保险期间重新就业后缴费不满 1 年再次非自愿性失业，可继续申领前次失业尚未领完的失业保险金。② 发放标准。按本市最低工资标准的 80%逐月计发。

（2）医疗待遇。① 已参加医疗保险的人员。已参加医疗保险的人员在领取失业待遇期间继续参加基本医疗保险缴纳医疗保险费，享受医疗保险的有关待遇。其参保基数、比例和支付方法分别是：按上年度社会平均工资 60%为基数计征医保费，所需资金中原单位缴纳部分（8%）由失业保险基金支付，个人缴纳部分（2%）从其月领失业保险金中扣缴；扣缴后失业保险金低于本市居民最低生活保障标准的，个人缴纳部分改由失业保险基金负担。原失业保险的医疗补助金和一次性住院医疗补贴相应取消。② 没有参加基本医疗保险的人员。领取失业保险金期间发放医疗补助金，按本市最低工资标准的 10%随失业保险金按月发给。

在领取失业保险金期间患严重疾病（不包括因打架斗殴、参与违法犯罪活动而致伤致病），按基本医疗保险规定给予不超过本次医疗费 50%的补贴。

（3）死亡待遇。参保人在领取失业保险金期间死亡的可享受丧葬补助和亲属抚恤：

① 丧葬补助金为死亡时上年度市员工月平均工资×3（个月）。② 供养的配偶、直系亲属抚恤金为死亡时上年度市员工月平均工资×6（个月）。

2. 农民合同制员工

连续缴费满 1 年的按缴费工资的 12%计发一次性失业生活补助，每多缴 1 个月加发月平均缴费工资的 1%。领取一次性生活补助金后，失业保险关系自行终止。

## 四、工伤保险待遇

参加了工伤保险的企业员工，发生工伤后，按照规定享受工伤保险待遇，由工伤保险基金支付费用。根据《工伤保险条例》，工伤员工可以根据评定的伤残等级，按照相应标准享受一次性伤残补助金、伤残津贴，可以按照规定享受医疗费、康复治疗费、一次性工伤医疗补助金和伤残就业补助金等待遇。以广州市为例，工伤保险待遇包括工伤医疗待遇、工伤残疾等级评定后待遇以及因工死亡待遇等，具体规定如下。

1. 工伤医疗待遇

治疗工伤所需费用符合工伤保险诊疗项目目录、工伤保险药品目录、工伤保险住院服务标准的，按照国家和省有关规定执行，从工伤保险基金中支付。

住院治疗的伙食费由用人单位按当地因公出差伙食补助标准支付 70%。经批准转外地治疗时，所需交通、食宿费用由本单位按因公出差标准报销。

员工因工伤需要暂停工作接受工伤医疗的，在停工留薪期内，原工资福利待遇不变，由所在单位按月支付。停工留薪期按照医疗终结期规定，由劳动能力鉴定委员会确认，最长不超过 24 个月。

工伤员工评定伤残等级后，停发原待遇，享受相关的伤残待遇。工伤员工在评定伤残等级后仍需治疗（含旧伤复发）的，经劳动能力鉴定委员会批准，五至十级的，继续享受工伤医疗和停工留薪期待遇；一至四级的，享受伤残津贴和工伤医疗待遇，住院伙食补贴由用人单位按当地因公出差伙食补助标准支付 70%。

工伤员工在停工留薪期间生活不能自理需要护理的，由所在单位负责。

工伤员工已经评定为一至四级伤残等级并经劳动能力鉴定委员会确认需要生活护理的，由工伤保险基金按如下标准支付护理费：护理费以统筹地区上年度员工月平均工资为基数的一定比例按月计发，一级为 60%，二级为 50%，三级为 40%，四级为 30%。

护理费按照上年度员工平均工资增长同步调整，负增长时不调整。

符合规定的工伤员工到指定的医疗机构进行康复性治疗的费用，从工伤保险基金中支付。

员工工伤医疗终结被鉴定工伤残疾等级后，必须安装假肢、矫形器、义眼、假牙和配置轮椅、拐杖等康复器具，或者康复器具需要维修或者更换的，由医院提出意见，经劳动能力鉴定委员会确认，所需费用按照国家规定的标准从工伤保险基金中支付。

康复器具应当限于辅助日常生活及生产劳动之必需，并采用国内市场的普及型产品。工伤员工选择其他型号产品，费用高出普及型的部分，由个人自付。

2. 工伤残疾等级评定后待遇

（1）一次性伤残补助金。以工伤员工本人工资为基数计发：一级伤残为24个月的本人工资，二级伤残为22个月的本人工资，三级伤残为20个月的本人工资，四级伤残为18个月的本人工资，五级伤残为16个月的本人工资，六级伤残为14个月的本人工资，七级伤残为12个月的本人工资，八级伤残为10个月的本人工资，九级伤残为8个月的本人工资，十级伤残为6个月的本人工资。

（2）伤残津贴。员工因工致残被鉴定为一级至四级的，应当退出生产、工作岗位，终止劳动关系，办理残疾退休手续，由工伤保险基金以伤残津贴标准按月计发至本人死亡。伤残津贴标准为：一级伤残为本人工资的90%，二级伤残为本人工资的85%，三级伤残为本人工资的80%，四级伤残为本人工资的75%。

伤残津贴实际金额低于当地最低工资标准的，按照当地最低工资标准执行。

工伤员工达到退休年龄并办理退休手续后，停发伤残津贴，享受基本养老保险待遇。基本养老保险待遇低于伤残津贴的，由工伤保险基金补足差额。

员工因工致残被鉴定为一级至四级伤残的，由用人单位和员工个人以伤残津贴为基数缴纳基本医疗保险费。

伤残津贴每年按照基本养老保险金的调整办法调整。

一级至四级残疾的跨统筹地区户籍员工，本人要求解除或者终止劳动关系并一次性享受工伤保险待遇的，应当与统筹地区社会保险经办机构签订协议，由社会保险经办机构以按月计发的标准计发一次性伤残补助金，终结工作保险关系：① 伤残津贴。以按月计发的标准为基数一次性计发10年。② 一次性工伤医疗补助金。以本人工资为基数，一级伤残的计发15个月，二级伤残的计发14个月，三级伤残的计发13个月，四级伤残的计发12个月。

需要护理的，生活护理费按照按月计发的标准一次性计发10年。

一级至四级残疾的员工户口从单位所在地迁往原籍的，其伤残津贴可由统筹地区社会保险经办机构按标准每半年发放一次。用人单位应当按统筹地区上年度员工月平均工资为基数发给6个月的安家补助费。所需车船费、旅馆费、行李搬运费和伙食补助费等，由用人单位按因公出差标准报销。

五至六级残疾员工，经工伤员工本人提出或者在用人单位关闭破产时，可以与用人单位解除或者终止劳动关系；七至十级残疾员工，劳动合同期满终止，或者员工本人提出解除劳动合同的，由用人单位支付一次性伤残就业补助金和工伤医疗补助金，并终结工伤保险关系。

一次性伤残就业补助金以本人工资为基数计发：五级计发50个月，六级计发40个月，七级计发25个月，八级计发15个月，九级计发8个月，十级计发4个月。

一次性工伤医疗补助金以本人工资为基数计发：五级计发10个月，六级计发8个月，七级计发6个月，八级计发4个月，九级计发2个月，十级计发1个月。

3. 因工死亡

员工因工死亡，其直系亲属按照下列规定从工伤保险基金中领取丧葬补助金、供养亲属抚恤金和一次性工亡补助金。

（1）丧葬补助金为 6 个月的统筹地区上年度员工月平均工资。

（2）供养亲属抚恤金按照员工本人工资的一定比例发给由因工死亡员工生前提供主要生活来源、无劳动能力的亲属。标准为：配偶每月 40%，其他亲属每个人每月 30%，孤寡老人或者孤儿每人每月在上述标准的基础上增加 10%。核定的各供养亲属的抚恤金之和不应当高于因工死亡员工生前的工资。供养亲属的具体范围按国务院劳动保障行政部门的规定执行。

（3）一次性工亡补助金标准为 48 个月的统筹地区上年度员工月平均工资。

伤残员工在停工留薪期内因工伤导致死亡的，其直系亲属享受的丧葬补助金为 6 个月的统筹地区上年度员工月平均工资。

一级至四级伤残员工在停工留薪期满后死亡的，其直系亲属可以享受第（1）项、第（2）项规定的待遇。供养亲属抚恤金每年随员工平均工资增长调整，员工平均工资负增长时不调整。

员工因工外出期间发生事故或者在抢险救灾中下落不明的，从事故发生之日起 3 个月内由所在单位照发本人工资，从第 4 个月起暂按因工死亡处理，一次性工亡补助金由工伤保险基金发给 50%，并按月支付供养亲属抚恤金。当人民法院宣告其死亡时，再发给其余待遇。被宣告死亡后重新出现的，应当退回已发的供养亲属抚恤金和一次性工亡补助金。

员工发生工伤，企业应该根据具体情况，按上述有关法律法规支付给员工费用，以使员工依法享受到这一保险待遇。但这里要注意的是，企业不可违反上述有关规定自己另立标准，同时也不可将补充工伤保险与社会工伤保险混为一谈，否则，会引起纠纷。

## 五、基本医疗保险待遇

单位员工按规定办理有关参保手续，履行缴费义务后，一般由当地社保中心为其建立个人医疗账户，发放医疗保险证、医疗保险病历和社会保险卡（IC 卡），员工自缴费次月起享受医疗保险待遇。

由于基本医疗保险费用实行"统账结合"，所以根据参保人员所患疾病情况不同，基本医疗保险待遇分别从个人医疗账户和统筹基金两条线享受。

个人医疗账户资金主要用于支付以下范围的费用：门诊、急诊的基本医疗费用；住院及门诊特定项目基本医疗费用中，应由个人自付的费用；持医院外配处方到医保定点零售药店购买基本医疗保险用药范围内的药，或者购买基本医疗保险用药范围内的非处方药的费用。

基本医疗保险统筹基金主要用于门诊特定项目和住院治疗项目，其中，住院医疗费用包括起付标准、共付段和最高支付限额三种情况。

起付标准是指在统筹基金支付前按规定必须由个人支付的基本医疗费用额度。起付标准是以上年度本市员工平均工资为基数，每次住院根据医院等级按一定比例支付。

统筹基金最高支付限额（封顶线）是指在一个社保年度内统筹基金累计支付的最高限额，为上年度本市员工年平均工资的 4 倍。

当参保人员年度累计发生的基本医疗费用超过了封顶线，就直接进入重大疾病医疗补助范围。用人单位应当为其所属的参保人员每人每月按上年度本市员工月平均工资的0.26%缴纳重大疾病医疗补助金。重大疾病医疗补助是指参保人在享受基本医疗保险待遇的基础上,为了化解因大病治疗所带来巨大的经济风险而建立的一种医疗补助制度。是否可以享受重大疾病医疗补助待遇是根据参保人年度累积发生的医疗费用是否超过封顶线的标准来判断,而不是以病种确定的,所以不需要参保人办理申请,由医院的电脑系统按规定给予记账,属于重大疾病补助金支付的,由医院与所属地医保中心结算。重大疾病补助金每一社保年度最高支付限额为15万元。

【☆思政专栏10-2】　　　　社会主义社会保障制度的力量

新中国成立初,数以千万计的灾民嗷嗷待哺,整个国家一穷二白。但人民政府用"不许饿死一个人"的宣言,拉开了社会保障制度建设的序幕:中央人民政府政务院公布了《中华人民共和国劳动保险条例》(1951),这是社会保险制度一次划时代的改变,也让普通的劳动者感受到了制度的力量;1956年,农村五保户制度的确立,让很多农村老人、孤儿获得了生存的机会;1965年,农村卫生的革命也轰轰烈烈地展开。农村合作医疗、赤脚医生和三级医疗卫生体制,让农村居民也有了医疗保障。为有效发挥城市居民最低生活保障制度在保障困难居民生活方面的积极作用,1999年9月28日,国务院第21次常务会议通过《城市居民最低生活保障条例》并予发布,让城市低收入、无收入群体有了制度托底,燃起了生活的希望。

如今,我国城市职工基本医保、居民基本医保、新型农村合作医疗等制度,形成了全民医疗保障体系;基本养老保险的全国统筹,让更多老人能够从容地享受晚年时光。社会化的保障制度,保证了改革开放的顺利进行。在基本保障体系基本建成的同时,多层次的社会保障网逐步建立。从生产救灾运动到民生保障制度,中华人民共和国的社会保障经过了七十多年的跋涉,贯穿始终的理想就是织密民生福祉的保障网,确保每个社会成员生而为人的尊严。

 **本章小结**

企业和员工作为劳动关系的主体,是一种相互依存、共同成长、共同发展的共赢关系,如何正确处理日益增多的劳动纠纷问题是每个企业面临的重要课题。正确理解和科学应用《劳动法》及其他劳动关系管理的相关法律法规,是减少劳动争议和纠纷的最佳途径。改善和处理好劳动关系已经成为人力资源管理的一个重要组成部分。

我国《劳动法》对劳动报酬,如工资、最低工资保障制度、社会保险、医疗保险、劳动合同等,都有明确的立法规定。人力资源管理者必须掌握相关的法律法规,做到依法办事,科学公平,在维护组织利益又不侵犯员工合法权利的前提下,减少劳动争议,改善与处理好劳动关系。

**复习思考题**

1. 劳动关系的三要素是什么？
2. 加强劳动关系管理的原则有哪些？
3. 劳动合同管理中包含哪些主要内容？应如何进行管理？
4. 职工民主管理制度的内容有哪些？职工民主管理的作用是什么？
5. 劳动争议的定义是什么？解决劳动争议的途径是什么？
6. 劳动争议处理的程序有哪些？
7. 社会保险的内容有哪些？

 **案例分析**

## 是否应该支付违约金

问题：
1. 你认为王明是否应该支付违约金？为什么？
2. 该案例给你的启示是什么？

 **模拟训练**

## 劳动纠纷仲裁和处理

### 一、实训目的

1. 掌握处理劳动纠纷的程序、方法及法律依据，掌握其实施流程；
2. 通过角色扮演，熟练运用劳动关系管理的理论进行劳动纠纷的处理，并能够分析、总结实施过程中应注意的问题。

### 二、实训的内容及要求

实训内容：依据《劳动法》进行劳动纠纷的仲裁和处理。

实训要求：模拟某公司人力资源部经理和员工小李发生的劳动纠纷，进行劳动纠纷的仲裁和处理。

#### （一）模拟的背景资料

小李刚工作两年，就顺利地跳到一家知名外企，收入不菲（每月 8000 元），为庆祝自己试用过关，周末下班时间一过，他就邀请部门的同事聚一聚，表示自己埋单。

饭桌上，小李透露了自己以前和现在的工资，并问大家：“你们的工资是多少，不妨透露一下！”不料，一说到工资，饭桌上的人都沉默起来。部门经理解释说：“公司的劳动合同和员工守则中都规定，禁止向同事打听工资，否则将被公司辞退。"

星期一小李刚上班，就被公司人力资源部经理叫到办公室，经理将一张已经打印盖章的"解除劳动合同决定"交到小李手里："您违反了合同约定，也违反了公司的规章制度，现在立即办理离职手续。"小李虽然一再解释，最终未能改变公司的决定，气愤之下，小李说："咱们仲裁见！"

### （二）构建实训小组，进行角色分工

第一步，建立实训小组（6~8人），以小组为单位开展活动；

第二步，进行小组内部的角色分工，2名学生分别扮演小李和人力资源部经理，4~6名学生扮演仲裁者；

第三步，扮演仲裁者的一组讨论仲裁的实施步骤、程序等。

### （三）劳动纠纷的仲裁和处理

第一步，小李和人力资源部经理进入指定的地点（如某教室或会议室），完成背景资料中的情境对话；

第二步，转换一个场景，仲裁者落座，形成模拟仲裁场面，小李和人力资源部经理各自陈述自己的理由，然后由仲裁机构调解或仲裁；

第三步，实训小组成员一起讨论自己角色扮演的体会，并分析劳动纠纷处理的原理、程序、法律依据、注意事项等，并深刻领会《劳动法》有关劳动纠纷处理的具体章程和应用。

## 三、实训时间

本项目实训时间为2小时，其中：前期准备30分钟；模拟纠纷场面20分钟；仲裁及处理40分钟；讨论总结30分钟。

# 第十一章　全球人力资源管理新趋势

##  本章导读

全球排名第一的豪华智能电动车设计与制造商——Tesla（特斯拉），其巅峰时的企业市值高达5624亿美元！近年来，特斯拉正在宇宙火箭、电动跑车、太阳能发电等领域引领着一场革命。特斯拉能在生产和经营上取得这样的成绩，不仅仅归功于老板埃隆·马斯克，更归功于该公司优秀的人力资源管理团队。埃隆·马斯克曾经说，特斯拉裁掉的人都被苹果招去了，特斯拉员工的能力之强显而易见。这完全归功于特斯拉五大人力资源管理文化：快捷的行动力、鼓励员工思考与设计、创新、培训与晋升空间及归属感。这些管理文化决定了其人力资源管理团队在人才招聘、培训、绩效考核等方面的突出成绩，为企业源源不断地提供优秀人才……

## 学习目标

**知识目标**：了解发达国家人力资源管理各自的特点以及国际企业人力资源管理的环境；熟悉日、美两国人力资源管理的目标、模式、内容及人力资源政策的实施；理解美、日人力资源管理模式对我国的启示和借鉴。

**思政目标**：了解地方、全国及全球人力资源管理的现状和未来创新发展趋势；引导学生积极探索、勇于创新、开拓国际视野；鼓励学生集海内外"百家"之所长更好地建设祖国、提高自己。

**能力目标**：能够辨析日本和美国两国人力资源管理模式的优缺点；在结合我国实际国情的基础上，学习、借鉴、融合其他国家先进的人力资源管理方式。

**素质目标**：培养学生的全球化视野，能够从宏观角度把握全球发展趋势；在跨国企业乃至跨文化企业中，培养学生的国际人力资源管理合作能力与素养；能够运用定性定量方法解决中国情境下全球化企业的人力资源管理问题。

##  关键概念

终身雇佣制（lifetime employment）
年功序列制（annual Merits）
质量圈（quality circle）
人力资源开发（human resources development）
7S模型（Mckinsey 7s model）

# 第一节　以人为本的日本人力资源管理

## 一、日本企业的人力资源管理体系

谈起日本企业的人力资源管理，人们会自然地联想到终身雇佣制、年功序列工资制度和企业工会三大管理特征。尽管各国管理界人士对日本的人事管理褒贬不一，但总的来说，还是承认其管理有效性的。近年来，由于现代文化与日本传统文化的冲突日益加剧，日本各企业也在调整自己的人事政策，在原有的管理基础上适度引入了能力因素，以期实现更为有效的管理。我国和日本在文化上有许多共同的东西，因而研究并借鉴日本企业的人力资源管理的成功经验，对我国建立现代企业制度是有益的。

"经营在于用人"是日本企业经营管理的主导思想。人作为活的资源，其运用和开发对企业的生存和发展起着重要作用，从经营管理的角度看，将来是现在的延伸，生存是发展的基础，因而只有不断地发展才能确保企业的生存。日本企业的人力资源管理恰恰体现了这样的关系。根据经营管理的要求，人力资源管理采取了双重目标约束，即经营目标和发展目标。经营目标的核心问题是解决好现有人力资源的开发和利用问题，解决好两种配合关系问题：①使企业的人力资源的数量、质量和结构适应企业独特的生产资料和生产的物质技术基础；②使每个员工与他所从事的工作相适应，发展目标所要解决的核心问题是发展中的配合关系，即不断培训开发人力资源，使之与不断发展的物质技术基础相适应。从生产力发展的连续性要求看，人力资源的不断开发是企业在发展中求生存的必然要求。

### （一）日本企业的管理方式的优点和特色

与欧美企业的人力资源管理方式相比，日本企业的管理方式存在以下优点。

（1）人员稳定，企业很少有对人力资源开发投资损失的顾虑，确保了人员整体素质的不断提高。

（2）员工对企业的依赖性强，有利于凝聚员工的力量，从而形成有益的企业文化。

（3）开发与适用紧密相连，使企业生存真正寓于发展之中。

（4）对新技术、新工艺有较强的消化水平，增强了企业在国际市场竞争中的适应性。

（5）容易建立和谐的劳工关系，减少了人事纠纷所带来的损失。

（6）有效地防止了企业机密和技术情报的外泄等。

在日本的企业人力资源管理中，还有一项独特的管理方式，即模糊的职务设计和人与职务的双向开发。欧美国家企业中的职务界限是很清楚的，有助于明确职责和便于对工作绩效进行评价。但是，过于明确的职责界限束缚了劳动者的主动性。在这种明确的职责权限下，不干分外事是理所当然的，因而员工缺乏工作的主动协调性。模糊职责的设计恰好弥补了员工主动性不足的问题，对良好地处理工作界面的关系起到了不容忽视的作用。以模糊职务设计为基础的企业组织具有较大的弹性，因而人员、技术以及他们的相互关系在一定程度上可以自行调适，而不会影响组织本身，从而保证了组织结构的稳定。正是由于职务边界的模糊化，日本企业可以根据具体情况实现人与职务的双向开发。

### （二）日本企业的人力资源管理的运作

人员从劳动力市场进入企业后，被作为企业的资源分配到不同的工作单位上，产生了一定的绩效。然后通过对绩效的评估，得到以下信息：①调整信息，将其用于改善人与工作的配合关系，提高人力资源使用的效益；②开发信息，将其输送到人力资源开发战略中，通过适当的培训和开发提高员工履行工作职责的能力。这样，企业根据经营发展战略的要求和技术的变化，以及企业将来对人力资源数量、质量、结构的要求，对职工进行有组织、有计划的培训，并投入到人力资源的运用之中。日本企业的这种人力资源使用、开发与调整的三位一体的循环往复，可使企业减弱对外部劳动力市场的依赖性，确保了企业效益。

### （三）日本的人才就业服务系统

日本在国家经济运作和企业经营中特别重视人才。日本除通过学校教育培养人才、通过企业管理有效使用人才外，还特别注意抓好人才就业这一中间环节，逐步形成了一套完整的人才就业服务体系。

日本的人才就业服务体系是随着经济发展及人才供求状况的变化而逐步形成和完善起来的。第二次世界大战后，日本经济处于恢复时期，由于社会上存在着庞大的失业队伍，导致就业困难，日本政府把稳定就业作为一项重要的工作来抓，颁布了《职业安全法》等有关法规，在全国各地设立职业安定所，把就业服务工作全面置于政府管理之下。20世纪60年代，日本经济进入高速发展阶段后，日本的人才供需关系发生了根本变化：企业出现用工不足问题，各种临时工开始成为企业用人的重要补充形式。在此情况下，各种提供就业信息及从事职业介绍的商业性服务企业应运而生，并逐步发展成为一种独立的行业。20世纪70年代后，由于劳动人口增长缓慢和人口老龄化趋势的发展，日本企业一直存在着用工不足问题。加上人们的职业观发生变化，许多人不再满足于终身雇佣制，调换工作的人越来越多。许多妇女摆脱家务，也加入求职者的行列，使人才就业服务业在社会经济生活中的作用更加重要。日本的人才就业服务可以分为以下五个方面内容。

1. 提供信息

出版刊有招聘信息的专业杂志是最主要的形式。目前，日本有数家专门编辑出版就业信息的杂志社，针对不同类型的求职人员和不同专业领域出版各种用人信息的杂志。每年春季学生毕业和企业招工以前，登载着大量招聘广告的各类杂志便充塞学校和图书馆。平时每月也有大量的招收临时工的信息杂志定期出版。除专业杂志外，报纸上刊载的招聘广告等也是传递就业信息的一种重要形式。此外，还有用人单位自己张贴和散发的广告。

2. 人才派遣

这是依据有关法规从1986年开始出现的一种就业服务形式。求职人员在人才派遣公司登记注册，由人才派遣公司同用人单位签订工作合同，求职人员受派遣公司的派遣在用人单位从事一定时期的工作，被派遣人员的一切工资福利由派遣公司支付。这种形式解决了求职人员的就业问题，派遣公司从中获利，而用人单位虽然要支付比正式企业职工更高的工资，但省去了培训、社会保险、住房等各种杂费，实际上大大节约了开支。近年来，这种人才派遣业务发展得比较快。

3. 职业介绍

日本的职业介绍机构以政府为主，也有民间团体和公司参加。政府在全国各地设立了500多个"职业安定所"，负责免费为失业和待业人员介绍工作。一些工会组织在企业倒闭或裁员等情况下也协助为其会员介绍工作。商业性的有偿职业介绍在法律上是禁止的，但有关医师、护士、律师等28种专业技术型职业除外。一般具有一定实力和办公条件、有十年以上此类工作经历的人，经劳动大臣批准可设立个人职业介绍所，开展有偿服务。

4. 调动斡旋

人才就业服务是为适应日本的终身雇佣制及企业间相互争夺人才的需要而于近些年兴盛起来的行业，公司一般以"人才咨询公司""经营顾问公司"的形式存在。其主要业务分为两个方面：① 帮助委托单位从其他单位挖人才。在用人单位无法公开出面的情况下，根据委托单位所提出的条件，寻找目标，调动斡旋。② 帮助委托单位劝退无多大发展前途的员工。

5. 职业培训

这种培训机构包括各种短期培训学校和培训班，开展出纳、会计、外语会话、打字、公关礼仪等实用科目的培训。日本的这种培训单位极多，遍布全国各地，基本上都是民办私立的。培训单位虽不负责学员的工作安排，但通过培训，学员可掌握一技之长，就业条件将得到改善，有利于找到相应的工作。

### （四）日本的科技人才开发战略

日本的科学研究人员达50万人，在劳动人口中的比例为世界之最；在许多高科技领域，日本已超过美国和其他一些发达国家而居于国际领先水平。尽管如此，日本还不满足，认为其许多科学技术国际化措施仅仅是开始，应建立日本科学技术的全球性观点，以进一步促进其国际化。《日本平成元年科学技术白皮书》指出："我们必须确定以创造科学知识和发挥科技情报的积极作用为根本，并使我们的产业政策、外交政策、人才政策都面向21世纪的国家发展方向。"为此，日本于1990年组织了21世纪的世界科学改革问题的讨论，创立了《特别研究员制度》，规定每年为500名修完博士课程者和进修者提供研究奖学金和研究经费，让其在所希望的研究室从事两年的研究工作。为适应国际市场多样化、技术高级化和经营国际化的新形势，日本扩大引进国外优秀人才的数额并委之以要职，其目的是通过多方交流将欧美型技术观与日本型技术观有机结合在一起，融合形成日本现在独特的技术观和高质量的综合技能。

### （五）日本的在职培训措施

随着现代科学技术的发展，科学文化知识和先进的电子技术设备得到广泛应用。各企事业单位对职员的素质要求越来越高。日本的初等教育比较严格，学生学得很苦，教学质量也比较高，但用功读书的大学生不多。那么，日本大学生就业后如何适应、胜任本职工作呢？在此简单介绍一下日本人力资源开发的一个特色——在职培训。

首先，无论本科、硕士还是博士，从迈出校门进入公司大门之日起，都要接受公司开展的为期三个月至半年的"入社教育"，内容大致分为以下几个方面：①向新员工进行与公司业务相关的知识、技术的传授，开设一系列课程，由公司的教育部门和有关业务部门的职工担任教员。②向新员工灌输公司的信条、文化，培养其荣誉感和效忠于公司的信念，实施人格训练。③对新员工进行基本素质和技能训练，包括言谈举止、仪态风度、接电话和打电话的方式、公文写作、与上级和前辈说话的方式、在众人面前自我介绍以及发表简短讲演、团体主义精神等。

【☆思政专栏11-1】　　　　视企业为善业而非仅是商业

日本松下电器创始人松下幸之助认为，今后的世界，并不是以武力统治，而是以创意支配。那么企业作为承载发明与实现创意的主体，应该从为个人家庭谋财的私器转变为发挥更大作用的地位。大多数老板把商业和慈善截然分开，做生意时把企业视为私器，为一己私利不惜剥削员工，为偷工减料牺牲顾客价值，污染环境牺牲公众利益，然后这些老板又为包装形象另搞些社会慈善活动。

松下幸之助却认为做企业就是做慈善，也可以成为神圣的事业，只要能够做到以下两点。

（1）上天赋予的生命，就是要为人类的繁荣与和平幸福而奉献。

（2）一个人的尊严，并不在于他能赚多少钱，或获得了什么社会地位，而在于能不能发挥他的专长，过有意义的生活。一百个人不能都做一样的事，他们各有不同的生活方式。每个人生活虽不同，但是发挥自己的天分与专长，并使自己陶醉在这种喜悦之中，与社会大众共享，在奉献中领悟出自己的人生价值，这是现代人普遍期望的。

人们不会对老板忠诚奉献，但会为神圣事业忠诚奉献。

## 二、日本人力资源管理的内容

日本公司的管理方法与美国公司的管理方法有许多不同之处，许多公司实行终身职业制，对现实表现评价缓慢，推行非专业生涯途径，采用集体决策、质量圈和能力主义等管理方法。

### （一）升职和评估

在日本，年资是增长工资的主要因素。在同年龄层次的人中，尤其是那些刚工作几年的人，他们之间的工资差别不大。职员们知道他们将一辈子在一起工作，公司今后对他们会有承认和奖励。因此，他们会为了共同的利益而互相协作。再者，评估个人表现时将忠诚、热情、合作排在实际工作表现和知识的前面。奖励对职员心理上的影响要比经济上的影响更大。日本职员由于有长期录用的思想，所以他们并不期望获得立即见效的公认和奖励。日本公司一般在每年年底根据公司的经济增长情况，给职员发放相当于五个月工资的红利。

## （二）非专业生涯途径

终身职业可使工人在公司内轮换工作，这种长期继续培训的实践方法能使职员学到企业各方面的经验，与许多人建立同志式的关系。当个人确定了终身位置后，他们便成了具有各方面才能的人，这样他们更能全面考虑自己的行为对整个组织的大目标的影响。他们也可以利用已建立的人际关系，与同事共同合作，为实现公司总目标服务。

## （三）终身职业制

在日本，长期职业可转成"终身职业"，尤其在大公司更是如此。公司每年招工一次，经过试用，除对那些严重违法违纪人员实行解雇外，新人一般都可转成终身职员，直到退休。公司兴旺时也会招一些临时工或承包合同工；经济困难时，公司也许会按比例减少所有职员的工资或奖金，解雇一些临时工，相应调整长期职员的工作或减少工时，但对终身职员不解雇，而是向他们提供福利、培训等。这种政策使个人更加忠实于公司，每一个职员都能在信任的基础上与公司建立长期的关系，并认识到这种关系对他们的益处。因此，当工作有所变动时，他们乐于接受，不必有任何担心。

【专题拓展11-1】　　　　忠诚是双向而非单向的

## （四）质量圈

日本有一个突出的管理方式是质量圈（quality circle）。二战失败后，日本认识到，要打开国际市场，并在国际市场上占领主要位置，就必须提高产品质量。质量不仅仅是成品问题，还包括按时出产品、及时交货、发票账单准确无误，以及提供维修服务等一整套措施，降低上述每一项的成本都可以提高生产率。

日本科学家和工程师协会曾邀请美国管理学专家爱德华兹·丹明（Edwards Deming）到日本参与关于质量控制的系列学术报告。丹明提出，一切有过程的活动都是由计划（plan）、实施（do）、检查（check）和行动（action）四个环节组成，P-D-C-A-P……循环往复，周而复始，提高产品质量在改善企业经营管理中起到积极作用，这被称为"丹明圈"或"丹明环"。丹明强调将质量控制放在中层管理的重要性。日本学者将丹明的这种思想与日本的实际相结合，把质量控制的责任交给车间，就这样形成了质量圈。这种质量圈的管理方法充分发挥了每个人的积极性与创造力，这正是重视人力资源管理的具体表现。

## （五）集体决策

"做一切准备"是日本企业决策的特点。每个人都有一种参与公司管理的意识，因为若没有所有人参与决策并表示同意，实际上任何事情都做不好。日本人认为有了意见分歧，不能靠采取敌对手段或靠一方压倒另一方的方式予以解决，而应从许多渠道取得更多信息，待所有人都掌握后再一起决策。一旦做出决策，大家就齐心协力地去做。这也许是一个费时费力的过程，但由于最后有大家的一致承诺，执行的时间就少了。

### (六) 能力主义管理

日本的能力主义管理是从 20 世纪 70 年代发展起来的。这种能力主义管理是将日本的人力资源管理方法与美国的人力资源管理方法相结合而形成的。能力主义管理的意图是维持和强化资本家和经营者的主导，即资本家主导式工厂秩序，并追求"少而精主义"。

能力主义管理包括以下三个方面的内容。

（1）由重视每个工人职务执行能力的"个别管理"和以工厂小集团"尊重自主性"为方针的"小集团管理"组成。

（2）需要有在一般人事管理上不可缺少的与安全卫生和企业内部福利设施有关的管理。

（3）尽可能和工会交涉有关的设想和内容，最好得到工会的理解；当然，这样的措施也是基于双方共同利益的考虑，对工会来说是能够接受的。

## 第二节 以科学管理为核心的美国人力资源管理

第二次世界大战后，不同的国家采取不同的发展战略，因而获得了不同的发展结果。一种是注重物质资本积累的战略，最终形成的结果是物质资本的相对充裕，而受过教育的人力资源相对短缺，因而这些国家赢得了资本密集型产品生产方面的相对优势；另一种是注重人力资本积累的战略，限制物质资本方面的提供而大力发展教育，这些国家赢得了技术密集型产品生产方面的相对优势。采取上述两种战略，带来的经济增长方面的成果也有较大的差别：在 1960—1978 年的近 20 年里，采取人力资本积累战略的国家和地区，实际人均国民生产总值的平均增长率为 4.86%，而实施物质资本积累战略的国家仅为 3.86%。进入 20 世纪 80 年代，这种差距越发加大。由此可见，把人力资源开发和利用放在首位，予以优先发展是高瞻远瞩之举。美国在进入 20 世纪后，经济实力超过英国、德国等国家，在很大程度上取决于当时美国所拥有的较高素质的人力资源。

### 一、美国企业人力资源开发的定位

#### （一）美国式人力资源开发的定义

关于"人力资源开发"的定义有许多不同的观点，其中美国学者罗斯威尔的观点比较有代表性。他认为，人力资源开发指的是由企业倡导的一系列有计划的培训、教育和开发活动，它将企业的目标与任务和职工的个人需要与职业抱负融为一体，目的是提高企业的劳动生产率和个人对职业的满足程度。

该定义中的"一系列有计划的培训、教育和开发活动"指的是组成人力资源开发的三个部分。它们分别是个人开发、职业生涯开发和组织开发。这三种开发的重点各有不同：个人开发通过教育和培训活动实现个人的成长和发展；职业生涯开发旨在根据企业发展的需求开发一系列教育和培训活动，充分调动和发挥每个员工的兴趣、能力、知识、技能；组织开发则从组织的近期目标和远期目标的需要出发设计培训课程、教学活动和进行人力资源的合理调配，确保真正实现企业的目标。这三种开发活动是互为补充的，只重视个人素质的提高，未必能提高企业的整体效益；只重视组织开发，忽视个人的发展与提高，没有人才，企业就不会有强大的竞争力。即使两者都顾及了，而不考虑把个人的兴趣、知识、爱好有机地与企业的需求相联系，也不会取得良好的效果。因此，职业开发就是连接这两者的桥梁。

### （二）西方管理理论

在理解美国人力资源开发概念之前，我们先从理论的高度把握西方管理理论的发展。

西方管理理论大致经历了六个发展阶段，即"早期管理理论""科学管理理论""现代管理理论""格式塔管理理论""最新管理理论""当代管理理论"。其发展过程的二维方格图如图 11-1 所示。

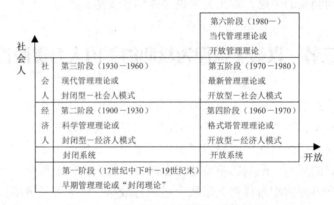

图 11-1　西方管理理论发展二维方格图

方格图的横向表示管理的思想从"封闭"发展到"开放"的过程。在这个过程中，最初的管理完全着眼于组织的内部，对组织以外的环境、条件、市场、竞争几乎无所谓。直到 20 世纪 60 年代，才明确地认识到外部力量对内部管理的重大影响，内部和外部的矛盾运动构成了管理的系统。

方格图的纵向表示管理过程中对人的基本认识由"经济人"发展到"社会人"的过程。在这个过程中，最初把人看成僵死的机器或机器的附属物，因而在管理方式上表现为强制；此后对人的看法发生了转变，认为人是社会的人，应该在管理中恢复人的尊严和人格，实行民主管理。

#### 1. "公司文化"理论

"公司文化"或"企业文化"概念，首先由美国管理学者托马斯·彼得斯和小罗伯特·沃特曼在合著的《成功之路》一书中提出。他们认为，美国最佳公司的成功经验说明，公司的成功并不是仅仅靠严格的规章制度和利润指标，更不是靠电子计算机、信息管理系统或任何一种管理工具、方法、手段，甚至不是靠科学技术，关键是靠"公司文化"或"企业文化"。这里的"文化"是指一个企业或一家公司中独特的价值标准、历史传统、观点、道德、规范、生活信念、习惯、作风等，并通过这些"文化"将内部各种力量统一于共同的指导思想和经营哲学之中，汇集到一个共同的方向。彼得斯和沃特曼总结了美国最佳公司利用"公司文化"的八条原则，具体如下。

（1）领导身体力行，以价值准则为动力。这一原则的基本内容是建立本组织的价值观念和体系。这个观念和体系主要是通过自己艰苦卓绝的努力而形成的风格、习惯、传统、信念规范、标准和战略目标等，并且以领导的身体力行，全力推动价值观念的形成和不断强化价值观念对人们的影响力。

（2）发挥优势。对企业优势的认识，必须建立在已经取得成功的基础上，凭优势在竞争中获胜。

（3）精兵简政。要想保持组织对环境的适应性，就必须保持组织机构的精干和管理人员的精简。机构庞大和层次复杂必然导致整个组织行动的缓慢和官僚主义的产生。美国优秀大公司的营业额都在几十亿美元以上，而公司总部的管理人员都不超过100人。

（4）有紧有松。成功的公司既有高度的统一，又有充分的自主。高度统一就是企业的文化观念、经营哲学、价值准则；充分自主就是充分发挥每个人的积极性、创造性，给职工提供施展才干和做出贡献的舞台和天地。

（5）乐于采取行动。这一条鼓励人们成为少说多干的实干家，鼓励干起来再说，允许干的时候犯错误。优秀公司成功的格言是："干起来，修正，再干。"

（6）紧靠顾客。以特殊的感情为顾客服务，"服务至上，顾客至上"。只有倾听顾客的意见，才能改进和提高服务质量。

（7）自主和企业家精神。将公司分成若干小公司，鼓励它们独立自主、互相竞争、不断革新。为推动创新，应鼓励用不同的方法解决同一个问题，支持人们冒险和探索。

（8）以人促产。核心是通过发挥人的作用来提高生产率，具体就是相信人、尊重人、理解人。在最优秀的公司里，"尊重每一个人"是压倒一切的主题，"每一个人都是提高质量和生产率的源泉"。在这样的公司里，"明显缺乏行政命令和严格的指挥系统"。

**2. 麦肯锡的7S管理分子图**

1981年，美国斯坦福工商管理学院教授理查德·帕斯卡尔和哈佛大学教授安东尼·艾索思在总结美国和日本的管理经验后，写出了《日本的管理艺术》一书，书中提出了改进企业管理的7S管理框架，如图11-2所示。

7S管理框架的内容是：①积极、主动、灵活的战略；②集中而又松散的机构；③层次分明而又公开的体制；④技术、技能、技巧；⑤用社会化企业的哲学来管理主体人员；⑥不慌不忙、不紧不慢、不声不响的作风；⑦作为道德和信仰的总体所体现的精神和价值观念。

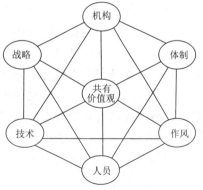

图11-2 麦肯锡的7S管理框架

这个管理框架的作用包括：第一，改变了管理思想的方向。过去的管理只注意"硬件"因素，即战略、机构、体制，而忽视了"软件"作用，即技术、作风、人员和共有价值观。第二，找到了美国企业管理落后于日本的原因，即西方的管理是侧重于组织机构和正式体制，甚至被规范和分工束缚住了人的积极性；而日本的管理则偏重于社会和精神的力量,让人们自觉地遵从共同价值观去达到组织目标。第三,最重要的一点是开拓了管理者的视野,给管理者提供了一个全面观察与思考管理问题的框架。

## 二、美国企业人力资源开发的实施

从实践的角度看,人力资源开发的意义更为重大。美国的许多企业都通过有计划、有组织地开展个人开发、职业生涯开发等一系列活动,获得了可观的综合效益。

### (一)个人开发

个人开发是一个包括个人成长和发展的过程。它的实施主要由外聘的专业开发人员负责,同时必须取得管理人员和领导的大力支持。实施个人开发的步骤如下。

(1)确定需求。在教育和培训活动开始之前,通过来访、讨论、发问卷等形式,对岗位工作规范进行分析,确定需求。

(2)课程设计。具体包括学习目标、满足特定需求的课程、课程结构开课所需的设备资料等内容。

(3)教学的实施。个人开发强调的是个人的学习过程,要确保学习过程的成功,就必须在教学中认真遵循下列教学原则:①在教学中,教师要针对成人的学习特点,启发指导,让学生更多地依靠自己;②在上课时,教师应根据具体情况,运用实例设计出一节课的逻辑起点;③在复习与运用中,最好设计一些现实问题,让学生有机会运用所学的知识、技能来解决问题。

(4)开展评估。评估的内容是对有效的、可靠的仪器的设计和开发进行评估,对业绩和能力测试情况的评估,对问卷管理情况的评估。

### (二)职业生涯开发

职业生涯开发需要个人与企业共同努力,参与一系列活动:以个人参与为主的活动,有实施职业生涯的计划,认清职业生涯的动态,了解企业的形势等。

职业生涯计划主要包括自我分析、职业选择和制订岗位工作计划。其中,自我分析指的是个人依靠组织提供的一些评估仪器、设备、资料及专业性测试等,对自己的兴趣、能力、经验、态度和价值观进行分析和比较,进一步了解自我,以便寻找适合自己的职业和岗位。职业选择指的是个人通过各种途径,如职业研究会、职业资源中心及其他活动,了解自己将要选择的职业所需的知识和技能,了解该职业的前景,仔细分析其利弊,最后做出正确的选择。在个人对未来职业选定后,开发人员要尽可能地为上岗人员提供培训机会,为上岗做准备。制订岗位工作计划则是指明确岗位工作的重点、目标、报酬额、培训的需求。对自我设计有困难的人员,开发人员要热忱地给予帮助和指导,确保个人的工作计划与组织的目标相一致。

## 三、美国成功企业科学管理的启示

美国企业注重建立科学合理的人员考核体系,每年都要对副总裁以下的人员进行考核

（CEO 则由董事会考核）。

### （一）高层领导的九项能力

1. 领导能力

——对结果承担责任；

——建立高标准的班子和人际关系；

——清晰地阐述目标，并让人们相信它能够实现；

——成为优秀的召集人、指导教师；

——不遗余力地制订各种行动计划并使之资本化；

——保持对业务的浓厚兴趣。

2. 战略能力

——清晰、精确地讲解如何实现业务目标；

——产生新的创造性方法，以达到理想的目标、开创新的天地；

——不受限于目前暂时的压力，了解公司业务发展的真正需要；

——能有效地结合近期目标和长远目标；

——对业务现状和发展需求有深刻的理解；

——保持量化分析与现实情况的平衡。

3. 业务敏感性能力

——在广告和价格等因素变化时，理解客户是如何反应的；

——能够清楚地抓到潜在行为的效益；

——对客户行为和市场有极强的领悟力；

——紧紧把握财务分析、现金流量、负债平衡表等关键环节；

——迅速把握竞争机会的能力；

——处理好经营额、价格、不同品牌、成本和资本的关系。

4. 分析能力

——分析问题本质的能力；

——迅速掌握理解大量信息；

——利用数字导向解决问题程序，有效解决问题；

——对公司内部经营与市场进行量化分析。

5. 决策能力

——不纠缠于细节问题，在真正的机会面前掌握主动权；

——果断决策、承担责任、处理后果；

——机智地处理风险的能力。

6. 执行能力

——尽快进入角色以扩大潜在的机会；

——制定清晰的可操作方案；

——了解整体及对其他业务方面的影响力；

——不遗余力地追踪修补后果；

——在大规模执行中，全方位跟踪、管理；

——不断传递所希望的结果。

7. 建立增值关系的能力

——有效管理公司内、外部复杂的网络关系；

——永远从大局出发，建立合适的交流；

——理解他人需求；

——流畅的语言和书面交流能力。

8. 说服能力

——清晰、简明、富于逻辑性的沟通；

——在"延伸区域"的谈判技巧；

——从失误中学习克服障碍；

——有效管理交易，最大限度获利，达到公司的战略目标。

9. 过程管理能力

——有效规定业务程序，以实现目标；

——管理过程及结果；

——在业务行为中贯彻纪律；

——在执行过程中了解内部关系，号召节俭；

——在执行过程中，不遗余力地提高业务能力。

## （二）什么是合格员工

在现代激烈的市场竞争中，公司要求每个员工都具有以下能力，这样才能在公司乃至人才市场上合理流动。

——沟通能力，即与人交往的技能；

——运算能力，即强调用数字分析的能力，必须养成用数字说话的习惯；

——应用信息技术的能力，即对现代通信与信息技术的应用能力，在未来谁拥有大量信息，并能从信息中得出正确分析，谁就掌握了世界；

——与人合作的能力；

——自学的能力；

——决策问题的能力。

美国公司认为，对员工的培养是一种投资。公司首席执行官（CEO）亲自指导最有发展前途的年轻人。例如，可口可乐公司将员工共分为26个等级，要一级一级地提升，公司高级管理人员均需两种以上不同工作的实际经验，而每种工作经历要在五年以上。

美国各大公司都有自己的企业内部大学、培训中心，还设有教育基金。公司对员工的在职教育和培训极为重视，每年对每人都有培训计划及受教育时间，这其中也包括公司首席执行官。这些培训内容包括：对新员工的模拟工作程序培训，提升前的培训（在被决定提升后，先培训、后上任），部门经理培训，团队合作培训，公司文化培训，如何面对媒体培训……名目极多，形式多样。员工一边工作一边受教育，在这个过程中不断提高、不断创新，并产生出优秀人才。

美国公司十分看重员工的长期表现，踏实、勤奋、聪明好学、为人正直、努力创新、善于团结人是美国公司对员工要求的基本价值准则。人才全球化是未来经济一体化的重要基础，为此，美国企业把人作为成功发展的关键。未来的全球竞争是一场人才的竞争，公司使用人力资源的能力，将成为全球竞争中的一个战略武器。

## 四、美国的人力资源开发战略

美国是当今世界的科技大国，拥有研究开发人员近百万，居世界首位；美国的研究与开发经费约占国民生产总值的3%，居世界最高水平；从科技成果看，美国的科技成果总量占世界的37%；美国的专利申请数在世界上也处于领先地位。就是这样一个科技强国，也觉得其"科技霸主"地位不稳，对前途感到忧虑。

为了满足国家对高科技人才的需求，美国对长期奉行的人才吸引战略做了调整：重新修订了移民法，对高层次人才实行"绿卡制"，给予入籍优惠；同时广泛招收外国留学生，对留学生进行意识形态宣传，鼓励留学生留居美国。在大量吸收外来人才的同时，美国也重视对本国人才的培养，先后提出了《为21世纪而教育美国人》和《美国为21世纪准备师资》的报告，宣传面向21世纪培养科技后备军。为培养和开发人才资源，美国设立了许多科学奖，其中最知名的是号称"诺贝尔热身运动奖"和"科学家摇篮"的美国西屋科学奖。

为了使专门人才的培养工作适应社会经济发展的需要，美国在加强高等教育办学的针对性和实用性方面采取了一系列措施。

### （一）开展在职继续教育

美国以短期高等教育的形式大力开展在职人员的继续教育。在美国，在传统大学的同一专业内设置多种培养目标和教学计划，按行政区域设社区学校，以及大办初级学院、开放式高等教育等。现有的社区学院与工商企业挂钩，共同开设成人教育课程。成人教育主要有五个渠道：社区团体、雇主、中学、社区学院和四年制大学。其中有一半以上在公立社区学院学习。目前学生必须首先通过全国统一标准的入学考试后方可入学，84%的大学开设有学分制的成人教育。

### （二）提倡企业办学

据有关材料统计，美国公司每年用于培训和再教育其雇员的总经费高达300亿美元，占全部教育经费的一半左右。其参加企业内教育的人数达800万人，相当于全美四年制研究生院和大学中注册的总人数。

### （三）根据需要确定培训课程

在美国，许多科学技术学院的专业完全是根据当地的工业、商业、服务业的实际需要确定的。设置哪些专业和开设哪些课程，校方事先要多次调查，反复征询有关企事业单位的意见，然后进行评价，再报地方委员会批准。有的专业隔年招生，有的专业隔两年招生。如发现劳动力市场上某类技术人员过剩，即报教育委员会批准，停止招生。这种根据社会需要设置课程的方法非常值得我国借鉴。例如，芝加哥是以炼钢、炼铁为主的工业城市，该地区的职业技术学院便开设了炼钢、炼铁专业，大量培养这方面的人才。

☞【专题拓展 11-2】　　　　　　六只猴子的启示

## 第三节　人力资源管理的第三条道路

### 一、日本人力资源管理模式对美国人力资源管理模式的冲击

日本人力资源管理模式的精髓是人本主义，即重视人的价值、关注人的活动。当今世界上炙手可热的人力资源管理模式是由美国人首先提出来的，但在 20 世纪 80 年代之前，人力资源管理在美国的组织管理中基本没有位置。因此，长期以来，人力资源管理一直由日本扮演着主要实践者的角色，并由此大获成功，其国家竞争力迅速提高，令西方国家大惊失色。随后，美国奋起直追，极度重视人力资源管理制度的创新，终于在 20 世纪 90 年代超过了日本。

20 世纪初，美国企业就开始建立人事部，但当时的人事部只是一个附属的机构，权利有限，人事经理在企业中排名靠后，工资和级别都很低。当时，美国企业之所以重视金融而轻视人事，是因为美国企业长期以来有优厚的自然资源、雄厚的技术资金、流动的劳务市场，这使得美国企业能够发挥规模经济效益，从而获得比较强的国际市场竞争力。所以，在 20 世纪六七十年代，美国企业在国际上可谓所向披靡。

然而，开始于 20 世纪 70 年代的石油危机给美国的传统行业（如以美国三大汽车公司为首的制造业等行业）造成了很大冲击，汽车业、造船业和纺织业等行业的劳动生产率急剧下降，发展速度迟缓。而与此同时，日本企业在国际市场上大出风头，以小型、轻便、节能和优质为特点的日本家用电器和汽车等产品大举占领国际市场。到 20 世纪 80 年代，日本企业以其稳定的就业制度和质量管理小组等在世界制造业中占有一席之地。

日本企业的成功迫使美国的管理学界和企业界对日本管理模式进行研究。他们发现日本企业效率高的原因是其独特的"以人为本"的管理方式，亦即人力资源管理模式，这给美国的一些大企业以很大的启示，它们纷纷研究和效法日本的管理制度。如美国通用汽车公司与日本的丰田汽车公司在美国加利福尼亚合资建设美国丰田企业，就对引进日本式管理模式进行了十分有益的尝试。所有这些在理论上促使美国在 20 世纪 80 年代提出了人力资源管理模式，在实践上提升了人力资源管理者在企业中的地位。当然，美国并不是全盘接收日本的人力资源管理模式，对日本的人力资源管理模式中某些并不适合美国国情的制度，如终身雇佣制、年功序列制和集体决策制等就被舍弃了。

20 世纪 80 年代以来，随着管理的调整、改革、反思和借鉴，直到 90 年代初美国企业

恢复元气，日本的人力资源管理模式开始在美国开花结果。

## 二、日本人力资源管理模式的弱点和面临的挑战

日本人力资源管理模式的确有很强的生命力，已经为日本企业在世界经济的竞争中赢得了成功。20世纪七八十年代，日本是世界各国企业竞相效仿的对象。但是，随着20世纪90年代美国人力资源管理模式的重新崛起，日本人力资源管理模式受到了极大挑战。

### （一）日本人力资源管理模式的弱点

在20世纪90年代的经济危机中，日本企业受到的冲击比欧美更大，直到进入21世纪，日本经济仍然没有完全摆脱增长乏力的困境，直接带来的负面效应就是日本政坛的极度动荡。造成日本经济低迷的原因固然多种多样，但人力资源管理模式存在的弊端应是其中的原因之一。弊端主要表现在以下两个方面。

1. 终身职业制和年功序列制是一把"双刃剑"

终身职业制和年功序列制是日本人力资源管理模式的核心内容，在振兴日本经济中功不可没。但这是一把"双刃剑"，当这种制度发挥到极限时，对经济的危害也就充分暴露出来。在这样的人力资源管理模式下，员工薪资涨得很快，不负责任的员工也日益增加。他们既不怕被组织解雇，也不会受到同事的责备，因为大家的标准就是把最低限度的工作完成。所以，许多日本组织机构臃肿、效率低下也就不足为奇了。在经济繁荣阶段，这些隐患会被虚假的"经济泡沫"所掩盖；一旦经济进入衰退阶段，随着一个个泡沫的破灭，组织内部的机构臃肿等弊端就会使其迅速沉没于经济衰退的浪潮中，而精简机构、重新崛起的机会要小得多。

2. 对中高层管理者缺乏足够的激励

日本组织的工资政策最重视对群体的激励，这对调动中下层员工的积极性十分奏效，同时，也增强了团队精神，对组织的整体发展起到了重要的作用。但是，随着人们现代文化生活水平的迅速提高，需求越来越多，也越来越高，对组织的激励需求也越来越高。因此，这种不注意员工个性需求的激励方式显然落后于时代的观念变化。特别是世界经济一体化进程的加快，人力资源在国际上流动的范围越来越大，日本人力资源管理制度受到国外的冲击、渗透是必然趋势。而首先对这种冲击最敏感的是组织中的高层管理者，因为这一阶层的人员接触的社会面较广，眼光开阔。所以，日本组织如果不把对个人的激励放在重要的位置上，对中高层管理者就是一种打击。由于中高层管理者是各类组织中的关键人员，不调动他们的积极性，组织就难以获得持续的发展。这就证明这种人力资源管理制度存在本末倒置的缺陷。

【专题拓展11-3】　　　　　　　鲶鱼效应

### （二）日本人力资源管理模式面临的挑战

日本人力资源管理模式除面临自身弱点的挑战外，还面临着与外部环境发展变化的冲

突与挑战,归纳起来体现在如下几点。

1. 价值观的变迁

目前,与第二次世界大战之前相比,日本年轻一代的价值观已经发生了很大变化。战前,日本的劳动者通常表现为唯命是从,是乐于奉献的奉行集体主义的劳动者。而现在的劳动者奉行的是个人主义,他们不仅重视精神性的奖励,也注重物质性的报酬。所以,过去的人力资源管理方式已很难适应现在年轻员工的价值需求。日本式人力资源管理模式推行的基础已经发生动摇。在日本,劳动者中有一部分人开始追求自己的人生价值,他们选择工作不再以组织的知名度为主要标准,而是更关心工作本身,注重选择自己想做的工作,能表现自己才能的工作,崇尚具有独立性的工作,因此,他们不愿意到大公司就职,更多地选择中小企业。在薪酬方面,他们认为重要的标准应该是业绩,而不是年功。

2. 浓厚"家族色彩"的企业

日本企业界倡导的人际关系原则是"和为贵",日本的企业是世界上最具有"家族色彩"的企业。通过在公司内、子公司或海外公司的工作以及在工余时间的相聚和参加各种各样的活动,员工的作风、谈吐、举止都逐渐趋于一致。这种做法有利于团结,有利于发挥团队精神,也有利于建立和谐的劳动关系。但其最大的缺点就是为了工作,员工需要放弃个人的独立性,不利于发挥个人的创造性。在提倡释放个体能量、崇尚多样化需求的现代社会,这种"家族式"企业模式会束缚员工的个性,长此以往,组织就会失去活力和生命力。

3. 保守的传统观念

人力资源管理是日本式管理的精华,这一管理模式的基础是员工对组织的忠诚,而这种基础一直是很稳固的。但在知识经济时代,日本人力资源管理模式显示出不适应性。日本人本来就有保守的特点,而这一管理模式更强化了员工的保守。由于制度本身具有强大的惯性作用,时间越长,改革的阻力就越大。

4. 不计成本的观念

日本的人力资源管理模式具有高成本性。这是因为,为了维持日本式组织的人际关系,为了保持雇员对组织的忠诚度,组织必须付出高昂的代价。根据日本经济联盟的调查,日本企业的福利费用占企业收入的 14%,退休金占企业收入的 5%。据统计,平均每天以企业的名义"吃掉"的费用相当于 80 亿日元,这与日本企业用于研究和开发的费用相当。除有形成本投入以外,还有许多无法计量的无形成本投入,如人们在交际方面花费较多的时间、组织花费的时间,以及这种约定俗成的人际交往方式对下一代潜移默化的熏陶等。

在崇尚创新的时代,制度创新无疑是最本质的创新。在众多的创新理念中,制度能够获得经济效益,这是驱使人们热衷于制度创新的出发点,由此形成一门新的学科——制度经济学。日本人力资源管理模式的高成本性使其本身首先就面临着制度经济学的挑战。

## 三、威廉·大内对美、日管理的比较研究

日本经济于 20 世纪 60 年代初开始起飞,日本企业与美国企业在海外的许多领域展开竞争,而且已经进入美国国内市场。到了 60 年代中后期,日本商品已成为美国不能忽视的

潜在威胁。美国管理学界也开始重视研究被他们素来视为封建落后的日本管理模式。

从 20 世纪 70 年代中期开始，美国西海岸斯坦福大学管理学院学者威廉·大内带领他的学生，选中了美、日两国各 12 家大型企业，进行深入的调研，直到 1981 年集其研究成果的《Z 理论》出版。威廉·大内把美国和日本的典型管理模式分别称为 A 型组织与 J 型组织，他认为美、日管理间的差异，主要体现在 7 个方面。

### （一）基本的雇佣制度

A 型组织实行的是短期雇佣制，雇佣双方签订劳务合同，按照合同的约定雇主支付工资，员工付出劳动，平等交换，这种雇佣方式表现为一种纯粹的商业行为。组织和员工双向选择，员工来去自由，一年转岗多次是常事。但 J 型组织则不然，日本大公司对其男性核心员工实行终身雇佣制。员工一旦被录用，将终身为组织服务，而组织也不会轻易辞退员工。

威廉·大内认为这是美、日管理模式的根本不同点，因为日本员工知道自己一旦被聘用，此生便与工作的组织兴衰连在一起，甘愿为组织服务，而组织也会照顾和保护自己。这样，日本员工的工作动力只来自对组织的认同感和归属感。这与美国员工凭合同、职业道德、规范的约束及工作活动本身趣味为动力有天壤之别。

### （二）企业的决策制度

A 型组织实行的是个人决策制，即重大事务由首席执行官决定。而 J 型组织则采用集体决策，即面对重大事务，组织高层管理者将信息首先传达给最基层的管理者，征求他们的意见；待各级意见反馈上来，将它们整理归类，再次传达下去征询意见。如此经几轮反馈，达成共识，在此基础上，形成决策。

在 A 型组织里，管理者拍板，决策效率高；而 J 型组织，反复研究，决策效率必定远远不及前者。然而，实际的时间花费在两类组织中相差无几。在 A 型组织中，管理者必须向他的主要助手做大量的解释工作，使他们信服，再由他们传达给下属，如此逐级宣传，难免耗费时间。J 型组织采用共识式决策程序，由于问题经大家反复讨论，认识统一，一旦决策形成，便可马上行动。

### （三）责任制

美国组织中的首席执行官得到充分授权，因而对经营的成败承担主要责任，并实行重赏重罚的制度。许多美国大企业的首席执行官享受高薪，他们与基层主管的薪金之差是日本的很多倍。日本的薪金则相对平均。日本的责任制是由整个管理班子集体承担的，其高层管理者一般为那些德高望重者，没有具体职责，只有核心作用，协调各方面解决问题。至于具体工作，则由下属去处理，不必亲自动手。一旦出了问题，大家都承担责任，高层管理者只是多承担一点罢了。同样，事业的成功由大家分享。

### （四）控制机制

A 型组织，即传统的美国典型大企业，是靠严格的监督规范的制度，以频繁考核及层层把关控制内部绩效，制度的约束是控制的主要方式。而 J 型组织的控制机制则有很大不同，其最高管理者对主要副手一般只交代公司的管理哲学与宗旨、宏观使命、战略方向与远景等，对近期的具体目标和方法则要求下级发挥主动性与创造力。二者控制机制的不同，可能源于 A 型组织中的员工是短期性和合同式交换性的雇佣关系，这与 J 型组织中终身性雇佣制度不同。

### （五）员工的考评与提升制度

A 型组织中对员工的考核与评估是比较频繁的，通常考核周期为半年到一年，往往只着眼于工作绩效与业务能力，考评结果较佳就立即兑现奖酬。J 型组织的新招员工要等 5~8 年才进行首次主要评价，出类拔萃者才可获得提升。日本式的考评不仅仅重视业务，也要考评其人际关系等其他方面。

### （六）员工的培养及职业发展道路

A 型组织通常遵循较狭窄而专业的途径培养员工，在招聘时常常不惜重金，聘用某一专业中的专家，他们一上岗就能适应工作的要求。这被称为"专才式"职业发展。员工经过较长时期的专业培训，一般能在某一领域独当一面。但是，一旦有更好的发展机会，他们便可能离职而去。J 型组织的员工培养途径则不同。组织一般不接收离职者，对新毕业的员工，经见习期观察，如果认为是可造之才，就会有计划地采用职务轮换的方式，让他在 10 年内到组织各主要职能岗位锻炼，扩充其知识面与阅历，熟悉组织的人员，最后将其提升进入管理层。此种人才并无特殊专长，但是熟悉组织各方面情况，十分适合做跨部门的综合管理和各方面的协调工作，这被称为"通才式"培养途径。

### （七）对职工的关怀

在 A 型组织中，组织只是员工的工作场所，员工以自己的劳动获取报酬。组织对员工也只关注其工作情况，员工的生活属于个人隐私，组织不予过问。在 J 型组织中，组织是一个大家庭，管理者是家长，员工是成员，包括员工的家庭生活也在组织的关怀之内，具有一定的人情味。

## 四、美、日人力资源管理模式对我国的启示

人力资源管理并不仅仅是一种纯粹的经济活动，还具有深刻的社会性，它与所在国的文化传统、历史渊源有很大关系。由于文化传统的不同，我们一方面要善于学习、借鉴别国的人力资源管理方式，另一方面又要立足于本国实际，在借鉴别国的管理模式的同时，建立有自己特色的人力资源管理模式。若生搬硬套、全盘吸收，则难以建立适合国情的人力资源管理模式。

### （一）两种人力资源管理模式的融合

美国文化的一个重要特征是理性主义，因而其人力资源管理以专业化和制度化著称。但是这种管理模式也有弊端。美国通过总结自身的实际情况及借鉴别国的各种成功经验和失败教训，认识到了自身的局限性，强调学习日本人力资源管理中的通过员工参与管理和

决策等方式来调动员工积极性和加强对企业的忠诚度。美国的管理模式在吸收了东方管理模式的优点的同时,并没有抛弃其民族文化特性,许多科学的管理方式仍被广泛应用,只是在指导思想、哲学基础和价值取向等方面发生了变化,从而将西方理性主义与东方文化巧妙结合起来。

日本人力资源管理模式是日本吸收、消化西方的管理经验,在自己民族文化的基础上建立起来的。日本在20世纪50年代以后就开始学习美国的人事制度,并意识到在强调员工合作的同时,应当向美国学习,提倡员工的个人能力和创新精神。因此,日本引入了美国人力资源管理的具体方法,如雇佣、升职、培训以及劳资关系和工资福利等方面的管理方式。但日本在学习过程中并没有全盘照搬美国人力资源管理模式,而是保持了自己管理中的精华,也就是日本人力资源管理三大支柱的终身雇佣制、年功序列制和企业工会。

美国和日本在实行自己的人力资源管理模式的同时,都借鉴和学习了他人的长处。在经济全球化和竞争空前激烈的新世纪里,美国和日本都在致力于进一步改革和完善自己的人力资源管理制度,力图获得市场竞争的主动权。

### (二)两种人力资源管理模式对我国的启示

通过分析美、日两国人力资源管理模式的融合过程,我们得出了这样的结论:在吸收和学习其他国家的先进的人力资源管理经验时,一定要保留自己独特、有益的管理制度,防止和避免"邯郸学步"的现象发生。

在建立有中国特色的人力资源管理模式的过程中,我们应该注意以下几个方面。

#### 1. 虚心学习

西方在管理科学化的进程中积累了非常丰富的经验,这些对我们有着相当重要的借鉴意义。总的来看,我国目前的人力资源管理还处于起步阶段,在建立我国的人力资源管理模式过程中,学习西方的科学管理方法是很有必要的。

#### 2. 有选择地学习

对于先进的人力资源管理经验,我们要有选择地学习,抛弃其他国家人力资源管理模式中不符合我国国情的内容,在建立规范化、制度化的人力资源管理模式的同时,结合我国的市场经济体制,实现有中国特色的人力资源管理制度的创新。

#### 3. 主动学习

我国是一个发展中国家,也是一个人口众多的国家,中国人民具有勤劳、勇敢、智慧的传统美德,我们可以充分利用"后发优势",在前人探索过的道路上,避免走弯路。

中国可以站在巨人的肩膀上,创造有中国特色的人力资源管理模式。

【☆思政专栏11-2】　　中华民族的"任人唯贤"理念

《党政领导干部选拔人员工作条例》中对于选拔任用党政领导干部,必须坚持"德才兼备、以德为先、五湖四海、任人唯贤"的原则。"任人唯贤,选贤与能"是中国古代吏治的精髓。中国在历史上一直推崇贤能治国,从未中断对贤能政治的探索和实践,积累了世界上最为丰富的治国理政的智慧和经验。贤能政治的影响也一直持续到今天。中国现在实行的集体领导制，官员的选拔、晋升、考核、问责等机制，以及人民政治协商会议制度和中国共产党纪检监察制度等，无不从古代贤能政治中汲取了智慧。中国共产党人作为中国优秀传统文化的忠实继承者和弘扬者，不断从传统文化中汲取精华，通过创造性转化和创新性发展，将古人治国用人选才的智慧和经验融入自己的治国理政之中，形成了鲜明的中国特色。

## 第四节　全球企业人力资源管理案例

### 一、美国惠普的人力资源管理

1939 年，在美国加州的帕洛阿尔托市，两位年轻的发明家比尔·休利特和戴维·帕卡德怀着对未来技术发展的美好憧憬和发明创造的激情，开始了硅谷的创新之路，创建了惠普公司。在经过长达 60 余年的发展过程后，惠普在全球 IT 产业拥有了重要的地位，其资金、技术、信息、服务和解决方案均在同行业中处于领先地位。其产品涵盖了计算机及成像设备的产品服务和技术支持，客户遍及电信、金融、政府、交通、运输、能源、航天、电子、制造和教育等部门。惠普采用独到的人力资源管理理念和做法取得了巨大成功。

#### （一）"重视人"的管理理念

惠普的成功靠的是"重视人"的宗旨，其企业目标是：一个团体的成功是该团体中每个成员朝着共同目标集体奋斗的结果。正是在这种核心目标的指引下，惠普形成了独特的人才观念。他们认为公司是围绕个人、个人尊严以及对个人贡献的肯定建立起来的。所以，他们为公司员工的工作表现以及对待同事、工作与公司的态度而骄傲。

惠普以极为信任并尊重个人的管理理念，吸纳那些能力超卓、个性迥异及富于创新的人加入惠普，承认他们对公司所做的努力和贡献，并确立了积极奉献并分享其通过努力所获成功的价值观。

惠普一直注重依靠内因前进，要求各级管理者必须关心员工的正确发展，要求管理者应该不断为员工提供充分的富有挑战的机会以及长期发展机会，通过提供培训和教育项目以提高他们的能力，为今后更重要的工作做准备。

同时，惠普也高度重视个人意见，以求所有人能最大限度地得到个人发展并做出贡献。惠普积极支持或创建顶级项目，这样就扩充了可供雇佣和晋升的人才库。通过在各种不同的工作种类中吸引人才和收集想法来扩展公司知识库，增强员工的技能和理解力，逐步增强了惠普的全球竞争力。

#### （二）重视人才培训

戴维·帕卡德先生曾说："实现改进，需要更好的工作方式、更先进的技术、更优良的设备，更要靠大家不断找出更好的工作方法并更好地协同合作。在我看来，这种改进是永无止境的。"惠普的创业人才大多出身于斯坦福大学的特曼实验室。公司和大学一直保持着密切的联系，这对惠普产品和技术始终能处于世界前列，可谓意义匪浅。

1954年，这种联系被扩大成为惠普的"优秀人才合作计划"。惠普的合格工程师可以利用专门的时间在斯坦福大学攻读博士学位，公司也便于从各地吸引年轻的高水平的大学毕业生。事实上已有数百名工程师通过这个计划获得了硕士或博士学位。

惠普要求每个员工有义务提高自身的工作能力，并鼓励他们通过培训获得自我提升。在一个技术发展异常迅猛并要求员工能够立即适应的技术领域中，这一点尤为重要。

惠普早已形成一套有效的培训制度（包括专业、技术、市场、管理等诸多方面，分为公共基础课程，员工及经理的初、高级课程）和鼓励创新的人才机制。现在，惠普每年投入数亿美元，用于员工在职培训，并支持员工的再教育。

### （三）永远雇用你

长期以来，惠普公司奉行的用人政策是：给员工提供永久的工作，员工只要表现良好，公司就永远雇佣。早在20世纪40年代，公司的最高管理层就决定，公司不能办成"要用人时就雇，不用时就辞"的企业。

在那个时候，这是一项颇具胆识的决策，因为当时电子业几乎是全靠政府订货的。后来，惠普集团的勇气又在1970年的经济衰退中经受到了一次严峻考验。整个公司一个人也没裁，而是全体人员，包括公司领导在内，一律减薪20%，每人的工作时数也减少了20%。结果，惠普保持了全员就业，顺利地熬过了衰退期。惠普采用的雇佣制很像日本大企业的做法，这和欧美企业形成鲜明的对照：重视个人，关心职工利益，与员工同甘共苦。

惠普有一个理论，即在新招来的员工中，五年后，大概只有50%的人留下；十年以后，大概只有25%会留下。比如，十年前惠普招了四个人，五年以后就剩下两个人，十年后就剩下一个人。可是留下来的这个人，肯定已对惠普文化坚信不疑，其行为举止也是惠普化的，这样的人肯定会为公司做出很多有益的贡献。

另外，惠普对每个人的绩效评估是360度、全方位的评估，这使每个员工感到自己不会"死"在某一个主管手里。考核不仅要听取被考核者的上级主管的意见，还要征求他的手下和同级同事的评价。总之，惠普不会听片面之词。

### （四）分享成功

惠普人事政策的一个目标是使惠普的员工共同分享公司的成功，认为经营中的利益和责任将由惠普人共同分享。因此，惠普的创建人比尔·休利特说："惠普相信惠普员工想把工作干好，有所创造。只要给他们提供适当的环境，他们就能做得更好。"

惠普通过相应的激励机制承认他们每个人的成就，反映在一套完整的补偿措施上，即薪水和福利，这使惠普在同行业中处于领先地位。惠普根据业绩为成员提供就业安全保障；为他们创造一个安全、愉快、完备的工作环境以发挥他们的多样才能，并对他们的贡献给予肯定，帮助他们从工作中获得满足感和成就感。

惠普的退休制度既保障员工的权益，也积极促进人员流动的良性循环。如果员工到60岁时退休，除了拿到退休费，还可以拿到一笔额外的奖金；如果多做一年，奖金就会少掉10%；如果坚持做到65岁，这个奖金就没有了。这一规定主要是为了鼓励高级主管能够及时退休。所以，在惠普大多数高级主管会及时退休。

这些做法使惠普对员工有着极强的凝聚力。在惠普的任何机构，都能感觉到惠普人对他们的工作是何等满足。这是一种友善、随和且罕有压力的气氛。

【专题拓展 11-4】　　　　　　黄金台招贤

## 二、日本松下的用人之道

在一般人印象中，松下电器几乎是家用电器的代名词。的确，成立于 1918 年的松下电器经过半个世纪的创业和发展，到 20 世纪 60 年代已成为世界上最大的家用电器制造商，其产品品种之多、市场范围之广、成长速度之快和经营效率之高，令世人所惊叹。不仅如此，自 20 世纪 80 年代初开始，松下电器逐渐在全球市场建立"综合电子工业"的形象，以技术研发为先导、多方面合作为主要方式，由"家电王国"变成电子信息产业的大型跨国公司。松下之所以取得如此巨大的成就，除了它的多元化经营战略和特定的社会历史环境，它的经营思想的精华——人才思想也为其成功奠定了重要基础。正如松下幸之助所说，"事业的成败取决于人"，"没有人就没有企业"，松下公司既是"制造电器用品"的公司，又是"造就人才"的公司。

### （一）寻求 70 分人才

松下幸之助认为，人才的雇佣应以适用公司的程度为好。程度过高，不见得一定有用。当然，水准较高、会认真工作的人也不少，可是很多人会说："在这种烂公司工作，真倒霉。"如果换成一个普通人，他却会很感激地说"这个公司蛮不错的"，从而尽心竭力地为公司工作。这不是很好吗？所以，招募过高水准的人是不适宜的。"适当"这两个字很要紧，适当的公司、适当的商店招募适当的人才，如果认真求才，应该没有问题的，虽然不能达到 100 分，但达到 70 分是不成问题的，达到 70 分有时候反而会更好。

### （二）人才不是"捡"来的，必须着意去培养

优秀的人才很难"捡到"，也很难"控制"，最好自己用心去培养。每个人都要经过训练，才能成为优秀人才，犹如在运动场上驰骋的健将们一个个大显身手，他们之所以有惊人的体能和技术，并不是凭空得来的，而是严格训练的结果。他们不只在生理上，甚至在精神上也要接受严格的训练。例如，禅宗的戒律非常严格，一般人都吃不消，可是修行很好的和尚却一点也不以为苦，仍然能够泰然处之。所以，只有在人心甘情愿接受严格训练时，才能达到理想的目标；相反，若一个人有再好的天赋资质，但不肯接受训练，那么他的素质也将无法发挥。一个领导者要想使自己的部下发挥与生俱来的良好素质，就必须实施严格的训练。但同时，领导者还要留意训练方法，如果把古时候的方法运用到现在，恐怕就会得到相反的效果。因此，考虑到适用的方法也是领导者的责任。

### （三）培养人才最重要的是确立"企业目标和经营方针"

经营者如何培养人才呢？当然有各种具体的方法，但最重要的是确立"企业的目标和经营方针"这类基本原则，也就是必须有正确的经营理念和使命感。公司的经营理念如果明确，经营者和管理者就能基于这种理念和方针达成有效率的领导，员工也遵照这种理念和方针来判断是非，人才自然容易培养出来。如果没有经营理念和方针，领导者的政策缺乏一贯性，且易被热情和感情左右，当然不容易培养出真正的人才。

经营者还应该经常向员工解释公司的经营理念和目标，使他们能够彻底了解。如果经营理念只是纸上文章，那就毫无价值；必须使它存在于每位员工心中，与他们融为一体，才会产生效果。因此，利用各种机会向他们反复说明是十分必要的。同时，经营者还要让员工有实际了解经营的机会。也就是说，经营者必须以身作则，借助日常作业逐渐启发员工对经营理念的认识。

还有一件更重要的事情，即经营者应该充分授权给员工，使其能够在自己的责任和权限内，主动进取、勇于负责。培养人才的目的，不外乎造就经营人才，所以，经营者不要只是发号施令，否则只能培养一些只会听从吩咐而工作的庸才，而无法激发员工和部属的管理能力。

### （四）训练人才重在启发独立

上司将事情交给下属后，下属难免会因考虑不周或技巧不够，而造成一些缺憾。在这种情况下，上司总会习惯地指示下属应该如何去做。当然在一些重大问题的处理上，上司绝对有必要给予下属具体的指示方向或依循的原则。但问题是，如果指示过于详尽，可能会使下属养成习惯，形成依赖心理，唯命是从，不愿开动脑筋。一个命令，一个行动，下属只是机械性地工作着，不掌握做事的方法，又怎能培养人才？

训练人才最重要的事，就是要让他们多动脑筋多思考，然后自己制订计划和策略，付诸实行。能独立自主者，才能独当一面。领导者最重要的工作就是启发部属自主的能力，使每个人都能独立作业，而不是变成唯命是从的傀儡。

### （五）不景气之时正是人才储备的大好时机

显然，经济不景气是不受欢迎的，遇到不景气的时候，货物很难销售出去，货款很难收进来，公司的经营也会陷入困境。但是，若反过来想，景气何尝不是不景气的前兆？在不景气时，经营者不能只是干着急，应以积极的态度去处理，可以用人为的力量使公司恢复元气，最起码这是一个教育员工和强化公司体制的大好机会。

### （六）不可雇用朋友

想要朋友来公司工作或者帮忙，经营者最好先问问他："你到我的公司来，是否有员工意识？如果有，欢迎你；否则的话，你最好不要进公司来，在外面帮帮忙就可以了。"如果不是有言在先，他就会成为你公司"内部的朋友"，而不是你的员工。一旦你和朋友的意见发生对立时，问题也就产生了：因为你要顾及朋友之道，对本该严肃处理的事情也无法严肃处理了，甚至你下决断的时候，他会不同意，进而产生对立，这样的对立比一般同事的对立更容易涣散人心，影响士气。

### （七）不要挖墙脚

松下幸之助从来不挖人墙脚。挖墙脚固然可以挖到人才，可是反过来细想，如果你也被挖了墙脚，该做何感想？因此，松下幸之助始终反对这种做法。在松下公司的几万员工中，当然也有辞去别的公司职位自愿来松下工作的，可是公司一向不主动挖墙脚。其中的一个重要原因是靠挖墙脚挖来的人，不一定全都是优秀人才，虽然可以信任的的确不少，可还是有些不可靠，因此还是不做为好。

## 三、中国海尔的人力资源发展战略

海尔集团是在 1984 年引进德国利勃海尔电冰箱生产技术而成立的青岛电冰箱总厂的基础上发展起来的国家特大型企业。多年来，海尔集团通过技术开发、精细化管理、资本运营、兼并控股及国际化，使一个亏损 147 万元的集体小厂迅速成长为中国家电第一名牌。海尔现有员工两万多人，已在海外发展了 62 个经销商，30 000 多个营销点。到 1999 年，海尔产品包括 58 大门类 9 200 多个品种，企业销售收入以平均每年 81.6%的速度高速、持续、稳定增长，集团工业销售收入实现 215 亿元。这其中，海尔的人力资源发展战略是成功的关键。

### （一）海尔人力资源开发的目标——国际化的企业，国际化的人

在总裁张瑞敏"走国际化的道路，创世界名牌"的思想指导下，海尔集团通过实施名牌战略、多元化战略和国际化战略，取得了持续稳定高速的增长，其品牌价值不但稳居中国家电业榜首，在国际市场的美誉度也越来越高。1997 年，国家经贸委确定海尔为重点扶持冲击世界 500 强的 6 家试点企业之一。海尔的国际化经营驶入快车道，在国际市场赢得越来越多的尊重。海尔清醒地认识到，在目前这种环境下，要想成为国际化的名牌，每个员工首先应成为国际化的人才。因此，海尔集团人力资源开发的目标必须适应企业实施国际化战略的大目标，为企业培养真正具备国际化素质和国际竞争力的人才。

### （二）海尔人力资源开发的原则——赛马不相马

海尔在人力资源开发的过程中始终坚持观念创新、制度创新；坚持创造一种公平、公正、公开的氛围，建立一套充分发挥个人潜能的机制，在实现企业大目标的同时，给每个人提供充分实现自我价值的发展空间——能翻多大的跟头，就给搭多大的舞台。

#### 1. 斜坡球体人才发展论

海尔认为，每个人恰似在斜坡上上行的球体，市场竞争越激烈，企业规模越大，这个斜坡的角度就越大。员工的惰性是人才发展的阻力，只有提高自己的素质，克服惰性，不断向目标前进，才能发展自己，否则只能滑落和被淘汰。止住人才在斜坡上下滑的动力是人的素质。在海尔谈到素质，人们都认同这样的理念：在一点一滴中养成，在严格的管理中逼出。为此，海尔实施了全方位的战略，对每天、每人、每件事进行清理、控制，"日事

日毕,日清日高",以求把问题控制在最小的范围之内,解决在最短的时间之内,把损失降低到最小的程度。

斜坡球体人才发展理论在海尔集团深入人心,为每个员工提高自身素质提供了动力。从管理人员到普通员工,都十分珍惜每一次学习机会,自觉地为自己"上坡"加"油"。

2. 人人是人才,赛马不相马

"变相马为赛马",实际上是斜坡球体人才发展理论的一种体现和保证,二者是相辅相成的。在海尔领导集团看来,企业不缺人才,人人都是人才,关键在于是不是将每个人所具备的最优秀的品质和潜能充分发挥出来了。为了把每个人的最优秀的品质和潜能充分开发出来,海尔人"变相马为赛马"。海尔的人力资源开发自一开始就推行"人人是人才""先造人才,再造品牌"的理念,率先转变大多数企业干部的职能,人力资源开发中心不是去研究培养谁、提拔谁,而是去研究如何发挥员工潜能的政策。海尔给员工搞了三种职业生涯设计:第一种是专门对管理人员的,第二种是对专业人员的,第三种是对工人的,每一种都有一个升迁的方向。

"赛马"遵循着优胜劣汰的铁律。任何人都不能满足于已有的成绩。只有创业,没有守业;谁守业,不进取,谁就要被严酷的竞争所淘汰。另外,海尔的"赛马"是全方位开放式的,所有的岗位都可参赛,岗岗是擂台,人人可升迁,而且向社会开放。在这里,没有身份的贵贱、年龄的大小、资历的长短,只有技能、活力、创造精神和奉献精神。"相马"将命运交给了别人,而"赛马"则是将命运掌握在每个人自己的手中。"是人才,赛中看",在海尔,每个人都为自己铺就了一条成功之路。

(三)海尔人力资源开发的市场机制——挑战满足感、经营自我、挑战自我

海尔集团总裁张瑞敏认为,在新的经济时代,人是保证创新的决定性因素,人人都应成为创新的主体。为此,海尔设计了一套市场机制。

1. 市场链——外部市场竞争效应内部公序化

海尔认为,企业有内外部两个市场,内部市场就是怎样满足员工的需要,提高他们的积极性,外部市场就是怎样满足用户的需求。在海尔内部,"下道工序就是用户",每个人都有自己的市场,都有一个需要对自己的市场负责的主体。"下道工序就是用户",他就代表用户,或者说他就是市场。每个员工最主要的不是对他的上级负责,更重要的是对他的市场负责。

2. 即时激励——充分挖掘和发挥内部员工的积极性

为鼓励员工搞技术发明,集团颁布了《职工发明奖酬办法》,设立了"海尔奖""海尔希望奖""合理化建议奖",根据员工对企业创造的经济效益和社会效益,分别授奖。

【☆思政专栏 11-3】　　国学经典:"宰相必起于州部,猛将必发于卒伍"

"宰相必起于州部,猛将必起于卒伍"——出自东周战国时期韩非《韩非子·显学》,这是韩非选拔官员的名言,意思是:宰相一定从基层官员兴起,猛将一定从普通士兵中选拔。比喻国家在选拔高层的官员和将领时,一定要从有基层实际工作经验的人中选拔;否

则，处理政务和领兵作战就可能是纸上谈兵，耽误国家大事。

## 本章小结

日本人力资源管理采取经营目标和发展目标双重目标约束的办法。终身雇佣制、年功序列工资制度和企业工会是日本人力资源管理模式的三大支柱，三者在日本经济发展的过程中发挥了重要作用。日本人力资源管理具体包括升职和评估、非专业生涯途径、终身职业制、质量圈、集体决策和能力主义管理等内容。

美国人力资源管理的重点是提高工作的有效性，重视目标任务的完成。美国人力资源管理模式是将管理与开发融于一体，实施科学合理的绩效评估体系。在美国，众多的教育方式，使每一位公民都有接受教育的机会；不断完善的移民政策，能够吸引尽量多的世界各国的英才；完全市场化的人力资源配置方式，使现有的人力资源各尽其能。

无论是美国的人力资源管理模式，还是日本的人力资源管理模式，在全球经济一体化的进程中，都自觉和不自觉地发生碰撞、磨合以至最终融合，形成了更具有生命力的新的人力资源管理模式。中国企业在建立和完善人力资源管理模式的过程中，要虚怀若谷（虚心学习），择优选择（有选择地学习），积极主动地吸收（主动学习）其他国家的先进的人力资源管理经验，实现具有中国特色的人力资源管理制度的创新，这是历史赋予我们的神圣使命。

## 复习思考题

1. 美、日人力资源管理模式的特点及发展趋势各是什么？
2. 美、日人力资源管理模式有何区别？
3. 如何吸取先进的人力资源管理经验，建立有中国特色的人力资源管理模式？
4. 在创建中国人力资源管理制度中，我们面临着哪些挑战？

# 参 考 文 献

[1] 罗宾斯. 管理学[M]. 北京：中国人民大学出版社，2004.
[2] 董克用. 人力资源管理概论[M]. 北京：中国人民大学出版社，2007.
[3] 彭剑锋. 人力资源管理概论[M]. 上海：复旦大学出版社，2005.
[4] 赵曙明. 国际企业：人力资源管理[M]. 南京：南京大学出版社，2005.
[5] 埃文斯，帕希科，巴苏科斯. 国际人力资源管理[M]. 唐宁玉，刘帮成，等译. 北京：机械工业出版社，2007.
[6] 邓国取. 人力资源管理[M]. 南京：南京大学出版社，2007.
[7] 余凯成，程效，陈维政. MBA 人力资源管理[M]. 3 版. 大连：大连理工大学出版社，2006.
[8] 文跃然. 人力资源战略与规划[M]. 上海：复旦大学出版社，2007.
[9] 胡八一. 人力资源规划实务[M]. 北京：北京大学出版社，2008.
[10] 崔佳颖. 员工职业生涯规划[M]. 北京：机械工业出版社，2007.
[11] 程社明. 你的船你的海：职业生涯规划[M]. 北京：新华出版社，2007.
[12] 肖传亮，等. 劳动关系管理[M]. 大连：东北财经大学出版社，2008.
[13] 吕叔春. 破解企业人力资源风险[M]. 北京：中国纺织出版社，2005.
[14] 肖鸣政. 工作分析的方法与技术[M]. 北京：中国人民大学出版社，2006.
[15] 王青. 工作分析：理论与应用[M]. 北京：清华大学出版社，2009.
[16] 解进强，史春祥. 薪酬管理实务[M]. 北京：机械工业出版社，2008.
[17] 诺伊. 雇员培训与开发[M]. 徐芳，译. 北京：中国人民大学出版社，2001.
[18] 所罗门. 培训战略与实务[M]. 孙乔，等译. 北京：商务印书馆，1999.
[19] 琼普莱. 培训与发展手册[M]. 王庆海，译. 北京：商务印书馆，1999.
[20] DESSLER. Human Resource Management[M]. 8th ed. 北京：清华大学出版社，2001.
[21] 石金涛，唐宁玉，顾琴轩. 培训与开发[M]. 2 版. 北京：中国人民大学出版社，2009.
[22] 谢晋宇. 人力资源开发概论[M]. 北京：清华大学出版社，2005.
[23] 戈尔茨坦，伏特. 组织中的培训[M]. 4 版. 常玉轩，译. 北京：清华大学出版社，2002.
[24] 牛雄鹰. 员工培训管理[M]. 北京：对外经济贸易大学出版社，2003.
[25] 徐林旗，刁庆军，刘永中. 企业培训手册[M]. 北京：机械工业出版社，2007.
[26] 刘伟，魏杰. 人力资源管理[M]. 北京：中国发展出版社，2003.
[27] 陈维政，余凯成，程文文. 人力资源管理与开发高级教程[M]. 北京：高等教育出

版社，2004.

  [28] 克雷曼. 人力资源管理：获取竞争优势的工具[M]. 4版. 吴培冠，译. 北京：机械工业出版社，2004.

  [29] 蒙迪，诺埃，普雷梅克斯. 人力资源管理[M]. 8版. 葛新权，等译. 北京：经济科学出版社，2003.

  [30] 诺伊，霍伦拜克，格哈特，等. 人力资源管理：赢得竞争优势[M]. 3版. 刘昕，译. 北京：中国人民大学出版社，2004.

  [31] 马希斯，杰克逊，赵曙明. 人力资源管理（中国版）[M]. 11版. 北京：电子工业出版社，2005.

  [32] 吴国华，崔霞. 人力资源管理实验实训教程[M]. 南京：东南大学出版社，2008.

  [33] 安鸿章. 现代企业人力资源管理[M]. 2版. 北京：中国劳动社会保障出版社，2003.

  [34] 付亚和，许玉林. 绩效管理[M]. 上海：复旦大学出版社，2003.

  [35] 方振邦. 绩效管理[M]. 北京：中国人民大学出版社，2003.

  [36] 秦志华. CHO——人力资源总监. 北京：中国人民大学出版社，2003.

  [37] 德斯勒. 人力资源管理[M]. 14版. 北京：中国人民大学出版社，2017.

  [38] 彭剑锋. 战略人力资源管理：理论、实践与前沿[M]. 2版. 北京：中国人民大学出版社，2022.

  [39] 陈爱吾. 人力资源管理实战128例[M]. 北京：人民邮电出版社，2019.

  [40] 阿吉斯. 绩效管理[M]. 4版. 刘昕，朱冰妍，严会，译. 北京：中国人民大学出版社，2021.

  [41] 胡劲松. 绩效管理：从入门到精通[M]. 2版. 北京：清华大学出版社，2023.

  [42] 刘娜. 绩效管理[M]. 北京：中国劳动社会保障出版社，2023.

  [43] 郑美群. 职业生涯管理[M]. 3版. 北京：机械工业出版社，2023.

  [44] 苏文平. 职业生涯规划与就业创业指导[M]. 2版. 北京：中国人民大学出版社，2020.

  [45] 徐蔚. 职业生涯规划实践（微课版）[M]. 2版. 北京：清华大学出版社，2023.

  [46] 瞿群臻. 人力资源管理实验实训教程[M]. 北京：清华大学出版社，2019.